NEGATIVE THEOLOGIE HEUTE?

G. Enders

Radur, 28.3.09

QUAESTIONES DISPUTATAE

Begründet von
KARL RAHNER UND HEINRICH SCHLIER

Herausgegeben von
PETER HÜNERMANN UND THOMAS SÖDING

226

NEGATIVE THEOLOGIE HEUTE?

NEGATIVE THEOLOGIE HEUTE?

ZUM AKTUELLEN STELLENWERT EINER UMSTRITTENEN TRADITION

MIT BEITRÄGEN VON
JOHANN EV. HAFNER, ALOIS HALBMAYR,
GREGOR MARIA HOFF, HILDEGUND KEUL,
WILLIBALD SANDLER, THOMAS SCHÄRTL
UND MAGNUS STRIET

HERAUSGEGEBEN VON
ALOIS HALBMAYR UND GREGOR MARIA HOFF

HERDER

FREIBURG · BASEL · WIEN

www.herder.de
Satz: Barbara Herrmann, Freiburg
Herstellung: fgb · freiburger graphische betriebe
www.fgb.de
Gedruckt auf umweltfreundlichem, chlorfrei gebleichtem Papier
Printed in Germany
ISBN 978-3-451-02226-5

Inhalt

3

4

5

Einleitung

Kaum ein theologisches Konzept ist so umkämpft. *Negative Theologie* bewegt sich schillernd mehrdeutig am Schnittpunkt theologischer Interessen und Optionen. Es fängt schon damit an, dass man nicht weiß, wie man schreiben soll: Setzt man das Wort *negativ* groß und gibt dieser Theologie damit den Status eines eigenen Titels und Programms oder sieht man darin bescheidener das reduzierte Format einer konkreten Negationsarbeit, die im Rahmen und im Dienst theologischer Zuschreibungen steht? Ihre Anliegen werden jedenfalls höchst unterschiedlich buchstabiert und gelesen. Gerade weil kein einheitliches Modell Negativer Theologie vorliegt, löst sie den Streit theologischer Schulen aus.

Schon in sich selbst erscheint gespannt, was *Dionysius Areopagita* mit seinem Verständnis einer *Theologia negativa* beabsichtigte. Bejahung und Verneinung binden sich hier aneinander. Was *nicht* von Gott gesagt werden kann, trägt selbst bereits eine untilgbare Positivität aus. Negative Theologie artikuliert noch dort, wo sie es durchstreicht, ein theologisches Wissen von Gott und tritt als „Affirmation einer eigentlich gemeinten absoluten Transzendenz“[1] auf. Liefe Negative Theologie darauf hinaus, dass man *nichts* mehr über Gott sagen könnte, wäre sie nicht nur selbstwidersprüchlich, sondern auch irrelevant, weil sie nicht mehr von einer im strengen Sinn atheistischen Position zu unterscheiden wäre. Von daher lässt sich Negative Theologie als ein theologischer Hochseilakt beschreiben, der sich auf der Basis einer unaufhebbaren Spannung zwischen Positivität und Negativität abspielt. Theologie stellt sich auf dieser Fallhöhe als Sagen des Unsagbaren dar:

> „Die These von der radikalen Unbeschreibbarkeit Gottes sollte nicht mit der Überzeugung verwechselt oder vermengt werden, dass die Erkenntnis Gottes »begrenzt, fragmentarisch, unsicher und unvollständig« ist. Auch mag, was von Gott erkennbar ist, im Vergleich zu dem noch nicht oder vielleicht sogar niemals Erkennbaren verschwindend gering sein. Schließlich könnte es Eigenschaften Gottes geben, von de-

[1] Hochstaffl, Josef, Art. Negative Theologie, in: LThK^3 7, 723–725, hier: 723.

nen es unmöglich ist, sich einen Begriff zu machen. All diese Behauptungen sind von der ganz anders gearteten These zu unterscheiden, wonach kein Begriff auf Gott zutrifft."[2]

Mit dieser Positionsbestimmung wird zugleich die Problembalance Negativer Theologie in der Gegenwart tariert:

> „Negative Theologie versucht, die Transzendenz Gottes so zu fassen, daß sich die affirmativen wie negativen Aussagen menschlicher Vernunft über Gott als unfähig erweisen, das zu begreifen, was als absoluter Grund und unaufhebbare Voraussetzung allem Denken und Sein vorausliegt. Es ist offensichtlich, daß die *Aktualität Negativer Theologie* in der Antinomie ihres Gottesbegriffs liegt, d. h. von dem reden zu müssen, von dem man gleichwohl nicht eigentlich zu reden vermag."[3]

Über seine antiken Vorläufer hinaus – mit Platon als erstem entscheidenden Bezugspunkt und Plotin sowie Proklos als den folgenden zentralen Referenzen – hat dieses Anliegen *Negativer Theologien* sehr disparate Traditionsverläufe ausgebildet.[4] Biblische Narrative und Konzepte werden dabei ebenso für eine negative Punktierung der Theologie beansprucht, wie die Verwandtschaft zur Mystik sie auf eigene Weise kommunizieren soll. Mit dem Ensemble einschlägig genannter Namen konfiguriert sich die Schaubühne eines sehr gemischten Diskursprogramms[5]: Neben Proklos und Dionysius Areopagita zählen auch die Kappadozier zu den Theorieahnen, die in Meister Eckhart, Nikolaus von Kues oder Johannes vom Kreuz ihre mittelalterlichen bzw. frühneuzeitlichen Vermittler gefunden haben.[6]

---

[2] Kreiner, Armin, Das wahre Antlitz Gottes – oder was wir meinen, wenn wir Gott sagen, Freiburg u. a. 2006, 72.

[3] Eckert, Michael, Negative Theologie – Zur Einführung, in: ThQ 181 (2001) 81–83, hier: 82.

[4] Vgl. Striet, Magnus, Offenbares Geheimnis. Zur Kritik negativer Theologie (ratio fidei 14), Regensburg 2003, bes. 47–146.

[5] Nach wie vor fehlt eine veritable Geschichte (und Genealogie!) der Negativen Theologie in einem historischen Gesamtprospekt. Mit besonderem Akzent auf der Antike bzw. Patristik vgl. Hochstaffl, Josef, Negative Theologie. Zur Vermittlung des patristischen Begriffs, München 1976; Mortley, Raoul, From Word to Silence. Vol. II: The Way of Negation, Christian and Greek, Bonn 1986. – Einen wichtigen Schritt auf dem Weg zu einer Geschichte der Negativen Theologie machen die beiden jüngst erschienenen, vorzüglich edierten und kommentierten Reader von Franke, William (Hg.), On What Cannot Be Said. Apophatic Discourses in Philosophy, Religion, Literature and the Arts. Vol. I: Classic Formulations; Vol. II: Modern and Contemporary Transformations, Notre Dame 2007. Die Einleitungen lassen sich bereits als eine komprimierte Geschichte der Negativen Theologie lesen.

[6] Vgl. Stolina, Ralf, Art. Negative Theologie, in: RGG 6, 170–173.

Unter den Bedingungen der Moderne nehmen Figuren Negativer Theologie dramatisch an Bedeutung zu. Sie bieten eine Bühne, den Gottesverlust und die erfahrbare Abwesenheit Gottes zur Sprache zu bringen. „Die Unsichtbarkeit macht uns kaputt", markiert Dietrich Bonhoeffer 1931 in einem beinahe verzweifelten Brief seine Situation als Studentenpfarrer an einer Technischen Hochschule. „Wie soll man diesen Menschen solche Dinge predigen? Wer glaubt denn das noch?"[7] Die gegebene Gott-losigkeit führt über einen konstituiven Erfahrungsverlust hinaus zur Frage, was dies streng theo-logisch bedeutet. Ein spätes Antwortecho geben Bonhoeffers Tegeler Gefängnisbriefe, in denen sich ein Leitsatz modern transformierter Negativer Theologie findet: „Vor und mit Gott leben wir ohne Gott".[8]

„In Gegenwart des abwesenden Gottes"[9] stellt sich die Frage, welche Sprache es theologisch mit der Radikalität dieser Abwesenheit aufzunehmen vermag. Für Georges-Arthur Goldschmidt, von dem das zitierte Wort stammt, geht dieser Gott im Dunkel der Unendlichkeit unter. Was bleibt, sind der Mensch und seine „große Gotteserfindung", wie Thomas Mann die Geschichte von *Joseph und seinen Brüdern* zwischen Ironie und Ernst auflegt – ihrerseits ein Stück *Negativer Theologie.*[10] Ihre äußerste Fassung läge danach in ihrer Aufhebung in Anthropologie vor, sprachkritisch unterlegt:

> „Jedes menschliche Wesen ist eben das, was in ihm fortdauert und nicht zu fassen ist, jene schwindelerregende, unaufhörliche Selbstpräsenz, die in ihrer Kontinuität ans Unendliche stößt, offen, inhaltlos, undefinierbar, das heißt, die menschliche Existenz an sich, sie ist es, die wir für Gott halten. Seine ganze Geschichte hindurch blieb der Mensch, sich selbst und seiner Bestimmung entfremdet, für sich der große Unbekannte, das größte Geheimnis. Denn was wir sind, entzieht sich jedem Zugriff, wir sind immer woanders, Gott ist immer woanders."[11]

---

[7] Bonhoeffer, Dietrich, Brief an Helmut Rössler (DBW 11: Ökumene, Universität, Pfarramt: 1931–1932, hg. v. Amelung, E.berhard u. Chr. Strohm, München 1994, 33).

[8] Bonhoeffer, Dietrich, Widerstand und Ergebung. Briefe und Aufzeichnungen aus der Haft, hg. v. Bethge, Eberhard, München 1951, 241. Vgl. zur Interpretation Bonhoeffers im Zusammenhang Negativer Theologie: Höhn, Hans-Joachim, „Vor und mit Gott leben wir ohne Gott". Negative Theologie als theologische Hermeneutik der Moderne, in: Risse, Günter u. a. (Hg.), Wege der Theologie an der Schwelle zum dritten Jahrtausend (FS Hans Waldenfels), Paderborn 1996, 97–109.

[9] Goldschmidt, Georges-Arthur, In Gegenwart des abwesenden Gottes, Zürich 2003.

[10] Vgl. etwa den Jakobskampf Gen 32, 23–33, der die Offenbarung Gottes an seine dunkle Seite koppelt und mit Verborgenheit codiert (vgl. Hochstaffl, J., Art. Negative Theologie 723).

[11] Goldschmidt, G.-A, In Gegenwart des abwesenden Gottes 93. Goldschmidt dekla-

Hier zeichnet sich der sprachkritische Einbruch der Moderne als ein entscheidender Prozessor Negativer Theologie im 20. Jahrhundert ab. Nicht zuletzt Literatur[12], Kunst[13] und Musik führen Sprache an ihre Grenzen und bestimmen ihre Ausrucksqualitäten neu.[14] Arbeit am Unendlichen tritt hier im Modus einer kulturell eigenwillig adaptieren Fassung Negativer Theologie auf. Das Bilderverbot avanciert zu ihrer privilegierten Figur.[15] Von daher führt William Franke in seinem Reader zu den modernen und gegenwärtigen Transformationen Negativer Theologie zu Recht den Chandos-Brief von Hugo von Hofmannsthal ebenso als Modell an der Zeitenwende ein wie John Cages berühmtes Stück „4.33". Für die moderne Kunst wäre an Robert Rauschenbergs weiße Leinwände zu erinnern.[16] Das Nichts kommt hier zur Sprache: als Schweigen. Das Unsagbare, das Lautlose erhält einen Ort im Raum unserer etablierten Kommunikationsformen, indem diese zugleich gesprengt werden. Sie werden überschritten, ohne anders als in der Gestalt formaler Transzendenz einen Bezug zum Religiösen herzustellen. Dennoch wird im Codierungsvorgang jene Tradition genutzt, die theologisch bereits früh sehr ambitioniert eine Art negativer Dialektik des Un/Sagbaren einführte.

Sie bewegte sich damit immer schon in unmittelbarer Nähe zur Mystik. Das gilt bereits für den Areopagiten und seine *mystische Theologie*. Wenn Dionysius mystische Theologie von symbolischer und kataphatischer unterscheidet, sind damit nicht verschiedene Weisen von Theologie, sondern ihre unterschiedlichen Funktionen angesprochen. Alle kommen sie darin überein, dass sie ein gemeinsames Ziel teilen: „die Einigung mit Gott in Dunkelheit und Schweigen."[17]

Demgegenüber zerbricht in der Moderne des 20. Jahrhunderts diese Einheitsperspektive. Die radikale Ausdifferenzierung von

---

[12] Vgl. Motté, Magda, Auf der Suche nach dem verlorenen Gott. Religion in der Literatur der Gegenwart, Mainz 1996.

[13] Vgl. Nordhofen, Eckhard, Der Engel der Bestreitung. Über das Verhältnis von Kunst und Negativer Theologie, Würzburg 1993.

[14] In diesem Zusammenhang ist daran zu erinnern, dass Hans Urs von Balthasar als eine besondere Leistung des Dionysius Areopagita die „Synthese von Wahrheit und Schönheit, von Theologie und Ästhetik" ansah. (Ders., Herrlichkeit 2: Fächer der Stile, Einsiedeln ^{2}1969, 151.)

[15] Vgl. Nordhofen, E., Der Engel der Bestreitung 28–30; Buchholz, René, Zwischen Mythos und Bilderverbot. Die Philosophie Adornos als Anstoß zu einer kritischen Fundamentaltheologie im Kontext der späten Moderne, Frankfurt u. a. 1991.

[16] Vgl. Spahn, Claus, Nichts zu hören, in: Die ZEIT Nr. 7 (9.2.2006).

[17] McGinn, Bernard, Die Mystik im Abendland 1, Freiburg 1994, 254.

Lebens- und Arbeitswelten segmentiert Erfahrung und stellt jede Hoffnung auf einen Einheitsgrund unter Ideologieverdacht. Die radikalisierte Sprachkritik trifft sich hier insofern mit gesellschaftspolitischen Analysen, als diese in den Totalitarismen des 20. Jahrhunderts Einheit als den Terror des Eindeutigen identifizieren. Theodor W. Adorno kann am Ende seiner *Minima Moralia* Hoffnung auf Erlösung nur noch im undurchdringlichen Negativ eines Konjunktiv Irrealis aufrufen. Kritische Theorie bestimmt, was *nicht* sein darf, und seine *Negative Dialektik* macht „affirmativ gesetzter Transzendenz“[18] nach Auschwitz den Prozess, um im Gegenzug an der Schwelle des Todes den Gedanken, „der Tod sei das schlechthin Letzte“, seinerseits als „unausdenkbar“ zu deklarieren.[19] Hier tritt Negative Theologie ihr angestammtes Erbe verwandelt an:

> „Negativ, kraft des Bewußtseins der Nichtigkeit, behält die Theologie gegen die Diesseitsgläubigen recht.“[20]

Adornos Differenzdenken steht dabei in ungewollter Nachbarschaft. Heideggers spezifische Identitätskritik bewegt sich in fremder Nähe, die Motivüberschneidungen zulässt. Sein Differenzdenken hält auf das zu, was sich nicht mehr als erste Ursache, als letzter Grund angeben lässt, sondern aus den Bestimmungskreisläufen des Seienden ausbricht und insofern den Modus des begründenden Sprechens verlässt. Bezogen auf die klassische Metaphysik ist dann „das gott-lose Denken, das den Gott der Philosophie, den Gott als Causa sui preisgeben muß, dem göttlichen Gott vielleicht näher.“[21] Aber auch das Sprechen selbst wird problematisch. Der Sprecher verfügt nicht einfach über die Sprache, vielmehr „west“ die Sprache „als der sich ereignende Unter-Schied für Welt und Dinge.“[22] Sie ist getragen von einer Stille, aus der überhaupt erst Sprechen möglich erscheint – eben in dem nicht mehr zu identifizierenden Unterschied von Ding und Welt. Das Sein selbst ist dabei im Letzten das Unnennbare – es muss *durchgestrichen* werden und kann nur so benannt werden.[23]

Dieser Akzent auf dem Unsagbaren findet sich motivgeschichtlich mit ähnlichen Konturen in den sprachtheoretischen Reflexionen ebenso bei Ludwig Wittgenstein, der seinen *Tracta-*

---

[18] Adorno, Theodor W., Negative Dialektik, Frankfurt ^{6}1990, 354.
[19] Ebd. 364.
[20] Ebd. 371.
[21] Heidegger, Martin, Identität und Differenz, Pfullingen ^{9}1990, 65.
[22] Heidegger, Martin, Unterwegs zur Sprache, Pfullingen ^{9}1990, 30.
[23] Heidegger, Martin, Zur Seinsfrage, in: ders., Wegmarken, Frankfurt ^{2}1979, 379–419.

tus an die Grenzen des Sagbaren führt, wenn er darauf beharrt, dass es das Mystische gibt, das sich zeigt. Genau damit kennzeichnet er den Ort des Unsagbaren. Wieder anders greifen die Philosophien der Differenz dieses Problem auf. Emmanuel Levinas und, in Auseinandersetzung mit ihm, Jacques Derrida haben Negative Theologie auf ihre Weise im philosophischen Diskurs des 20. Jh. verortet.[24] Levinas eröffnet den philosophischen Raum einer irreduziblen Alterität, die den Anderen aus allen Festlegungen auf das Selbe emanzipiert. Damit ergibt sich die Zumutung einer *fremden Bestimmung*, einer Heteronomität für das Subjekt, seine *Heimsuchung*. Nicht zuletzt offenbarungs*philosophisch* zeichnet sich hier ein radikaler Paradigmenwechsel ab: das konsequente Buchstabieren der Transzendenz, die das Subjekt herausfordert. Doch genau das sprengt die etablierten Anordnungen des philosophischen Denkens und Sprechens: es führt an die konstitutive Grenze des Anderen, der dem Ich im Antlitz entgegentritt.

> „So bedeutet die Anwesenheit des Antlitzes eine nicht abzulehnende Anordnung, ein Gebot, das die Verfügungsgewalt des Bewußtseins einschränkt. Das Bewußtsein wird durch das Antlitz in Frage gestellt. Diese Infragestellung läuft nicht auf das Bewußtsein dieser Infragestellung hinaus. Das absolut Andere spiegelt sich nicht im Bewußtsein. Es widersteht dem Bewußtsein so sehr, daß nicht einmal sein Widerstand sich in Bewußtsein verwandelt.“[25]

Bereits Adorno hatte begründungstheoretisch darauf hingewiesen, dass die nach der Shoa umgeschmolzene Fassung des Kategorischen Imperativs, Auschwitz dürfe sich nicht wiederholen, über jede Form der Begründung hinausführe:

> „Dieser Imperativ ist so widerspenstig gegen seine Begründung wie einst die Gegebenheit des Kantischen. Ihn diskursiv zu behandeln, wäre Frevel: an ihm läßt leibhaft das Moment des Hinzutretenden am Sittlichen sich fühlen.“[26]

Ein solcher Imperativ des Unsagbaren, des Nicht-mehr-Begründbaren, der reinen Forderung geht vom nackten Menschen aus, von seiner undurchdringlichen Not. Er ist der Ort, an dem sich die Spur der Anderen offenbart – in und als Abwesenheit. Bei Le-

---

[24] Vgl. Bradley, Arthur, Negative Theology and Modern French Philosophy, London 2004.

[25] Lévinas, Emmanuel, Die Spur des Anderen, in: ders., Untersuchungen zur Phänomenologie und Sozialphilosophie, Freiburg/München ^{2}1987, 209–235, hier: 223.

[26] Adorno, Th.W., Negative Dialektik 358.

vinas heißt es von daher, anders als bei Adorno, aber in ähnlicher Konsequenz für die betroffene Wissensform und in eigener Durchführung negativer Theologie:

> „Der Andere kommt her vom unbedingt Abwesenden. Aber seine Verbindung mit dem absolut Abwesenden, von dem er herkommt, *bezeichnet* dieses Abwesende *nicht, enthüllt* es *nicht*; und dennoch hat das Abwesende im Antlitz eine Bedeutung."[27]

Derrida führt diesen Ansatz im Zuge seiner Überlegungen zur Negativen Theologie fort.[28] Sein Denken der *différance* verortet eine unaufhebbare Negativität in allem Sprechen und gleichsam *vor* allem Sprechen – als ein Vorgang, der über die Zuordnung von Negation und Position hinausführt. Negative Rede droht angesichts dieses Ereignisses der *différance als Spur* immer zu spät zu kommen und einer falschen Dialektik zu verfallen. Sie haftet schon klassisch beim Areopagiten an einer Ordnung des Überstiegs und ist also Ausdruck letzter Affirmation, Bestätigung des Gegebenen, das nur als Absprungbrett theologischer Zuschreibungen dient. Ohne nun eine neue dialektische, telelogische oder hyperessentialistische Ordnung einzuführen, radikalisiert Derrida das Programm Negativer Theologie, indem er daran festhält, dass sich in der nicht mehr identifizierbaren Bewegung der *différance* der Ort des notwendigen Sprechens öffnet.

> „Es gibt ein Geheimnis der absprechenden Verneinung und eine absprechende Verneinung des Geheimnisses. Das Geheimnis als solches, *als Geheimnis*, bereits trennt eine Negativität ab und richtet sie ein, das heißt eine Verneinung, die sich selbst verneint (*nie*). Sie ver-neint sich / ver-leugnet sich / stellt sich in Abrede (*Elle se dé-nie*). Diese absprechende Verneinung kommt nicht zufällig, sie ist wesentlich und ursprünglich. Und in dem *als solches* des Geheimnisses, welches sich verneint / verleugnet / in Abrede stellt, weil es, um zu sein, was es ist, sich sich selbst offenbart, läßt diese absprechende Ver-neinung (*dé-négation*) der Dialektik keine Chance."[29]

Der Ort des Sprechens im Modus des Aussprechens seines *grundlosen Grundes*, der Spur seines Ereignisses einer *différance*, die nicht einfach ist, aber doch im Unterschied der Zeichen alle Bedeutung generiert; die nicht einfach bleibt und sich fortlaufend verschiebt – in dieser Atopik der Sprache entsteht ein offener Raum unsagbarer, aber zu benennender Transzendenz, die nicht

---

[27] Levinas, E., Die Spur des Anderen 227.
[28] Derrida, Jacques, Wie nicht sprechen. Verneinungen, Wien 1989.
[29] Ebd. 47.

wieder zu einer Metaphysik des abwesend-anwesenden Gottes verdichtet werden kann.

> „Das »Geheimnis« des Negativen Theologie müßte deshalb nicht im Sinne der *Offenbarung* eines an irgendeinem Ort verborgenen, der Vernunft nicht zugänglichen theologischen Gesamtsinnes verstanden werden, sondern als prozessuales, sprachimmanentes Geschehen, das dennoch als subtiler Hinweis auf die mit Vernunftgründen nicht mehr qualifizierbare Existenz Gottes gelesen werden kann."[30]

Spätestens hier stellt der philosophische Diskurs der Moderne in seinen negativ-theologischen Dekonstruktionen die Schultheologie vor bis heute kaum abgegoltene Herausforderungen. In Frage steht der Ort, von dem aus Theologie überhaupt zur Sprache kommen kann. Der Raum, den die Rede von Gott angesichts des erfahrenen *Gottesfehls*, der *Nichtigkeit Gottes*, seines *Rückzugs aus der Welt* (oder wie auch immer man einem konsequenten A-Theismus metaphorisch entsprechen möchte) um den Spalt zu öffnen sucht, von dem Adorno sich das notwendige Licht der Erlösung versprach, *jenseits aller benennbaren Hoffnung* – dieser Raum der Theologie ist nicht zufällig von den Theologen des 20. Jahrhunderts immer wieder mit den Mitteln theologisch konstitutiver Negativität erschlossen worden. Rahner und Balthasar, Barth und Jüngel und viele andere haben dem Unsagbaren neue theologische Sprachen abgerungen.[31]

Vor diesem Hintergrund gewinnt dieses Buch seine spezifische Kontur. Es ist als *Quaestio disputata* angelegt und sucht in der Auseinandersetzung theologischer Theorieansätze und ihrer philosophischen Referenzstellen nach einer Standortbestimmung der systematischen Theologie heute. Das Buch versucht deshalb eine Positionsbestimmung mit mehrfachem Richtwert:

1. Was Negative Theologie **heute** bedeuten kann, was sie theologisch zu leisten vermag, wird in den unterschiedlichen Konzeptrahmen gegenwärtiger theologischer Theoriebildung ermittelt. Damit wird zugleich an der Positionsbestimmung wie an

[30] Valentin, Joachim, Atheismus in der Spur Gottes. Theologie nach Jacques Derrida, Mainz 1997, 214. Vgl. zur theologischen Rezeption Wohlmuth, Josef, „Wie nicht sprechen" – Zum Problem der negativen Theologie bei Jacques Derrida, in: Kruck, Günter (Hg.), Gottesglaube, Gotteserfahrung, Gotteserkenntnis. Begründungsformen religiöser Erfahrung in der Gegenwart, Mainz 2003, 131–155.

[31] Vgl. die Überblicke von Faber, Eva-Maria, Negative Theologie heute. Zur kritischen Aufnahme und Weiterführung einer theologischen Tradition in neuerer systematischer Theologie, in: ThPh 74 (1999) 481–503; dies., Zur Bedeutung Negativer Theologie in der christlichen Rede von Gott, in: IKZ Communio 31 (2002) 468–478.

der Fortschreibung einer bedeutenden theologischen Tradition gearbeitet.

2. Im Bereich der Systematischen Theologie zeichnet sich ein irreduzibler Pluralismus ab. Indem die verschiedenen TheologInnen den Ort Negativer Theologie im eigenen Modell kennzeichnen, werden die jeweiligen **Ansätze** problemorientiert vorgestellt und zugleich über das Thema aneinander verwiesen.
3. Die verschiedenen philosophischen Hintergrundtraditionen bilden die Referenzpunkte der Darstellung, um zugleich ein theologisches **Methoden**buch zu entwickeln, das von einer konkreten Problemstellung ausgeht.
4. Auf diese Weise ergibt sich ein Panorama gegenwärtiger fundamentaler Theologien – und zwar im Augenblick ihrer theoretischen Entwicklung.
5. Daher diskutieren gezielt VertreterInnen der nachrückenden theologischen Generation (der 1960er Jahrgänge) miteinander.
6. Nicht zuletzt wird im Sinne der Buchreihe eine *Quaestio disputata* im Vollzug angeboten, indem jeder Beitrag von allen kommentiert wird.

Entstanden ist ein Buch, das im Zusammenspiel heterogener Perspektiven ein eigenes Panorama Negativer Theologie schafft. Die Texte leiten in ein unendliches Gespräch über und erfinden so ihre Sujets als theologische Wissensform neu. Gleichzeitig weisen sie über sich hinaus: in das unendliche Geheimnis, das Gott in allem ist und bleibt.

1

Grenzen des Nicht-Sprechens

Annäherungen an die negative Gottesrede

Magnus Striet, Freiburg

I.

(1) Die Überzeugung von der je größeren Unähnlichkeit Gottes hat eine lange Tradition. Ohne Zweifel markiert die im Schöpfungsverhältnis ausgedrückte Differenz zwischen Gott und dem, was seine Existenz ursprünglich und bleibend ausschließlich seinem Wollen verdankt, eine ontologische Unähnlichkeit. *Ex nihilo* und darin nur auf sich selbst bezogen schaffen zu können ist keinem Endlichen möglich, da selbst das freieste kreative Schaffen immer noch negativ bezogen bleibt auf etwas, das nicht es selbst ist. Eine solche negative Bezogenheit schließt das christlich-monotheistische Gottesverständnis aus. Um die vollkommene Freiheit Gottes denken zu können, generierte die Glaubensreflexion den Begriff einer Schöpfung aus dem Nichts, also eines absolut gegensatzfreien Handelns. Bereits dieser Hinweis genügt für den Nachweis, dass Unähnlichkeit herrscht zwischen Gott und allem von ihm Unterschiedenen.

(2) Diese Unähnlichkeit ist nicht nur aussagbar, sondern präzise qualifiziert. Positiv nicht mehr begreifbar, wird der Begriff *creatio ex nihilo*[1] in Relation zu einem gegensatzbezogenen Handeln gebildet. Relation aber setzt ein Gemeinsames voraus. Bezogen auf den Begriff des Handelns, der bisher schöpfungstheologisch auf Gott hin expliziert wurde, ist es der Gott und Mensch unterstellte Begriff eines Handelnkönnens aus Freiheit, der bei aller Differenz als gemeinsam vorausgesetzt wird. Zwar ist Fichte einerseits zuzustimmen, dass sich eine Schöpfung „gar nicht ordentlich denken“[2]

---

[1] Zur Entstehung dieses Begriffs vgl. May, Gerhard, Schöpfung aus dem Nichts. Die Entstehung der Lehre von der creatio ex nihilo (= AKG; 48), Berlin 1978; systematisch aufschlussreich Hoping, Helmut, Creatio ex nihilo. Die Bedeutung einer schwierigen Unterscheidung für den Begriff des Monotheismus, in: JBTh 12 (1997) 291–307.

[2] Fichte, Johann Gottlieb, Die Anweisung zum seligen Leben, oder auch die Religionslehre, in: Fichtes Werke, hg. v. Fichte, Immanuel Hermann, Berlin 1971, 479. Zur Problematik der Begreifbarkeit einer freien Schöpfung vgl. Schäfer, Susanne, Gottes

lasse. Indes ist der Gedanke einer *creatio ex nihilo* damit noch nicht unsinnig, da er sich notwendig an den Begriff einer vollkommenen Freiheit anschließt, der sich wieder in Abhebung zum Begriff einer endlichen Freiheit bildet, die wiederum begrifflich denkbar wäre ohne deren Gegensatzbegriff einer unendlichen Freiheit, die sich dadurch auszeichnet, sich durch sich selbst und damit durch ihr Wesen autonom zu bestimmen. Diese wiederum aber *ist* nur als praktisch Tätige, damit auch nur in ihrem praktischen Vollzug zu vergewissern, so dass die sich ihres Tuns vergewissernde Freiheit sich als Subjekt setzt und weiß.[3] In menschlichen Verhältnissen wird in reziproker Weise solche frei sich vollziehende Subjektivität unterstellt, basierend auf der Ausdeutung dessen, was am anderen Menschen wahrzunehmen ist.

(3) Intersubjektivitätsverhältnisse leben deshalb auch von dem Vertrauen, dass etwa die Rede ein in wechselseitiger Freiheit gründendes performatives Element enthält oder dass die wohlwollende oder gar freundschaftliche Zuwendung eines anderen Menschen aus Freiheit geschieht, aber auch dass die Erniedrigung aus freiheitlich zu verantwortender Schuld geschieht und nicht nur aus natural-physischer Kausalität. Die Ausdeutung des Wahrnehmbaren als Freiheitsgeschehen hat diese Unterstellung immer bereits gemacht. So aber lebt auch die Ausdeutung von Geschichtsphänomenen davon, dass Gott selbst sich in ihnen ausspricht, vergegenwärtigt – anders formuliert: Sie werden wie menschliche Intersubjektivitätsverhältnisse als Handlung der unverfügbaren Freiheit Gottes ausgedeutet, die ein Tun ist, das als dieses Tun die Größe dieses Gottes für den Menschen begreifbar offenbar macht. Auch die Existenz der Welt wird in ihrer ursprünglichen Ermöglichung zu sich selbst, aber auch in ihrem kontinuierlichen Fortbestand als Handeln Gottes begriffen. „Ich sah deine Werke und erschrak", schreibt Augustinus.[4]

(4) Es scheint, dass gerade dann, wenn prädikativ bestimmt von Gott die Rede ist, wenn seine Freiheit und Schöpfermacht herausgestrichen werden, seine Erhabenheit umso größer den Menschen

---

Sein zur Welt. Schleiermachers Subjektanalyse in ihrer Prinzipienfunktion für Glaubenslehre und Dialektik (ratio fidei 12), Regensburg 2002, 237–246.

[3] Vgl. Fichte, J.G., Erste Einleitung in die Wissenschaftslehre, in: Fichtes Werke 1, hg. v. Fichte, I.H., Berlin 1971, 417–449, 7.

[4] Augustinus, Confessiones VII, 21,27. Johann Kreuzer hat vermerkt, dass in diesem Satz Transzendenz „nicht mehr der beruhigende Fluchtpunkt diesseitigen Daseins" sei. Vielmehr werde sie „zum integralen Moment der Erfahrung diesseitiger Endlichkeit selbst." (Kreuzer, Johann, Gestalten mittelalterlicher Philosophie. Augustinus, Eriguena, Eckhart, Tauler, Nikolaus von Kues, München 2000, 12).

erfasst. Ob dies eine erschreckende, vielleicht sogar eine Erhabenheit ist, die dem Menschen Angst macht angesichts seiner drohenden Willkür, ist offen. Dies ist die Kehrseite der Einsicht, dass der „Gott des Theismus ein absolut impotenter Gott" ist.[5] Freilich kann ein ursprünglich freier Gott auch als ein bleibend freier gedacht werden[6], der nur aus der Selbstbindung an seinen eigenen Willen handelt. Im Inkarnationsglauben hat Gott selbst diese philosophisch nicht abweisbare Angst insofern beruhigt, als er sich als der definiert hat, der verlässlich ist. Gründet der Glaube an solche Verlässlichkeit in der *freien* Selbstbezeugung Gottes, so kann umgekehrt dieser für ihre Zukunft auch nur getraut werden. Freiheit verträgt kein Moment von Notwendigkeit; sie ist nur, wenn sie der Kontingenz fähig ist. Ist Gott gut zu nennen, dann deshalb, weil er sich als solcher erwiesen hat, so dass das Gutsein den Vollzug seiner Freiheit und damit sie selbst bestimmt. Gott erweist in diesem Glauben seine Freiheit als vollkommenes Gutsein, protologisch gefolgert: Der Gott, der sich als der schlechthin Gute erwiesen hat, war dies in seiner Freiheit von Anfang an.

II.

(5) Für die Frage der negativen Theologie ist interessant, dass die einflussreichste Formulierung des IV. Laterankonzils (1215), die lautet *quia inter creatorem et creaturam non potest tanta similitudo notari, quin inter eos maior sit dissimilitudo notanda* (DH 806), keineswegs einfach nur eine Unerkennbarkeit Gottes behauptet, sondern auf sehr weitreichende immanenztrinitarische Bestimmungen folgt. Dies entspricht den bisherigen Überlegungen. Nur weil Gott in bestimmter Weise ausgesagt wird und in der Perspektive dieses Glaubens auch ausgesagt werden muss, da er sich selbst erschlossen hat, ist die spezifische Differenz von Gott und allem Geschöpflichen auszusagen. Dabei sind die Gottes Wesen selbst betreffenden Aussagen durchmengt mit Aussagen soteriologischer Natur. Die Spannung zu der sowohl in der orthodoxen[7] als auch in der lateinischen Tradition wirkungsgeschichtlich mächtigen Überzeugung, dass nichts über

[5] Schelling, Friedrich Wilhelm Joseph, Urfassung der Philosophie der Offenbarung 1 (= PhB 445a), hg. v. Erhardt, Walter E., Hamburg 192, 142.

[6] Prinzipiell denkbar wäre auch, dass Gott nur im Schöpfungsakt frei war, da er mit seiner Schöpfung sich seiner Freiheit begibt. Dies ist in dem berühmten Schöpfungsmythos von Hans Jonas der Fall, um der Aporetik der Theodizeefrage zu entgehen.

[7] Johannes von Damaskus, Genaue Darlegung des orthodoxen Glaubens. Aus dem Griechischen übersetzt und mit Einleitung und Erläuterungen versehen v. Dionys

Gottes Natur an sich, sondern ausschließlich etwas über seine Wirkungen zu sagen sei, ist unübersehbar. Gegen diese Überzeugung, die sich aus dem apriorischen Verständnis speist, dass das Absolute sich durch schlechthinnige Einheit auszeichnen muss, die deshalb dem unterscheidenden und damit ausschließenden Begriff entzogen ist, setzt sich aber immer auch eine Tendenz zur spekulativen Erfassung des Wesens der göttlichen Natur selbst durch.

(6) Eine solche spekulative Durchdringung des Gottesbegriffs entsteht nicht zufällig. Wie auch der biblischen Logik entspricht es einer spekulativen Durchdringung des Glaubens, die sich in diese hineinschreibt und gerade damit der kanonisierten Tradition einer fortwährenden Bedeutungserschließung des einmal gefassten Glaubens treu bleibt, dass sie sich dem Primat des Glaubens an den Gott unterordnet, der sich ausgesprochen hat und stets neu ausspricht. Im Anfang der biblischen Tradition steht eine Position, die Setzung eines Gehalts durch Gott selbst, „gegenüber der alle (notwendigen und unvermeidbaren) Negationen letztlich doch immer zweitrangig bleiben müssen.“[8] Dies gilt sowohl für die alt- als auch für die neutestamentliche Zeit.

(7) Die Glaubensbekenntnisse des alttestamentlichen Volkes Israel können auf folgende Aussagen hin verdichtet werden: Gott ist vollkommen barmherzig (Ex 34,6), will sich als Heiliger in der Mitte seines Volkes erweisen (Hos 11,8f) und sinnt auf Befreiung aus allen Formen von Sklaverei und Unterdrückung. Als *dieser* Gott will er allein verehrt werden. Das Alleinverehrungsgebot begründet sich heilsgeschichtlich. Der alttestamentlich-biblische Reflexionsgang insgesamt lebt von diesen Grundüberzeugungen. Seine kreative Hermeneutik lässt sich stets neu auffangen von dieser Grundüberzeugung, intensiviert immer entschiedener den Glauben an einen Gott, der sich auch vom Widerspruch gegen ihn nicht davon abhalten lässt, seine Heiligkeit zu erweisen. Von hieraus konzipieren sich dann auch die ans Trostlose grenzenden Aussagen eines Vermissens Gottes. Wo ist Gott, da das Elend nach ihm schreit?

(8) In diesen Erschließungsprozess des Glaubens fügt sich auch die jesuanische Hermeneutik Gottes hinein.[9] Ganz aus dem Glauben an den das Heil des Menschen wollenden Gott lebend, exegetisiert er diesen Gott in seiner und mit seiner eigenen Person. In den

---

Siefenhofer (BKV 44), München 1923, 8: „All unsere bejahenden Aussagen von Gott bezeichnen nicht die Natur, sondern die Beziehungen der Natur.“

[8] Haas, Alois Maria, Mystik als Theologie. Erfahrungs-, Denk- und Redeformen menschlicher Mystik, Frankfurt ^{2}1997, 36.

[9] Vgl. Hahn, Ferdinand, Theologie des Neuen Testaments, Tübingen 2002, 56–63.

Evangelien, die dieses Leben zweifelsohne unterschiedlich nuanciert ausdeuten, existiert Jesus nicht nur aus einem besonderen Sohnschaftsverhältnis heraus[10], sondern praktiziert dieses. Die Praxis Jesu qualifiziert erst den Inkarnationsglauben.[11] Er spricht das zu, setzt als wirklich, was den Glauben Israels bestimmt: Gegen jede gesellschaftliche und religiöse Engstirnigkeit und Gnadenlosigkeit setzt er die Barmherzigkeit Gottes. Nicht im Sinne einer alles beschwichtigenden, die Differenz von Gut und Böse herunterspielenden und damit am Ende völlig belanglosen Lyrik vom lieben Gott, sondern sehr entschieden in der Intention: Wer sich angesprochen weiß vom kategorischen Indikativ Gottes, von dem ist Umkehr verlangt. So unterschiedlich die Evangelientraditionen im Einzelnen ihre Auslegung auch akzentuieren mögen, so konzentrieren sie sich doch jeweils auf diese Grundaussage. Systematisch gilt, dass die unterschiedlichen Verstehenszugänge konzentriert werden müssen auf das eine Evangelium. Dies erfordert die Vernunft im Glauben. Die unterschiedlichen Verstehenszugänge, in die historisch gewachsene Verstehensmuster eingehen, gehören in den Erschließungsprozess Gottes hinein, sind Ausdruck dessen, dass Gott in einer freien Geschichte und in freier vernünftiger Anerkennung durch den Menschen Gott für den Menschen sein will.

(9) Aber selbst wenn der Glaube an die Barmherzigkeit Gottes immer stärker vereindeutigt wird, so hebt dies das „Entsichertsein auf Gott“[12] hin nicht auf. Die Theodizee bleibt der Prüfstein des Gottes, dem wegen ihrer Abgründigkeit die Schöpfung zur Anfrage des Menschen an ihn wird.[13] Soll man aber hoffen können, dass

---

[10] Vgl. Essen, Georg, Die Freiheit Jesu. Der Neuchalkedonische Enhypostasiebegriff im Horizont neuzeitlicher Subjekt- und Freiheitsphilosophie (ratio fidei 5), Regensburg 2001.

[11] Vgl. Söding, Thomas, Der Gottessohn aus Nazareth. Das Menschsein Jesu im Neuen Testament, Freiburg 2006, 342: „Die Evangelien bleiben unersetzlich. Die christologischen Konzentrationen sollen sie auch nicht ersetzen. Sie machen nicht die Fülle, aber die Tiefe der Jesusgeschichte deutlich. Nicht nur, *dass*, auch *wie* Jesus Mensch geworden ist, qualifiziert die Christologie.“

[12] Reikerstorfer, Johann, Über die Klage in der Christologie, in: JBTh 16 (2001) 269–287, 275.

[13] Aus der Vielzahl meiner Veröffentlichungen zum Theodizeeproblem vgl. Striet, Magnus, Über den Tod und den Glauben. Eine kleine Meditation, in: Böhnke, Michael, u. a. (Hg.), Freiheit Gottes und Freiheit des Menschen (FS Thomas Pröpper), Regensburg 2006, 161–176. Grundsätzlich möchte ich festhalten, dass mein Denken ein transzendentalphilosophisches ist. Es reflektiert ausschließlich auf die Bedingungen der Möglichkeit von etwas. Dies ist sorgsam zu unterscheiden von idealistischen Denkfiguren. Es begleitet die Praxis, das gelebte Leben, und sucht es dadurch zu orientieren, dass es nach moralisch verantworteten Gründen sucht, die es zu normieren vermögen. Eine moralisierend forcierte Rhetorik allein vermag noch nicht das begriffliche Denken zu ersetzen. Spätestens dann, wenn von extern der Verdacht in

Gott Antwort findet, dass er tröstet und versöhnt, soll man in diesem Sinn „beten“, „so muß ein Gott sein, ein Selbst – und Möglichkeit“[14], der sich der Wucht der Negation dadurch entzieht, indem er sich und seine Schöpfung durch seine Menschwerdung rechtfertigt. Solange der Impuls der Reflexion des Gottesbegriffs ein praktischer ist, der sich aus so mancher Vergeblichkeit unseres Tuns, aus dem Anblick der Geschichte speist und der gerade deshalb von der Moralität nicht ablassen will, so interessiert unter „dem Begriffe von Gott nicht bloß eine blindwirkende ewige Natur, als die Wurzel aller Dinge, sondern ein höchstes Wesen, das durch Verstand und Freiheit der Urheber der Dinge seyn soll“[15] und als solches identisch ist mit dem Gott, auf den sich die ihre Antinomien reflektierende praktische, auf das Wesen der Freiheit verpflichtende Vernunft hoffend ausstreckt.

(10) Auffällig ist, wie stark sich die biblisch-theologischen Aussagen kontrastieren mit einer Logik des Gottesbegriffs, die – wie auch immer gedanklich motiviert – die Rede von Gott als dem ganz Anderen oder dem alles menschliche Denken übersteigenden und deshalb bestimmungsunfähigen Absoluten pflegt. Der Grund hierfür liegt nicht in der Narrativität des biblischen Gottesbegriffs. In den Narrationen wird vielmehr sachlogisch immer ein Gott vorausgesetzt, der frei ist, der deshalb kontingenter Selbstbestimmung fähig ist und sich dazu bestimmt hat, Anderes zu wollen und sich diesem zu erschließen. Im Christentum geht diese Überzeugung dahin, dass Gott sich im Fleisch des Menschen Jesus selbst geoffenbart hat, sein Wesen – „Gott ist Liebe“ – in seinem trinitarischen Ansichsein und maßloser Entschiedenheit für das von ihm gewollte freie Geschöpf geoffenbart hat. Die begrifflichen Inszenierungen dieser Grundüberzeugung in der Phase der klassischen deutschen Philosophie nach Kant mögen zu Konzepten gekommen sein, die das Motiv einer freien Bundesgeschichte eher verdeckten. Ihr Verdienst aber besteht darin, mit dem Begriff der Selbstmitteilung beziehungsweise dem der Selbstoffenbarung Gottes der Theologie ein Begriffsinstrument zur Verfügung gestellt zu haben, das sie auf das Proprium des Glaubens führt.[16] Teilt man diesen Glauben, dann ist das

---

den Raum gestellt wird, es könne doch unmoralisch sein, überhaupt noch an Gott zu glauben, bedarf die gläubige Praxis der Angabe von Gründen.

[14] Kierkegaard, Sören, Die Krankheit zum Tode (GW, Abtl. 24/25), Gütersloh ^{4}1992, 37.

[15] Kant, Immanuel, KrV B 660f.

[16] Vgl. Trappe, Tobias, Allmacht und Selbstbeschränkung Gottes. Die Theologie der Liebe im Spannungsfeld von Philosophie und protestantischer Theologie im 19. Jahrhundert, Zürich 1997.

Ende einer, wie noch zu zeigen sein wird, philosophisch möglich bleibenden epistemischen Unzulänglichkeit des Absoluten erreicht.

III.

(11) Freilich sind die Gründe für die Ausbildung einer epistemischen Tradition negativer Theologie auch nicht einfach zu übergehen. Dominant für diese Tradition wurde das vor allem von Proklos und Plotin der gesamten europäischen Geistestradition einverleibte Motiv, das Göttliche allen disjunktiven Urteilen zu entziehen und deshalb Einheit und Einfachheit zu seinen alles Weitere präjudizierenden Prädikaten zu machen.[17] Hinter dieser Strategie steht die Überzeugung, dass alles, was bestimmungsfähig ist, ununterscheidbar wird vom Endlichen. Bestimmen ist Negieren, damit ausschließend und dem Göttlichen, das entweder das Absolute oder nicht ist, unangemessen.

(12) So plausibel dies zunächst erscheint, so problematisch ist dies aber für eine Theologie, die sich bundesgeschichtlich und damit von einem Denken zu bestimmen sucht, welches das Verhältnis von Gott und Mensch in Freiheitskategorien begreift. Setzt man mit einem Begriff des Einen an, so erscheint das Verhältnis des Einen zum Vielen nicht mehr als das einer radikalen, in der Kontingenzfähigkeit Gottes gründenden bleibenden Schöpfungsdifferenz. Der theologisch extrem wirkmächtige Satz *bonum est diffusivum sui* verdeckt dieses Problem. Jedenfalls wird es schwer, unter dieser Voraussetzung noch reale und das heißt immer auch bestimmbare Freiheitsdifferenzen zu denken. Theologisch geht es nicht nur darum, die Differenz zwischen Gott und dem Geschaffenen zu denken. Sondern das Interesse hat sich darauf zu richten, eine *bestimmte* Differenz zu denken, die eine Position voraussetzt und heilsgeschichtlich im Motiv des Bundes, der ein Freundschaftsverhältnis zwischen Gott und den Menschen begründet, ihren präzisesten Ausdruck findet. Ist dies der Ausgangspunkt des Glaubens, so sind Recht und Grenzen negativen Sprechens über Gott von hier aus zu setzen. Denn was für Menschen gilt, gilt dann, wenn Freundschaft oder gar Liebe zwischen Gott und dem Menschen vermutet wird, auch für Gott. Liebe ist „ein Geschenk der

---

[17] Vgl. insgesamt vom Verf., Offenbares Geheimnis. Zur Kritik der negativen Theologie (ratio fidei 14), Regensburg 2003; ders., Bestimmte Negation. Annäherungen an ein offenes Kapitel der Gotteslehre, in: Valentin, Joachim/Wendel, Saskia (Hg.), Unbedingtes Verstehen. Fundamentaltheologie zwischen Erstphilosophie und Hermeneutik, Regensburg 2001, 130–144.

Freiheit"[18] oder sie ist nicht. Muss nicht aber zumindest diese Bestimmtheit der Gottesrede belassen werden, wenn man nicht das Subjekt Gott überhaupt aufgeben will?

(13) Einer der wichtigsten Anstöße für die Theologie, sich nicht unvorsichtig der negativen Gottesrede zu bedienen beziehungsweise genau zu klären, was es denn mit ihr auf sich hat, findet sich bei Feuerbach. Seine Kritik der Grundfigur negativer Theologie schreibt er ein in die religionskritische Grundthese, dass Religion nichts anderes darstellt als die Selbstentäußerung der Menschheit. Was diese außer sich setzt, ist ureigenste Möglichkeit der Menschheit. Projiziert sie zunächst die Möglichkeit von Liebe auf ein göttliches Gegenüber, realisiert sie im Verlaufe ihrer Geschichte dies als die ureigenste Möglichkeit der Menschheit selbst. Gott wird zum nun aufgeklärten Praxiswort.

(14) Diesen Entdeckungsprozess der Menschheit, sich möglicherweise in der Religion nur selbst besprochen zu haben, bis dahin, dass in der christlichen Religion als der Religion der menschgewordenen Liebe die absolute Möglichkeit der Menschheit gedacht ist, sieht Feuerbach in der Geschichte der negativen Theologie am Werke. Feuerbach hat die klassisch von Pseudo-Dionysius Areopagita auf den Punkt gebrachte Methode der *via affirmationis, negationis et eminentiae* auf ihren kritischen Punkt befragt. Ihr zugrunde liegt ja die bereits beschriebene Sorge, keine bestimmenden und damit eingrenzenden Prädikate dem Göttlichen zuzusprechen, um es nicht zu verendlichen. Aus diesem Grunde wird nun vom Göttlichen ausgesagt, es sei dies alles, aber zugleich auch nicht, da es dies nicht in einer einfachen, sondern in einer ins Unendliche gesteigerten Weise ist. Das Widerspruchsprinzip wird aufgehoben in das nur dem Göttlichen zukommende Prinzip der je höheren Einheit, so dass Gott alles ist, aber in einer im Vergleich zu allem Endlichen und damit Begrenzten nichts ausschließenden Weise ist. Wie denkerisch so noch das Problem des moralisch Bösen anzugehen ist, muss hier nicht erörtert werden.

(15) Das stärkste Argument Feuerbachs gegen die Argumentationslogik der hier angedeuteten Tradition negativer Theologie liegt in der Applikation dieser Methode auf den Existenzbegriff. Qualitativ nicht bestimmte Existenz hat keine Realität: „Alle reale Existenz, d. h. alle Existenz, die *wirklich* Existenz ist, die ist *qualitative, bestimmte Existenz*." Deshalb folgert Feuerbach: „Die Verneinung bestimmter, positiver Prädikate des göttlichen Wesens ist

[18] Butler, Judith, Kritik der ethischen Gewalt. Adorno-Vorlesungen 2002, Frankfurt 2003, 103.

nichts anderes als Verneinung der Religion, welche aber noch einen *Schein von Religion* für sich hat, so dass sie nicht *als Verneinung* erkannt wird – nichts andres als ein *subtiler, verschlagener Atheismus.*“[19] Die Schärfe dieses Arguments ist begrenzt auf einen bestimmten Religionstyp, nämlich den monotheistischen, jedenfalls sofern dieser eine Differenz zwischen dem in ihm vorausgesetzten Gott zu allem anderen voraussetzt. Differenz muss bestimmbar sein, und so muss das Sein dieses Gottes begrifflich abgrenzbar und so aussagbar sein gegenüber all dem, was er nicht ist und was laut Schöpfungsglauben ausschließlich existiert, weil er es will. Das Argument trifft nicht Religionstypen, die auf der Basis einer Selbstverständigung bewussten Lebens über einen letzten Grund auf eine All-Einheit tendieren, die zwar Vielheit und Differenz, aber keine Differenzen kennt, die in ihrer Formalität unbedingt sind.[20] Diese Typen sind deshalb nicht von dem Argument Feuerbachs getroffen, weil der letzte Grund alles Daseins sich gerade dadurch auszeichnen soll, in einer nicht-differenten Weise mit allem eins zu sein.

(16) Eine positive Religion hingegen, die sich dem Glauben an eine freie Selbstentäußerung verdankt, muss das Argument Feuerbachs ins Mark treffen. Einem göttlichen Subjekt können nicht jegliche Prädikate abgesprochen werden, will man nicht den Begriff des Subjekts selbst aufheben und damit die Möglichkeit *freier* Selbstoffenbarung bestreiten. Ohne in eine Substanzontologie übergehen zu müssen, sind Aussagen vom ‚Sein‘ Gottes zu machen. Das univok einem jeden Existierenden zuzusprechende ‚ist‘, das freilich insgesamt völlig bestimmungslos zu denken ist, aber als logisches Subjekt prädikative Bestimmungen aufzunehmen vermag, ist auch von Gott auszusagen.

(17) Zwar bleibt es auch dabei, dass alle das Subjekt Gott bestimmenden Prädikate menschliche *Aussagen* über Gott sind. Um wahr zu sein, müssen sie ihre Übereinstimmung mit ihm unterstellen, ohne diese Übereinstimmung aus reiner Vernunft und damit aus dem Begriff Gottes deduzieren zu können. Die logische Voraussetzung, die der Glaube macht, besteht nicht nur darin zu unterstellen, *dass* Gott sich in der Lebensgeschichte Jesu selbst offenbar gemacht hat. Sondern auch, dass das Vertrauen in die begriffliche Möglichkeit, das Leben Jesu und das Zeugnis seiner

---

[19] Feuerbach, Ludwig, Das Wesen des Christentums (mit einem Nachwort von Karl Löwith), Stuttgart 1998, 56.

[20] Vgl. Henrich, Dieter, Gedanken zur Dankbarkeit, in: ders., Bewusstes Leben. Untersuchungen zum Verhältnis von Subjektivität und Metaphysik, Stuttgart 1999, 152–193, 192f.

Erscheinung nach seinem brutalen Ende als Ereignis der Selbstoffenbarung Gottes auszudeuten, deshalb wahr ist, weil das menschliche Verstehen angesichts der Größe Gottes nicht einfach ins Leere läuft. Deutet der Glaube aber so aus und setzt er das Vertrauen, so erheben die im Glauben beanspruchten Aussagen über den Gott, der sich selbst geoffenbart hat, insofern den Anspruch auf Wahrheit, als die Prädikationen den realen Gott treffen.

IV.

(18) Allerdings bleibt die enorme Dominanz negativer Theologie irritierend. Natürlich stimmen die kritischen Anmerkungen Feuerbachs, dass ich gar nicht wissen könne, „ob Gott etwas *andres* an sich oder für sich ist, als er *für mich* ist".[21] Aber auch wenn sich das Nachsinnen über Gott immer nur im geschehenden Vollzug des Denkens über ihn orientieren kann, begriffliches Verstehen immer bereits im Spiel ist, Gott insofern nur für das Denken und damit nur als Begriff ist, bleibt die prekäre Frage, *ob* Gott ist. Dass in die Beantwortung dieser Frage immer auch Qualitätsbestimmungen eingehen, wird nach dem Vorangegangen bereits als vorerst geklärt vorausgesetzt. Das Interesse an dieser begründet sich unmittelbar aus der Leitfrage nach der negativen Theologie. Falls philosophisch nicht auszuschließen ist, dass ein Gott existiert, der aus der Unverfügbarkeit seiner Freiheit heraus sich selbst und damit sein Wesen offenbaren will, so ist das vom Offenbarungsglauben erklärte Ende der negativen Theologie in seiner Denkmöglichkeit bewährt, dürfte im Glauben alle notwendige Negation in der Tat hinter die durch Gott selbst gegebene Position seiner selbst zurücktreten.

(19) Die von Kant in der *Transzendentalen Dialektik* der *Kritik der reinen Vernunft* vorgeführte Gottesbeweiskritik findet ihre womöglich aufregendste Fortschreibung in der *Philosophie der Offenbarung* des späten Schelling. Kant hatte zuvor alle möglichen Gottesbeweistypen auf die Gültigkeit des ontologischen konzentriert, in einem die ganze Abgründigkeit der menschlichen Vernunft auslotenden Schritt gezeigt, dass sie ausgerechnet den letzten „Träger aller Dinge" nicht mit der hinlänglichen Bestimmtheit zu denken imstande ist. Die Kernfrage lautet, ob Gott aus seinem Begriff heraus mit solcher Notwendigkeit als existierend begriffen werden kann, dass er als nichtexistent nicht

[21] Feuerbach, L., Das Wesen des Christentums 57.

einmal mehr gedacht werden kann. Argumentationslogisch bleibt Kant dem Verfahren verhaftet, aus der Möglichkeit der Existenz dieses Gottes sein notwendiges Existieren beziehungsweise sein Nichtnichtseinkönnen nachweisen zu wollen. Ihrem eigenen Vollzug zusehend macht die menschliche Vernunft nun zwar die Erfahrung, das Nichtnichtseinkönnende nicht denken zu können. Dabei entdeckt sie nicht nur die in ihren Denkgesetzen gründende Notwendigkeit, dieses denken zu müssen. Sondern sie muss, da etwas existiert, auch etwas annehmen, das notwendig notwendig existiert. Dieses Faktum der Vernunft markiert für Schelling den Anfang der positiven Philosophie. Ihr Anfang „ist das allem Denken zuvorkommende Sein. Sie geht vom Sein, dem kein Begriff vorausgeht, zum Begriff, zum ‚Überseienden'".[22] Schelling selbst hat diesen Ausgangspunkt der positiven Philosophie zum „Herrn des Seyns" fortbestimmt, der etwas anfangen kann, ihm also Freiheitsbestimmungen beigegeben. Doch fragt sich, ob hier nicht sehr schnell Bestimmungen ins Spiel gebracht werden, die keineswegs alternativlos sind. Zwar ist es möglich, innerhalb der Denkgesetze und damit auch Möglichkeiten der freien Vernunft das unvordenklich notwendig notwendige Seiende freiheitsbestimmt weiter zu prädizieren. Aber dies ist formal betrachtet negative Philosophie, so dass zu zeigen wäre, dass der Ausgangspunkt der positiven Philosophie, der ja ein Wirkliches darstellt, notwendig so kategorial zu begreifen ist.[23]

---

[22] Schelling, F.W.J., Philosophie der Offenbarung 1841/42 (Paulus-Nachschrift), hg. v. Frank, Manfred, Frankfurt 1977, 156. Franz, Albert, Schelling und die negative Theologie, in: ders./Jacobs, Wilhelm G. (Hg.), Religion und Gott im Denken der Neuzeit, Paderborn 2000, 99–108, 139, hat herausgestellt, dass Schelling sich, um nicht dem Irrationalismus in der Gottesfrage Raum zu geben, sich „auf die Tradition der negativen Theologie" bezogen habe, „doch nicht in jenem geradezu banalen Sinn, wie dies manchmal heute geschieht, also ob diese suggerieren würde bzw. in dem Sinn weitergedacht werden könnte, das Gottesproblem als solches sei, weil mit dem Gedanken der Autonomie des Menschen unvereinbar, sowie angesichts der Endlichkeit unseres Erkenntnisvermögens nicht wirklich sinnvoll stellbar, zu verschweigen und damit zu vergessen ... Gerade dies hieße nach Schelling, Philosophie würde sich für Freiheit und damit gegen Einheit entscheiden ...". Franz zeigt, wie Schellings Spätphilosophie darum bemüht ist, die Möglichkeit menschlicher Freiheit aus dem Begriff der göttlichen Freiheit heraus zu denken: „Gerade indem das Christentum Gott als trinitarisch begreift, begreift es also dessen absolute Jenseitigkeit und eröffnet damit die Freiheit, jene Freiheit, die ihre höchste Sinnspitze darin hat, diesen allein möglichen Gott im Glauben zugleich als Grund der Einheit der Wirklichkeit und so selbst als wirklichen und wirkmächtigen Gott anzuerkennen, also seine Offenbarung als das anzunehmen, was niemals aus bloßer Vernunft deduzierbar ist, gerade so aber als das gewusst werden kann, »quo maius nil fieri potest«" (145).

[23] Vgl. insgesamt Meier, Frank, Transzendenz der Vernunft und Wirklichkeit Gottes. Eine Untersuchung zur philosophischen Gotteslehre in F. W. J. Schellings Spätphilosophie (ratio fidei 21), Regensburg 2004.

(20) Exakt dies aber ist fraglich. Erwiesen ist nur, dass dann, wenn etwas existiert, auch etwas existiert, das schlechthin notwendig existiert, anders formuliert: Es gibt etwas Wirkliches, das dem Begriff des *ens necessarium* entspricht. Aber was dieses ist, ist nicht zu entscheiden. Die Kantische Antinomie der Welt macht diese Frage unentscheidbar. Ist philosophisch nicht auszuschließen, dass die Welt anfangslos existiert, ist der Begriff des notwendig notwendig Existierenden nicht mit hinlänglicher Sicherheit zu dem Gott fortzubestimmen, der als vollkommene Freiheit nur auf sich selbst bezogen eine Schöpfung wollen und realisieren kann. Andererseits aber offeriert „das zumindest für den Fall der freien Vernunft selbst gesicherte Kontingenzbewußtsein" die Möglichkeit, es „als Indiz für die *Freiheit* des möglichen Gottes zu werten". Die „*Welt*" kann als Schöpfung geglaubt werden, da „ein in sich Notwendiges in keinem Erkannten antreffbar ist".[24]

(21) Um die Vernunftgemäßheit des Schöpfungsglaubens, aber auch den Glauben an die Selbstoffenbarung Gottes zu erweisen, reicht dieser Möglichkeitsaufweis aus. Bezogen auf die Frage nach der Notwendigkeit und den Grenzen einer negativen Philosophie aber wird man sagen dürfen: Solange philosophisch nicht ausgeschlossen werden kann, dass ein sich durch Freiheit auszeichnender Gott existieren kann, kann auch die Möglichkeit einer Wesenserschließung Gottes und damit das Ende der philosophisch auszuschließenden prinzipiellen Nichtaussagbarkeit des letzten Grundes aller Wirklichkeit nicht ausgeschlossen werden. In der Instanz der Philosophie kann nur ausgewiesen werden, *dass* etwas schlechthin Notwendiges existieren kann, ohne dieses nun mit hinlänglicher Sicherheit bestimmen zu können. Es mag von daher sein, dass Hegels Philosophie des Absoluten philosophisch alle Schranken des Wissbaren aufhebt. Zum späten Schelling aber führt eine Linie, in der es zu einer permanenten Steigerung der Selbstreflexivität des Denkens kommt und die in eine radikale Gestalt ‚negativer Theologie' führt, auf der zwar der Gottesbegriff ausgehend vom Begriff menschlicher Freiheit konzipiert wird, der gedachte Inhalt aber angesichts möglicher Alternativen nicht mehr entscheidbar ist. Sie denkt notwendig ein notwendig existierendes Absolutes, ohne diesem auch nur noch eine einzige notwendige Prädikation über dieses *‚ist notwendig existierend'* hinaus beibringen zu können. Der Glaube bestimmt dieses notwendig

---

[24] Pröpper, Thomas, Zur theoretischen Verantwortung der Rede von Gott. Kritische Adaption neuzeitlicher Denkvorgaben, in: ders. (Hg.), Evangelium und freie Vernunft. Konturen einer theologischen Hermeneutik, Freiburg u. a. 2001, 72–97.

Existierende als den freien Gott: „Ich bin der, und werde mich als der erweisen, der ich bin und mich erweisen werde.“ (Ex 3,14)[25] Der Gott, der sich offenbar gemacht hat, wird zugleich als der geglaubt, dem sich alle Wirklichkeit verdankt: *ex nihilo*. Beweisbar ist dies nicht, aber philosophisch denkbar.

V.

(22) Die starke Akzentuierung des Offenbarwerdens Gottes hebt das Geheimnis Gottes selbstverständlich nicht auf. Allerdings fasst es sich nicht als Konsequenz seiner schlechthinnigen Einheit. Auf zwei Momente sei aufmerksam gemacht. So ist erstens der Begriff einer vollkommenen Freiheit zwar präzise zu bestimmen in Differenz zum Begriff einer endlichen Freiheit. Handlungstheoretisch auf nichts als auf sich selbst bezogen und zugleich aller Möglichkeit und Wirklichkeit mächtig zu sein, markiert das Wesen einer nicht nur formal, sondern auch material unbedingten Freiheit.[26] Als Begriff ist die Vorstellung einer solchen göttlichen Freiheit zu bilden, nicht aber mehr in ihrer eigenen Möglichkeit aus ihrem Begriff heraus zu erklären. Versuchte die menschliche Vernunft dies, so griffe wieder die beunruhigende Logik, das gerade gedachte Absolute in den Abgrund des Nichts verschwinden lassen zu können.[27] So wie das Denken der immanenten Trinität als freier Ermöglichungsgrund ihres ökonomischen Heilshandelns an Grenzen stößt, wenn es darum geht, die gleichursprüngliche Einheit von drei Personen zu denken, so auch, wenn es versucht, die im Begriff der vollkommenen Freiheit gedachte göttliche Freiheit nicht mehr nach der Ursache ihrer selbst zu befragen. Endgültig wird sich die menschliche Vernunft prekär, wenn sie die göttliche Freiheit unter zeittheoretischen Gesichtspunkten zu begreifen sucht. Denn setzt der Begriff einer kontingenten, also nicht ewigen Schöpfung bei

---

[25] Zur Auslegung vgl. Irsigler, Hubert, Von der Namensfrage zum Gottesverständnis. Exodus 3, 13–15 im Kontext der Glaubensgeschichte Israels, in: BN 96 (1999) 56–96, 89: „YHWH zeigt in der Bibel verwirrend viele Gesichter, lässt sich nicht festlegen auf ein Bild, er behauptet sich gegen leicht zuhandene, falsche Identifikationen. Er lässt sich auch nicht durch seinen Namen determinieren, wie Ex 3,14 gerade in einer deutenden Anspielung auf diesen Namen unterstreicht. Beides gehört in diesem Gottesverständnis unzertrennlich zusammen: zum einen Gottes helfende Zuwendung zu den Bedrängten und zum anderen seine unverfügbare Freiheit aus souveräner Macht.“

[26] Vgl. Krings, Hermann, Freiheit. Ein Versuch Gott zu denken, in: ders., System und Freiheit. Gesammelte Aufsätze, Freiburg u. a. 1982, 161–184, 177–182.

[27] Vgl. Kant, KrV B 641.

Gott die logische Möglichkeit voraus, keine Schöpfung zu realisieren, so impliziert das Faktum der Schöpfung eine Betätigung seiner Freiheit – was wiederum Zeit bedingt. Nun bleibt zwar die Möglichkeit, Gott aus seiner eigenen Zukunft heraus als die ewige Quelle seiner Zeit zu begreifen, so dass die Ewigkeit Gottes „eine Bestimmung seiner Freiheit"[28] ist, die sich von der des *nunc stans* unterscheidet. Aber ein solcher Begriff Gottes entzieht sich menschlicher Vorstellung.

(23) Neben diesen spekulativen Grenzfragen, die trotz oder gerade wegen Gottes Offenbarseins in eins seine bleibende Geheimnishaftigkeit zeigen, hat die negative Theologie aber noch ein ganz anderes Recht. Die vorangestellten Überlegungen haben den Schöpfungswillen Gottes immer unter der Kategorie seines Freundschaftswillens verstanden. Gerade dann aber fragt sich, ob die Zumutungen, die die Schöpfung dem Menschen notwendig auferlegte, nicht zu groß sind. Die Vertreibung des Menschen aus der Unschuld des Nichtseins brachte ihm die Nötigung der Selbsterhaltung in einer Welt, in der die Mittel nur allzu häufig zu knapp sind. Zudem ist das Leben durchzeichnet von der Gewissheit des Todes. Und bei aller Dankbarkeit über das Geschenk der Freiheit: Ihre furchtbare Schattenseite kann nicht übersehen werden. Von daher wohnt jeder affirmativen, doxologischen Gottesanrede immer auch das Moment von Negativität bei.

(24) Aber vielleicht ist dies ja das größte Geheimnis Gottes, dem sich der Glaube an den Gott Israels und Jesu aussetzt: Dass dem Menschen keine andere Liebe vorstellbar ist, die so groß und gewinnend ist, dass sie die an ihrer Biographie Gescheiterten, die in ihrer Freiheit zur Inkarnation des Bösen Gewordenen und vor allem die in ihrer Würde Geschändeten und Zertretenen mit sich versöhnen kann. Es bleibt das präsentisch Unabgegoltene, durch keine bejahende Gottesrede zu Beruhigende. Was aber der christliche Glaube hofft, ist, dass der, der um alle Zumutungen des Menschseins weiß, der wahrer Mensch geworden ist und damit die Apathievermutung Gottes selbst widerlegt hat, den Menschen fragen darf, ob es nicht – trotz allem – gut sei, dass eine Schöpfung ist.

[28] Barth, Karl, Kirchliche Dogmatik II/1, Zürich [3]1948, 685.

Thomas Schärtl: Kommentar zu Magnus Striet

Gottes unbeschränkte Freiheit – Balanceakte eines Grenzbegriffs

Magnus Striet bietet in seinem Beitrag die wohl konsequenteste offenbarungstheologische Modifikation des Gottesbegriffs. Konsequent ist sie, weil sie den Gedanken der Offenbarung als Selbstidentifikation Gottes buchstäblich nimmt: Wenn Gott in der Tat so ist, wie er sich zeigt, dann kann es nicht sein, dass wir etwas Wesentliches, was wir sozusagen von Gott wissen sollten, nicht auch wissen. Der Begriff des „Wissens", den ich eben verwendet habe, möge – das sei an die Adresse des geneigten Lesers bzw. der geneigten Leserin adressiert – rein formal und epistemologisch relativ breit verwendet werden: im Sinne der Kenntnis und der Kenntnisnahme etc. Der Generalthese Striets kann ich von meiner eigenen Warte aus nur zustimmen – mehr noch: Wer die Unsagbarkeitsthese domestizieren möchte (so wie ich das in meinem Beitrag auszubuchstabieren versuchte), wird in Striets Ansatz einen Gesprächspartner und Koalitionspartner finden. Denn selbst der Gedanke, dass sich die Selbstidentifikation Gottes nicht als simple Verbalinspiration oder als rein linear aufsteigende Erfolgsgeschichte präsentiert, dass sich die Selbstidentifikation Gottes vielmehr in eine Differance der menschlichen Selbstauslegung einschreibt, ist in dieses Konzept einbeziehbar. Noch dazu ratifiziert Magnus Striet sozusagen dogmatisch, was ich mehr oder weniger konsequent auf philosophischem Weg anzudenken versuchte: dass der Theismus von der Singularität Gottes ausgehen kann, ohne deswegen eine überwältigende Unsagbarkeitsthese vertreten zu müssen.

Magnus Striets Reflexionen markieren einen durchaus gewichtigen Schritt. Eine der markanten Hinterlassenschaften der frühen Reflexionen auf den Gottesbegriff – namentlich in der Theologie der Kappadokier – kreiste um die strukturelle Trennung von οὐσία und ὑπόστασις: Ein Weg, die echte Einheit Gottes in seiner Dreipersönlichkeit festzuhalten, bestand darin, gegen den so genannten eunomianischen Rationalismus an der Unerkennbarkeit und der Unbegreifbarkeit der *ousia* Gottes festzuhalten. Eunomius hatte eine neo-arianische Position formuliert, die eine klare Definition des Gottseins als Ungezeugtsein andachte (und er hatte damit den Logos konsequenterweise auf den Rang eines Geschöpfes verwiesen). Der Ausweg aus dieser Sachlage schien, so die Theologie der Kappadokier, nur in einer Art negativer Theologie bestehen zu können.[1] Lässt sich dieser frühe Topos auch in den von Magnus Striet vorgelegten Koordinaten noch einholen? Ja, muss sich dieser Topos einholen lassen? Ist nicht die strukturelle Trennung zwischen der geheimnisvollen Essenz Gottes einerseits und in den Weg andererseits, wie sich das Gottsein in den drei Personen heilsgeschichtlich zeigt, das weitaus größere Problem? Ich halte es für die Erblast einer trinitätstheologisch motivierten negativen Theologie, Gottes Wesen vom „Quoad nos" der Personen separiert zu haben. Und der einzige Ausweg, das Wesen wieder in die Sichtweite des „Quoad nos" zu bringen, ist eine idealistische Denkform, die Wesen und Erscheinung bzw. Wesen und Seinsweise füreinander transparent macht. Striet legt hierfür eine bemerkenswerte Denkform vor, deren theologische Bedeutung enorm ist. Die petrifizierte Entfremdung zwischen der Rede vom Wesen Gottes einerseits und der Rede von den trinitarischen Personen andererseits lässt sich damit – zumindest im Ansatz – überwinden. Der konsequente nächste Schritt wird sein, die klassische Eigenschaftslehre – Striet hat hier ebenfalls die Koordinaten vorgezeichnet[2] – trinitätstheologisch durchzudeklinieren, um zu zeigen, dass Gott so ist, wie er sich zeigt, dass sein Wesen sozusagen trinitarisch ist.[3] Von der anti-eunomianischen Spitze der Kappadokischen Überlegungen bleibt aber immerhin noch der Gedanke, dass die Bestimmung des Wesens Gottes nicht in eine definite Beschreibung aufgehen wird. Und auch das ist zustimmungsfähig und semantisch unproblematisch, da wir uns mit offenen Beschreibungen recht gut orientieren können.

Wenn es eine Anfrage gibt, dann richtet sie sich an die innere Logik des Freiheitsbegriffes, die ein Stück Negation sozusagen unabdingbar macht für den Fall, dass wir Freiheit zum konzeptuellen Dreh- und Angelpunkt des Gottesbegriffes machen. Diese Anfrage hat mit der Einsicht in ein Dilemma zu tun, das William Rowe[4] in einer inspirierenden Studie etwa folgendermaßen notiert hat: 1) Wenn Gott vollkommen frei ist, dann kann er (prinzipiell) jede mögliche Welt aktualisieren, die er aktualisieren will. 2) Wenn Gott vollkommen gut ist, dann muss er die beste aller möglichen Welten aktualisieren. Satz 2) scheint nicht nur dem Zustand unserer realen Welt geradezu zu widersprechen, sondern auch die vollkommene Freiheit Gottes, von der Satz 1) spricht, in Abrede zu

---

[1] Vgl. hierzu LaCugna, Catherine Mowry, God for us. The Trinity and Christian Life, New York 1991, 53–73.

[2] Vgl. Striet, M, Offenbares Geheimnis, bes. 240–264.

[3] Maßstäbliches hat hier Hans Urs von Balthasar vorgelegt. Vgl. dazu Balthasar, Hans Urs von, Theologik II: Wahrheit Gottes, Einsiedeln 1985, 128–138.

[4] Vgl. Rowe, William L., Can God Be Free? Oxford 2004, bes. 151–166.

stellen. Wie ist diesem Problem zu entkommen? Sollen wir sagen, dass Gottes Freiheit von seiner Vollkommenheit sozusagen begrenzt wird? Oder unterliegt die Vollkommenheit Gottes ebenfalls der Freiheit Gottes – etwa in dem Sinne, dass sich Gott in seiner Freiheit zur Vollkommenheit (und damit zur vollkommenen Güte etwa) entschlossen hat? Der erste Ausweg hat gravierende Konsequenzen für das von Magnus Striet (vgl. Nr. 4) andiskutierte Verhältnis von Freiheit und Notwendigkeit in Gott. Denn diese Lösung würde voraussetzen, dass Gott eine Natur hat, die er sich sozusagen nicht aussuchen konnte, auch wenn er sich zu dieser Gottnatur in ein Verhältnis setzt, das erstens kognitiv signifikant und intentional relevant ist.[5] Der Preis dieser Lösung ist hoch: der Freiheitsbegriff steht nicht mehr an exponierter Stelle. Aber auch die alternative Lösung ist nicht ohne einen gewissen Preis zu haben. Wie Rowe gezeigt hat, wartet hinter dem angezeigten Problem eine Regressgefahr: Wer sagen will, dass sich Gott seine Eigenschaften sozusagen frei aussucht, der muss bereits eine minimale Menge von Eigenschaften voraussetzen, die die Grundlage dafür sind, dass Gott sich Eigenschaften sozusagen frei wählt. Aber müssten wir an dieser Stelle nicht weitergehen? Müssten wir nicht fragen, ob auch die vorausgesetzten Eigenschaften Produkt einer Wahl sind, damit die Bedingungen, an die Satz 1) implicite anknüpft, erfüllt sind und sein können? Diese Frage drängt uns in den Regress, der hier nur vermieden werden kann, wenn man die Fragen abbricht. Das kann man aber nur, wenn man ein Stück negativer Theologie auch an dieser Stelle implementiert – etwa in der folgenden Gestalt: Auch wenn wir sagen, dass Gott sich seine Eigenschaften in jeder Hinsicht frei wählt, so dass er in letzter Konsequenz zur Aktualisierung der besten aller möglichen Welten nicht gezwungen wird, weil auch seinen moralische Vollkommenheit das Produkt einer freien Wahl ist, so müssen wir doch eingestehen, dass wir die Umrisse einer solchen, gewiss radikalen Freiheit nicht verstehen, ja nicht verstehen können, weil sie in jeder erdenklichen Hinsicht der Grenzfall dessen ist, was wir sub specie mundi als Freiheit erleben. Die Umrisse menschlicher Freiheit lassen sich an der Differenz zwischen signifikanten und nicht-signifikanten Wünschen beispielsweise ablesen: Nichtsignifikant ist etwa mein Wunsch, mich jetzt sofort von Washington D.C. nach München ins Hofbräuhaus zu teletransportieren, da Teletransportation außerhalb der physikalischen Bedingungen der menschlichen Na-

[5] Ich selbst neige dieser Lösung zu und versuche sie, mit den Konstituenten der so genannten Lateinischen Trinitätstheologie in Verbindung zu bringen.

tur liegt. Signifikant sind meine Wünsche (und die dahinter stehenden oder daraus resultierenden Freiheitsakte) nur, wenn sie im Spielraum meiner Möglichkeiten liegen (wie etwa die Arbeit an diesem Artikel einzustellen und stattdessen ins Kino zu gehen). Doch Gottes Spielraum schient per definitionem unendlich zu sein, so dass selbst seine Natur, seine Eigenschaften Gegenstand seiner Freiheitsakte sein müssen. Für Gott scheint der Unterschied zwischen signifikanten und nicht-signifikanten Wünschen nicht signifikant zu sein. Die Konsequenzen aus diesem Gedanken verstehen wir nicht oder haben wir konzeptuell nicht mehr in der Hand, wie die Regressproblematik zeigt. Dann bleibt nur noch der Ausweg, hier an ein Echo der klassischen negativen Theologie anzuknüpfen, indem man sagt, dass uns angesichts der Freiheit Gottes manche Fragen als sinnlos erscheinen müssen, weil keine klare, d. h. paradoxienfreie Antwort darauf gegeben werden kann. In diesem Falle würde die Rede von der radikalen Freiheit Gottes zum Grenzbegriff, der sub specie mundi eine wichtige Rolle spielen kann, weil er sagt, dass alle Willensakte Gottes signifikant sind (ganz anders als unter irdischen Bedingungen sozusagen). Doch dieser Grenzbegriff lässt nicht mehr jede beliebige Anfrage zu und macht bestimmte Antworten sinnlos. Dieser Zug lässt sich freilich nur rechtfertigen, wenn in den Freiheitsbegriff ein Stück negativer Theologie integriert wird.

Striet zeigt auf, dass zwei sehr unterschiedliche Motivgruppen negative Theologie hervorbringen. Erstens: Aus der faktisch gegebenen Offenbarung ergibt sich, dass konkurrierende Offenbarungen negiert (Alleinverehrungsgebot), dass konkurrierende Interpretationen eingeschränkt (Einheit des Evangeliums) und dass konkurrierende Wirklichkeitserfahrungen (Leid) als Gegenargumente abgeschwächt werden müssen. All diese Folgeprobleme ergeben sich in dieser Schärfe nur bei einem personalen Monotheismus, den man nicht durch Verweis auf Wechselwirkungen in einem Götterhimmel entschuldigen kann, sondern der als freier Ursprung allein zuständig und allein zurechnungsfähig bleibt (7–9).

Zweitens: Neben die offenbarungstheologische stellt Striet eine religionsphilosophische Motivgruppe, die von der undefinierbaren Einheit des Absoluten ausgeht (12). Dieses höchste Eine unterhält eine emanatistische In-Differenz zum Vielen, das aus ihm graduell hervorgeht oder – das wäre die Kehrseite des Emanationsmodells – eine Leere, ein Nichts aus sich entlässt, aus dem letztlich die irdische Welt besteht. Gnostisierende Theologien changieren zwischen einer optimistischen Identifizierung von Welt mit Gott und einem pessimistischen Dualismus (der letztlich keiner ist, weil außerhalb Gottes nur Nichts ist).

Diese zweite Richtung tendiert dazu, Transzendenz derart zu steigern, dass das Göttliche mit seinen Eigenschaften auch noch seine Existenz„eigenschaft" verliert (15) und damit die Fähigkeit, als Zurechnungsadresse für offenbarungstheologisch vorausgesetzte Prädikationen zu dienen (16). Einem Gott, von dem man nicht einmal sagen kann, dass er ist, kann man auch nicht sagen, dass er einen Bund schließt. Deshalb will Striet philosophisch wenigstens sichergestellt wissen, dass „nicht auszuschließen ist, dass ein Gott existiert" (18), und beruft sich dabei auf die Tradition des Beweises eines Notwendigen aus dem Kontingenten. Damit greift Striet die traditionelle Selbstbeschränkung philosophischer Theologie auf, Existenzbeweise zu führen, Wesensbeweise aber nicht, um der Offenbarung nicht vorzugreifen und ihre Freiheit nicht zu gefährden. Hier wäre zu unterscheiden, ob man aus Gründen der Pietät bzw. der religiösen Innenlogik den Begriff der göttlichen Freiheit nicht weiter erklärt (z. B. als Ursache ihrer selbst, 22) oder ob man die Funktion, die „Freiheit" als Fragestopp erfüllt, aufklärt, damit aber das System verlässt. In allen Systemen finden sich solche Interdependenzunterbrecher, die eingebaut werden müssen, damit sich Kontingenz nicht unendlich vermehrt. Weil heilsgeschichtlich endliche und göttliche Freiheit als zwei einander *zugängliche* Aktzentren erzählt werden (Gott kommuniziert mit Adam und tritt mit Jesus Christus selbst in die Kommunikation ein), kann es zu zwei Blockaden kommen: Entweder durch Kontingenzinflation oder durch Kontingenzdeflation. Erstere liegt vor, wenn die Offenbarung als jeweils nachträgliche Aufzeichnung von Gottes Willensäußerungen interpretiert wird oder auf beliebig viele „dispensations" verteilt wird. Wo Gott sich je nach Lage der Dinge anders entscheiden kann, wird er für den Menschen unberechenbar. Mit einem überkomplexen Gott hat es keinen Sinn zu kommunizieren, weshalb er – erzählt man Geschichten, in denen er selber spricht – als mit sich identischer, d. h. personaler Ursprung gedacht werden muss. Weil sich zudem Offenbarungstexte selber entwerten würden, wenn immer Neues hinzukäme, werden sie kanonisiert. Die Meinungsfreiheit Gottes wird so eingeschränkt und auf die Freiheit der Schriftinterpretation umgelenkt.

Umgekehrt entsteht Kontingenzdeflation dann, wenn die Heilsgeschichte als fester Plan erzählt wird, so dass sich der Mensch zu leicht auf Gott einstellen kann, d. h. Kommunikation sich erübrigte. Der Mensch weiß, dass Gott immer schon weiß, was der Mensch denkt. Oder: Der Mensch kennt aus der Heilsgeschichte Gottes Reaktionen auf Handlungen bereits so gut, dass er nicht aus Gottesgehorsam, sondern aus Schadensvermeidung handelt. Um sich nicht selber einem absichtvollen, instrumentellen Denken und Handeln auszuliefern, setzt Religion Gott als Freiheit und zwar – bei aller Unbedingtheit – als eine zur Anerkennung endlicher Freiheit fähige Freiheit. Damit können Gott und Mensch auf Augenhöhe verhandeln, ohne die Heilsgeschichte zur Dublette der Selbstentfaltung einer göttlichen Logik zu degradieren. Die Freiheitsunterstellung dient zur Erzeugung von Unbestimmtheit, und zwar in beide Richtungen: Auf die menschliche Seite bezogen trägt sie dazu bei, falsche Heilssicherheit zu verhindern, denn niemand kann sich seiner Freiheitshandlung morgen noch sicher sein. Auf die göttliche Seite bezogen erlaubt sie es, die Ungleichverteilung von Glück näher zu bestimmen, indem sie die Unbestimmbarkeit von Welt auf die Unbestimmtheit in Gott bezieht.

M. E. lässt sich zeigen, dass Folgeprobleme der Offenbarungstheologie zu ähnlichen Negationsfiguren führen, wie man sie aus der religionsphilosophischen Motivgruppe kennt.

Willibald Sandler: Kommentar zu Magnus Striet

Magnus Striet unternimmt in seinem Beitrag eine Kritik negativer Theologie, – und zwar vor allem gegen deren neuplatonischen Typus, insofern dieser Gott jede positive Bestimmung absprechen will. Dagegen stellt Striet die Bestimmtheit von Gottesaussagen in der biblischen Offenbarung: als barmherziger, heiliger und befreiender Gott (Nr. 7). Wo negative Theologie hinter diese Bestimmtheit zurückgehen will (aus philosophischen Gründen, um Gott als eine differenzlose Einheit zu denken, weil Differenz Indiz von Endlichkeit ist), verrät sie nicht nur das biblische Erbe, sie verfällt nach Striet auch der Religionskritik Feuerbachs (Nr. 13–16).

Dennoch will Striet nicht jede negative Theologie zurückweisen. In der Auseinandersetzung mit Schellings Spätphilosophie weist er Grenzen des spekulativen Gottdenkens auf. Solche Selbstbegrenzung spekulativen Denkens, um der Konkretheit offenbarungstheologischer Gottesrede Raum zu geben, stellt für Striet ein legitimes Anliegen für eine negative Theologie dar. Allerdings: Ist hier nicht eher eine negativen Philosophie angezielt, insofern die hier angeführten Argumente philosophischer Natur sind?

Am Ende seines Beitrags (Nr 23, 24) deutet Striet ein drittes (und ein zweites für ihn akzeptables) Feld für eine negative Theologie an: nämlich im Blick auf Spannungen, die sich gerade aus der Konkretheit von Gottes Wirken ergeben, – Spannungen zwischen der bezeugten Liebe Gottes (die den Menschen frei gibt) und deren scheinbar überfordernden Wirkungen (aus der Freiheit zum Bösen). Auf der gleichen Linie ließen sich hinzufügen: Spannungen zwischen verschiedenen Aspekten der geschichtlichen Selbstoffenbarung Gottes in ihren geschichtlichen Ausprägungen und der disparaten Reflexionen darauf (z. B. in der Rede von Gottes Liebe und Zorn). Dieses von Striet nur mehr kurz angedeutete Feld scheint mir den eigentlichen Heimatbereich für eine christliche negative Theologie auszumachen, – und zwar nicht nur innerhalb des von mir vorgestellten dramatischen Ansatzes. Auch für Striets Betonung einer höchst positiven Bestimmtheit Gottes aufgrund seiner Selbstoffenbarung – als barmherzig, heilend und befreiend (vgl. Nr. 7) – müssen die damit aufgeworfenen Spannungen zentral sein, – und sie sind es auch: „Die Theodizee bleibt der Prüfstein Gottes“, eines Gottes, „der sich der Wucht der Negation dadurch entzieht, indem er sich und seine Schöpfung durch seine Menschwerdung rechtfertigt“ (Nr. 9). Letztere Aussage markiert erst das Feld, von dem her Theologie sich diesem Prüfstein aussetzt. Hier muss noch konkret weiter gearbeitet werden, und zwar dadurch, dass die disparaten und zum Teil dunklen Aussagen so miteinander vermittelt werden, dass damit der Blick auf den wahren Gott in seiner lebensfreundlichen Bestimmtheit frei wird, und zwar in einem Blick, der unsere vorgefassten Begriffe von diesen Bestimmtheiten einer „Bekehrung des Denkens“ unterwirft.[1] Dies ist auch der Kontext, in dem die triplex via ihre unaufgebbare Bedeutung hat. Hier verführt die via negativa gerade nicht dazu, alle Konkretheit der Gottesrede hinter sich zu lassen. Vielmehr dient sie – in der Weise von relativen Negationen – der Modifizierung von disaparaten Auffassungen über Gottes Bestimmtheit, auf das Ziel hin, diese Einzelaussagen ohne Widerspruch zur Erkenntnis des einen, wahren Gottes zusammenzuschauen.[2]

Dass das ein innergeschichtlich unabschließbarer Prozess ist, ist eine zentrale Einsicht, die von der christlichen negativen Theologie eingeschärft wird. In diesem Sinn verstehe ich die radikalen Aussagen zur positiven Unsagbarkeit Gottes – wie wir sie bei Dionysius Areopagita, Johannes Damascenus und Thomas von Aquin finden, – also gerade nicht als Desavouierung jeder positiven Bestimmung Gottes. So – und vielleicht nur so – kann man ohne Widerspruch jene Aussagen ernst nehmen, die Dionysius Areopagita und Johannes Damascenus an den Anfang ihrer Abhandlungen stellen: dass sie nämlich die Positivität biblischer Gottesrede von ihren Relativierungen ausnehmen wollen.[3]

Die Kritik an neuplatonischer negativer Theologie, die Striet

---

[1] Vgl. in meinem Beitrag, Nr. 16.

[2] Vgl. dazu die Skizze am Ende meines Kommentars zu Thomas Schärtl.

[3] Zu Johannes Damascenus: „Ferner hat er [Gott] sich, zuerst durch Gesetz und Propheten, dann aber auch durch seinen eingeborenen Sohn, unseren Herrn, Gott und Heiland Jesus Christus entsprechend unserem Fassungsvermögen erkennbar gemacht. Daher nehmen wir alles an, was uns durch Gesetz und Propheten, Apostel und Evangelisten überliefert ist, studieren und verehren es und suchen nichts darüber hinaus.“ (Darlegung des orthodoxen Glaubens I,2; zitiert nach BKV 44, 1f). – Zu Dionysisus Areopagita: „Man darf nicht wagen, irgendetwas über die überwesentliche Gottheit zu sagen oder nur zu denken mit Ausnahme dessen, was uns durch göttliche Eingebung in der Heiligen Schrift geoffenbart worden ist.“ (De divinis nominibus 1,1, zitiert nach Stolina, Ralf, Niemand hat Gott je gesehen, Traktat über negative Theologie, Berlin/New York 2000, 10). – Zu Dionysius vgl. auch Josef Hochstaffl: „Der voraussetzend-reflektierende Bezug auf das aus sich hervortretende, göttliche Prinzip in seinem An-und-für-Sich-Sein soll demnach eine Negation gründen, wodurch die theologische Prinzipientheorie alle ihre eigenen Voraussetzungen der Reihe nach kritisch so negiert, daß sie sich schließlich dabei selbst übersteigt und aufhebt. Das, wohinein sie sich aufhebt, ist nach Dionysios nicht ein Nihilismus im Angesichte eines Nichts, sondern die über die Maßen gesteigerte Bejahung Gottes an und für sich, ‚so daß das Göttliche durch die wahren Verneigungen [sic!] geehrt wird‘.“ (Hochstaffl, J., Negative Theologie 135f, im Original kursiv).

vorbringt, müsste deshalb wohl differenzierter gesehen werden. Negative Theologie würde sich tatsächlich so weit als christliche Theologie disqualifizieren, als sie meint, die Konkretheit von Gottes Selbstoffenbarung suspendieren zu müssen. Aber trifft dies für jene Theologen christlicher Tradition, die sich neuplatonischen Denkens bedienen, tatsächlich auch zu? Oder wird hier nicht das neuplatonische Einheitsdenken – zumindest *auch* – dafür in Dienst genommen, um die Konkretheit Gottes in ihrer geschichtlichen Disparatheit auf die eine konvergente Zusammenschau der divergierenden biblischen Aussagen auf den einen, wahren Gottes hin zu denken? Es müsste also zwischen einer heidnischen und einer christlichen negativen Theologie unterschieden werden,[4] und diese Unterscheidung ist gewiss eine, die quer durch das Werk der neuplatonisch geprägten christlichen Väter negativer Theologie geht.

---

[4] Vgl. dazu in meinem Beitrag, Nr. 25.

Alois Halbmayr: Kommentar zu Magnus Striet

Bereits die Titelformulierung bringt zum Ausdruck, worum es Magnus Striet in seinem Text gehen wird: Um das Ausloten all jener Konsequenzen, die eine Bestreitung positiver prädikativer Aussagen über Gott mit sich bringen kann, um den unvermeidlichen Preis also, der für einen Verzicht auf eine „spekulative Durchdringung des Gottesbegriffs“ (6) allenfalls zu entrichten wäre. Die stringent vorgetragene Kritik an einer extensiven Verwendung des Paradigmas negativer Theologie führt im Umkehrschluss zur zentralen These, dass der christlichen Theologie „mit dem Begriff der Selbstmitteilung beziehungsweise dem der Selbstoffenbarung Gottes“ (10) ein Instrumentarium zur Verfügung steht, das Gott als den bleibend Freien, in dieser seiner unbedingten Freiheit aber andere Freiheit Wollenden denken und als denkmöglich erschließen kann.

Motiviert wird dieser Versuch von der Spannung zwischen zwei einander widersprechenden, aber doch auch ineinander greifenden Traditionslinien: auf der einen Seite das Bekenntnis der endgültigen *Selbst*zusage Gottes in Jesus Christus, auf der anderen Seite die Überzeugung, dass nichts über Gott an sich ausgesagt werden könne, weil er als der ganz Andere alles menschliche Denken und Begreifen übersteigt (5, 10). Gegen diese Überzeugung entwickelte sich „aber immer auch eine Tendenz zur spekulativen Erfassung des Wesens der göttlichen Natur selbst“ (5), an die Magnus Striet anknüpfen möchte.

Ausgehend vom Primat des Glaubens an den sich selbst mitteilenden Gott wird zunächst an den Anfang der biblischen Traditionen erinnert, die einen entschiedenen, schöpferischen Gott bekennen, der im Modus der Freundschaft einen Bund mit den Menschen schließt (12). Diese biblisch durchgehend bezeugte, von Jesus in Wort und Tat vollzogene Selbstbestimmung Gottes läutet aber gleichzeitig das Ende einer „philosophisch möglich bleibenden epistemischen Unzulänglichkeit des Absoluten“ ein (10). Denn die Traditionen der negativen Theologie, so verdienstvoll sie auch sein mögen, geraten durch das Proprium des Glaubens in die Defensive: Wenn Gott jegliche Prädikationen abgesprochen oder keinerlei positiv bestimmenden zugesprochen werden, öffnet sich im Gottesbegriff letztlich eine gähnende Leere (so im Kontext einer Reflexion auf Feuerbach, 13–17). Ein Existenzbegriff, der qualitativ nicht bestimmt ist, besitzt keine Realität. Daher, so die entscheidende Schlussfolgerung, müsse eine Religion, die sich dem Glauben an eine freie Selbstmitteilung Gottes verdankt, zumindest Existenzaussagen über Gott machen können, die freilich sofort wieder nähere Bestimmungen erfordern, um nicht in einem machtlosen, spekulativen Theismus zu münden. Im Anschluss an den späten Schelling arbeitet Magnus Striet argumentationslogisch die Denkmöglichkeit Gottes als „ens necessarium“ heraus, wobei die Philosophie nicht entscheiden und bestimmen könne, was dieses sei. Aber der Vernunft öffne sich zumindest die Möglichkeit, dieses notwendig Existierende als Indiz für die Existenz und Freiheit eines möglichen Gottes zu werten. Solange nämlich nicht ausgeschlossen werden könne, dass ein sich durch Freiheit auszeichnender Gott möglicherweise existiere, so lange lasse sich auch die Möglichkeit einer Wesenserschließung Gottes nicht definitiv ausschließen. Erst der Glaube bestimme dieses notwendig Existierende als den freien Gott. „Beweisbar ist dies nicht, aber philosophisch denkbar.“ (21)

Das Anliegen, das Magnus Striet mit seinem überaus stringenten Text verfolgt, trifft ein zentrales Desiderat theologischer Gottesrede. Der biblische Gott ist ja nicht nur ein Ereignis des Glaubens, sondern auch eine Herausforderung für das Denken. Meine Rückfragen richten sich daher nicht auf die Intention dieses Konzeptes, sondern an einige Aspekte seiner Durchführung.

(1) Welches Verständnis von negativer Theologie liegt hier zugrunde, dass sein vom Offenbarungsglauben her erklärtes Ende angesagt werden müsste? Wohl behaupten die von Platon vor allem über Proklos und Plotin entwickelten Traditionen der negativen Theologie in der Tat, dass von Gott keinerlei affirmative Aussagen gemacht werden können, weil Gott der gänzlich Unerkennbare und Unaussagbare sei. Aber diese Traditionslinie negativer Theologie ist im Christentum nicht die dominierende geworden, sondern diejenige über Pseudo-Dionysius Areopagita, die genau jene biblisch breit bezeugten Bekenntnisse reflektiert, dass Gott der ganz Andere ist und bleibt, auch wenn er sich in seiner Offenbarung (endgültig) bestimmt hat. Wenn die Transzendenz in die Immanenz eingeht, geht sie ja nicht verloren oder in ihr auf, sondern bleibt erhalten. Um die nahe liegende Verendlichung Gottes zu verhindern, erinnert die negative Theologie permanent an die Unangemessenheit der Prädikate Gottes. Sie bestreitet sie nicht, sondern betont ihre Unangemessenheit und Überholbarkeit. Gott bleibt auch in seiner Menschwerdung der Entzogene und ganz Andere, genau das möchte die negative Theologie sicherstellen.

(2) Obwohl Magnus Striet die negative Theologie auf der argumentativen Ebene weitgehend problematisiert bzw. verabschiedet,

finden sich an wichtigen Schnittstellen doch einige ihrer klassischen Argumente. Hier kommt ein anderes, vor allem in Anschluss an Schelling entwickeltes Verständnis von negativer Theologie zum Vorschein. So wird betont, „dass alle das Subjekt Gott bestimmenden Prädikate menschliche *Aussagen* über Gott sind" (17), dass die starke Akzentuierung des Offenbarwerdens Gottes das Geheimnis Gottes selbstverständlich nicht aufhebt, dass das Denken der immanenten Trinität an denkerische Grenzen stößt (22). Insbesondere durch die Anfragen der Theodizee komme die negative Theologie zu ihrem späten Recht. Wenn die Identifikation Gottes mit seiner Schöpfung zu weit vorangetrieben werde, stelle sich die Frage nach der Verhältnismäßigkeit. Sind die Zumutungen des Daseins wirklich den Preis der Freiheit und des Lebens wert? „Von daher wohnt jeder affirmativen, doxologischen Gottesanrede immer auch das Moment von Negativität bei." (23) Auch wenn die negative Theologie (d. h. eine bestimmte Form) als ungenügende und das Zentrum des Glaubens verfehlende Denkform kritisiert wird, so unverzichtbar erweist sie sich letztlich doch für das Sprechen von Gott.

(3) Mit dem eher versteckten Hinweis auf die Anfrage durch die Theodizee (9), die am Ende wieder aufgegriffen wird, bringt Magnus Striet ein Argument ein, das ein zentrales, aber zu wenig ausgearbeitetes Anliegen der negativen Theologie thematisiert. Der Vorrang der affirmativen Prädikationen, die selbst stets ein Moment der Unbestimmtheit in sich tragen, hebt daher die Einsicht nicht auf, dass auch in dieser Wissensform der Glaube an Gott, die spekulative Annäherung an seinen Begriff, ein Geheimnis bleibt. Wir können nicht wissen, ob unsere Denkversuche über Gott nicht ins Leere laufen, aber wir können begründet hoffen, dass sie den realen Gott treffen (9). Die Selbstzusage Gottes an uns Menschen ist uns nicht anders gegeben als im Modus des Glaubens, des Vertrauens und der Hoffnung. Selbst wenn unser Denken dem Geheimnis Gottes auf die Spur käme, bliebe immer noch das Problem der Theodizee, das „präsentisch Unabgegoltene, durch keine bejahende Gottesrede zu Beruhigende" (24). Anders als mit den starken Traditionen der negativen Theologie lässt sich dieser Unruhe nicht begegnen, auch wenn sie historisch gesehen in keiner Weise von der Sprach-Verantwortung gegenüber den Opfern und ihren Leiden, sondern von der Unsagbarkeit des Göttlichen motiviert waren.[1] Magnus Striets Versuch, bei aller Beto-

[1] Werbick, Jürgen, Von Gott sprechen an der Grenze zum Verstummen, Münster 2004, 13.

nung der affirmativen Prädikationen Gottes, dieses Unabgegoltene und Unerkennbare nicht in eine metaphysische Theorie hinein aufzulösen, belässt dieser Tradition das Widerständige, das die Gottesrede immer wieder auch davor bewahrt hat, allzu schnell Antworten zu geben und große Behauptungen aufzustellen, wo im Grunde eine Frage und ein kleines Vielleicht angebracht gewesen wäre.

Hildegund Keul: Kommentar zu Magnus Striet

Creatio ex nihilo – die christliche Aufmerksamkeit für materielle Realitäten der Welt

Die Lehre von der „creatio ex nihilo“ wurde erstmals im Hirt des Hermas vertreten und von Irenaeus von Lyon hoffähig gemacht; sie widerspricht dem Dualismus manichäisch-gnostischer Bewegungen, die im Gefolge griechischer Kosmologie von einer ewigen Materie ausgehen und deren Leibfeindlichkeit sich exemplarisch im Abscheu vor der Zeugung von Kindern zeigt.[1] Gott schafft aus dem Nichts. Nicht nur Ideelles, sondern auch das Materielle hat in Gott seine Herkunft. Was geschaffen ist, ist nicht zwingend vorhanden, sondern kontingent. Aber es erhält seine eigene Bedeutung, weil es von Gott geschaffen ist.

Erst das IV. Laterankonzil greift diese frühkirchliche Lehre von der creatio ex nihilo auf – 1215 und damit in einer Zeit, als die Geldwirtschaft eingeführt wird und die Bedeutung des Materiellen zum zentralen Thema theologischer Debatten wird. Die Armutsbewegung schafft „als Ausgleich für eine Welt, die zunehmend vom Geld durchdrungen war, [...] die gegenläufigen Vorbilder der Vollkommenheit in der Armut, der Einsamkeit und der totalen Entblößung.“[2] Häretische Bewegungen wie die Katharer und Albigenser vertreten einen Dualismus, der die Abkehr von der als böse beurteilten Materie verlangt. Dies stellt jedoch die christliche Inkarnationslehre in Frage. In dieser Situation greift das Laterankonzil die creatio ex nihilo-Lehre auf: „ab initio temporis utramque de nihilo condidit creaturam, spiritualem et corporalem, angelicam videlicet et mundanam“ (DH 800). Das Konzil verwirft den Dualismus, denn die Schöpfung Gottes ist eine Gründung (condidit) aus dem Nichts, und Jesus Christus, der einziggeborene Sohn Gottes, „verus homo factus, ex anima rationali et humana carne compositus“ (DH 801).

Im Blick auf diese Geschichte wirkt es befremdlich, wenn Magnus Striet schreibt: „Um die vollkommene Freiheit Gottes denken zu können, generierte die Glaubensreflexion den Begriff einer Schöpfung aus dem Nichts, also eines absolut gegensatzfreien

[1] Vgl. Ganoczy, Alexandre, Schöpfungslehre, Düsseldorf 1987, 93; sowie Kessler, Hans, Art. Schöpfung IV Theologie- u. dogmengeschichtlich, in: LThK[3] 9, 226.
[2] Duby, Georges, Die Zeit der Kathedralen. Kunst und Gesellschaft 980–1420, Frankfurt [4]1997, 205.

Handelns." (1) Der Feiheitsdiskurs von Striet verdankt sich der Auseinandersetzung mit „der klassischen deutschen Philosophie" (10) des Idealismus. Obwohl z. B. in der Schöpfungslehre des Laterankonzils Freiheit kein Thema ist,[3] wird die creatio ex nihilo-Lehre diesem Freiheitsdiskurs subsumiert. Aber sagt sie nicht gerade das Gegenteil?

Einige Jahrzehnte nach dem Laterankonzil wird Meister Eckhart zum leidenschaftliche Vertreter der creatio ex nihilo-Lehre und schreibt: „Es ist der Kreatur eigen, daß sie aus *etwas* etwas mache; Gott aber ist es eigen, daß er aus *nichts* etwas mache. Soll daher Gott etwas in dir oder mit dir machen, so mußt du vorher zu nichts geworden sein."[4] Eckhart setzt das Sein und das Nichts in ein kreatives Wechselverhältnis. Weil Gott aus dem Nichts zu erschaffen versteht, schließen sie einander nicht aus. Kreativität entsteht, wo das Sein zurücktritt und „zu nichts" wird, um von Gott neu geschaffen zu werden.

Der Freiheitsdiskurs von Striet beruht hingegen auf Entgegensetzungen, wo das Sein und das Nichts, Offenbarung und Verborgenheit, Anwesenheit und Abwesenheit, Freiheit und Gebrochenheit nicht aufeinander bezogen werden, sondern einander ausschließen. „Auffällig ist, wie stark sich die biblisch-theologischen Aussagen kontrastieren mit einer Logik des Gottesbegriffs, die [...] die Rede von Gott als dem ganz Anderen oder dem alles menschliche Denken übersteigenden und deshalb bestimmungsunfähigen Absoluten pflegt." (10) Ein Nachweis dieser These wird nicht geführt. Aber Offenbarungstheologie und Negative Theologie schließen einander nicht aus, vielmehr haben sie einen gemeinsamen biblischen Grund. Richtig schreibt Striet, dass „Gott sich im Fleisch des Menschen Jesus selbst geoffenbart hat". Aber diese Offenbarung ist zugleich verborgen, wie es die Emmaus-Jünger zu spüren bekommen (Lk 24, 13–35): zunächst erkannten sie ihren merkwürdigen Weggenossen nicht; erst beim Brechen des Brotes gingen ihnen die Augen auf – „dann sahen sie ihn nicht mehr." Der Auferstandene entzieht sich und ist offenbar verborgen.

Die creatio ex nihilo-Lehre verhindert eine dualistische Abschiebung des Materiellen in das Reich der Finsternis. Damit eröffnet sie dem Christentum die Möglichkeit, sich den materiellen

---

[3] Das Konzil bekennt, „daß nur einer der wahre, ewige, unermeßliche und unveränderliche, unbegreifliche, allmächtige und unaussprechliche Gott ist" (DH 800).

[4] Meister Eckhart, Werke in zwei Bänden, Text und Übersetzungen von J. Quint u. a. (Bibliothek des Mittelalters 20 u. 21) Frankfurt 1993, hier: Werke I, 423. – Eckhart verbindet creatio ex nihilo mit creatio continua: „Gott hat die Welt so geschaffen, daß er sie noch ohne Unterlaß schöpft."

Realitäten der Welt zu stellen und sie in ihr theologisches Denken einzubeziehen. Diese Aufmerksamkeit für Konkretheiten der Welt fehlt jedoch in Striets Freiheitsdiskurs. Angesichts der unfassbaren Unmenschlichkeit, von der das 20. Jh. geprägt war, ist die Selbstverständlichkeit mehr als irritierend, mit der hier von Freiheit und Vernunft gesprochen wird, ohne sich der Realität von Orten zu stellen, wo diese Selbstverständlichkeiten brechen, weil es dort nur noch um das nackte Leben geht.[5] Das unsägliche Leiden der Welt wird bei Striet als Nachwort angehängt (23), schreibt aber seine Gravuren nicht in den Diskurs anstehender Fragen ein. Der am Idealismus orientierte Ansatz[6] weicht den Orten seiner Bestreitung aus und setzt ihnen die Utopie einer bruchlosen Freiheit entgegen, die es in den Realitäten des Irdischen schlichtweg nicht gibt.

---

[5] Agamben, Giorgio, Homo sacer. Die souveräne Macht und das nackte Leben, Frankfurt 2002.

[6] Auch transzendentalphilosophische Denkfiguren sind nicht vor Idealismus gefeit. Sie folgen seiner Grammatik, wo sie vor jeder Beachtung der Zeichen der Zeit einen normierenden Zugriff auf die Glaubenspraxis versuchen. In seinen Überlegungen zur Theodizee behauptet Striet, dass Gott „sich der Wucht der Negation dadurch entzieht, indem er sich und seine Schöpfung durch seine Menschwerdung rechtfertigt" (Nr. 9). Aber Gott betreibt keine Rechtfertigung seiner selbst. Und er *entzieht* sich den Negationen keineswegs, sondern Jesus Christus *stellt sich* ihrer ganzen Wucht – bis hin zum Kreuz.

Gregor Maria Hoff: Kommentar zu Magnus Striet

1. Striets Überlegungen basieren auf einer schöpfungstheologisch entwickelten Freiheitshermeneutik (2). Sie hebt auf die positive Selbstmitteilung Gottes in einem Freiheitsgeschehen ab, das interpersonal immer eine ganzmenschliche und also auch intellektuelle Vermittlung einschließen muss (3). Dabei hält gerade der freiheitsanalytische Ansatz bereits auf eine formale philosophische Negativität zu, die entsprechend auch offenbarungstheologisch materiales Gewicht erhält. Es stellt sich nämlich m. E. die Frage, ob der grundlegende „Begriff einer vollkommenen Freiheit" (2; 22) nicht seinerseits konstitutiv unausdenkbar ist (gegen (22)):

(a) weil sich das Attribut „vollkommen" nie adäquat semantisch einlösen lässt, denn das entsprechende Kriterium kann bestenfalls ex negativo auftreten;

(b) weil man immer – theologisch gesprochen: eschatologisch – mit dem Auftritt einer Wirklichkeit rechnen muss, die gerade auf der Basis einer Bestimmung Gottes als des auch in seiner Inkarnation radikal Transzendenten in einer Weise eintreten kann, die jeden Begriff von ihm, kontingent, weil geschichtlich gewonnen, noch einmal transzendiert;

(c) weil Freiheit selbst als irreduzible Größe nie so aussagbar ist, dass man wirklich sagen könnte, eine Tat sei definitive Freiheitstat;

(d) weil Freiheit nur geschichtlich auftreten kann und also vermittelt bleibt, insofern aber ein Maß an Unbestimmbarkeit enthält.

2. Dass Gott sich als Freiheit selbst erschlossen hat (5), kann nur auf der Basis einer vermittelten Unmittelbarkeit des *sensus fidei* im Heiligen Geist ausgesagt werden, was erneut keine totale Übereinkunft von Vermittlung und Vermitteltem zulässt, sondern eine Differenz einschließt. Als heilige Differenz zwischen Schöpfer und Geschöpf beruht sie auf der Möglichkeit eines Sprechens, das sich wie in jedem kommunikativen Vorgang als Moment einer geglückten Verständigung an etwas binden muss, ohne es zugleich voll gültig aussagen zu können. Das gilt schon deshalb, weil es keine Garantie für den Konnex von Sinn und Bedeutung jenseits eines erneuten Einsatzes von kontingenten Zeichen gibt. Eben dieser Vorgang ließe sich theologisch sprachpragmatisch als eine Affirmation der Transzendenz Gottes in seiner Immanenz (*et vice versa*) abbilden.

3. Der Hinweis von Alois Haas, wonach angesichts der schöpfungstheologischen Position Gottes jede Negation immer nachgeordnet bleiben müsse (6), lebt von einer Voraussetzung, die diese Behauptung nicht mehr einholt, weil sie die sprachgenerative Unabweisbarkeit jener Negativität übersieht. Sie hält sich in der Differenz von Zeichen und Bezeichnetem. Erneut gilt auch hier, dass ihr Zusammenhang durch nichts jenseits neuer Zeichenketten bestimmt werden kann. Das Unsagbare ist nicht einfach das Absprungbrett des Sagbaren, sondern seine Bedingung, und zwar als Ort der *Zeichensetzung*.

4. Der Hinweis auf den starken Kontrast positiver biblischer Gottesprädikationen (10) (*Zwischenfrage: Ist die Nennungshäufigkeit an dieser Stelle gemeint oder die Intensität der Prädikationen oder die kontextdefinite systematische Bedeutung der Bestimmungen und wonach wird dies jeweils bemessen?*) markiert nur umso nachhaltiger die konstitutive Bedeutung von Sprechmustern, die gerade äußerste Positivität und radikale Negativität Gottes in seinem Erscheinen (bzw. in seiner Abwesenheit) so aneinander binden, dass sie – ungetrennt und unvermischt – in ihrem Bezug eine eigene Sprache für Gott generieren. Er umfasst darin das Sagbare und das Unsagbare – ein Sprachmodus, der Transzendenz und Immanenz Gottes wahrt.[1]

5. Auch „Liebe" als unaufgebbare (Selbst-)Prädikation Gottes (12) behält ein Moment des Unbestimmbaren und also formal indizierter Negativität, insofern als sie geschichtlich nur ambivalent zu „identifizieren" ist. Die Ortsangabe, wonach *„ubi caritas, ibi deus est"*, lässt entsprechend nie sicher sein, wo uns Gott wirklich entgegenkommt, weil irrtumsanfällig bleibt und also mit Blick auf eine letzte Bestimmung nicht mehr wirklich aussagbar erscheint, was man als Liebe bestimmt.

6. Dass „das menschliche Verstehen angesichts der Größe Gottes nicht einfach ins Leere läuft" (17), namentlich mit dem Blick auf das Osterereignis, wird in Gestalt einer *Hoffnung* aktualisiert, die sich an etwas bindet und auf etwas verpflichtet, von dem sie zugleich im performativen Selbstvollzug faktisch aussagt, dass es sich bei seiner Wirklichkeit nicht bereits um etwas sicher Aussagbares handle. Mit anderen Worten: Hoffnung aktualisiert Ausstehendes, insofern nicht ganz Sagbares, proponiert also ihren Wahr-

[1] Vgl. die Gebetssprache der Psalmen.

heitsanspruch im Modus einer formalen Negativität als etwas, was erst eintreten kann. Nur als solches kann es jene machtvolle Realität sein, die mit der Theologie der Auferweckung des Gekreuzigten ihrerseits nur in gespannten Sprachmustern von verbundener Unsagbarkeit im Sagbaren sprachlich für uns vorliegt.

7. Dass die damit verbundenen theologischen Prädikationen einen Wahrheitsanspruch transportieren (17), ist zuzugeben. Allerdings handelt es sich um einen sprachlich hergestellten Anspruch, der sich auf eine Wirklichkeit bezieht, von der er das je Andere zugleich mitaussagen muss, weil es nur dann tatsächlich jene Macht über das rein Menschenmögliche hinaus haben kann, an der alles hängt.

8. Diese theologische Einsicht bestätigt auch der Textschluss (24) – freilich fragt sich dann, welchen systematischen Stellenwert die zuvor bestimmten Grenzen der Vernunft angesichts des Geheimnisses haben, wenn man sie mit dem Anspruch einer Vernunfteinsicht konfrontiert, die im gegebenen Theorierahmen so profiliert auf die *Begreifbarkeit* Gottes in seinem Handeln zugeschnitten wird (3).

9. Die Spannungsverhältnisse positiver und negativer Theologie, die das Ende der Ausführungen aktiviert (22–24), vorbereitet durch die Schelling-Expertise mit ihrem eigenen negativ-theologischen Problemüberhang (19–21), scheinen mir dann aber in einer theoretischen Spannung zu der zuvor entwickelten Gedankenführung zu stehen.

10. Darüber hinaus gibt es eine klare Übereinkunft meinerseits mit dem Spitzensatz, wonach „jeder affirmativen, doxologischen Gottesanrede immer auch das Moment von Negativität“ (23) beiwohne. Mehr muss und kann negative Theologie nicht sagen. Striets Kritik scheint sie am entscheidenden Punkt zu affirmieren.

2

„Negationes non summe amamus“[1]

Eine sprachanalytische Annäherung an das Konzept negativer Theologie

Thomas Schärtl, Washington D.C.

(1) Der in der Überschrift als Slogan gebrauchte Satz, der von JOHANNES DUNS SCOTUS stammt, verrät schon im Ansatz, dass die verschiedenen Motive negativer Theologie für einen sprachanalytischen Ansatz eine große Schwierigkeit darstellen. Der Grund hierfür ist denkbar einfach: Ein sprachanalytischer Anweg kommt nicht ohne eine Minimum *sprachaffirmativer* und *sprachoptimistischer* Einstellungen aus. Ein signifikantes Beispiel für die Schwierigkeit der analytisch geprägten Philosophie, in der negativen Theologie mehr zu sehen als das zweifelhafte Echo PLATONS und – noch mehr – PLOTINS, stellt Franz VON KUTSCHERAS Vorbehalt gegen jede Form negativer Theologie dar:

> „Eine rein negative Theologie bleibt [...] weitgehend ohne Gehalt. Sie besagt nur ‚Gott ist völlig anders als alle Dinge, die wir kennen‘ und unterscheidet sich damit nicht wesentlich vom Agnostizismus, nach dem Gott, wenn es ihn gibt, jedenfalls völlig unerkennbar ist. [...] In ihrer liberaleren Version besagt die negative Theologie nur, daß keine Aussage über einen transzendenten Gott wirklich adäquat ist, daß alle Aussagen über ihn allenfalls annähernd richtig sind, wörtlich genommen aber falsch oder sinnlos. Eine solche negative Theologie kann aber kein wissenschaftliches Unternehmen sein, denn in der Wissenschaft sind nur klare, eindeutige und verbindliche Aussagen brauchbar, die auch tatsächlich meinen, was sie sagen.“[2]

(2) Die Vorliebe für den positiven, behauptenden Satz ist diesem Ansatz geradezu essentiell eingeschrieben. Insofern bleibt das Verhältnis der sprachanalytischen Religionsphilosophie zur Tradition negativer Theologie schwierig; das gilt samt und sonders auch für

---

[1] Vgl. Johannes Duns Scotus, Ord. I, Dist. III, pars I, q. 2, Abs. 10 (Opera omnia, Ed. Vatic., Vol. III, 5): „Negationes etiam tantum, non summe amamus.“ Vgl. zur weiteren Darlegung auch Schärtl, Thomas, Theo- Grammatik. Zur Logik der Rede vom trinitarischen Gott (ratio fidei 18), Regensburg 2003, 102f.; der genannte Satz findet sich als Motto auch zitiert bei Striet, Magnus Offenbares Geheimnis. Zur Kritik negativer Theologie (ratio fidei 14), Regensburg 2003, 11.

[2] Kutschera, Franz von, Vernunft und Glaube, Berlin/New York 1991, 73f.

die Adaptionen negativ-theologischer Momente aus der zeitgenössischen frankophonen[3] und frankophilen Philosophie. In den Kategorien klassischer Denkformen ausgedrückt: Die geradezu natürliche Affinität zur *via affirmativa* lässt aus sprachanalytischer Rücksicht am ehesten nach einer *via eminentiae* Ausschau halten, für die die *via negationis* nur eine gewisse Art von Zwischenschritt darstellen kann.

(3) Steuert man im Kontext analytischer Religionsphilosophie nicht – wie beispielsweise Richard SWINBURNE – auf eine Univozitätsthese zu, so bleibt nur jener Ausweg, den Franz VON KUTSCHERA gewiesen hat: Man wird *erstens* zwischen „religiöser" Sprache und „wissenschaftlich-theologischer" Sprache trennen. Man wird *zweitens*, ausgehend von einem liberalisierten (also nicht empiristisch verengten) Sinnkriterium der religiösen Sprache samt ihrer Metaphorizität und ihres poetischen Charakters ein Bleiberecht im Hause der Sprache einräumen[4], aber *drittens* wird man für alle wissenschaftlich-theologischen Sprechversuche allenfalls milden Spott übrig haben:

> „Der Versuch einer Verwissenschaftlichung der Aussagen der Religion kann letztlich nur dazu führen, daß sie durch schlechte metaphysische ersetzt werden und er wird immer wieder in einen Obskurantismus umschlagen, der, wenn sich die Begriffe verwirren, vom ‚Mysterium' spricht. Ein Mysterium als etwas Unerkennbares ist aber erstens kein möglicher Gegenstand der Wissenschaft, und zweitens sind Produkte der Spekulation, die vernünftiger Nachprüfung nicht standhalten, kein Mysterium, sondern Unsinn. Das Mysterium als etwas für unser Begreifen Undurchdringliches, etwas Verborgenes, das sich nur andeutungsweise enthüllt, ist ein Phänomen religiösen Denkens und Erlebens, das seinen angemessenen Ausdruck nur in Metaphern findet."[5]

(4) Wer diesen Weg VON KUTSCHERAS nicht mitgehen will, muss eine plausible Denkform finden für die These, dass Gott sowohl ein (im weitesten Sinne) wissenschaftlicher Gegenstand als auch ein Gegenstand unserer Erfahrung ist, auch wenn er sich von anderen wissenschaftlichen Gegenständen unterscheidet und wenn Gotteserfahrungen eine andere Qualität haben als sensuelle Erfahrungen des Alltagslebens. Wenn Gott ein Gegenstand unseres Denkens und unserer Erfahrung ist, dann kann negative Theologie

---

[3] Vgl. mit zusätzlichen Bezügen zu Heidegger, Levinas und Derrida weiterführend Kal, Victor, Being Unable to Speak, Seen as a Period. Difference and Distance in Jean-Luc Marion, in: Bulhof, Ilse N./Ten Laurens, Kate (Eds.), Flight of the Gods. Philosophical Perspectives on Negative Theology, New York 2000, 144–165.

[4] Vgl. Kutschera, F.v., Vernunft und Glaube 80f.

[5] Ebd. 84f.

nicht das letzte Wort behalten; sie hat dann im Wesentlichen eine diskriminatorische Funktion, weil sie anzeigt, dass Gott kein herkömmlicher Gegenstand des Denkens und der Erfahrung ist. Weil ich eine größere Sympathie für SWINBURNES rationale Theologie als für VON KUTSCHERAS pragmatisch grundierten, partiellen Nonkognitivismus hege (und das hat damit zu tun, dass ich Theologie, gerade auch Systematische Theologie, nach wie vor für eine Wissenschaft halte), werde ich für eine *Transformation* der Intuitionen negativer Theologie votieren, für eine These, die besagt, *dass Gott zwar eine singuläre, aber keineswegs (semantisch oder epistemologisch) relationslose Entität ist.*

Motive negativer Theologie

(5) Ein reiner sprachanalytischer Ansatz müsste spätestens hier eine Definition von „negativer Theologie" versuchen. Aber nicht nur die vielschichtigen Motivkomplexe, die zurecht mit dem Ausdruck „negative Theologie" assoziiert werden, erschweren einen Definitionsversuch. Auch jede gleichsam „axiomatisch" operierende, von oben und a priori einsetzende Definition im Stile eines Satzes wie (N_0) führt nicht wirklich weiter:

(N_0) Von Gott kann nichts ausgesagt werden.

(N_0) wird erstens dem, was *negative Theologie* als Begriffsarbeit im Rahmen etwa der dogmatischen Theologie immer geleistet hat, nicht gerecht. Und zweitens widerlegt sich der genannte Satz selbst. Denn sobald ich diesen Satz äußere, habe ich doch immerhin etwas ausgesagt.[6] Es mag nicht viel sein, es mag keine Beschreibung sein, keine detaillierte begriffliche Analyse dessen, was man mit „Gott" meint. Aber (N_0) ist doch immerhin ein Satz; ein Aussagesatz noch dazu, der auf Gott „referiert" – wie zielunsicher auch immer. Aber auch eine modifizierende Definition (N_{00}) berührt das Phänomen nicht bzw. gibt uns kein Raster an die Hand, um mit dem in Rede stehenden Phänomen in geordneter Weise in Berührung zu kommen:

(N_{00}) Von Gott kann nicht so gesprochen werden wie von allem Anderen.

(N_{00}) ist schlicht zu unspezifisch, um praktikabel zu sein. Denn angesichts der Tatsache, dass ein Individuum *a* sich von einem Indi-

---

[6] Vgl. Yandell, Keith E., The Epistemology of Religious Experience, Cambridge 1993, 61f.

viduum *b* irgendwie unterscheidet, für den Fall, dass $a \neq b$, gilt (N_{00}) *mutatis mutandis* für jedes beliebige Individuum. Erst wenn ein Satz (N_{000}) formuliert würde, hätte man das eingeholt, worauf (N_{00}) *eigentlich* abzielte:

(N_{000}) Der Unterschied zwischen Gott und allen anderen Individuen ist größer als *jeder* denkbare Unterschied zwischen den anderen Individuen, so dass die anderen Individuen sich trotz ihrer Unterschiedenheit notwendigerweise weniger voneinander unterscheiden als von Gott.

(6) Doch (N_{000}) ist schon in einer anderen Terminologie formuliert als (N_{00}); der spezifisch sprachphilosophische und sprachtheoretische Aspekt, der den Sprachanalytiker als Sprachphilosophen am „Phänomenbereich" negative Theologie besonders interessieren sollte, fällt schon zu stark aus der Betrachtung heraus. (N_{000}) ist ein höchst bedenkenswerter Satz; aber er ist schon zu „metaphysisch" und zu wenig „sprachphänomenologisch". Zudem stellt sich die Frage, ob er nicht in Antinomien[7] führt. Daher wähle ich einen anderen Weg; einen Weg ausgehend vom Gewebe eines theologischen Textes, der auf die Eigenart theologischer Sprache und damit auf die Eigenart der Rede von Gott reflektiert und dabei deutlich macht, wie negativ-theologische Motive noch innerhalb der affirmativen dogmatischen Rede wirksam sind. Ich wähle

[7] Das Antinomieproblem lässt sich folgendermaßen aus (N_{000}) konstruieren: (1) Alles, was sich unterscheiden lässt, muss sich auch „vergleichen" lassen. (2) Es lässt sich konstruieren eine Grundmenge **G** von allen Entitäten, die sich voneinander unterscheiden. (3) Um die Menge aller Entitäten noch einmal von Gott zu unterscheiden muss **G** in eine umfänglichere Grundmenge **G*** eingebettet werden, die Gott und **G** als Elemente enthält. (4) Doch wenn sich Gott fundamental von allem Anderen unterscheiden soll, darf er auch nicht in der Eigenschaft Element-von-G*-sein mit dem Anderen übereinstimmen, was zur Folge hat, dass Gott nicht zu **G*** gehören kann. (5) Doch damit von Gott ein Unterschied zu allem Anderen ausgesagt werden kann, muss Gott zu **G*** gehören. Es zeigt sich – im Blick auf (4) und (5) –, dass Gott sozusagen gleichzeitig zu **G*** und nicht zu **G*** gehören muss, soll (N_{000}) in Geltung sein. Das hier vorliegende Problem entspricht strukturell dem Problem, das sich bei Anselms Gottesbegriff auftut (Gott als „id quo maius cogitari nequit") und diesen Gottesbegriff in gleicher Weise in die Antinomie zu schicken droht. Vgl. dazu die Diagnosen von Vuillemin, Jules, Id quo nihil maius cogitari potest. Über die innere Möglichkeit eines rationalen Gottesbegriffs, in: ArGPh 53 (1971) 279–299. Vgl. dazu auch Scherb, Jürgen L., Anselms philosophische Theologie. Programm – Durchführung – Grundlagen, Stuttgart u. a. 2000 (MPhS/NF 15), 262–285. Ich habe in der *Theo-Grammatik* versucht, diese Problematik in den Gottesbegriff selbst zu integrieren: Durch den Gedanken der Selbstvermittlung Gottes und der Umkehrung von (N_{000}) lässt sich die Antinomie in eine durchaus sinnvolle, weil sprachregulatorisch wirksame und erkenntnisleitende Dialektik verwandeln: Gott gehört – spekulativ formuliert – in dem Maße zu den Elementen von **G***, wie er sich von ihnen unterscheidet. Vgl. Schärtl, Th., Theo-Grammatik 177–181.

den Weg der „Destillation“, nicht der Definition, indem ich die negativ-theologische Struktur aus der impliziten negativ-theologischen Strategie zu gewinnen versuche. Denn diese implizite Strategie ist es faktisch, die für die „Breitenwirkung“ und die Prima-facie-Plausibilität negativ-theologischer Grundsätze gesorgt hat. Ein sehr reflektiertes Beispiel hierfür findet sich in Wolfhart PANNENBERGS *Christologie*. Den Aufhänger seiner sprachtheologischen und sprachphilosophischen Reflexion, in die hinein sich Motive *negativer Theologie* mischen, bildet die Frage nach dem richtigen Verständnis des christologischen Dogmas im Angesicht der Tatsache, dass sich in der Formulierung von Chalzedon offenkundig paradoxale Wendungen verbergen, die den Eindruck der Widersprüchlichkeit erwecken könnten. Als Rätsel-Motiv fungieren einige Aspekte negativer Theologie hier zwar als letzte theologische Reißleine, die man ziehen muss, um den Sturz in offenkundige Inkonsistenzen innerhalb der theistischen Theorie abzufedern. Doch das ist – wie PANNENBERGS reflektierte Überlegungen zeigen – bei weitem nicht das alleinige und vielleicht auch nicht das zentrale Motiv. Sichtbar wird dies an dem Etikett „doxologische Aussage“, das PANNENBERG verwendet, um eine bestimmte Gattung von Sätzen von allen übrigen Aussagesätzen abzugrenzen:

> „Doxologische Aussagen im hier gemeinten Sinne sind Aussagen über Gott aufgrund von Ereignissen, die als von ihm her geschehen erfahren worden sind. Sie reden davon, wie Gott in bestimmten Begebenheiten sich selbst erweisen hat. Dabei bringt menschliches Vorstellen sich anbetend zum Opfer. Indem Bezeichnungen und Verhältnisse aus dem Bereich der Endlichkeit auf den ewigen und unendlichen Gott übertragen werden, ergeben sich unausweichlich widerspruchsvolle Vorstellungen. [...] Darum lassen sich doxologische Aussagen nicht ohne weiteres als Ausgangspunkt für Schlußfolgerungen verwenden. Für Schlußfolgerungen können nämlich nur Begriffe Verwendung finden, die in sich eindeutig sind. [...] In den Aussagen über Gott aber verschwindet die vorstellungsmäßige Eindeutigkeit der dabei verwendeten Begriffe. Sie werden, indem sie auf Gott übertragen werden, in einem Akt er Anbetung der Unendlichkeit Gottes übereignet. Nur aus der Reflexion auf den Akt, der aus bestimmten Anlässen zu bestimmten Aussagen von Gott führt, lassen sich Schlüsse ziehen, nicht aus solchen Aussagen für sich. [...] Das doxologische Element der christologischen Aussagen ist seinerseits fundiert in ihrem proleptischen Charakter [...]. Nur im Blick auf das Ganze der Wirklichkeit kann ja ein einzelnes Geschehnis etwas aussagen über den einen Gott. [...]“[8]

[8] Pannenberg, Wolfhart, Grundzüge der Christologie, Gütersloh [6]1982, 186f.

(7) Ich möchte die hier verwendeten Motive in einige Einzelthesen untergliedern; in ihrer Differenzierung ergeben sie Auskunft über die Reichweite und den theo-logischen Gehalt dessen, was *negative Theologie* meint und bewirkt: PANNENBERG spricht en passant in der genannten Stelle von der *Unendlichkeit Gottes*. Diese besondere „Eigenschaft" Gottes hat einige Folgewirkungen. Zunächst möchte ich die unausgesprochene zentrale These, um die die einzelnen Überlegungen kreisen, wie folgt niederschreiben:

(N_1) Gott ist transzendent.

(8) Die These (N_1) hat ihre Begründung darin, dass sich Gott signifikant von allem, was es gibt, zu unterscheiden scheint. Er ist *unendlich* in dem Sinne, dass er *nicht endlich* ist, d. h. dass er keinem der Gegenstände unserer Welt, seien sie konkret oder abstrakt, ähnelt. Das äußert sich z. B. darin, dass Gott sich keiner anderen Entität verdankt, dass er aus sich selbst ist, dass er dem Wandel der Zeit und damit auch der Vergänglichkeit nicht unterworfen ist. Mit (N_1) in einem Zusammenhang zu stehen scheint eine These (N_2), die PANNENBERG implicite benutzt, um eine sprachtheologische These (N_3) anzudeuten und um eine theologisch-wissenschaftliche These (N_4) zu konturieren:

(N_2) Etwas Transzendentes kann von der menschlichen Sprache (wahlweise kann auch gesagt werden: Vernunft, Erkenntnis, Erfahrung) nicht adäquat erfasst werden.

(N_3) Von etwas Transzendentem kann nur in einer übertragenen (analogen, metaphorischen, „doxologischen") Weise gesprochen werden.

(N_4) Soll in wissenschaftlicher (wissenschaftlich verbindlicher) Hinsicht von etwas Transzendentem gesprochen werden, so setzt dies eine „transzendentale" Reflexion auf die Bedingungen der Möglichkeit der Rede vom Transzendenten, wie sie in (N_2) und (N_3) genannt sind, und auf den Anlass, die zur Rede von etwas Transzendentem nötigt, voraus.

PANNENBERGS Reflexionen sind deshalb bemerkenswert, weil er die Bedürfnisse wissenschaftlicher Theologie zu würdigen und architektonisch mit den vorausgehenden Thesen zu verbinden weiß. Klassische Gotteslehren schließen das Kapitel „Gott und Sprache" oder „Gotteserkenntnis" meist (mehr oder weniger eloquent) mit der These (N_3), ohne sich eigens zu fragen, wie aus der religiösen Rede eigentlich wissenschaftlich-theologische Rede werden kann. PANNENBERG geht den Weg weiter und gibt uns Hinweise darauf, wie im Schatten negativ-theologischer Rede eine affirmative Theologie dennoch gedeihen kann.

(9) Aber sind die Thesen (N_1) bis (N_4) plausibel; und folgt ihr Zusammenhang einer logischen Ordnung? So wie sie niedergeschrieben wurden, ergeben sie keine Linie von Theoremen, die in einer Ableitungsbeziehung zueinander stehen. Dazu wären sicherlich noch Zwischenschritte einzufügen – Zwischenschritte, die eigens zu problematisieren wären. Das soll etwas detaillierter im nächsten Abschnitt geschehen. Hier möchte ich zunächst nach dem Gehalt und der Plausibilität der eigentlichen Grundthesen (N_1) bis (N_4) fragen. Wenn (N_1) von der *Transzendenz* (Gottes) spricht, so ist diese Aussage vordergründig zustimmungsfähig: Gott *unterscheidet* sich von allen herkömmlichen Entitäten, die unser Weltbild bevölkern. Aber in dem Moment, in dem wir den Transzendenzbegriff als *ontosemantischen Differenzbegriff* fassen, sind wir bereits über die Motive negativer Theologie hinaus; wir haben dabei das negativ-theologische Moment *operationalisiert*, um die *Besonderheit Gottes* im Verhältnis zu anderen Entitäten anzuzueigen. In die Münzen affirmativen Redens wird der *ontosemantische* Unterschiedsmarker „Transzendenz" dann durch die Angabe von spezifischen Eigenschaften gewechselt, die im Detail anzeigen, wie und worin sich Gott von „herkömmlichen Entitäten" unterscheidet. Aber worin liegt dieser Unterschied? In prinzipieller Hinsicht können wir auf der Ebene elementarster Aussagesätze zwischen Existenzaussagen und Eigenschaftszuschreibungen unterschieden. Die *ontosemantische Differenzmarkierung*, die beim Gottesbegriff angebracht zu sein scheint, muss sich in den Koordinaten dieser Zweiteilung noch einmal anschaulich machen lassen. Und zwar wie folgt:

(OD_1) Herkömmliche Existenzaussagen sind in Verbindung mit dem Ausdruck „Gott" nicht möglich.

(OD_2) Herkömmliche Eigenschaftszuschreibungen sind in Verbindung mit dem Ausdruck „Gott" nicht möglich.

(10) In beiden erläuternden Thesen (OD_1) und (OD_2) kommt der Ausdruck „herkömmlich" vor; er beschreibt – durchaus optimistisch – die Tatsache, dass Existenzbehauptungen und Eigenschaftszuschreibungen jeweils für sich sehr geläufige Sprechakte sind. Mit (OD_1) und (OD_2) ist aber auch gesagt, dass die Rede von „Gott" im Blick auf die genannten Sprechakte keine Standardsituation darstellt. Wieso sollte sich die Rede von „Gott" jedoch jenseits der Kriterien und Kontexte solcher Standardsituationen bewegen? Wenn wir einen Blick auf (OD_1) werfen und uns nach den „herkömmlichen" Kriterien für Existenzaussagen fragen, so werden wir etwa folgende Angaben machen können: Wir sagen *genau*

dann von einem *x*, dass *x* existiert, wenn *x* mit *unserer wirklichen Welt*[9] in einer Verbindung steht. Diese Art der Verbindung ist in der Regel eine kausale Verbindung, die epistemisch durch einen Erfahrungsbezug zertifiziert wird und die unabhängig von unserer Einbildungskraft und unserem Denken ist. Aber warum sollte diese Bestimmung für einen Satz „Gott existiert" nicht gelten? Zeigen nicht die so genannten *aposteriorischen* Gottesbeweise, dass auch im Blick auf Gott der genannten ontologische Grundsatz in Geltung bleibt, so dass – wenn schon nicht ausgehend von einem allgemein anerkannten Kausalprinzip so doch immerhin ausgehend vom Phänomen der religiösen Erfahrung – auf die Existenz Gottes geschlossen werden kann? Andererseits konserviert das so genannte *ontologische Argument* die Einsicht, dass Gott die Existenz notwendig zukommt – und zwar so notwendig, dass die Nichtexistenz Gottes eigentlich gar nicht gedacht werden kann.[10] Die Rede von notwendiger Existenz führt zwar zur Apostrophierung einer *Eigenartigkeit* Gottes – denn in der Tat ist es schwer vorstellbar, dass herkömmliche Entitäten notwendig existieren sollen –, aber begründet für sich noch *keine* negative Theologie im radikalen Sinne. Erst wenn wir (interessegeleitet) entsprechende ontologische Zusätze formulieren, ergibt sich aus dem Gedanken der notwendigen Existenz Gottes die radikale Transzendenz Gottes:

(OD_3) Gegenstände des Universe of Discourse können (herkömmlicher Weise) nur solche sein, die ohne logischen Widerspruch dem Domain einer Welt W_α, W_β, W_γ ... zugeordnet *oder nicht* zugeordnet werden können. (= „Was ein Ding ist, existiert nicht notwendig.")

(OD_4) Was logischerweise zum Domain jeder Welt W_α, W_β, W_γ ... zugeordnet werden muss, kann (herkömmlicher Weise) im eigentlichen Sinne kein Gegenstand des Universe of Discourse sein.

(OD_3) und (OD_4) sind – wie leicht zu sehen ist – hoch problematisch; vor allem auch, weil in die Formulierung der Mehr-Welten-Modell mit dem Begriff der „Zuordenbarkeit" eine zusätzliche Modalität hineingeschmuggelt wurde, deren Status im Rahmen des Modells erst zu klären wäre. Das mag hier dahingestellt bleiben. Wichtiger ist die Einsicht, dass (OD_3) und (OD_4) nur für kon-

---

[9] Der Ausdruck „wirklich" bzw. „wirkliche Welt" ist hier provisorisch als Indexausdruck gebraucht. Er funktioniert dabei wie der 0-Punkt eines Koordinatensystems: Von diesem Punkt aus werden alle Existenz-Angaben vorgenommen und alle Bestimmungen justiert. Existenz im Vollsinne heißt also: „in der wirklichen Welt W_α existieren".

[10] Vgl. hierzu Anselm von Canterbury: Proslogion III.

tingente Gegenstände gelten. Kontingente Gegenstände sind aber nur eine Untergruppe von Gegenständen überhaupt. Und auf Gegenstände überhaupt ist der Fokus von (OD_3) ja eigentlich gerichtet. Es gibt aber keine Begründung für eine Restriktion von „Gegenstand" auf „kontingenter Gegenstand" ausgehend von dieser rein begrifflichen, apriorischen Ebene, auf der sich unsere bisherigen Überlegungen befinden. In welchem Sinn sollte also (OD_3) in Geltung bleiben, wenn diese These den Grundgedanken negativer Theologie, wie er in (N_1) angegeben ist, stützen will? Es bestünde – abseits des ontologischen Arguments – die *theoretische* Möglichkeit, die Frage nach der Art der kausalen Verbindung einer Entität „Gott" mit uns bzw. unserer Wirklichkeit oder die Art des Erfahrungsbezuges kritisch zu befragen. Doch ist die Theologie nicht wirklich gut beraten, wenn sie an diesen ontologischen „Stellschrauben" zu unvorsichtig agiert; auf halbem Weg kommen ihr hier nämlich atheistische naturalistische Positionen entgegen, die den Begriff der Kausalität im strikten Sinne als physikalische Kausalität und den Begriff der Erfahrung im engeren Sinne empiristisch bzw. sensualistisch auslegen würden. Soll dies vermieden werden, dann muss Gott nach wie vor als Gegenstand des *Universe of Discourse* und damit auch als „Domain"-fähig betrachtet werden; das Attribut „notwendige Existenz" zeigt lediglich, dass es sich bei Gott um einen einzigartigen Gegenstand handelt.

(11) Wie verhält es sich dann aber mit dem Theorem (OD_2)? Dieses Theorem steht, wie leicht zu sehen ist, in einer starken Beziehung zu (N_2); denn die Aufgabe der Eigenschaftszuschreibung ist das Basisgeschäft der grundlegendsten wahrheitswertfähigen Sprachhandlung: der *elementaren Prädikation*[11] – einer Sprachhandlung, bei der wir einem Gegenstand x (üblicher Weise durch einen Zeigegestus angezeigt, der auf einer elaborierteren Ebene durch einen Eigennamen ersetzt ist) eine Eigenschaft F zusprechen (z. B. „x ist rot") oder bei der wir einen Gegenstand x in eine Sorte einordnen (z. B. „x ist ein Ball").

Transzendenz Gottes – sprachanalytisch

(12) Wie wir gesehen haben, behauptet (OD_2), dass Prädikationsvorgänge bei einem Gegenstand „Gott" nicht in der üblichen Form möglich sein sollen. Eine Konsequenz dieser Behauptung wäre

[11] Vgl. dazu Kamlah, Wilhelm/Lorenzen, Paul, Logische Propädeutik. Vorschule des vernünftigen Redens (ND 1987), Mannheim u. a. 1973, 34–39.

dann – logischerweise – (N_2). Wie lassen sich beide Behauptungen rechtfertigen; oder wie sind sie genau zu verstehen? Wir nehmen Eigenschaftszuschreibungen – prima vista ausgedrückt – *dann und nur dann* korrekt vor, *wenn* der in Rede stehende Gegenstand *x* die entsprechende Eigenschaft *F* auch *tatsächlich* und *stricte dictu* hat. Die Korrektheit dieses Vorgangs scheint *prima facie* jedoch gestört zu werden, wenn der entsprechende Gegenstand *x*

a) erkenntnis-transzendent,
b) kategorien-transzendent oder
c) typenkonnex-transzendent ist.

Wie unterscheiden sich diese Transzendenzbegriffe? Und was bedeutet „Störung“ in diesem Zusammenhang? Das bedarf einiger Erläuterungen: Ein Gegenstand ist erkenntnis-transzendent, wenn er sich unserer Erkenntnis bzw. den herkömmlichen Mitteln unserer Erkenntnis weitgehend oder vollständig entzieht. So kann die Zuschreibung der Eigenschaft „blauäugig“ auf die Bewohner der Nachbargalaxie Alpha Centauri deshalb undurchführbar sein, weil sich diese Art von Entitäten unserer Kenntnis vollständig entzieht; wir haben bis dato keine Möglichkeit, die Existenz von Lebewesen in dieser Galaxie nachzuweisen – geschweige denn von so hoch entwickelten, die Augen besitzen, die unseren menschlichen irgendwie ähnlich sind. Erkenntnis-Transzendenz kann vollständig sein – aber dann hebt sich die in Rede stehende Entität auch ontologisch ins Nichts – oder partiell: bezogen auf eine bestimmte Menge von Eigenschaften, die uns interessieren, und bezogen auf einen bestimmten Zeitraum, den wir eventuell überbrücken müssen, um zu besseren Erkenntnismethoden zu gelangen.

(13) Könnte man nicht, um eine Art Alternative im Rahmen von a) zu formulieren, sagen, dass eine Entität vielleicht nicht vollkommen erkenntnis-transzendent, aber doch in jedem Fall *sprachtranszendent* ist, so dass es uns nicht gelingt, sie angemessen zu beschreiben, ja überhaupt angemessen von ihr zu sprechen – ein Gedanke, der (N_2) stützen würde? Die Frage ist allerdings, ob ein Satz (i) „Ich kann *x* zwar irgendwie erkennen, aber ich kann *x* nicht beschreiben“ oder seine radikalere Version (ii) „Ich habe eine Vorstellung bzw. einen Gedanken von *x*, aber ich kann das nicht in Worte fassen“ ein sinnvoller Satz ist. Es hängt von einem bestimmten Bild von Sprache ab, damit der genannte Satz oder seine radikalere Version eine entsprechende Funktion übernehmen kann, die (N_2) zuarbeiten wird. Dieses Bild ist das Bild einer *Gefäßtheorie* der Sprache: Die Sprache sei dazu da, so sagt dieses Bild, um Gedanken in Worte zu „gießen“, ihnen eine „Form zu geben“. In den Koordinaten eines derartigen Bildes kann (i) als sinn-

voller Satz gelten und (ii) als eine Form seiner Generalisierung. Aber stimmt das zugrunde gelegte Bild selbst? Dieses Bild unterstellt, dass man Sprache und Gedanken irgendwie isolieren könnte, dass man jede Größe je für sich betrachten und nach der Adäquatheit des Gefäßes für den Gedanken fragen könnte.[12] Dieses Bild kapriziert sich zudem auf die Beschreibungsfunktion von Sprache – so als ob Sätze in erster Linie dazu da wären, ihren Gegenstand wie ein Portraitmaler mit den zur Verfügung stehenden Mitteln so getreu wie möglich nachzubilden[13]. Aber dieses Bild ist nicht zwingend. Ludwig WITTGENSTEIN hat mit der Einführung der Rede von Sprachspielen verschiedene Arten von Tätigkeiten herausgearbeitet, die mit der Sprache vollzogen und vollführt werden können[14]; das Beschreiben ist nur *eine* unter anderen; eine sprachliche Äußerung kann beispielsweise auch als Ausdruck des Gefühls oder Ausdruck eines Erlebnisses fungieren.[15] Zudem ist es höchst zweifelhaft, ob man die Rolle der Sprache zureichend erfasst hat, wenn man sie als Gefäß betrachtet: Durch die Sprache erschließen wir uns erst die Welt, wir drücken unser Inneres aus und Formieren das Äußere, wir strukturieren und gliedern unser Weltbild[16], wir finden die Dinge, indem wir sie durch die Sprache „erfinden" etc. Sprache und Denken verhalten sich wie *Klang und Musik* zueinander: Kann es Musik ohne Klang geben?[17] Wie steht es vor diesem Hintergrund dann aber mit den Sätzen (i) und (ii)? Satz (i) kann unter gewissen Umständen sinnvoll sein – etwa wenn wir unter Beschreibung eine definite oder wissenschaftliche Beschreibung meinen und unter „erkennen" ein noch vages „Gewahrsein" eines Gegenstandes. Ich kann in der Tat von einem Gegenstand Notiz genommen haben, ohne ihn exakt beschreiben zu

[12] Wittgenstein lädt uns ein, hier wirklich ein Gedankenexperiment zu versuchen. Im Kontext seiner Analysen zum Meinen kommt dieses Experiment zum Tragen. Vgl. Wittgenstein, Ludwig, Philosophische Untersuchungen § 510: „Mach diesen Versuch: *Sag* „Hier ist es kalt" und *meine* „Hier ist es warm". Kannst du es? – Und was tust du dabei? Und gibt es nur eine Art, das zu tun?"

[13] Vgl. Wittgenstein, L., Philosophische Untersuchungen, hg. v. Anscombe, Gertrude E. M. (u. a.), Frankfurt ^{4}1988, § 522.

[14] Vgl. Wittgenstein, L., Philosophische Untersuchungen, §§ 23 und 24.

[15] Vgl. Wittgenstein, L., Philosophische Untersuchungen § 585: „Wenn Einer sagt „Ich hoffe, er wird kommen" – ist das ein *Bericht* über seinen Seelenzustand, oder eine *Äußerung* seiner Hoffnung? – Ich kann es z. B. zu mir selbst sagen. Und mir mach ich doch keinen Bericht. Es kann ein Seufzer sein; aber es muß kein Seufzer sein. Sage ich jemandem „Ich kann heute meine Gedanken nicht bei der Arbeit halten; ich denke immer an sein Kommen" – so wird man *das* eine Beschreibung meines Seelenzustandes nennen."

[16] Vgl. Kamlah W. /Lorenzen P., Logische Propädeutik 45–53.

[17] Vgl. Wittgenstein, L., Philosophische Untersuchungen §§ 329, 330, 332.

können.[18] Aber so verstanden wäre der Gegenstand, um den es geht, nicht sprachtranszendent. Schon die einfachste Lautäußerung wie „O“, „Meine Güte, was ist das denn?“ wäre ein Akt – wenn man so will – der Versprachlichung eines Gegenstandes. Das Resultat tut uns zwar keine guten Dienste im Kontext wissenschaftlicher Überlegungen; aber im Sinne einer ausdrucksstarken *Anzeige* oder einer sehr *rudimentären Referenz* wäre auch eine Lautäußerung ein legitimer (weil verständlicher) sprachlicher Akt. Auch Satz (ii) kann unter bestimmten Umständen sinnvoll sein – vor dem Hintergrund eines *neuen* Bildes von Sprache jedoch nur als Ansage einer sozusagen „sprachtechnologischen Unsicherheit“: Ich kann Satz (ii) äußern, um anzuzeigen, dass ich nach Worten ringe. Das heißt: Ich suche noch nach einem Wort, ich probiere ein Verfahren, ich komme nicht weiter, ich wähle einen anderen Angang in ein Feld von Bedeutung[19]. Was ich bei dieser Unsicherheit erlebe, ist kein gehetzter Gang durch ein inneres Museum[20], bei dem ich ein Bild mit dem andere vergleiche, um dann das beste zu erhalten, es ist eher wie der Versuch, einen Rechenweg auf seinen Erfolg hin zu probieren, um an einer bestimmten Stelle zu sehen, dass ich doch einen anderen Weg einschlagen muss.[21] Und selbst wenn ich den Weg nicht weitergehe, auch mit meinem Ringen habe ich etwas gesagt, ich habe etwas angezeigt – ich bringe ein verstehbares Verhaltensmuster zu Ausdruck, ein Muster von Kommunikation und damit ein Element von Bedeutung. Denken wir uns jedoch für die Sätze (i) und (ii) die eben dargelegten Umstände weg, so sind sie vor dem Hintergrund des alternativen Bildes von Sprache eher philosophischer Unsinn: Etwas vollkommen Sprachtranszendentes wäre etwas vollkommen Erkenntnistranszendentes, das sich ins Nichts wegheben würde. Sobald ich zumindest in irgendwelchen Lauten die Existenz einer Entität *anzeigen* kann, wird rudimentäre *Prädikation* möglich – zumindest in dem Sinne, dass ich sagen kann: Gegenstand *x* ist von *der Art*, dass mich sein Auftreten oder Auftauchen oder Gewahrwerden zu einer bestimmten Reaktion veranlasst, in mir ein Erlebnis auslöst, eine Bilderkette stimuliert oder mich zum Verfassen eines poetischen Textes drängt etc. Die Reaktionsmöglichkeiten auf das Auftreten eines Gegenstandes können sehr unterschiedlich sein; aber wenigstens diese Reaktionen können wir beschreiben und in *Prädikationen*

[18] Vgl. Yandell, K., Epistemology 68.
[19] Vgl. Wittgenstein, L., Philosophische Untersuchungen II, XI (WW, Bd. 1, 561).
[20] Vgl. ebd.
[21] Vgl. Wittgenstein, L., Philosophische Untersuchungen II, XI (WW, Bd. 1, 560.

verwandeln, die wir dem Gegenstand *relational* wieder zurückspielen dürfen. Wir können sogar so weit gehen und sagen, dass Beschreibungen im strengen Sinne (also wissenschaftliche Beschreibungen) aus Reaktionen eines bestimmten Typs hervorgehen und damit Weisen eines bestimmten Umgangs mit dem Gegenstand sind, die von bestimmten Kontexten her geboten sein können.

(14) Nur der *radikale* Begriff der *Sprach- und Erkenntnistranszendenz* verunmöglicht eine Prädikation, weil der Gegenstand dabei im strengen Sinne vom Nicht-Gegenstand, genauer: von einem gar nicht existierenden Gegenstand nicht unterschieden werden könnte. Eine partielle Sprach- und Erkenntnistranszendenz im eben erläuterten Sinne mag zwar den Erfordernissen wissenschaftlicher Prädikation nicht genügen, eine Störung kann man darin jedoch nur erblicken, wenn man die wissenschaftliche Prädikation – eine Weise des Prädizierens, die von allen kontingent oder situativ bedingt erscheinenden Relationen abzusehen versucht – zum Maßstab[22] macht.

(15) Wie verhält es sich demgegenüber mit dem Begriff der Kategorientranszendenz? Eine *Katgorientranszendenz* ist zumindest im Ansatz gegeben, wenn ich einen Gegenstand zunächst in eine Kategorie **A** einordnen würde, wenn sich aber durch einen Prozess der vertieften Erkenntnis und Einsicht herausstellte, dass der Gegenstand *x* nicht in die Kategorie **A**, sondern in eine andere Kategorie **B** gehört, obwohl es gute Gründe für die Einordnung in die Kategorie **A** gibt oder gegeben hat. Das Überschreiten einer Kategorie **A** kann, wenn die Zielkategorie **B** nicht umrissen ist oder vielleicht aus prinzipiellen Gründen nicht umrissen werden kann, zu Störungen im Prädikationsablauf führen und zu versteckten Gefahrstellen, die als Kategorienfehler bemerkbar werden. Das Phänomen der Kategorientranszendenz ist ein sehr geläufiges Phänomen: In der Beschreibung unseres Handelns beispielsweise sprechen wir von Absichten und Zielen; wir benutzen dabei normaler Weise nicht primär und nicht ausschließlich eine physikalische Sprache, also nicht primär Kategorien, die eine wohlbestimmte Verwendung nur bei Gegenständen der Physik (also physischen Entitäten) haben können. Stattdessen verwenden wir zuvorderst *personale* oder *mentale* Kategorien; wir sprechen von Wünschen, Intentionen, Vorstellungen, Gedanken[23] etc. Wir kön-

[22] Zur kritischen Befragung eines solchen Maßstabes vgl. Gadamer, Hans-Georg, Grenzen der Sprache, in: ders., Kunst als Aussage, Tübingen 1993 (Gesammelte Werke 8: Ästhethik und Poetik I), 350–361, hier: 358f.

[23] Vgl. zu den sprachlichen Kondensaten dieses Phänomens Wittgenstein, L., Philosophische Untersuchungen §§ 412, 421.

nen also sagen, dass Personen in gewisser Hinsicht – betrachten wir das Phänomen des moralisch beurteilbaren Handelns – gegenüber einer Kategorie **A**, die, sagen wir, mit Prädikaten einer Sprache der Physik operiert, *transzendent* sind:

(KT) Es seien β, γ, δ, … Eigenschaftstypen im Rahmen einer Kategorie **A**. Dann gilt: $\forall x\ ((\neg\beta(x) \wedge \neg\gamma(x) \wedge \neg\delta(x)) \supset (x \notin \mathbf{A}))$.[24] Wenn $x \notin \mathbf{A}$, wobei $x = a$, dann heiße *a* „kategorientranszendent mit Blick auf **A**".

(16) Dieses Phänomen ist deshalb durchaus alltagszugänglich, weil wir annehmen können, dass dort, wo eine Kategorie **A** nicht zu taugen scheint, schon eine Kategorie **B** oder eine Kategorie **C** wartet, die dem Gegenstand angemessener sein wird. Ist nun ein Fall denkbar, bei dem ein Gegenstand *a* vollkommen kategorientranszendent ist? Die Antwort auf diese Frage hängt zunächst davon ab, ob sich die zur Verfügung stehenden Kategorien untereinander und überhaupt *vollständig disjunktiv* verhalten, so dass ein Gegenstand *a*, der nicht unter die Kategorie **A** fällt, dann *entweder* unter **B** *oder* aber unter **C** fallen muss. Es mag sein, dass sich die Kategorien unserer alltagssprachlichen Weltorientierung untereinander nicht so verhalten. Eine philosophische und in diesem Falle auch metaphysische Präzisierung wird aber darin bestehen, ein Kategoriensystem zu entwerfen, das *maximal umfänglich* und *vollständig disjunktiv* aufgebaut ist[25], so dass man sagen kann und muss, dass ein Gegenstand, der nicht in die Kategorie **A*** (sagen wir: einer wissenschaftlich-metaphysischen Kategorisierung) fällt, dann in die Kategorie **B*** fällt, weil gilt: $\forall x\ \neg((x \in \mathbf{A}^*) \wedge (x \in \mathbf{B}^*))$. Vor dem Hintergrund eines disjunktiv organisierten Kategoriensystems kann eine Entität immer nur in Relation zu einer bestimmten Kategorie transzendent sein; handelt es sich um ein maximal umfängliches, also ontologisches Kategoriensystem, das im Wesentlichen eine begriffliche Untergliederung des maximal umfänglichen Begriffes „Entität" oder „Gegenstand (im weiteren Sinne von ‚ens')" darstellt, dann ist eine radikale Kategorientranszendenz

[24] Diese Formulierung ist relativ engmaschig, weil sie sagt, dass alle Eigenschaftstypen miteinander durch die in Rede stehende Entität nicht instantiiert sein dürfen. Vielleicht sollte das Kriterium der Kategorienzugehörigkeit bzw. -nichtzugehörigkeit niederschwelliger angegangen werden; daher (KT*) $\forall x\ ((\neg\beta(x) \vee \neg\gamma(x) \vee \neg\delta(x)) \supset (x \notin \mathbf{A}))$.

[25] Ein Beispiel für ein solches Kategoriensystem wäre etwa ein ontologisches Kategoriensystem, wie es Ernest Lowe beschreibt. Vgl. Lowe, Ernest J., A Survey of Metaphysics, Oxford 2002, 16. Zur ontosemantischen Relevanz der Negation mit Blick auf die klassische Metaphysik vgl. weiterführend Hübener, Wolfgang, Die Logik der Negation als ontologisches Erkenntnismittel, in: Weinrich, Harald (Hg.), Positionen der Negativität (Poetik und Hermeneutik 6), München 1975, 39–63.

schlicht ein Unding. Denn selbst ein möglicher Gegenstand, ein nicht existierender Gegenstand oder sogar ein widersprüchlicher Gegenstand würde immer noch unter die ontologische Kategorie ‚ens' fallen. Die *Komplement*kategorie dazu wäre buchstäblich das *ontosemantische Nichts* par excellence. Es versteht sich vor diesem Hintergrund fast von selbst, in welchem Zusammenhang die Kategorienzugehörigkeit zur Prädikation steht: Durch die Zugehörigkeit wird sozusagen grammatisch reguliert, welche Prädikate *F*, *G*, *H* einem Gegenstand *a* zugesprochen werden können und welche nicht. Diese Regulierung entscheidet über Sinn und Unsinn einer Prädikation. So ist der Satz „Der Mond ist höflich" deshalb Unsinn, weil der Mond in die Kategorie lebloser Entitäten fällt, auf die die Prädikate für belebte und vernunftbegabte Entitäten nicht appliziert werden dürfen. In der Spannung von partieller Kategorientranszendenz und Kategorienzugehörigkeit steht somit das Wesen eines Dinges, das – wie Wittgenstein sagt – „in der Grammatik ausgesprochen"[26] ist.

(17) Für das theologische Alltagsgeschäft „relevanter" als die letztlich undenkbare vollkommene Kategorientranszendenz ist das, was man Typen-Konnex-Transzendenz nennen könnte. Dabei handelt es sich um ein Phänomen, das für die Systematische Theologie in einer Vielzahl von Bereichen eine wichtige Rolle spielt – nicht nur im engeren Kontext der Rede von Gott, sondern auch im Rahmen anderer „Traktate". Der Gedanke der Typen-Konnexion geht davon aus, dass das „Haben von Eigenschaften" in Zusammenhängen auftritt – wir würden sagen: in *notwendigen* Zusammenhängen.[27] Wir gehen im Rahmen solcher Typen-Zusammenhänge zum Beispiel davon aus, dass alle Entitäten, die geistbegabt sind („mind-gifted": *M*), ein Gehirn („brain": *B*) besitzen oder dass alle personalen Agenten („agents": *A*), die in einen Verlauf von Ereignissen eingreifen wollen, einen Körper haben müssen („corporeal": *C*): $\forall x\ (M(x) \supset B(x))$ oder $\forall x\ (A(x) \supset C(x))$. Gleichwohl lässt sich kritisch fragen, ob diese Zusammenhänge nur Extrapolationen der Bauprinzipien unserer Welt sind oder ob sie mit überwältigender und sozusagen unbezwingbarer Notwendigkeit gelten. Die Geschichte der Theologie und des christlichen Glaubens ist voll von Beispielen, die diese Frage eher zurückhaltend beantworten, weil es immerhin denkbar ist, dass geistbegabte

[26] Vgl. Wittgenstein, L., Philosophische Untersuchungen § 371.

[27] Von welcher Art von Notwendigkeit wir dabei auszugehen haben, ist eine hoch umstrittene Frage. Vgl. zu einer grundsätzlichen Begriffsbestimmung Meixner, Uwe, The Theory of Ontic Modalities, Frankfurt/London 2006.

Entitäten existieren, die keine Gehirne oder Körper haben (denken wir an das, was die klassische Theologie zu den Engeln geschrieben hat). Selbst wenn wir uns nicht auf die Felder mittelalterlich wirkender theologischer Spekulationen wagen, so gibt es doch auch im Kernbereich christlicher Dogmatik Beispiele dafür, dass vermeintlich zwingende Notwendigkeiten keine letztlich begrifflich bindenden Notwendigkeiten sein können: Denkt man etwa Auferstehung als Transformation in einen anderen „ontologischen Seinsgrad", dann muss es zumindest denkbar[28] sein, dass es Bewusstsein ohne Gehirnprozess geben könnte. Und genau das hierbei exemplifizierte Phänomen ist mit Typen-Konnex-Transzendenz gemeint: Es kann sein, dass wir einer Entität x Eigenschaften eines Typs $\mathbf{T}_1$ zusprechen, aber nicht die Eigenschaften eines Typs $\mathbf{T}_2$, obwohl die genannten Eigenschaftstypen $\mathbf{T}_1$ und $\mathbf{T}_2$ „in der Regel" immer zusammen auftreten, so dass eigentlich gilt: $\forall x\ \Box(\mathbf{T}_1(x) \supset \mathbf{T}_2(x))$. Der Notwendigkeitsoperator „$\Box$" will mehr sagen als die Formulierung „in der Regel". Aber wenn wir Gründe angeben können dafür, dass $\exists x\ (\mathbf{T}_1(x) \wedge \neg\mathbf{T}_2(x))$, dann ist die notwendige Geltung von „$\forall x\ (\mathbf{T}_1(x) \supset \mathbf{T}_2(x))$" widerlegt – zumindest für diese eine Entität, die wir dann zurecht als typenkonnextranszendent bezeichnen dürfen. Die Operation der Negation spielt dabei eine wichtige Rolle:

(TKT) Es seien F, G, H ... Eigenschaften die zum Typ $\mathbf{T}_1$ gehören und I, K, L ... Eigenschaften, die zum Typ $\mathbf{T}_2$ gehören. Ist eine Entität a im dem Sinne typenkonnextranszendent, dass der Formel $\forall x\ (\mathbf{T}_1(x) \supset \mathbf{T}_2(x))$ nicht notwendig (also nicht universal über alle möglichen Welten hinweg) gilt, so dass $\exists x\ (\mathbf{T}_1(x) \wedge \neg\ \mathbf{T}_2(x))$, wobei $x = a$, dann sind nur die Formeln $F(x)$, $G(x)$, $H(x)$ ... und $\neg I(x)$, $\neg K(x)$, $\neg L(x)$ ... valide für $x = a$.

(18) Theologisch ist (TKT) von besonderem Interesse – gerade mit Blick auf die Rede von Gott: Denn es heißt ja, Gott sei eine Person, aber eben nicht körperlich, er sei überall und doch nicht sichtbar, er sei ein Agent, aber eben nicht an physikalische Kausalität gebunden ist etc. Mit der Hilfe von (TKT) gelingt es der Theologie, eine begrifflich luzide, systematische Rede von Gott aufrecht zu erhalten. Im Rahmen von (TKT) ließe sich (N_2) als metasprachliche Feststellung von $\exists x\ (\mathbf{T}_1(x) \wedge \neg\ \mathbf{T}_2(x))$ deuten, wobei

[28] Zum hoch umstrittenen Zusammenhang von Denkbarkeit und Möglichkeit vgl. kritisch Yablo, Stephen, Is Conceivability a Guide to Possibility, in: PPhR 53 (1993) 1–42. Vgl. positiv mit Blick auf theologische Konzepte Yandell, K., Epistemology 77: „It is not a necessary truth that *If X exists, then X is spatial.* Neither *God exists, A mind exists* [...] nor *Abstract objects exist* entails *Something has spatial properties.*"

die „herkömmliche“ Prädikation darin besteht, dass für alle Entitäten außer *a* die Interpretation der Formel $\exists x\ (\mathbf{T}_1(x) \wedge \neg\ \mathbf{T}_2(x))$ falsch würde. In diesem Sinne könnte man sogar sagen, dass (TKT) eine Erläuterung für (N_1) darstellt und gleichzeitig (N_2) stützt. Die Frage bleibt noch zu klären, wie sich (N_3) dazu genau verhält. Denn eines ist deutlich: (TKT) zeigt zwar eine gewisse Störung im normalen Prädikationsablauf an; aber durch die Ausformulierung von (TKT) für jene besondere Entität *a* ist eine geregelte Prädikation gewissermaßen wieder hergestellt. Ein Schluss auf metaphorische oder analoge Redeweise legt sich erst nahe, wenn auch die Anweisung „$\mathbf{T}_1(x) \wedge \neg\ \mathbf{T}_2(x)$“ weitere Störungen hervorbringen sollte. Solche ein Schluss setzt freilich voraus, dass metaphorische oder analoge Redeweise irgendwie das Gegenteil buchstäblicher Rede darstellt. Aber dies ist eine Unterstellung. (N_3) verliert vollkommen an provokativer Kraft und an einem negativ-theologischen Unterton, wenn ein anderes Bild von Analogie oder Metapher unser Denken bestimmen würde. Dazu an anderer Stelle mehr.

(19) Zuvor eine noch drängendere Frage: Wie verhält es sich mit den *anderen* Transzendenzbegriffen in Hinsicht auf Gott? Von einer radikalen Erkenntnistranszendenz auszugehen, ist und bleibt problematisch, da sich Gott dann in dem Moment, wo wir Existenzbehauptungen mit epistemischen Bezügen verklammern, ins Nichts auflösen würde. Etwas vollkommen Unerkennbares liegt schlicht außerhalb der Reichweite unseres Wissens, Bewusstseins und auch Glaubens. Aber das ist noch nicht die ganze Wahrheit. Denn der Begriff der Erkenntnistranszendenz lässt sich noch einmal anders rekonstruieren – weniger radikal und theologisch sogar eher sensibel. Zwei verschiedene Deutungen, die sich nicht ausschließen und sogar miteinander verbunden werden könnten, scheinen mir prinzipiell möglich zu sein:

(ET_1) Ein Gegenstand *a* ist erkenntnistranszendent$_1$, wenn er sich einer Menge **M** von standardisierten Methoden m_1, m_2, m_3 ... des Erkennens entzieht.

(ET_2) Ein Gegenstand *a* ist erkenntnistranszendent$_2$, wenn er sich einer Menge **S** von Erkenntnissubjekten s_1, s_2, s_3 ... entzieht.

Aus beiden Formulierungen wird schon deutlich, dass mit **M** nicht alle möglichen Erkenntnismethoden und mit **S** nicht alle möglichen Erkenntnissubjekte gemeint sein können; denn sonst stünde auch die Formulierung von (ET_1) und (ET_2) in einem epistemischen Vakuum. Vielleicht ist eine weiter reichende Formulierung (ET_3) sogar in sich widersprüchlich, wenn man unter „Gegenstand“ in einem sehr weiten Sinne das versteht, was sich von *irgend*jemandem wenigstens *irgendwie* erkennen[29] lässt:

(ET_3) Ein Gegenstand *a* ist vollkommen erkenntnistranszendent, wenn er sich einer Menge **M*** von allen denkbaren Methoden des Erkennens und einer Menge **S*** von allen denkbaren Erkenntnissubjekten entzieht.

(20) An dieser Stelle drängt sich freilich die Frage auf, wieso und inwiefern (ET_3), ja warum eine Radikalisierung von (ET_1) und (ET_2) überhaupt eine Ausgangsplausibilität im theologischen Diskurs hat. Auf welche Weise ließen sich die Intuitionen, die sich in den erkenntnistheoretischen Restriktionen verbergen, so formulieren, dass sich daraus auch sprachkritische Konsequenzen im Sinne der negativen Theologie ergeben könnten? Eine klassische Antwort, die den Gedanken der (radikalen) Erkenntnistranszendenz unmittelbar mit dem Gedanken der Sprachtranszendenz verbindet, finden wir bei Dionysios Areopagita:

> „Man darf [...] überhaupt nicht wagen, irgendetwas über die überwesentliche und verborgene Gottheit zu sagen oder gleichwohl zu denken mit Ausnahme dessen, was uns durch göttliche Eingebung in der Heiligen Schrift geoffenbart worden ist. Es besteht nämlich Unkenntnis ihrer Verstand, Vernunft und Sein übersteigenden Überwesenheit.“[30]

In dieser Form eröffnet Dionysios seine Überlegungen zu den Namen Gottes; und in dieser Form sind seine Gedanken schlicht thetisch und wenig überzeugend: Wird Gott als Überwesenheit apostrophiert, dann ist damit die radikale Transzendenz Gottes lediglich zum Ausdruck gebracht, aber nicht argumentativ dargelegt. Die eigentliche Begründung dieses Gedankens formuliert Dionysios durch den Rekurs auf ein *hierarchiologisches* Erkenntnismodell:

> „Gerade wie nämlich für das Sinnliche das in Gedanken Faßbare, für das Geformte und Gebildete das Einfache und Bildlose, für die Wesen mit körperlicher Gestalt die unberührbare und ungeformte Gestaltlo-

[29] Diese Formulierung erlaubt zwei Grenzgedanken: Zum einen würde auch eine gleichsam extrem privilegierte Selbsterkenntnis noch unter den Erkenntnisbegriff fallen, auch wenn das epistemische Kapital für andere Erkenntnissubjekte zunächst recht mager bleibt. Aber immerhin hält dieser Gedanke die Tür offen für die Möglichkeit des Erkenntnisgewinns durch Anteil-Gabe an der Selbsterkenntnis. Zum anderen wird hier auch jede Art von rudimentärer Erkenntnis – etwa der Erkenntnis des bloßen Dass (sofern es so etwas in Reinform je geben kann, denn jedes Dass ist ein minimales Was eingebettet) – als Erkenntnis zugelassen.

[30] Pseudo-Dionysius Areopagita, Die Namen Gottes (BGL 26), eingel., übers, und mit Anm. vers. v. Suchla, Regina Beate, Stuttgart 1988, 21.

sigkeit des Körperlosen unbegreiflich und unsichtbar ist, so überragt nach demselben Gesetz der Wahrheit die überwesentliche Unendlichkeit die Seinsstufen und die Einheit jenseits des Verstandes die Vernunftwesen. Es ist das Eine jenseits des Denkens für jegliches Denkvermögen unbegreiflich, unaussprechlich auch jeglicher Rede das den Verstand übersteigende Gute, eine Einheit, die die gesamte Einheit eint, ein überwesentliches Sein, ein nicht gedanklich faßbarer Gedanke, ein unaussprechliches Wort, Wort- und Gedanken- und Namenlosigkeit, beschaffen nach keinem der Wesen, zwar Ursache des Seins für alles, selbst aber, weil sie über alles Sein erhaben ist, ohne Sein und wie sie selbst sich gründlich und kenntnisreich zeigen würde."[31]

(21) Keith Yandell hat im Kontext der Frage nach der Ausgangsplausibilität negativer Theologie auf den unabdingbar *platonistischen* Horizont eines hierarchiologischen Erkenntnismodells verwiesen. Yandells Rekonstruktionen können helfen, den entscheidenden Punkt besser zu sehen – und auch um die Ausgangsplausibilität negativer Theologie kritisch zu befragen. Ausgangspunkt dieser Rekonstruktionen ist ein Satz (U_1), der als Grundgerüst einer prima vista plausiblen epistemologischen Transzendenzthese angesehen werden kann:

(U_1) Kein Gegenstand *x*, der zu einer Ebene E_n gehört, kann einen Gegenstand *y*, der zu der Ebene E_{n+1} gehört, erfassen.[32]

(U_1) kann als knapp formuliertes Resultat einer starken, quasiplatonischen Stufen-Ontologie aufgefasst werden, die von dem einfachen und möglicherweise plausiblen Gedanken ausgeht, dass das so genannte „Niedrigere" das „Höhere" nicht erfassen, d. h. begreifen, beschreiben, ja vielleicht nicht einmal denken kann. In der vorliegenden Form ist der in (U_1) artikulierte Gedanke jedoch noch unbestimmt. Vor allem die sprachphilosophischen Konsequenzen bleiben unklar. Yandell sucht daher nach einer Präzisierung von (U_1), die diese Aufgabe erfüllen könnte. Eine Präzisierung der gesuchten Art könnte lauten:

(U_2) Für jeden Gegenstand *x* einer Ebene E_n gilt: *x* (als Element der Ebene der E_n) hat keinen direkten und unmittelbaren Kontakt mit einer Entität *y* auf einer höheren Ebene als E_n. Und es gilt weiter, dass jede Beschreibung, die *x* von einer Entität *y* einer höheren Ebene E_{n+1}, E_{n+2}, E_{n+3} … formulieren würde, in einer sprachlichen Form erfolgen müsste, die Ausdrücke benutzt, die ihre Bedeutung dadurch erhalten,

[31] Ebd. 21f.

[32] Vgl. Yandell, Keith, The Ineffability Theme, in: IJPhR 10 (1979) 209–231.

dass sie Zustände, Sachverhalte, Eigenschaften, Ereignisse oder Entitäten bezeichnen, mit denen ein Gegenstand *x* unmittelbar vertraut ist.[33]

(22) Unter Zuhilfenahme von weiteren Sätzen (U_3) und (U_4) scheint aus (U_1) und (U_2) eine Folgerung abgeleitet werden zu können, die als Sprachtranszendenzthese gelten kann – als Version einer Unsagbarkeits-These, also im vollmundigsten Sinne als *negative Theologie*. Die Kernaussagen der entsprechenden Zwischenschritte müssten aber lauten:

(U_3) Keine beliebig große Menge **S** von Elementen, mit denen ein Gegenstand *x*, der zur Ebene E_n gehört, unmittelbar vertraut sein kann, ist derart, dass die Begriffe, die auf diese Menge (oder ihre Teilmengen) angewandt werden können, einer Entität der Ebene E_n die Möglichkeit gewähren würden, das Wesen eines Gegenstandes *y* der Ebene E_{n+1} zu beschreiben.[34]

(U_4) Kein Gegenstand der Ebene E_n kann über irgendwelche Begriffe verfügen, die auf einen Gegenstand der Ebene E_{n+1} anwendbar sind.[35]

(23) Wird die These der Sprachtranszendenz, wird also eine Unaussprechlichkeitsthese doch schlüssig, wenn man eine irgendwie hierarchische Ontologie zugrundelegt – so wie dies die rekonstruierenden und erläuternden Sätze (U_1) bis (U_4) nahe zu legen scheinen? Für YANDELL bietet auch diese Rekonstruktion immer noch keine ausreichende Stütze für eine radikale Unsagbarkeitsbehauptung. Und zwar aus folgenden Gründen: Zum einen ist die Rolle der so genannten „ostensiven" Definition, auf die (U_2) anzuspielen scheint, ausgesprochen mysteriös und – blickt man auf die grundsätzliche Bedeutung ostensiver Definitionen für Erkenntnis und Sprache – drastisch überbewertet. Denn die Ausdrücke unserer Sprache erlangen nicht ausschließlich durch ostensive Definitionen Bedeutungen, sondern alternativ durch viele andere Formen von Definitionen, die nicht weniger legitim und auch nicht weniger grundlegend sind. Zudem besitzt eine ostensive Definition von sich aus keine Eindeutigkeit; sie ist auf sprachliche Fertigkeiten angewiesen, die nicht erst mit einer ostensiven Definition erlernt werden können. Wir kennen zudem andere Praktiken der Bedeutungs-

[33] Vgl. ebd. 212.
[34] Vgl. ebd. 213.
[35] Vgl. ebd. 216.

zuweisung, indem wir etwa Wörter durch Wörter erklären.[36] Zum anderen ist der Gedanke der unmittelbaren Vertrautheit, die eine epistemische Grundlage für die Zuweisung eines bestimmten Ausdrucks darstellen soll, nicht minder mysteriös. Hier kann man eine interessante Parallele zu positivistischen oder sensualistischen Ansätzen in der Epistemologie erkennen. Denn es stellt sich ja unweigerlich die Frage, womit wir letztlich unmittelbar vertraut sind: Sind es Gegenstände des Wahrnehmungsfeldes, Sinnesdaten, Sinneseindrücke; und ist die Rede von Gegenständen des Wahrnehmungsfeldes, von Sinnesdaten und Sinneseindrücken nicht doch nur eine Abstraktion, die den „normalen" Erkenntnisvorgang ebenso wenig adäquat beschreibt wie etwa eine neurophysiologische Analyse von Kognitionsprozessen? Grundeinsichten aus den epistemologischen Diskussionen aller Epochen, die immer wieder anzustrengenden Reflexionen auf die Dimensionen der menschlichen Erkenntnis zeigen hinlänglich, dass wir auch mit epistemischer Gewähr über Entitäten sprechen können, die uns – etwa aufgrund ihrer Komplexität oder auch aufgrund bestimmter Qualitäten – nicht unmittelbar vertraut sind.[37] Die Kernthese von (U_2) lässt sich, wie YANDELL unterstrichen hat, nicht halten, so dass auch die tragende Säule für (U_3) und (U_4) fällt. Faktisch ist es ja so, dass wir durch Extrapolation unserer Begriffe in die Lage versetzt werden, über Entitäten zu sprechen, die sich – legen wir eine Stufen- bzw. Ebenen-Ontologie zugrunde – auf einer anderen, „höheren" Ebene befinden. Dafür gibt es auch in der Geschichte der Rede von „Gott" genügend Beispiele.[38] Unklar ist zudem auch der Gedanke der hierarchischen Gliederung der Ebenen. Sicher: Eine Katze scheint einen Menschen nicht zu „erkennen". Aber wenn wir Katzen gewisse kognitive Kapazitäten zur Umweltorientierung doch zuerkennen müssen, dann werden wir – auch gedeckt durch empirische Erfahrungen mit Katzen – auch von Erkenntnis in einem weiteren Sinne reden müssen. Es mag sein, dass Katzen Menschen nicht als Menschen erkennen – so wie wir Menschen als Menschen erkennen. Aber was heißt das schon? Katzen besitzen schon so viel Verhaltensregulationsmuster, dass sie sie auf Menschen anders abstimmen können als auf Artgenossen oder Hunde etc. Solche Muster sind vielleicht noch keine Begriffe, aber sie tun einen ähnlichen Dienst. Trotz des Ebenenunterschiedes zwischen Katzen und Menschen gibt es doch epistemische Verbindungen. Und analog könnte es sich doch auch

[36] Vgl. ebd. 213–215.
[37] Vgl. ebd. 214, 217–225.
[38] Yandell verweist hier etwa auf Anselms philosophische Theologie. Vgl. ebd. 214f.

im Verhältnis von Gott und Mensch verhalten: Es mag sein, dass wir uns die kognitiven Kapazitäten, über die Gott verfügt, nicht einmal annähernd vorstellen können; das schließt aber nicht aus, dass wir „etwas von" ihm erkennen können, dass wir regulierte Muster des Erkennens (in unserem Fall: Begriffe) bilden können, die – pragmatisch gelesen – im „Umgang" mit Gott zwar nicht erschöpfend, aber doch „zweckdienlich" sind. Was die mit (U_3) und (U_4) errichtete theoretische Architektur aus Keith YANDELLS Sicht jedoch endgültig zum Einsturz bringen muss, ist die Tatsache, dass die in den genannten Thesen enthaltenen Aussagen eben Aussagen sind, die im vollen, geradlinigen und wahrheitsdefiniten Sinn auf Entitäten einer Ebene E_{n+1} zutreffen müssten, so dass wir auf jeden Fall über (wenn auch minimal erscheinende) Konzepte, die auf Entitäten der Ebene E_{n+1} anwendbar sind verfügen würden. Das scheint jedoch im Widerspruch zu stehen mit dem, was aber die Thesen (U_3) und (U_4) behauptet haben.[39] Weder die radikale These einer Erkenntnistranszendenz noch die radikale Fassung einer Sprachtranszendenz lassen sich, wie YANDELL gezeigt hat, widerspruchsfrei formulieren, geschweige denn: begründen. Auch der Zusammenhang zwischen (N_1) und (N_2) bleibt, wie sich nach diesen Überlegungen zumindest implicite gezeigt haben mag, prinzipiell unklar, wenn beide Aussagen rigoros aufgefasst werden.

(24) Im Gegensatz zu allen radikalen Fassungen des Transzendenzgedankens spielen die Thesen (ET_1) und (ET_2) theologisch nach wie vor eine wichtige Rolle. Auch wenn wir sagen würden, dass Gott nicht vollkommen unerkennbar ist, so schließt das die These nicht aus, dass Gott nicht mit herkömmlichen oder standardisierten oder empirischen Methoden erkannt werden kann. Und kritisch bleibt zudem zu bedenken, ob wir Menschen ihn erkennen können, ohne dass er sich uns *zu erkennen gibt.*[40] Wird das Sich-zu-Erkennen-Geben immer noch als eine epistemische Möglichkeit in

---

[39] Vgl. ebd. 216.

[40] (ET_1) und (ET_2) sind beispielsweise in dem Gedanken konserviert, dass nur die Engel oder die Seligen Gott wirklich schauen können, während wir Menschen auf dem Pilgerweg des irdischen Lebens nur den Glauben haben. Im paradiesischen Zustand verhilft uns die Gnade Gottes zur Schau. Vgl. Thomas von Aquin, S.Th. II-II q.5 a.1; vgl. auch S.Th. I q. 94 a. 1. Damit (ET_1) und (ET_2) aber vor diesem Hintergrund nicht in (ET_3) münden, muss der genannte Erkenntnisbegriff sehr weit gefasst werden, so dass auch die Gabe der *Schau Gottes* noch epistemisch gedeutet werden kann. Das liegt zumindest auf der Linie, die Thomas von Aquin angibt; die beseligende Schau Gottes ist zwar von allen Methoden des Erkennens, die uns geläufig sind, verschieden; aber doch steht sich dazu in einem Zusammenhang; sie verhält sich zum unserem jetzigen Erkennen wie die Form zu Materie, d. h. perfektioniert sie, richtet sich auf ihr Eigentliches hin aus.

der Reichweite des Menschen bzw. des menschlichen Intellekts aufgefasst, so gibt es keinen Grund, die Erkenntnis-Transzendenz Gottes als vollkommene Erkenntnistranszendenz im Sinne von (ET_3) zu verstehen. Analog verhält es sich mit dem Begriff der Kategorientranszendenz. Der Begriff einer vollständigen Kategorientranszendenz ist zwar bildbar:

(KT*) Es seien **A** und **B** die obersten Kategorien eines vollständig disjunktiv strukturierten ontologischen Kategoriensystems, dessen maximaler Umfang mit dem Begriff **O** „aufgespannt" ist. Dann gilt: $(a \notin \mathbf{A}) \wedge (a \notin \mathbf{B}) \supset (a \notin \mathbf{O})$, weil für die disjunktive Struktur der maximalumfänglichen Kategorie **O** gilt: $(a \in \mathbf{O}) \supset \neg((a \in \mathbf{A}) \wedge (a \in \mathbf{B}))$.

(25) Aber eine vollständige Kategorientranszendenz manövriert eine Entität Gott, genauer: die *Rede von* Gott ins Aus, in eine vollständige Leere, ins ontosemantische Nichts. Deshalb bleibt sinnvoller Weise nur der Begriff einer relativen Kategorientranszendenz im Sinne von (KT) bestehen, der sich organisch – wie man leicht einsehen wird – mit (TKT) verbinden lässt. Eine so steile Aussage wie „Gott ist keine Entität" ist aus sprachanalytischer Sicht eine Provokation, ja sogar eine widersprüchliche Aussage, weil „Entität" bzw. „Gegenstand im weiteren Sinne" nicht nur das ist, was existiert oder existieren kann, sondern das, worauf ich mich *beziehen* kann: Dinge im engeren Sinne, Eigenschaften, Sachverhalte, Funktionen, Mengen etc. sind Entitäten – auch wenn es sich um Entitäten sehr verschiedener Grade, Ordnung und Struktur handelt. Dieser Satz „Gott ist keine Entität" müsste im Rahmen der vorgeschlagenen Rekonstruktionen teilweise gelesen werden als: „Ich beziehe mich auf etwas, auf das man sich grundsätzlich nicht beziehen kann" Aber wie sollte das gehen, wenn selbst die Feststellung einer Unbezüglichkeit letztlich einen Bezug voraussetzt. Erst die Spezifizierung und Differenzierung der Beziehungsarten bzw. Beziehungskategorien erlaubt es, den Satz „Ich beziehe mich auf etwas, auf das man sich grundsätzlich nicht beziehen kann." so zu verstehen, dass er widerspruchsfrei wird, weil damit gesagt wird: „Ich beziehe* mich auf *etwas*, auf das man sich grundsätzlich nicht beziehen** kann." Und damit wäre die Berechtigung eines Transzendenzverständnisses im Sinne von (KT) oder (TKT) noch einmal ratifiziert.[41]

---

[41] Dass sich ein ganz wesentlicher Teil negativ-theologischer Motive in der systematischen Theologie im Sinne von (KT) oder (TKT) verstehen lässt, wird an der Positionierung dieser Motive im systematisch-theologischen Diskurs deutlich. Vgl. exemplarisch Augustinus, De trin. VIII, 2.3.

(26) Die bisherigen Ausführungen haben versucht, den Sinn von (N_1) und (N_2) etwas genauer zu erfassen. Geklärt wurde noch nicht, mit welcher Berechtigung wir an (N_1) und (N_2) festhalten sollten. Warum *sagen* wir, Gott ist transzendent? Warum sind wir vorsichtig, agieren gewissermaßen mit Vorbehalten bei der Rede von Gott? Der Grund für unser Sprachverhalten liegt allem Anschein nach in einer ganz bestimmten Menge von Eigenschaften, die wir Gott zusprechen: Allmacht, Allwissenheit, Allgüte etc.[42] Eine Entität, die diese Eigenschaften besitzt, unterscheidet sich deutlich von jeder anderen Entität; denn diese Eigenschaften schließen aus, dass eine andere Entität sie ebenfalls hat. Aber woraus, aus welcher epistemischen Grundlage leiten wir diese Eigenschaften ab? Man könnte sich die Antwort etwas leicht machen, indem man auf eine induktive Erkenntnis Gottes (also keine apriorische Erkenntnis) und damit auf eine Erfahrung Gottes verweist. Aber das trifft die Angelegenheit nicht ganz; wie bei vielen Begriffen so haftet auch dem Gottesbegriff und damit der Menge der herausgegriffenen Eigenschaften etwas Normatives an: Wenn ein *a* behauptet ein **G** zu sein (bzw. wenn *b* von *a* behauptet, dass *a* ein **G** sei), dann *muss a* die Eigenschaften *F*, *G*, *H* … haben (und *a* darf bestimmte Eigenschaften *I*, *K*, *L* nicht haben). Spätestens an dieser Stelle kommen begriffliche Überlegungen, die in einer gewissen Unabhängigkeit von der konkreten religiösen Erfahrung angestrengt werden, in den Blick. Und es ist dieses Plateau, auf dem die innere Struktur und Verwiesenheit der Eigenschaften Gottes[43] eigens geklärt werden müsste. Und es ist auch dort der Ort, wo der normative Anspruch der negativen Theologie – auch in ihrer weicheren, konzilianteren Fassung – seine Verankerungspunkte finden muss. An dieser Stelle bleibt zumindest als ein erstes Fazit die Einsicht zu vermerken, dass eine *radikale* negative Theologie weder durch (N_1) noch durch (N_2) legitimiert ist. (OD_1) und (OD_2) zeigen zwar Differenzen an; aber diese Differenzmarkierungen sind mit (KT) und (TKT) – zudem mit (ET_1) und (ET_2) – würdigbar, so dass das Resultat immer noch eine affirmative Rede von Gott ist, für die die Negation als *Operation* im Dienste von (KT) und (TKT) und zur Stützung von (ET_1) und

42 Vgl. Yandell, K., Epistemology 61.

43 Auf die schwierige Frage, *was* die Eigenschaften Gottes bedeuten, *wie* sie zu verstehen sind, ob sie sich intern oder untereinander sogar widersprüchlich verhalten, werde ich im Rahmen dieses Aufsatzes nicht weiter eingehen können. Zu diesem Fragenkomplex vgl. Swinburne, Richard, The Coherence of Theism, Oxford 1977, 99–238; ferner Wierenga, Edward R., The Nature of God. An Inquiry into Divine Attributes, Ithaca/London 1989.

(ET_2) einen konstitutiven Beitrag leistet – aber eben nur einen *Beitrag*, den man durchaus mit der Formel „bestimmte Negation" auf den Begriff bringen könnte.

(27) Natürlich wäre es zu wenig, wenn nur das Prädikat „nicht unaussprechbar sein" oder „nicht vollkommen kategorientranszendent sein" oder „nicht vollkommen erkenntnistranszendent sein" allein auf Gott zutreffen würde oder wenn Gott nur in sehr umfassende Kategorien gehören würde. Keith YANDELL erinnert uns daher:

> "Basic concepts fit all items, and so they characterize anything that they are true of only in a very abstract and general way. Nothing is characterized *only* by such concepts as *being an existing thing*, *having properties*, and *having only consistent properties*. [...] Necessarily, for any property *P* and item *X*, *X* has *P* or *X* lacks *P*. Everything that exists necessarily has properties, among which will be specific, determinate properties."[44]

YANDELLS These lässt sich auf folgende Formel bringen: Alles, was unter allgemeine Kategorien fällt, hat nicht nur grundlegende und allgemeine, sondern auch spezifische Eigenschaften. Selbst wenn wir im Falle Gottes nicht festlegen können, worin diese spezifischen Eigenschaften genau bestehen, so können wir alle spezifischen Eigenschaften, die wir kennen, durchgehen und uns fragen, ob sie auf Gott zutreffen oder nicht. Und selbst wenn das Ergebnis eine sehr lange Liste von Negationen wäre, wäre diese Liste immer noch ein Ausweis einer „bestimmten Negation", die erstens rational ist – es ist schließlich begründbar, warum Gott *nicht* rot, *nicht* 78 kg schwer oder *nicht* Thomas Schärtl ist ... –, die zweitens aussagefähig und aussagkräftig und die drittens als Aussage buchstäblich zu nehmen ist.[45] Und wie bei allen anderen „existierenden Entitäten" auch hängt die Angabe der spezifischen Eigenschaften zu einem nicht geringen Teil davon ab, wie sich Gott uns zu erkennen gibt; gerade auf einer Ebene, auf der wir einer Entität personale Attribute zuerkennen, mischt sich in den Modus des Erkennens immer die „Dialogik der Anerkenntnis". Sollten wir jedoch den Verdacht hegen, dass wir auch dann, wenn sich Gott uns zu erkennen gibt, trotzdem keine spezifischen Eigenschaften erkennen können, so ist dieser Verdacht nur zu begründen, wenn wir uns implizit auf (ET_3) festgelegt haben. Aber sich auf (ET_3) festzulegen ist seinerseits nicht unbedingt rational zu nennen.

---

[44] Yandell, K., Epistemology 65.

[45] Vgl. ebd. 86–89.

(28) Wo die Geltung von (N_2) – „Geltung" zumindest bis zu einem gewissen Grade – anerkannt ist, da drängt sich die These (N_3) regelrecht auf: Wenn wir nicht in herkömmlicher Weise sprechen können, dann müssen wir Metaphern benutzen, die eine Art Regelverletzung der herkömmlichen Sprache und ihrer Bezüge darstellen. Oder wir müssen auf Analogien rekurrieren, die den eigentlichen Gegenstand, um den es uns geht, einerseits und das Modell, das wir zum Verständnis des Gegenstandes anlegen, zwar zueinander in eine Beziehung setzen, aber nicht miteinander verkoppeln. Metaphern im theologischen Bereich scheinen – so eine geläufige Vorstellung – die Verhülltheit Gottes zu würdigen; genauso wie Analogien die „Unberührbarkeit" Gottes sicher zu stellen trachten. Aber wie verhalten sich dann metaphorischer, analoger Diskurs und wissenschaftlicher Diskurs zueinander? Ist es womöglich so, dass sich die religiöse Sprache – wie von Kutschera dies angedeutet hat – gar nicht für einen wissenschaftlichen Diskurs eigenen kann? Oder hilft uns eine These (N_4) – mit Pannenberg als eine Art transzendentaler Reflexion auf die Eigenart des religiösen Sprechens verstanden –, um den Anspruch der Wissenschaftlichkeit zu erfüllen? Wer (N_4) etwas genauer bedenkt, wird feststellen müssen, dass sie eine Empfehlung enthält, die eigentlich für alle Wissenschaften gilt: Die Reflexion auf die Eigenart der jeweiligen Wissenschaftssprache schützt vor Ideologie und Kommunikationssperren; und sie sichert wenigstens implicite die Verständigung über den je eigenen Gegenstandsbereich. (N_4) kann uns aber nicht helfen, um den Verdacht der „uneigentlichen" Rede abzustreifen, der dem metaphorischen Sprachgebrauch anzuhaften scheint – es sei denn durch (N_4) würden Brücken zwischen dem übertragenen und dem buchstäblichen Sprachgebrauch geschlagen. An dieser Stelle seien einige Bemerkungen zum Thema *Analogie* und *Metapher* gestattet. Sie sind gerade deshalb nötig, weil herkömmlicher Weise – besonders aber im Kontext der analytischen Religionsphilosophie[46] – das so genannte buchstäbliche Reden von Gott kritisch gegen die „bloß" metaphorische Rede abgegrenzt wird. Auch wenn es nicht einmal im Ansatz möglich sein wird, eine nur annähernd zufrieden stellende Analogie-

---

[46] Vgl. Alston, William P., Can we speak literally of God?, in: ders., Divine Nature and Human Language. Essays in Philosophical Theology, Ithaca/London 1989, 39–63; ders., Irreducible Metaphors in Theology, in: ders., Divine Nature and Human Language, 17–38.

oder Metapherntheorie zu skizzieren, so scheint es mir unumgänglich, einige Bilder sozusagen gerade zu rücken. Es geht mir darum, die These zu wagen, dass erstens Analogie und Metapher keine Dauerkonkurrenten zum so genannten buchstäblichen Reden sind[47] und dass zweitens Analogie und Metapher nicht in den Dienst einer negativen Theologie (in radikaler Ausprägung) gestellt werden dürfen, ja dass sie – genau betrachtet – Mitstreiter für (TKT) darstellen.

(29) Ich möchte Analogie und Metapher voneinander unterscheiden, indem ich auf der Bildebene die Analogie als Parallelogramm und die Metapher als Ellipse mit je zwei um die Brennpunkte gezirkelten Kreisen verstehe:

Analogie *Metapher*

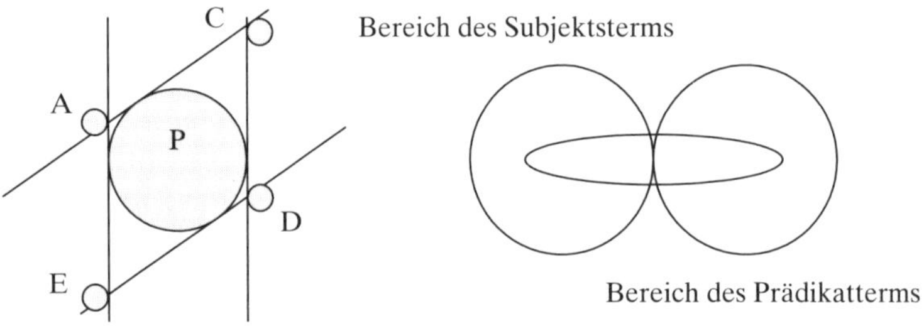

Während sich die Analogie zwischen verschiedenen Prädikatstermen *A*, *B*, *C*, *D* abspielt, um einen bestimmten Prädikatsterm *P* zu regulieren, hat die Metapher die semantisch grundlegendere Aufgabe, verschiedenen Bedeutungsräume in eine Spannung zueinander zu bringen – Bedeutungsräume, die eigentlich voneinander separiert sind entsprechend den Gepflogenheiten des etablierten Sprachgebrauchs. Beide semantischen „Apparaturen" dienen dazu, einen verlässlichen Schwebezustand bei der Anwendung bestimmter Prädikate zu erreichen. Die Analogie erreicht dies im Verfahren der Parallelisierung von Verhältnissen: Das Verhältnis von *A-B* wird an das Verhältnis von *C-D* angelegt, um die im Verhältnis von *A-B* etablierte Verwendung eines Prädikates *P* auch für das Verhältnis von *C-D* möglich zu machen. Die Metapher erreicht

[47] Das ist auch gegen Richard Swinburne ins Feld zu führen, der einen abwertenden Blick auf Analogien formuliert. Analoge Rede gilt ihm als zu unverbindlich. Faktisch teilt er Alstons Bedenken und votiert für die Grundlage einer buchstäblichen Rede von Gott. Vgl. Swinburne, R., Coherence 72f. Ich möchte hier für einen besseren Ruf der Analogie werben, weil sie eine überaus regulierte und keineswegs nur vage Form der Rede darstellt.

dies wiederum durch das Aufbrechen und Erweitern von Bedeutungsräumen. Wenn man im Verhältnis der Analogie nach entsprechenden Spannungspunkten sucht, so wird man sie zwischen *A* und *C* einerseits und *B* und *D* andererseits entdecken; das schwebende *P* dient als treibende Kraft, um *A* und *C* bzw. *B* und *D* so aneinander zu legen, dass man, sobald man *P* ausklammert, auch bei *A* und *C* bzw. *B* und *D* von einem metaphorischen Verhältnis sprechen sollte, wenn das analoge Verhältnis *um*-bestimmt wird: Für ein Element x aus **A** gilt* $C(a)$ bzw. für ein Element x aus **B** gilt* $D(b)$; dabei seien **A** und **B** die Mengen, durch die die Prädikate *A* und *B* repräsentiert werden. Die Geltung ist hier anders akzentuiert als bei der „herkömmlichen" standardisierten Prädikation; denn sie ist – und das macht die Metapher zur Metapher – für die Ohren des herkömmlichen Sprachgebrauchs zunächst anstößig, ungewohnt, überraschend, aber nicht *un*vernünftig. Um diese formalen Überlegungen etwas transparent zu machen, ließe sich ein theologischer Satz der Form „Gott ist Vater" heranziehen. Blicken wir zunächst auf das Modell der Analogie, so können wir im Parallelogramm um den Prädikatausdruck „lieben" die generellen Terme „Vater(sein)", „Kinder", „Gott(sein)", „Mensch(sein)" gruppieren und in ein schwebendes Verhältnis setzen. Durch die Analogie wird die Liebe Gottes, die Tätigkeit des Liebens, im Sinne von (TKT) reguliert: Als Bezugsbereich wird der herkömmliche Typen-Konnex, wie wir ihn in unserer Kommunikation kennen, verwendet und kritisch modifiziert. Doch dadurch dass sich die beiden Linien des Parallelogramms nicht berühren, wird eine Distanz aufgebaut, die die Operation des Negierens im Sinne von (KT) und (TKT) anleitet.[48] Gott liebt die Menschen; doch kann er nicht in jeder Hinsicht „Vater" genannt werden etc. Die Analogie macht die Prädikate, die in der Rede von Gott eine Rolle spielen, *regulierbar*. Was aus dem Bereich der Schöpfung als „anlegbares" Verhältnis herangezogen wird, hat den Rang eines Modells, *durch* das die Eigenschaften Gottes ansichtig werden.

(30) Gegenüber der Analogie ist die Metapher die grundsätzlichere sprachliche Operation, weil sie nicht sofort mit generellen Termen bzw. Prädikatausdrücken arbeitet, sondern mit einer Beziehung, die sie zwischen einem Subjektsterminus und seinem semantischen Umfeld einerseits und einem anderen, neuen semantischen Feld andererseits, das sich in speziellen Prädikatausdrücken konkretisiert, aufbaut. Das oben skizzierte Doppelkreisschema fasst verschiedenste Metapherntheorien ein: Die Rede von einer *Span-*

[48] Zu weiterführenden Überlegungen vgl. Schärtl, Th., Theo-Grammatik 442f.

nung, von einer *Wechselwirkung*, von einem ersten und zweiten *Bedeutung* etc. lässt sich in der Bewegung zusammenfassen, die die Metapher den beiden Kreisen aufzwingt: Vermeintlich geschlossene Bedeutungsfelder werden aufgebrochen; es entsteht etwas Neues, es finden „Diffusionsprozesse" zwischen verschiedenen semantischen Umfeldern statt.[49] Auch diese Dynamik ließe sich an dem Satz „Gott ist Vater" illustrieren: Das semantische Umfeld des Ausdrucks „Gott" scheint eine Prädikation mit „Vater" vorderhand nicht einzuschließen. Durch das gezielte Übertreten der entsprechenden Grenze wird im semantischen Raum des Ausdrucks „Gott" genauso wie im semantischen Raum des Ausdrucks „Vater" eine Transmission in Gang gesetzt, die auch dann schon zugegen ist, wenn sie bloß als Spannung, als vermeintliche Anstößigkeit wirkt. Die Veränderung der Grenzen, die Etablierung eines neuen semantischen Heimatlandes wird nur durch die Grenzüberschreitung, wie sie in der Metapher gegeben ist, möglich.[50]

(31) Ob wir der Metapher gegenüber dem wörtlichen Sprachgebrauch eine primäre oder sekundäre Rolle einräumen, hängt von dem Winkel ab, von dem aus wir das elliptische Zwei-Kreise-Schema betrachten. Denn von einer sehr grundsätzlichen Warte aus kann jede erste, elementare Prädikation, die einen Gegenstand, der in seinem Rücken einen noch vollkommen unbestimmten Bedeutungs*um*raum hat, mit einem Bedeutungsraum zusammenbringt, als metaphorischer Akt bezeichnet werden: Die Unterstellung einer Einheit des Allgemeinen, die sich darin zeigt, dass zwei verschiedene Entitäten, die, auch wenn sie sich noch so sehr gleichen mögen, immer irgendwo verschieden sind, unter eine allgemeine Sorte (wie „Stuhl") eingeordnet werden, ist nicht möglich ohne einen „metaphorischen Prozess", der diese Einheit des Allgemeinen erst in Sichtweite bringt. Von einer anderen Warte aus, die den buchstäblichen, etablierten Sprachgebrauch als primär erachtet, ist die Metapher ein Phänomen zweiter Ordnung, weil sie abgezirkelte Bedeutungsumfelder aneinander bringt, um Grenzen zu verflüssigen und Innovationen des Denkens und „Sehens" vorzubereiten.[51] Beide Warten sind legitim und schließen sich nicht aus. Nimmt man sie zusammen, so ist die buchstäbliche Rede nur immer ein intermediärer Zustand zwischen primärem

[49] Vgl. Seel, Martin, Am Beispiel der Metapher. Zum Verhältnis von buchstäblicher und figürlicher Rede, in: Forum für Philosophie Bad Homburg (Hg.), Intentionalität und Verstehen, Frankfurt 1990, 237–272, hier: 248.

[50] Vgl. Goodman, Nelson, Sprachen der Kunst. Entwurf einer Symboltheorie, Frankfurt ^{2}1998, 77.

[51] Vgl. Seel, M., Metapher 249.

und sekundärem metaphorischen Prozess. Das sollte uns aber nicht beunruhigen: Denn ein Bild von Sprache, das eher operational am Gedanken der Welterschließung orientiert ist und nicht am Gedanken der Porträtierung der Welt, wird diese Sicht der Dinge integrieren können. Der primäre metaphorische Prozess schafft Prädikationszusammenhänge und damit *Typen*-Konnexe und Kategorienzugehörigkeiten. Der sekundäre metaphorische Prozess bricht die verfestigten Regeln auf, um gezielt Neuland zu betreten; das gilt für alle Bereiche menschlicher Erkenntnis.[52] Ohne diese semantische Innovationskraft wäre Wissenschaft nicht möglich.[53] Im Kontext der religiösen Sprache gelingt der Metapher aber auch, verschiedene Formen der Rede zusammenzuspannen: den expressiven mit dem behauptenden Aspekt. Der Einsatz der Metapher kann die Erlebnisqualität und den Erlebnishintergrund des Gesagten besser verdeutlichen[54] als die so genannte buchstäbliche, im Kontext beschreibender oder berichtender Sprachspiele etablierte Rede. In dem Satz „Gott ist Vater" beispielsweise wird eine Erlebnisqualität transportiert, die auf den zurückweist, der diese Formulierung erstmalig oder authentisch gebraucht hat. Eine derartige verdichtende Redeweise lässt sich freilich nur um den Preis einer Aufspreizung der Junktims von Expression und Behauptung in eine rein buchstäbliche Rede verwandeln. Metaphorische Rede ist – zieht man die hier angedeuteten Linien noch etwas weiter aus – sicherlich keine Verschleierung eines rein negativen Verhältnisses; sie ist – ganz im Gegenteil – eine verdichtende Redeform, die Mehrperspektivität zulässt, wo die buchstäbliche Rede in Gefahr ist, in eine Einlinigkeit oder *Monotonie* zu geraten. Die Metapher geht mit der buchstäblichen Rede Hand in Hand, insofern ihr Gebrauch erstens kognitiv und zweitens rational ist.[55] Es ist hier nicht der Ort, das Verhältnis von Metapher und buchstäblicher Rede im Detail zu analysieren. Metapherntheorien der Gegenwart sind vielfältig, weitläufig und widersprüchlich. Allen gemeinsam ist aber ein Nenner: nämlich dass man metaphorische Rede nicht mehr einfachhin als „uneigentliche" Rede abtun kann. Der Grund

---

[52] Vgl. McFague, Sallie, Metaphorical Theology. Models of God in Religious Language, Philadelphia 1982, 90–102.

[53] Ein theologisch unverdächtiger Zeuge kann dies bestätigen. Vgl. Quine, Willard Van Orman, Metaphern – ein Postskriptum, in: ders., Theorien und Dinge, übers. v. Schulte, Joachim, Frankfurt ^{2}2001, 227–229, hier: 228f.

[54] Vgl. M. Seel, Metapher 250 u. 258–262.

[55] Vgl. weiterführend die exzellente Studie von Debatin, Bernhard, Die Rationalität der Metapher. Eine sprachphilosophische und kommunikationstheoretische Untersuchung, Berlin/New York 1995.

hierfür wurde schon genannt; der Gebrauch von Metaphern ist erkenntnis*bezogen*, zumindest erkenntnis*leitend*. Und er folgt Gründen, was man schlicht an der Tatsache ablesen kann, dass wir Gründe für das Passen oder Nichtpassen einer Metapher finden werden und bisweilen auch finden müssen. Man kann über das Passen von Metaphern streiten; und solch ein Streit „enthüllt" vielleicht mehr über einen Gegenstand oder unsere Sicht auf einen Gegenstand als eine Diskussion um die Modifikation von Beschreibungen. Metaphern involvieren uns stärker, d. h. unsere Erkenntnisposition und unsere Sicht auf einen Gegenstand; sie entlarven aber auch jedes deskriptionistische Neutralitätsgebot als ebenso angeratenen wie seltenen Grenzfall. Metaphern sind nicht mehr oder weniger ihrem Gegenstand gegenüber distanziert als die buchstäbliche Rede; sie nehmen uns als Sprechersubjekte aber in diese mittelbare Unmittelbarkeit hinein. Was gegenüber der buchstäblichen Rede im metaphorischen Sprachgebrauch als Distanz erscheinen mag, stammt daher, dass „wir" im metaphorischen Sprachgebrauch selbst „drinstecken".

(32) Was von der Metapher gesagt wurde, gilt im Prinzip auch von der Analogie: Sie „hegt" den Anwendungsbereich eines Prädikats *P* für ein Verhältnis, das der ursprüngliche Anwendungsbereich von *P* vielleicht gar nicht im Blick hatte. Diese Aufgabe des Hegens kommt der Analogie dadurch zu, dass sie zur Anleitung für (TKT) wird. In einer „herkömmlichen Konstellation" zwischen den Prädikaten *C* und *D* ist das Prädikat *P*, das zu einem Typ $\mathbf{T}_1$ gehört, mit weiteren Prädikaten des Typs $\mathbf{T}_2$ oder $\mathbf{T}_3$ verbunden. Wird *P* nun auf das Verhältnis von *A* und *B* übertragen, so ermahnt uns die analoge Redeweise, den Konnex von $\mathbf{T}_1$ mit $\mathbf{T}_2$ und $\mathbf{T}_3$ aufzusprengen, auch wenn wir an die Stelle von $\mathbf{T}_2$ und $\mathbf{T}_3$ keine „neuen" Typen zu setzen vermögen. Vielmehr wird uns bewusst gemacht, dass der Konnex zwischen $\mathbf{T}_1$, $\mathbf{T}_2$ und $\mathbf{T}_3$ keine logische oder metaphysische Notwendigkeit spiegelt. Mit welchen Typen $\mathbf{T}_4$ oder $\mathbf{T}_5$ das Prädikat *P* im Verhältnis zwischen *A* und *B* dann kombiniert werden kann, ist eine Frage weiterer begrifflicher Bestimmungen, die durch die Analogie erschlossen werden. Dabei kann es eine besondere Funktion der Analogie sein, innerhalb der etablierten Typenkonnexe Lücken zu lassen. Denken wir zum Beispiel an den Satz „Gott ist eine Person"; wir lernen den Ausdruck zwar am Beispiel „körperlicher" Personen. Aber wir können einsehen, dass die Rede von „unkörperlicher Person" eine Denkmöglichkeit artikuliert, auch wenn sie an die Stelle vertrauter Konnexe (z. B.: *Personsein* = Vernunftbesitz + Körperliche Realisierung + Sprachbesitz + Handlungssouveränität + ...) neue setzt oder zu-

mindest Lücken in den vertrauten Konnexen lässt (z. B.: *göttliches Personsein* = Vernunftbesitz + … + Handlungssouveränität + …). Die Analogie erlaubt uns die Erforschung eines neuen semantischen Feldes mit Hilfe vertrauter Instrumente. Sie trägt – wie schon erwähnt – dazu bei, eine angemessene Sprachform zu entwickeln, indem sie den Gedanken der Unähnlichkeit der verschiedenen Felder nicht einfach transportiert, sondern konstruktiv *operationalisiert*. Auch bei der Analogie gibt es eine Art Rationalität des Passens: Offenkundig kann das für das Aneinanderlegen von zwei Bereichen in Frage kommende Prädikat *P* kein beliebiges Prädikat sein. Es scheint artikulierbare Gründe zu geben, warum dies und kein anderes Prädikat herausgegriffen wird, warum Modifikationen in die eine, aber nicht in die andere Richtung unternommen werden etc. Wir wären bei der Angabe von Gründen heillos überfordert, wäre der Gegenstand, dem das Prädikat *P* beigelegt werden soll, in jeder Hinsicht erkenntnis- oder sprachtranszendent. Dass das nicht so ist, zeigt sich gerade an der *Rationalität* des analogen Sprachgebrauchs.

„Einzigartigkeit" Gottes

(33) Die bisherigen Überlegungen haben vor allem die Grenzen negativer Theologie – verdichtet an den Sätzen (N_1) bis (N_4) – aufzuzeigen versucht. Sie verstanden sich im Großen und Ganzen als ein Votum für ein affirmierendes religiöses Sprechen, das in letzter Konsequenz die Diskursivität der Theologie sichern soll. Ein Blick in die klassischen Traktate der Gotteslehre wird diese Intuition zwar stützen, aber gleichzeitig eine Warnung formulieren: Wer eine nur *relative* Kategorien- oder Typenkonnextranszendenz konzediert, der hat damit immer noch kein vollkommene Bestimmung des Gottesbegriffes geleistet. Gott als „ens a se" zu bezeichnen und damit in die basalste ontologische Kategorie des „ens" einzuordnen ist allenfalls eine Minimalbestimmung, die am Rande der Transkategorialitätsthese entlang manövriert. Und auch jede weitere Bestimmung des Gottesbegriffs muss in einem ungewohnt starken Maße, wie es scheint, zur Negation Zuflucht nehmen, um etablierte Kategorienzusammenhänge und Typenkonnexe aufzusprengen, ohne dass sie die dabei entstehenden Leerstellen füllen kann. Oder wie sollen wir die Rede von einer „unkörperlichen Person" anders, besser verstehen denn als einen Hinweis darauf, dass wir einem *x* das Attribut „Personsein" zusprechen dürfen, ohne ihm gleichzeitig die herkömmlicher Weise damit auch ver-

bundenen Attribute ebenfalls zusprechen zu müssen? Die so entstehende Leerstelle führt aber nicht den ganzen Gottesbegriff ins Leere; denn sie trägt innerhalb eines begrifflich wohlbestimmten Rahmens zur Erweiterung von Prädikationsfeldern bei.

(34) Aber gibt es nicht doch einen starken Gedanken, der die Intuitionen negativer Theologie stützen könnte? Könnte man eine starke negative Theologie nicht doch überzeugender als bisher vom Problem der Prädikation her angehen, wie dies in der klassischen Form etwa von JOHANNES SCOTUS ERIUGENA[56] getan worden ist, der Gott *über*wesentlich, *über*seiend und *über*gut nennt (und sich bewusst in die Tradition von DIONYSIOS AREOPAGITA einreiht)? Es ist nicht leicht, diese Intuitionen in den Kontext moderner Philosophie zu übersetzen[57], vor allem dann, wenn die zugrunde liegende Prädikationstheorie platonistisch geprägt ist (eine Prägung, über die man dezidiert debattieren sollte). Ich möchte zunächst einige ontologische Grundzüge vorstellen, die diese „eriugenische Prädikationsauffassung" stützen, danach diese Prädikationsauffassung in einer halb formalen Weise niederschreiben und schließlich auch hier kritisch zurückfragen. Ausgangspunkt bei DIONYSIOS und mutatis mutandis bei JOHANNES SCOTUS ERIUGENA ist der platonisch-plotinische Begriff des *Einen*. Der christliche Gott wird mit „dem Einen" identifiziert. Und für dieses Eine gelten folgende Bestimmungen, die vorderhand in ein Sprachproblem führen müssen:

1. Das Eine ist der Urgrund von allem.
2. Am Einen hat alles Anteil.
3. Das Eine hat außer an sich selbst an nichts Anderem mehr Anteil.
4. Nur wenn ein x an einem y Anteil hat, kann einem x im echten Sinn eine Eigenschaft zugesprochen werden.
5. Wenn x an y Anteil hat, dann kann y auf der Grundlage eines „ontologischen Echos" in übertragener Weise jene Eigenschaft zugesprochen werden, die x zugesprochen wird.

Das Resultat dieser Grundsätze ist eine nicht anders als paradoxal zu nennende theologische Sprachregulierung: Die Sätze 3) und 4) scheinen zu unterbinden, dass man vom Einen in „herkömmlicher" Weise reden kann:

---

[56] Vgl. Scotus Eriugena, Johannes, Periphyseon I (CChr.CM Vol. CLXI, 3–111).

[57] Zu einem mereologischen Rekonstruktionsversuch vgl. Meixner, Uwe, Negative Theology, Coincidentia Oppositorum, and Boolean Algebra, in: Newen, Albert/Meixner, Uwe (Hg.), Philosophiegeschichte und logische Analyse. Philosophiegeschichte im Überblick 1, Paderborn u. a. 1998 (Logical Analysis and History of Philosophy. History of Philosophy in General, Vol. 1) 75–89.

> „Keiner von denen, die die jenseits von aller Wahrheit liegende Wahrheit lieben, darf folglich die erzgöttliche Überwesenheit, was auch immer die Übersubstanz der Übergüte ist, als Verstand oder Kraft, als Vernunft, Leben oder Manifestation des Seins preisen, sondern nur als jeglicher Beschaffenheit und Bewegung, jeglichem Leben, jeglicher Vorstellungskraft und Meinung, jeglichem Namen, Wort, Gedanken, geistigen Begreifen, Sein und Stand, jeglicher Stellung, Einung, Grenze und Unendlichkeit und allem, was existiert, überweit entrückt.“[58]

Andererseits zeigen die Sätze 1) und 2) an, dass das Eine in allem ist und wirkt, sofern es die Ursache von allem ist. Über den Umweg des Partizipationsgedankens ergibt sich dann doch eine Möglichkeit der Distanz wahrenden Rede von Gott, wie sie oben der Satz 5) beschreibt.[59]

(35) Es sind, wie bereits angedeutet, die Sätze 4) und 5) die den semantischen Schwebezustand der Rede von Gott implizieren. Und es ist leicht einzusehen, warum und wieso die klassischen Konzepte von Analogie und Metapher hier als stabilisierende und doch die Distanz nicht aufhebende Grundlagen der Rede von Gott interpretiert wurden – als Maßnahmen, die die Distanz letztlich nicht überbrücken, sondern nur die in ihrem Wert schwer zu evaluierenden Möglichkeiten zu nutzen versuchen, die im „ontologischen Echo“ bereit liegen. Doch der Motor dieses ganzen Konzepts liegt in Satz 4). Er enthält in nuce eine Prädikationsauffassung. Aber wie könnten wir diese Auffassung rekonstruieren? Eine Spur findet sich schon bei Johannes Scotus Eriugena:

> „Wesenheit also wird Gott genannt; aber eigentlich ist er nicht Wesenheit, da dieser das Nichts entgegensteht, sondern er ist überwesentlich. Ebenso wird er Güte genannt; aber er ist dies nicht eigentlich, da der Güte des Bösesein entgegensteht, sondern er ist mehr als gut oder Übergüte. [...] Ähnlich verhält es sich mit der Wahrheit; denn dieser steht das Falsche entgegen, und demgemäß ist Gott eigentlich nicht die Wahrheit, sondern mehr als wahr und Überwahrheit. Dieselbe Bewandtnis hat es mit allen übrigen göttlichen Namen. Denn nicht eigentlich wird er Ewigkeit genannt, weil dieser die Zeitlichkeit entgegensteht; sondern er ist mehr als ewig und Überewigkeit. Das gleiche Verhältnis findet bei der Weisheit statt, die deshalb von Gott nicht eigentlich ausgesagt werden kann, weil der Weisheit und dem Weisen die Torheit und der Tor entgegenstehen; folglich wird er richtig und in Wahrheit mehr als weise und Überweisheit genannt.“[60]

---

[58] Ps.-Dionysius Areopagita, Namen Gottes 26.
[59] Vgl. ebd. 26f.
[60] Johannes Scotus Eriugena, Periphyseon I, Z. 748–773 (CChr.CM Vol. CLXI, 28f.),

Um den impliziten Leitgedanken dieses Textes explizieren zu können, schlage ich folgenden Rekonstruktionsversuch vor, der die Intuitionen dieser klassischen Position bewahren möchte; die Rekonstruktion wird als Katalog genereller Prädikationsgrundsätze formuliert:

(P_1) Von einem Gegenstand *x* kann ein Prädikat *P* nur dann ausgesagt werden, wenn *x* eine Eigenschaft P exemplifiziert.

(P_2) *x* kann nur dann eine Eigenschaft P exemplifizieren, wenn auch ein anderer Gegenstand *y* P exemplifiziert, exemplifiziert hat oder exemplifizieren wird. Denn Eigenschaften haben einen allgemeinen Status.

(P_3) Von einem Gegenstand *x* kann ein Prädikat *P* nur dann ausgesagt werden, wenn ihm gleichzeitig Non-*P* abgesprochen wird und wenn Nicht-P (i.e. die dem Prädikat Non-*P* zugeordnete Eigenschaft) eine echte Eigenschaft darstellt, so dass ¬Nicht-P = P.

(36) Die Geltung von (P_1) kann als unstrittig vorausgesetzt werden, auch wenn die Rede von einer Exemplifikation von Eigenschaften einen *starken* Eigenschaftsbegriff voraussetzt (was in der gegenwärtigen Ontologie durchaus heftig diskutiert wird[61]). Eine erste Folgewirkung ist dabei freilich schon die Frage, welchen ontologischen Status diese Eigenschaften haben – ob sie beispielsweise so etwas wie platonische Ideen sind etc. Um diese sehr starken Folgerungen zu vermeiden, scheint der Satz (P_2) notwendig zu sein; er bestimmt den Status als ontologischen Schwebezustand, der zustande kommt, wenn zwei konkrete Individuen *x* und *y* „etwas gemeinsam haben". Eine Eigenschaft ist also das, was zwei konkrete Entitäten *gemeinsam* haben *können*. Vor diesem Hintergrund ist dann auch verständlich, warum die These (P_2) formuliert ist, wie sie formuliert ist: Die Rede von Exemplifikation macht hier nur Sinn, wenn es mehr als eine Instantiierung für eine Eigenschaft gibt, da sich das „Sein" einer Eigenschaft einer Mehrfachinstantiierung verdankt. (P_2) scheint nahe zu legen, dass mit dem Gegebensein einer Eigenschaft auch notwendig das Gegebensein von $n+1$ Entitäten, die diese Eigenschaften haben (wobei $n \geq 1$), mitgesetzt sein muss. (P_3) geht über die bisherigen Thesen hinaus; sie scheint zunächst eine Selbstverständlichkeit anzudeuten. Aber ihr spezieller Kern liegt in der Behauptung, dass mit der Exempli-

---

in der deutschen Übersetzung zitiert nach Flasch, Kurt, Mittelalter (Geschichte der Philosophie in Text und Darstellung 2), Stuttgart 1988, 178f.

[61] Vgl. hierzu McGinn, Colin, Logical Properties. Identity, Existenc, Predication, Necessity, Truth, Oxford 2000, 52–68.

fikation einer Eigenschaft P auch die *gegenteilige* Eigenschaft Nicht-P exemplifiziert sein muss. Entsprechend dem auch hierfür geltenden Grundsatz (P_2) muss es mehr als eine Entität geben, von der ein entsprechendes Prädikat Non-*P* ausgesagt wird. (P_1) bis (P_3) formulieren starke *ontologische* Verpflichtungen der Prädikation: Sie verknüpfen die Rede von Eigenschaften mit dem Exemplifikationsbegriff und diesen wiederum mit einer Notwendigkeit der Instantiierung von Eigenschaften, um einen per se platonistischen Exemplifikationsgedanken mit gleichsam nominalistischen Einschlägen zu versehen. Innerhalb dieses Horizontes nun wird die Zuschreibung von Eigenschaften zu Gott in der Tat zum Problem.[62] Denn sobald ich Gott eine Eigenschaft wie „gut" zuschreibe, muss ich nach (P_2) einräumen, dass auch eine andere Entität diese Eigenschaft exemplifizieren muss, damit ich sinnvoller Weise von Eigenschaften überhaupt reden kann. Und ich muss nach (P_3) sogar zugestehen, dass auch das Gegenteil von „gut" (nämlich: „böse") instantiiert sein muss, damit die Regel der doppelten Negation wieder auf eine sinnvolle Eigenschaft führt. Wenn ich aber an der *Aseität* Gottes festhalten will, dann kann das notwendige Mitgegebensein von anderen Entitäten nicht akzeptiert werden, so dass ich in letzter Konsequenz Gott im eigentlichen Sinne von (P_1) bis (P_3) keine Eigenschaften zuschreiben kann. Ich kann ihm dann vielleicht Quasi-Eigenschaften beilegen, die aus der „nachträglichen" Beziehung anderer, von ihm abhängiger Entitäten zu ihm, nicht aber aufgrund einer von ihm ausgehenden Beziehung zu den „anderen" Dingen formuliert sind.[63]

(37) Am Ende bleibt jedoch die Frage, ob das Schema (P_1) bis (P_2) zwingend ist. Es gibt prinzipiell andere Deutungen von Prädikation und Eigenschaftszuschreibung – etwa im Sinne der Klassenzugehörigkeit[64]; in solch einem Rahmen wäre es auch denkbar, dass wir eine Klasse bestimmten, die lediglich ein einziges Element enthält. Aber selbst wenn wir den Exemplifikationsbegriff wählen, so ist angesichts der Instantiierungsnotwendigkeit von (P_2) noch gar nicht ausgemacht, ob es sich hier um eine „glatte Notwendigkeit" oder eher um eine notwendige *Möglichkeit* handelt: Zu einer Eigenschaft gehört es – wenn man (P_2) *genau* interpretiert–, dass auch andere Entitäten sie instantiieren *können*. Die

---

[62] Zu ähnlich gelagerten Fragehorizonten vgl. Thomas von Aquin, S.Th. I q. 3 a. 5 und a. 7.

[63] Vgl. Thomas von Aquin, S.Th. I q. 3 a. 3; q. 4 a. 3.

[64] Vgl. weiterführend Schärtl, Thomas, Art. Eigenschaft, in: Franz, Albert/Baum, Wolfgang/Kreutzer, Karsten (Hg.), Lexikon philosophischer Grundbegriffe, Freiburg 2008, 100–102.

Beziehung, die dann zwischen Gott und anderen Entitäten etabliert wäre, bliebe rein im Bereich der „relatio rationis“ und würde Gott keine Abhängigkeitsverhältnisse aufbürden. Natürlich wäre eine Eigenschaft, die nur Gott hat, ein Grenzfall von Eigenschaftszuschreibung; aber auch dieser Grenzfall wäre noch eine Zuschreibung. Und da Exemplifikation auch graduell erfolgen kann, ließe sich durch graduelle Differenzen die Unterschiedlichkeit der Zuschreibung betonen – so wie das der klassische Vollkommenheitsbegriff immer getan hat. (P_3) schließlich scheint mir irgendwie überzüchtet zu sein. Die Negation einer Eigenschaft P ist nicht immer Gleichbedeutend mit dem Haben der gegenteiligen Eigenschaft Nicht-P; bisweilen ist damit schlicht das Fehlen der entsprechenden Eigenschaft P gemeint, nicht mehr und nicht weniger. Und selbst wenn wir in einigen Fällen den Vordersatz von (P_3) unterstreichen, so kann doch der auf der Grundlage von (P_2) geltende Nachsatz als widerlegt gelten. Angesichts der Tatsache, dass Gott von keiner anderen Entität abhängt, mögen die Rahmenbedingungen der Eigenschaftszuschreibung für Gott eigenartig sein, so dass eine gewisse Inkommensurabilität einkalkuliert werden muss. Aber dieser Unterschied zum herkömmlichen Prädizieren impliziert noch keine Unmöglichkeit der Eigenschaftszuschreibung als solcher.

Magnus Striet: Kommentar zu Thomas Schärtl

Den äußerst scharfsinnigen sprachanalytischen Überlegungen von Thomas Schärtl, denen ich mich in der Intention zutiefst verbunden weiß, habe ich nicht viel hinzuzufügen. Dass eine kategorial völlig indifferente, eigenschaftslose Entität ‚Gott' nicht nur ein logisches Paradoxon ist, sondern einer Anerkenntnisdialogik diametral entgegensteht, kann ich nur unterstreichen. Die Möglichkeit einer Anerkennung Gottes (= Glaube) setzt eine Verstehbarkeit voraus, die von Gott selbst gewollt und durch Selbsterweis möglich wurde, setzt damit eine Gottfähigkeit der menschlichen Vernunft voraus. Für überzeugend halte ich auch die Argumentation, dass die Behauptung einer Aseität die Behauptung von Eigenschaftslosigkeit nach sich zieht (36). Es müssen Möglichkeiten von Eigenschaftsprädizierungen sein, damit die im Begriff Gott ausgesagte Entität eine für den Menschen ‚existente' im Sinne einer real-möglichen Wirklichkeit ist. Dem immer wieder zu hörenden Vorwurf an eine Theologie, die sich einer radikalen Negativität verweigert, hier würden unbotmäßig die Grenzen von Gott und allem Geschöpflichen durch die Verwendung univoker Begriffe verletzt, entgegnet Schärtl völlig zu Recht mit dem Einwand, dass selbstverständlich etwa die Verwendung des Begriffs der Persönlichkeit auf Gott und Mensch die Differenz nicht einebnet. Auch wenn „Gott von keiner anderen Entität abhängt", so impliziert dies „noch keine Unmöglichkeit der Eigenschaftszuschreibung" (37). In meinen Worten: Ein der Differenz fähiger Gott, die dieser aus dem Nichts heraus ursprünglich ermöglicht, führt nicht in das Schweigen. Er ist bereits positiv prädiziert. Einig weiß ich mich mit Schärtl auch in einem anderen Punkt, der im Text vielleicht nur beiläufig durchdringt, nichtsdestotrotz aber eine theologische Reflexion anstachelt, der es um Begründungen zu tun ist. Theoretische Reflexionsurteile sind nicht interesselos. Sie vollziehen sich im Rahmen einer Vernunft, die als praktisch sich normierende auch die Frage *Was darf ich hoffen?* noch in ihre Reichweite nimmt. Was philosophisch, um hoffen zu können und zu dürfen, denkbar sei muss, deshalb auch auf begriffliche Klärung und semantische Eindeutigkeit dringt, gilt auch theologisch.

Johann Ev. Hafner: Kommentar zu Thomas Schärtl

Die Ausführungen von Thomas Schärtl wollen die Diskursivität der Theologie bewahren und überbordende Ansprüche einer radikalen negativen Theologie widerlegen. Damit sich Gott nicht im „ontosemantischen Nichts" auflöst, weist Schärtl radikale Erkenntnistranszendenz und radikale Kategorientranszendenz zurück. Er rettet die Eigenschaftsfähigkeit Gottes über zwei Wege: Typenkonnextranszendenz (17) und Eigenartigkeit (33). Beide Wege stehen m.E. in engem Zusammenhang. Vom transzendenten Gott kann dennoch gesprochen werden, weil im Allgemeinen, besonders aber in Bezug auf ihn Eigenschaftskomplexe aufgelöst werden können. Gott kann als Person bezeichnet werden, weil man nicht alle Eigenschaften, die eine Person ansonsten auszeichnen, übertragen muss. Die Rede von Gottes Personalität zwingt dazu den Konnex auf und macht das Prädikat selektiv verwendbar. Damit zusammen hängt die Schlussfigur Schärtls, Gott als Entität zu begreifen, der bestimmte Eigenschaften zugeschrieben werden können, die ausschließlich ihr zukommen. Gottes Eigenschaften unterscheiden sich dann von herkömmlichen Eigenschaften dadurch, dass sie zwar prädizierbar, aber letztlich unübertragbar sind. Meines Erachtens unterscheiden sich solche aus Konnexen ausgelöste und eigentümlichen Prädikate nicht mehr von Namen. Namen aber sind keine Aussagen über Wollen und Wesen des Benannten, sondern sind Adressen. Im strengen Sinne sind Sätze wie „Gott ist ein Vater" eine falsche Verwendung des Vater-Prädikats, sei es nun metaphorisch oder analog gebraucht (28–31). „Vater" dient der Anrede: „Du, unser Vater". Aus diesen Gründen hat die christliche Theologie „Vatersein" auch nicht als Eigenschaft Gottes definiert, der sich doch durch den Sohn selber als Vater offenbart. Ähnlich verhält es sich mit „Gott". Diese Prädikation übernimmt das Christentum zwar aus der allgemeinen Religionsgeschichte, wodurch es sich stets dem Verdacht aussetzt, einen allgemeinen Klassenbegriff zu verwenden. Gleichwohl hat die biblische Tradition „Gott" als Begriff enteignet und zum Namen gemacht. JHWH ist nicht ein Gott, sondern *der* El. Das erste Gebot verbietet insofern nicht einfach Götzendienst, sondern den Gebrauch des Gottesworts anders denn als Eigennamen. Dieser Name erklärt sich nicht, er erweist sich heilsgeschichtlich an denen, die dieser Verwendung folgen.

Würden wir alle Eigenschaften als Namen ausweisen, dann handelte sich das Christentum ein Problem ein, das der Islam in seiner

Namenslehre bearbeitet (Alle Namen „sagen" dasselbe und bilden eine Tafel der entfalteten Tautologie). Gibt es denn nicht auch begriffliche religiöse Rede? Hier komme ich zum Ausgangssatz „Gott ist transzendent" (7) zurück. Alle Ausführungen Schärtls über Erkenntnis- und Sprachtranszendenz sind gründlich und zutreffend. Aber sie betreffen nicht eigentlich Gott, sondern den mundus invisibilis, die transzendente Welt. Der unsichtbare Teil der Schöpfung, den wir im ersten Artikel des Credos bekennen, trägt alle Merkmale, die eine negative Theologie notwendig machen: die Möglichkeit mehrerer, nichtempirischer Welten (10), der disjunktiven Kategorien (16), hierarchischer, asymmetrischer Erkenntnisebenen (21–23). Gerade über die Engelwelt lassen sich negative Aussagen machen, weil sie das diametrale Gegenüber zur empirischen Welt ausmachen. Diese Negationen (körperlos, unsichtbar, ohne Zeitverlauf) reichen zwar in den Himmel, aber sie erreichen Gott nicht. Daher hat die Tradition in der Angelologie fein unterschieden: der immanente Mensch lebt in der Zeit (tempus), die Engel leben in Äonen (aevum), Gott aber lebt in Ewigkeit (aeternitas). Gottes „Dauer" ist daher nicht das Gegenteil von Zeit, sondern die Einheit der Differenz aus irdischer Zeit und himmlischem Äon.[1]

Die Rede von Gott, der keine Welt, sondern der Ursprung der Welten ist, und die Rede von den Engeln, die eine eigene rationale Welt bilden, sind scharf zu unterscheiden. Negative Theologie betrifft vor allem letztere.

[1] Die in diesem Band oft zitierte Schrift „Über mystische Theologie" muss in diesem Sinne verstanden werden. Pseudo-Dionysios treibt darin die aus der platonischen Philosophie landläufige apophatische Rede eine Drehung weiter, indem er gerade verneint, dass man mit Negationen oder Negationen von Negationen Gott erreichen könnte. Gottes „Überwesenheit" liegt noch vor der Differenz von Negationen und Affirmationen. Gott erlaubt uns erst, dass wir zwischen der positiven, empirischen Welt und negativen, höheren Welten unterscheiden können.

Willibald Sandler: Kommentar zu Thomas Schärtl

Thomas Schärtl arbeitet mit seinem Beitrag an einem Zugang zu einer rational ausweisbaren theologischen Gottesrede unter besonderer Berücksichtigung der negativen Theologie, und zwar aus der Perspektive und mit den methodischen Standards der analytischen Sprachphilosophie. Er will „eine plausible Denkform finden für die These, dass Gott sowohl ein (im weitesten Sinne) wissenschaftlicher Gegenstand als auch ein Gegenstand unserer Erfahrung ist“ (Nr. 4). Angesichts der radikalen Bestreitung der Wissenschaftlichkeit von Theologie und der Totalzurückweisung negativer Theologie durch analytische Philosophen (Nr. 1–3) ist dies ein herausforderndes und interdisziplinär bedeutsames Unterfangen. Grundsätzlich verläuft Schärtls Auseinandersetzung mit der negativen Theologie kritisch, wie schon der Titel seiner Abhandlung ankündigt. Dennoch will er der negativen Theologie ein berechtigtes Anliegen zugestehen, und zwar in ihrer „diskriminatorischen Funktion“, insofern sie „anzeigt, dass Gott kein herkömmlicher Gegenstand des Denkens und der Erfahrung ist“ (Nr. 4). So votiert Schärtl „für eine Transformation der Intuitionen negativer Theologie …, für eine These die besagt, dass Gott zwar eine singuläre, aber keineswegs (semantisch oder epistemologisch) relationslose Entität ist“ (ebd.). In diesem Sinne zielt ein großer Teil von Schärtls umfangreichen Erörterungen auf eine Rekonstruktion und anschließende kritische Demontage von radikalen Formen negativer Theologie (Nr. 5, 13, 20–27, 34–37). Zentral ist für ihn dabei die Argumentationsform, dass die Behauptung einer radikalen Erkenntnistranszendenz selbstwidersprüchlich ist. Zusätzlich zu den berechtigten logischen Einwänden gegen extreme Formulierungen negativer Theologie bei Dionysius Areopagita (Nr. 20ff) und Johannes Scotus Eriugena (Nr. 33f) ließe sich hier noch ein textimmanenter Widerspruch zur (zumindest von Dionysius vertretenen) Einschränkung aufweisen, dass die Bibel von diesen Relativierungen auszunehmen ist.[1] Das legt die Vermutung nahe, dass die extremen Aussagen negativer Theologie nicht in diesem wörtlichen Sinne verstanden werden dürfen, wie sie von Schärtl und anderen sprachanalytischen Kritikern auf- und angegriffen werden. Damit will ich nicht behaupten, dass Schärtl hier offene Türen einrennt. Auch wenn den Vätern negativer Theologie ein Irrationalismus nicht unterstellt werden darf, so prägt er

[1] Vgl. das Dionysius-Zitat in Nr. 20. Schärtl geht allerdings auf diesen Aspekt nicht ein.

doch bedeutende Anteile ihrer Rezeption bis in die aktuellen Diskurse zur negativen Theologie, und zwar sowohl bei Adepten als auch bei Kritikern. Hier ist Schärtls Kritik keineswegs überflüssig.

Noch wichtiger erscheint mir allerdings Schärtls sprachanalytische Rekonstruktion und Legitimation gemäßigter Ansätze negativer Theologie. Seine Thesen einer begrenzten Kategorientranszendenz (Nr. 15, mit These KT) sowie einer begrenzten Typen-Konnex-Transzendenz (Nr. 16, mit These TKT) führen ihn zu einer wohlwollenden Reinterpretation von Analogie und Metapher, den zentralen Instrumenten einer gemäßigten negativen Theologie. Beide Analysen halte ich für sehr erhellend, wobei Schärtls Anliegen, die Rationalität dieser sprachlichen Mittel aufzuweisen, im Besonderen auf die Analogie zutreffen dürfte.[2] Dass „Analogie und Metapher keine Dauerkonkurrenten zu so genannten buchstäblichen Reden sind", dass sie „Mitstreiter von TKT sind" und dazu dienen „einen *verlässlichen* Schwebezustand bei der Anwendung bestimmter Prädikate zu erreichen"[3], bedeutet wohl, dass es als zulässig gilt, auf der Grundlage der mit diesen Mitteln gewonnenen Gottesprädikationen auch weitere Schlussfolgerungen zu ziehen, – zumindest dahingehend, dass aus einer festgestellten kontradiktorischen Widersprüchlichkeit zu anderen auf diesem Weg gewonnen Gottesprädikationen die Notwendigkeit von Korrekturen abgeleitet wird. Das dürfte auf Metaphern wohl nicht zutreffen,[4] ist aber für die analoge Gottesrede zentral.[5]

Die Korrektur von gegeneinander gehaltenen analogen Gottesprädikationen aufgrund der Anwendung des Widerspruchsprinzips ist eine zentrale Methode, die auf eine kontrollierte theologische Gottesrede zielt.[6] Durch die Zulassung einer solchen Methode

---

[2] Unter dem Titel Analogie interpretiert Schärtl die analogia proportionalitatis, während die Metapher, so wie Schärtl sie rekonstruiert, eine große Nähe zur analogia attributionis aufweist.

[3] Nr. 29, Hervorhebung von mir.

[4] Niemand wird wohl verlangen, ein Oxymoron rational aufzulösen, oder es auf konträre und nicht kontradiktorische Gegensätze aufzulösen. Wie Schärtl selber feststellt, ist die Funktion von Metaphern eine andere. – Die Möglichkeit von Schlussfolgerungen wird von Pannenberg – im Zitat in Nr. 6 – auch für die doxologische Gottesrede in Abrede gestellt. Und es ist dieses auf die doxologische Gottesrede bezogene Zitat, dem Schärtl seine Thesen N2, N3 und N4 zumisst. Da N2 sich auf Analogie und Metapher bezieht, wäre festzustellen, dass sich Schärtls Interpretation der analogen Gottesrede von Pannenbergs Verständnis der doxologischen Gottesrede unterscheidet. Das spricht m.E. aber eher für Schärtl als für Pannenberg. Darüber hinaus dürfte Schärtls Analyse hilfreich sein, um Pannenbergs Vorbehalte gegen den Begriff der Analogie zu klären. Vgl. ders., Systematische Theologie I, 372f, Anm. 14.

[5] In diesem Sinn interpretiere ich Schärtls Aussage: „Die Analogie macht die Prädikate, die in der Rede von Gott eine Rolle spielen, regulierbar" (Nr. 29).

[6] Vgl. z. B. die Argumentation von Augustinus zur Frage der Attribute Gezeugtsein

wird negative Theologie – ganz im Sinne von Schärtl – nicht negiert, wohl aber beschränkt.

Die Radikalität der negativen Theologie bleibt dabei durch die Annahme gewahrt, dass der Prozess solcher Korrekturen unabschließbar ist. Dieser Aspekt könnte in Schärtls Rekonstruktion vielleicht noch durch eine zusätzliche Differenzierung berücksichtigt werden, im Sinne seines Anliegens einer weitestmöglichen sprachanalytischen Annäherung an die negative Theologie auch in ihren extremeren Aussagen.[7]

Insofern die analoge Gottesrede – mit der genannten Methode nachträglicher Korrekturen aufgrund des Widerspruchsprinzips – zentral ist für die „dramatische Polyperspektivität", die ich in meinem Beitrag beschrieben habe, gibt es wichtige Berührungsflächen zwischen beiden Zugängen zur negativen Theologie. Die dramatische Theologie kann so von Schärtls Analysen profitieren, aber auch Rückfragen an seinen Ansatz stellen. Die Anfragen zielen vor allem auf jene Dimensionen negativer Theologie, die für die dramatische Methode zentral sind und von der analytischen Philosophie naturgemäß nur schwer integriert werden können. Zu nennen sind hier vor allem die Heilige Schrift als Quelle affirmativer Gottesrede,[8] sowie die Bedeutung der existentiellen Erfahrung und Ausrichtung, die durch die Transzendenz des Subjekts positiv als Orientierungshilfe für Gottesrede gelten kann und negativ durch Schuldverstrickung als Gefahr in Rechnung gestellt werden muss, „die Wahrheit niederzuhalten."

Zunächst könnte analytische Sprachphilosophie hier eine methodische Selbstbeschränkung geltend machen: Danach entspräche es nicht ihrer Aufgabe und ihren Möglichkeiten, negative

---

und Ungezeugtsein im Hinblick auf das Wesen Gottes in De trinitate V,3. Vgl. dazu meinen Kommentar zum Beitrag von Gregor Maria Hoff in diesem Band.

[7] Mein Vorschlag: Überzeugend zeigt Schärtl die Inkonsistenz einer *schlechthin unbegrenzten* Typen-Konnex-Transzendenz (=T-K-T) auf. Von daher vertritt er eine *begrenzte* T-K-T. Sogar die Annahme, dass die (auf eine endliche Zahl verschiedener *x* begrenzte) „Anweisung ‚T1(*x*) ∧ ∨ T2(*x*)' weitere Störungen hervorbringen sollte", wird von ihm als metaphorische oder analoge Redeweise gemäß dem Verständnis als Gegenteil buchstäblicher Rede abgelehnt (Nr. 18). Das muss aber nicht so sein. Wenn z. B. Augustinus für den dreieinen Gott den Begriff der Substanz mit einer T-K-T im Hinblick auf die zur Substanz gehörenden Akzidentien übernimmt, muss für ihn nicht sofort klar sein, dass damit auch eine T-K-T bezüglich des Begriffs der Relation folgt. Wobei diese Annahme weitere zunächst unabsehbare Korrekturen nach sich ziehen kann (in Richtung einer über Augustinus hinausgehenden relationalen Ontologie), usw. in einem unabschließbaren Prozess. Man könnte in diesem Sinn vielleicht von einer *virtuell unbegrenzten* T-K-T sprechen, die sich von einer inkonsistenten schlechthin unbegrenzten T-K-T unterscheidet.

[8] Vgl. das wichtige Zitat von Dionysius in Nr. 20.

Theologie umfassend zu interpretieren, sondern nur, die sprachlogische Konsistenz ihrer Äußerungen kritisch zu überprüfen. Die für die negative Theologie wichtigen Faktoren der Normativität der Heiligen Schrift und der Bedeutung der existentiellen Dimension würden demnach die Quellen ihrer Aussagen betreffen, und das wäre von der analytischen Sprachphilosophie nicht zu untersuchen.

Dennoch wären weitere Schritte möglich. Dazu kann angesetzt werden an der Bedeutung einer transzendentalen Reflexion, wie sie Schärtl als These (N4) – in Übernahme der zentralsten Aussage aus dem Pannenbergzitat aus Nr. 6 – in Nr. 8 formuliert und in Nr. 28 eigentlich zu kurz behandelt hat. Schärtls Interpretation als „Reflexion auf die Eigenart der jeweiligen Wissenschaftssprache" (Nr. 28) dürfte zu kurz greifen. Seine – von ihm nicht weiterverfolgte – Frage, ob durch die transzendentale Reflexion „Brücken zwischen dem übertragenen und dem buchstäblichen Sprachgebrauch geschlagen" werden könne (ebd.), scheint mir hingegen auf eine heiße Spur zu führen. Im Sinne einer Bejahung dieser Frage lässt sich mit Otto Muck die transzendentale Methode Karl Rahners als *transzendentale Aporetik* rekonstruieren, die einen kontroversen phänomenologischen Ausgangspunkt – hier: die biblisch bezeugte und existentiell nachvollziehbare Gotteserfahrung in aporetisch entgegenstehenden Aspekten – durch transzendentale Reduktion auf die notwendigen Möglichkeitsbedingungen der ihn beschreibenden Begriffe befragt und von diesen her in transzendentaler Deduktion eine *Redefinition* dieser Begriffe ermöglicht, – so dass die Anfangsaporie zwar nicht endgültig überwunden, aber doch einer Überwindung näher geführt wird.[9]

In der Folge der so resultierenden Redefinitionen lässt sich die Ausgangserfahrung besser interpretieren, wirft aber – auch durch Berücksichtigung anderer relevanter Erfahrungen und ihrer Deutungen – neue Aporien auf, die in weiteren transzendentalen Reflexionsläufen zu bearbeiten sind. Es resultiert ein *unabschließbarer* Prozess der Vermittlung zwischen Inhalt und Vollzug von Gottesprädikationen. Dabei können die durch transzendentale Analyse geleiteten Redefinitionen von Gottesprädikationen durch-

[9] Vgl. dazu Sandler, Willibald, Die Kunst des Fragens. Versuch einer systematischen Rekonstruktion von Karl Rahners transzendental-phänomenologischer Methode, in: Karl Rahner in der Diskussion. Erstes und zweites Innsbrucker Karl-Rahner-Symposion: Themen – Referate – Ergebnisse (Innsbrucker Theologische Studien 56), hg. v. Siebenrock, Roman A., Innsbruck/Wien 2001, 247–267. Ich halte diese Methode für geeignet für eine transzendentallogische Analyse der in meinem Beitrag in diesem Band entfalteten Methode der dramatischen Polyperspektivität.

aus im Sinne Schärtls als Variationen im Hinblick auf die Typen-Konnex-Transzendenz interpretiert werden.[10]

Auf diesem Weg ließe sich ausgehend von Schärtls Rekonstruktion des Analogiebegriffs ein ontologisch-theologisches Analogieverständnis erschließen, wie es unter anderem von Karl Rahner vertreten wurde: Danach ist die analoge Rede gegenüber Univokation und Äquivaktion nicht sekundär, sondern ein Urphänomen menschlichen Prädizierens. Sie gründet in einer transzendentalen Ausrichtung des Menschen auf Gott, die jeden geistigen Vollzug begleitet und damit jeder expliziten Gottesrede uneinholbar vorausliegt.[11]

Von diesem transzendentalen Analogieverständnis her wird Rahners Rede von Gott als unsagbarem Geheimnis rational nachvollziehbar – im Gegensatz zur von Schärtl in Nr. 3 zitierten Kritik Kutscheras – und mit dem Anspruch einer biblisch konkretisierten Endgültigkeit von Gottes Selbstmitteilung kompatibel.[12]

---

[10] Von daher legt sich nochmals die in Anm. 7 aufgestellte Hypothese einer virtuell unendlichen Typen-Konnex-Transzendenz nahe.

[11] Vgl. Karl Rahner, Grundkurs des Glaubens, Freiburg u. a. 1976, 79–81. Dass dieser Ansatz für die analytische Philosophie nicht leicht einzuholen ist, zeigt Kreiner, Armin, Das wahre Antlitz Gottes, Freiburg u. a. 2006, 75–91, bes. 80. Vom Ansatz Schärtls her scheint es mir über die skizzierte Zusatzüberlegung möglich zu sein.

[12] In der Diskussion über die negative Theologie dürften Karl Rahners Theologie mit seinem Geheimnisbegriff und dem transzendentale Ansatz eigentlich nicht fehlen. Ein erster Teil meines Beitrags war dieser Auseinandersetzung gewidmet; aus Platzgründen habe ich ihn herausgenommen. Vgl. die Literaturangaben in Anm. 117.

Alois Halbmayr: Kommentar zu Thomas Schärtl

Ähnlich wie Magnus Striet hat auch Thomas Schärtl seine Schwierigkeiten mit verschiedenen Motiven negativer Theologie: „Ein sprachanalytischer Anweg kommt nicht ohne ein Minimum *sprachaffirmativer* und *sprachoptimistischer* Einstellungen aus." (1) Wenn Gott ein Gegenstand unseres Denkens und unserer Erfahrung ist, kann die negative Theologie nicht das letzte Wort behalten.[1] Sie wird daher höchstens ein Zwischenschritt sein, der immer auf die „via eminentiae" oder zumindest die „via affirmativa" verwiesen ist. Daher möchte Thomas Schärtl den Versuch unternehmen, die berechtigten Intuitionen der negativen Theologie aufzugreifen und in die These zu überführen, *„dass Gott zwar eine singuläre, aber keineswegs (semantisch oder epistemologisch) relationslose Entität ist"* (4).

Auf dem Wege ausführlicher sprachanalytischer und sprachlogischer Reflexionen, die bereits für sich selbst ein schönes Lehrstück philosophisch-theologischen Denkens bilden, werden die problematischen Implikationen zweier zentraler Annahmen negativer Theologie ausführlich erörtert: dass etwas Transzendentes von der menschlichen Sprache nicht adäquat erfasst und von ihm daher nur in einer übertragenen Weise gesprochen werden könne. Diese Fragestellungen führen zur Überzeugung, dass sich von etwas Transzendentem nur dann wissenschaftlich verantwortungsvoll reden lässt, wenn vorab eine transzendentale Reflexion erfolgt auf die Bedingungen der Möglichkeit der Rede vom Transzendenten sowie auf den Anlass, der zu dieser Rede nötigt. Die daran anschließenden, explizit sprachanalytischen Reflexionen über die Transzendenz Gottes (13–27) bieten einen hervorragenden Einblick in die gegenwärtige Diskussionslandschaft, der auch deswegen überzeugend ausfällt, weil Thomas Schärtl seinen Gedankengang immer konsequent an der Ausgangsfrage orientiert. So zwingend und plausibel die Argumentation verläuft, so kenntnisreich die Bezüge sowohl zur Tradition als auch zu gegenwärtigen Denkhorizonten hergestellt werden (z. B. Keith Yandell), so wenig überraschend bzw. unspektakulär fällt dann doch das Ergebnis aus: Eine *radikale* negative Theologie lässt sich aus der Transzendenz Gottes bzw. aus der Unmöglichkeit, sie sprachlich adäquat zu erfassen, nicht ableiten, sie verweist konstitutiv auf eine affirma-

[1] Sie hat dann höchstens eine „diskriminatorische Funktion, weil sie anzeigt, dass Gott kein herkömmlicher Gegenstand des Denkens und der Erfahrung ist" (4).

tive Rede, weshalb man ihren Beitrag am besten mit der Formel „bestimmte Negation“ umschreiben könnte (26). Gibt dieser Gedanke nicht exakt das Anliegen der negativen Theologie wieder?

Den Reflexionen dieses Textes liegt ebenfalls ein ganz bestimmter Begriff von negativer Theologie zugrunde, jener, der von Platon (vor allem in seinem Parmenides) über Proklos und Plotin gewiss bis zu Meister Eckhart hineinreicht.[2] Doch dieser Traditionsstrang, der eine völlige Unerkennbarkeit und Analogielosigkeit Gottes behauptet, ist im Christentum nie zu einer dominierenden Kraft geworden. Konsequent zu Ende gedacht würde er in der Tat in die Projektionsthese führen, die Feuerbach so schonungslos entfaltet hat. Viel stärker hat sich, wie Thomas Schärtl selbst ja andeutet, die andere Linie über Pseudo-Dionysius und Johannes Eriugena durchgesetzt, die in der negativen Theologie keine Alternative zu einer affirmativen Rede sieht, sondern eines ihrer Korrektive.[3] Für sie sind dabei zwei Einsichten leitend, wenn man so will, eine explizit philosophische und eine explizit theologische. Erstere knüpft an die bereits von den Vorsokratikern formulierte Kritik an der anthropomorphen Gottesrede an, zweitere an das Bilderverbot. Wie notwendig diese Kritik war und ist, beweist ja nicht nur ein Blick in die Theologiegeschichte, sondern auch in aktuelle Debatten, vor allem auf dem Feld der Religionstheologie. Was hat man denn nicht alles über Gott und seinen Willen mit letzter Sicherheit gewusst? Der berühmte Passus aus dem Jakobitendekret des Florentinum (DH 1351), wonach alle Heiden, Juden, Häretiker und Schismatiker ins ewige Feuer marschieren werden, wenn sie sich nicht vor ihrem Tod der katholischen Kirche anschließen, ist ja nur die Spitze einer langen Tradition, die bis ins 20. Jahrhundert gelehrt und vertreten wurde. Gewiss wurde diese harte Lehre schon relativ früh abgemildert und ergänzt (z. B. durch die Lehre vom „votum implicitum“), aber bestimmend blieb allemal die Überzeugung, durch die definitiv ergangene Offenbarung eben genau zu *wissen*, wer der ganz Andere sei. Wenn man aber um sein Sein weiß und seine Eigenschaften bestimmen kann, dann lassen sie sich auch mit Rekurs auf den göttlichen Willen gut operationalisieren. Von daher möchte ich Thomas Schärtl ausdrücklich zustimmen: „Es mag sein, dass wir uns die kognitiven Kapazitäten, über die Gott verfügt, nicht einmal annähernd vor-

[2] Häufig tauchen in diesem Kontext die Begriffe *radikal* bzw. *rigoros* auf.

[3] Vgl. Moltmann, Jürgen, Erfahrungen theologischen Denkens. Wege und Formen christlicher Theologie, Gütersloh 1999, 156. Nicht umsonst gilt Pseudo-Dionysius als einer der Begründer der Analogielehre.

stellen können; das schließt aber nicht aus, dass wir »etwas von« ihm erkennen können, dass wir regulierte Muster des Erkennens [...] bilden können, die – pragmatisch gelesen – im »Umgang« mit Gott zwar nicht erschöpfend, aber doch »zweckdienlich« sind.“ (23) Negative Theologie fügt allen positiven Formulierungen und – theologisch notwendigen – Eigenschaftsbeschreibungen ein Fragezeichen hinzu. Zugleich ist sie mehr als ein Kritikformat, sondern eine theologische Grammatik. Sie erlaubt zu sagen, was sich nicht adäquat denken und beschreiben lässt, aber doch gesagt werden muss.

Von daher erscheint es mir ebenso konsequent wie erhellend, dass Thomas Schärtl mit Reflexionen zur Metaphorik und zur Analogie fortsetzt, die in einen eigenen Vorschlag für ihre Funktionalität im theologischen Sprachgeschehen münden. Wiederum in der Tradition klassischer negativer Theologie wird die Metapher nicht als Verschleierung eines rein negativen Verhältnisses verstanden, sondern im Gegenteil als eine verdichtete Redeform, die Mehrperspektivität zulässt (31). Ähnlich eröffnet auch die Analogie Lücken in den vertrauten Konnexen und trägt dazu bei, eine angemessene Sprachform zu entwickeln, indem sie den Gedanken der Unähnlichkeit der verschiedenen Felder nicht einfach transportiert, „sondern konstruktiv operationalisiert“ und neue semantische Felder entdecken lässt (32).

Schärtls engagiertes Plädoyer für die Möglichkeit, Gott bestimmte Eigenschaften zuzuschreiben, ohne die Differenz zu den herkömmlichen, d. h. auf „reale“ Gegenstände bezogenen Prädizierungen zu verleugnen (37), ist überzeugend, macht aber gleichzeitig deutlich, dass auch dieser ambitionierte Versuch ohne die Rezeption zentraler Theoreme negativer Theologie, die immer wieder eingestreut werden, nicht auskommt. Zur negativen Theologie gibt es, ob man es nun bedauert oder nicht, keine Alternative. Freilich kommt es darauf an, was man unter ihr versteht.

Hildegund Keul: Kommentar zu Thomas Schärtl

Der Erkenntniswert von Negationen für die Theologie

Thomas Schärtl verfolgt das Ziel, die Diskursivität der Theologie zu sichern (33), indem er sprachanalytische Praktiken für die Theologie fruchtbar macht. Er verfolgt damit eine Begründungsstrategie, die in der deutschsprachigen Theologie nicht weit verbreitet ist. Ihre Stärke liegt darin, dass sie mit der Sprachanalyse eine Außenperspektive einführt, die einen Zuwachs an Sprachfähigkeit verspricht. Sie arbeitet an der Überzeugungsfähigkeit der Theologie im interdisziplinären Diskurs und stellt sich dem Problem, dass die Theologie in der Philosophie der letzten Jahrzehnte nur wenig Gehör fand – obwohl beide Fächer durch eine streit- und fruchtbare Diskursgeschichte miteinander verbunden sind. Was die Wertschätzung der Sprachanalyse für die Systematische Theologie angeht, stimme ich mit Schärtl überein. Allerdings sehe ich ihre Bedeutung in einem anderen Punkt und teile die Konsequenzen nicht, die Schärtl im Blick auf Negative Theologien zieht. Gerade wo es um die Diskursivität der Theologie in heutigen Debatten geht, ist die Theologie herausgefordert, an die Grenzen ihrer Sprache zu gehen und über das zu sprechen, was sich nicht sagen lässt.

Die Sprachanalyse erweist der Theologie manchen Dienst, vor allem mit ihren Negationen. Dies zeigt die Gärtnerparabel von Antony Flew und J. Wisdom, die unausweichlich vor die Frage nach Falisizierbarkeit und Wahrheitswert theologischer Aussagen stellt. Wissenschaftlich ist es unzureichend, wenn metaphysische Spekulationen unendlich Sinn zu produzieren in der Lage sind, aber die Frage nach der Bedeutung vernachlässigen. In der Analyse von Schärtl fällt auf, dass er nicht mit dieser Unterscheidung arbeitet, die Gottlob Frege für die Sprachanalyse grundgelegt hat. Der Sinn eines Satzes besteht in seinem Gedanken. Gedanken haben aber nicht nur einen Sinn, sondern auch eine Bedeutung. „Wir haben zwei Wahrheitswerte: das Wahre und das Falsche. Wenn ein Satz überhaupt eine Bedeutung hat, so ist diese entweder das Wahre oder das Falsche.“[1] Bei der Wahrheitsfrage spielen wie-

[1] Frege, Gottlob, Was ist eine Funktion?, in: ders., Funktion, Begriff, Bedeutung, Göttingen ^{5}1980, 88. Vgl. auch „Über Sinn und Bedeutung“ im selben Buch, 40–65; sowie ders., Schriften zur Logik und Sprachphilosophie. Aus dem Nachlass, hg. von Gabriel, Gottfried, Hamburg ^{2}1978, 35.

derum Negationen eine wichtige Rolle, worauf schon die Polarität von „affirmo“ und „nego“ in der Syllogistik des Mittelalters genauso hinweist wie die Methode „Sic et non“ nach Abaelard. Ohne Negationen ist in der Logik nichts zu machen. Es mag sein, dass man sie nicht liebt – aber keine Wissenschaft kommt ohne sie aus. Eine „geradezu natürliche Affinität zur via affirmativa“ zu behaupten, „für die die *via negationis* nur eine gewisse Art von Zwischenschritt darstellen kann“ (2), unterschätzt den Erkenntniswert von Negationen.

Die Vernachlässigung der Bedeutung zeigt sich in der Metaphern-Analyse. Schärtl fasst die innovative Kraft von Metaphern – und damit von Sprache – lediglich auf der Sinnebene.[2] Die Zuweisung von Subjekt und Prädikat im elliptischen Zwei-Kreise-Schema stellt nämlich keine „Bedeutungsräume“ (29), sondern Sinnzusammenhänge her. Die entscheidende Bewegung im metaphorischen Prozess wird deswegen nicht deutlich: die Überschreitung von Sprache, die auf die Wirklichkeit zielt. Metaphern entstehen, wo es handfeste Probleme zu lösen gilt, vor denen die bisherige Sprache versagt. Hierin liegt die Macht von Metaphern. Sie sagen etwas Neues, das zuvor nicht sagbar war und das neue Handlungskompetenz erschließt.

Die Grenze des Sagbaren ist der Ort des Erkenntnisfortschritts. Man kommt dem Versagen der Sprache auf die Spur, wo ein naturwissenschaftliches Phänomen sprachlich nicht zu fassen ist; wo Krankheiten ausbrechen, deren Ursachen nicht benennbar sind; wo Brüche im Leben einer selbstverständlichen Gottesrede ins Wort fallen. Nach Michel Foucault ist die Metapher „eine der Sprache innerliche Struktur“[3]. Das Metaphorische ist nicht aus ihr herauszunehmen, ohne dass sie zusammenbricht. Sprache braucht ihre eigene Überschreitung, die sie voran treibt und ihren Zugriff auf die Wirklichkeit schärft. Das Unsagbare ist demnach ein Dispositiv des Sagbaren. Auf dieses Unsagbare hin produzieren Metaphern eine Erweiterung des Sprachschatzes, die in komplexen Realitäten handlungsfähig macht.

Dieser Zusammenhang ist für Negative Theologien grundlegend. Von Gott zu sprechen, der unendlich ist, überfordert die Sprache. Aber sie kann benennen, wovor sie versagt. Sie hat mit der Metapher sogar eine *Sprachform* entwickelt, die bei ihrem ei-

---

[2] Die Prädikation, dass der Mond höflich ist, kann entgegen Schärtl (16) sehr wohl sinnvoll sein, wie das Gedicht „Die drei Genossen“ zeigt; Li-Tai-Pe: Gedichte aus dem Chinesischen. Nachdichtungen von Klabund. Leipzig o.J., 10.

[3] Foucault, Michel,Von der Subversion des Wissens, Frankfurt 2001, 492.

genen Versagen ansetzt, um es zu überschreiten. Unsagbares schreibt seine Gravuren in das ein, was zur Sprache kommt. Das, was man nicht sagen kann oder sagen darf; was so unsäglich ist, dass es sich nicht sagen lässt, stellt eine handgreiflich Macht dar. Aus diesem Grund ist im Umgang mit Metaphern die Bedeutungsebene entscheidend.

Mit diesem Unsagbaren hat Wittgenstein in seinem „Traktatus" gerungen: „7 Wovon man nicht sprechen kann, darüber muß man schweigen."[4] Es ist markant, dass Schärtl sich mit dieser Anschlussstelle Negativer Theologie nicht auseinander setzt. Ingeborg Bachmann, deren Lyrik sich radikal an den Grenzen der Sprache bewegt, schreibt 1953: „Nicht die klärenden, negativen Sätze, die die Philosophie auf eine logische Analyse der naturwissenschaftlichen Sprache beschränken [...], sondern seine verzweifelte Bemühung um das Unaussprechliche, die den ‚Tractatus' mit einer Spannung auflädt, in der er sich selbst aufhebt – sein Scheitern also an der positiven Bestimmung der Philosophie, [...] ist ein erneutes, stets zu erneuerndes Mitdenken wert."[5] Was unsagbar ist, gilt es zu besprechen.

Auch die Unsagbarkeit Gottes stellt eine Macht dar, die benannt werden will. Das haben die Jüngerinnen und Jünger auf besondere Weise erfahren, als sie über das unsagbare Phänomen der Auferstehung zu sprechen begannen. Die Kraft des „Vater Unser", das Jesus zu beten lehrte, lebt aus der Not von Hunger, Versuchung und Schuld, die das Leben zum Verstummen bringt, die aber nicht übermächtig wird, wenn sie vor Gott benannt wird. Das Verstummen ist der Schrei nach einer neuen Sprache. Diese verkörpert sich in Gottesmetaphern, die das Versagen der Sprache in das hinein überschreiten, was nicht sagbar ist. Das Schöpferische der Gottesmetaphern liegt in ihrer Bewegung auf das hin, was nicht gesagt werden kann. Hierin liegt die Bedeutung Negativer Theologie: die Sprachmacht des Unsagbaren zu erschließen.

---

[4] Wittgenstein, Ludwig, Logisch-philosophische Abhandlung. Tractatus logico-philosophicus (Werkausgabe 1), Frankfurt ^{7}1990, 85.

[5] Bachmann, Ingeborg, Ludwig Wittgenstein – Zu einem Kapitel der jüngsten Philosophiegeschichte (Werke 4, hg. v. Koschel, C. u. a.), München ^{5}1993, 12–24, hier: Band 4, 13. – Christa Wolf sagt über ihre Kindheit im Nationalsozialismus: „Wovon man nicht sprechen kann, darüber muß man allmählich zu schweigen aufhören." Wolf, Christa, Kindheitsmuster, Darmstadt ^{13}1985, 167.

Gregor Maria Hoff: Kommentar zu Thomas Schärtl

Schärtls eingehende und anregende Interpretation negativer Theologie fordert zu einer intensiveren und ausführlicheren Auseinandersetzung aus, als sie hier möglich ist. Von daher konzentriere ich mich auf die hauptsächlichen Unterschiede in unseren Auffassungen negativer Theologie. Dabei kann ich vor allem seiner These zustimmen, dass Gott einerseits „nicht vollkommen unerkennbar ist" – wogegen aus meiner Sicht entscheidend eine christologisch durchgeführte Offenbarungstheologie auftreten muss – und dass Gott zugleich nicht einfach in unseren Erkenntnismöglichkeiten aufgeht (24). Vor allem bleibt mit Schärtl „zu bedenken, ob wir Menschen ihn (Gott – GMH) erkennen können, ohne dass er sich uns *zu erkennen gibt.*" (24)[1]

Meine Fragen an Schärtls Bestimmung negativer Theologie machen sich vor allem an den Voraussetzungen fest, mit denen er die Leistungen der Sprache bestimmt. Auf der Linie seiner eher *sprachoptimistischen* Einschätzungen (1) bietet Schärtl eine Definition an, die seine Einschätzung negativer Theologie vorab festlegt:

> „Wir sagen *genau dann* von einem x, dass x existiert, wenn x mit unserer wirklichen Welt in einer Verbindung steht." (10)

Der entscheidende Haken ist die Qualifizierung von „wirklich". Schärtl verwendet dieses Konzept „provisorisch als Indexausdruck" (Anm. 9) mit einer axiomatischen Funktion:

> „Von diesem Punkt aus werden alle Existenz-Angaben vorgenommen und alle Bestimmungen justiert. Existenz im Vollsinne heißt also: ‚in der wirklichen Welt W_a existieren'." (Anm. 9).

Was wirklich ist, wird durch unsere Erfahrung angezeigt. Dabei erweist sich der Bezug auf die Wirklichkeit deshalb problematisch, weil wir über keinen sprachlichen Garanten jenseits unserer sprachlich erprobten Formulare verfügen. Sie haben sich in unserer lebensweltlichen und epistemischen Praxis bewährt, stellen den Kontakt zur Realität allerdings nur über konstruktive, interpretativ gehaltvolle Schematisierungen her.[2] Deren Übereinstimmung

---

[1] Von daher schlage ich vor, negative Theologie als eine theologische Sprechform offenbarungstheologisch über die Christologie Chalkedons mit ihrer negativ-theologischen Grammatik zu entwickeln. Auf dieser Basis bleibt Rede von Gott möglich im Blick auf Jesus Christus – doch bezeichnet eben auch die Rede von Jesus Christus als Inkarnation Gottes im Menschen eine Grenze des Sprechens.

[2] Das gilt auch mit Blick die sprachtheoretischen Ausführungen Schärtls, die im An-

mit der Wirklichkeit bleibt in ihrer semantischen Qualifizierung immer *unterbestimmt*, weil wir uns nie sicher sein können, die Wirklichkeit als solche erkannt zu haben. Damit verbindet sich eine konstitutive Unbestimmtheit, weil wir auf dieser Basis auch nie sicher sein können, dass unsere Bestimmungen des Wirklichen *wirklich* angemessen sind. Damit zeichnet sich nicht nur ein vorbehaltliches Sprechen von Wirklichkeit ab, sondern jedes Wirklichkeitszeichen – auch das „wissenschaftliche" (1) – indiziert eine formal unabschaffbare Negativität: *Ungesagtes* und *Unsagbares* bilden den hermeneutischen Horizont und die semiologische Basis unseres Sprechens. Erst eine entscheidungshaltige und voraussetzungsstarke Sprachpraxis definiert die sprachlichen Distinktionen, die funktionieren. Zu Ende gedacht, stirbt jedes Zeichen den Tod der unendlichen Qualifikationen in einer Bestimmungskette, die sich an einer außersprachlichen Wirklichkeit festmachen muss.[3]

Dass unsere Sprachzeichen eine tragfähige, nämlich unser Leben steuernde Orientierungsfunktion haben, lässt sich pragmatisch schlechterdings nicht bestreiten. Damit ist aber keine epistemische Sicherheit garantiert, ob unsere semantischen Referenzmuster stimmen. Sie sind auf *unsere* Wirklichkeit hin in der Weise passfähig, dass wir mit ihr leben und umgehen können.[4] Aber an der bestimmten Unbestimmbarkeit unserer Zeichen-Welten kommen wir nicht vorbei, wobei eben auch die bestimmte Negation nur vorbehaltlich von dem ausgehen kann, was ihre *sprachaffirmative* Basis stellt (1). Jede fundamental-semantische Kritik an der Sprechform negativer Theologie trifft deren eigene Voraussetzungen. Sprachliche Positionen und Negationen stehen in einem Wechselverhältnis auf Abruf – in den sie tragenden Differenzen von se-

---

schluss an Wittgenstein eine unterkomplexe „*Gefäßtheorie* der Sprache" kritisieren (13).

3 Darin liegt eine konstitutive „Kategorientranszendenz" (15), die aber nicht zur Folge hat, überhaupt nichts mehr als etwas zu qualifizieren und also nicht mehr zu sprechen, sondern sich auf der Basis dieser Transzendenz sprachlich Welt zu erschließen (13).

4 Wenn Schärtl mit Yandell darauf hinweist, dass auch Aussagen über eine Sprachtranszendenz „eben Aussagen sind, die im vollen, geradlinigen und wahrheitsdefiniten Sinn auf Entitäten einer Ebene E_{n+1} zutreffen müssten" (23), wäre zunächst zu klären, was „voll", „geradlinig" und „wahrheitsdefinit" bedeuten und wie diese Konzepte zu verifizieren sind. Das damit verbundene Kriterienproblem verweist auf einen unendlichen Ablauf von zeichengebundenen, praktisch vollzogenen Interpretationsentscheidungen, mit denen die Kette von Qualifikationen unterhalten wird. Darin bildet sich Sprachtranszendenz nicht einfach ab, sondern erscheint als Bedingung des Sprechens. Mit Derrida wäre genau das die ihrerseits nicht mehr identifizierbare *différance.*

mantisch-oppositionellen Qualifikatoren und zuvor noch in den Differenzen der Zeichen, die nur im und als Unterschied Bedeutung gewinnen können.

Auf das wissenschaftliche Problem der Gehaltförmigkeit negativer Theologie hin heißt das, dass man unter dem Anspruch spricht, die eigenen Aussagen in ihrem kognitiven Gehalt kommunizieren zu können – und dass man zugleich unter der Maßgabe von Gott spricht, dass hier etwas Unsagbares zur Sprache kommt. Die ausstehende eschatologische Verifikation unserer Gottesrede, anders gesagt: das Gericht über unsere Existenz im Ganzen steht aus. Dabei ist vorausgesetzt, dass die Metapher vom „Gericht" eine Hoffnung als Vorstellung fasst, die unter den Bedingungen des christlichen Zeichensystems endgültig *justiert* wird. Dabei nimmt man auf eine positive Größe Bezug, von der man zugleich ihre radikale Transzendenz mitaussagen muss. Das gelingt nur in jener Spannung von Affirmation und Negation, die aus einem wechselseitigen Konstitutionsbezug und Verweisungsverhältnis nicht herausfindet, das unser Sprechen im Ganzen betrifft.

3

Gott als Kontingenznegation

Sprachlogische und systemtheoretische Bedingungen negativer Theologie

Johann Ev. Hafner, Potsdam

(1) Ob eine Theologie negativ wirkt, hängt davon ab, in welchem Umfeld sie betrieben wird. Die christliche Gottesrede der frühen Kirche wurde von den Zeitgenossen bereits als Atheismus, schlimmer noch, als komplette Verweigerung der göttlich, geschuldeten Verehrung (asebeia, Unfrömmigkeit, Pietätlosigkeit) geahndet. Das war damals ein Straftatbestand, nicht wegen des Glaubens an falsche Götter, sondern wegen einer Theologie, die es verbot, Geschichten von Göttern (dei) und vergöttlichten Personen (divi) zu erzählen. Das Christentum setzte sich in einer Zeit durch, in der die Rede von Gott eine allgemein-gesellschaftliche Voraussetzung war. Die Reduktion auf den einen unsichtbaren, unaussprechlichen Gott, von dem man einzig und allein über einen Mensch gewordenen Sohn weiß, musste als negative Theologie im Vollsinn des Wortes empfunden werden.

(2) Völlig anders die Lage im 20. Jahrhundert. Die entfaltete Moderne handelt und empfindet, als ob es Gott nicht gäbe. Die Vorgänge in der Psyche, im Kosmos, in der Gesellschaft organisieren sich wie von selbst. Der Wunsch, einen handelnden Gott darin zu finden, kann als pathologisches Verhalten diagnostiziert werden, sei es als individuelle Pathologie (Freud) oder als soziale (Marx). Auch wenn das religionskritische Pathos des 19. und 20. Jahrhunderts verflogen ist, hat sich diese Sicht stabilisiert. Denn die Systeme der modernen Welt laufen auch ohne Gott. Das Rechtssystem benötigt ihn nicht mehr als Garant überzeitlicher Gerechtigkeit, das Politiksystem kommt auch ohne eine höchste Gewalt aus, welche die irdischen Machthaber autorisiert, das Medizinsystem funktioniert ohne Annahme von wundersamen Heilungen, das Wissenschaftssystem definiert sich geradezu als Erkenntnis ohne Gotteshypothese (etsi deus non daretur). „Gott" ist also weder zur Erklärung noch zum Funktionieren der modernen Abläufe notwendig. Auch wenn das Interesse an Religion in den letzten Jahrzehnten wieder zugenommen hat, muss man dennoch von einem Ausfall der religiösen Erfahrung ausgehen. Vom

Christentum wurde der Ausfall der selbstverständlichen Gegebenheit des Göttlichen als Anzeige der Herrlichkeit Gottes selbst gedeutet. Es zeige sich darin, dass Gott nicht nur ein Gegenstand neben anderen sei, sondern sich gerade als der Unverfügbare offenbare. Ein prägnantes Beispiel hierfür ist die Religionsphilosophie Bernhard Weltes. Er schrieb eine Phänomenologie der Gottlosigkeit in theologischer Absicht. Die Erfahrung des Nichts sei keine nichtige Erfahrung, sondern der Ansatzpunkt zeitgemäßer religiöser Rede.[1] Gerade in der Moderne gähnt der Abgrund, dass es „mit allem nichts sei". Das Nichts offenbart sich in zweideutiger Gestalt, als leere Stille und zugleich als erfülltes Schweigen. Zwar gebe es keinen zwingenden Schluss vom „Nicht des Lichts" auf das „Licht des Nichts", aber die Nichtserfahrung biete eine ausgezeichnete Möglichkeit, dass sich der überkategoriale „göttliche Gott" zeige. Bei aller Suggestionskraft der Texte Weltes bleiben seine Ausführungen zu stark an den lebensweltlichen Bereich des Einzelnen gebunden (Tod, Schuld, Verzweiflung). Aber: Müssen wir nicht akzeptieren, dass religiöse Erfahrung weiträumig verloren gegangen ist und kann man nicht dennoch die religiöse Rede weiter führen? Wir greifen hierfür Luhmanns strikte Trennung von religiösem Bewusstsein und religiöser Kommunikation auf. Die negative Theologie kann als Angebot der Tradition gesehen werden, sinnvoll von etwas zu *sprechen*, was jenseits der Erfahrung, aber in der Sprache liegt. Man halbiert die negative Theologie, wenn man sie als theologische Methode zur Aussagbarkeit vergangener oder zukünftiger Gotteserfahrungen betreibt. Auch der, welcher nie die Gnade der Gottesbegegnung erhält, muss von Gott sprechen dürfen. Die postliberale Dogmatik um G. Lindbeck hat das Verhältnis umgedreht: Religiöse Rede befähigt erst, aus den vielen Erfahrungen, die einem Menschen widerfahren, die spezifisch religiösen als solche zu identifizieren. Deshalb soll es im Folgenden vor allem um die Beschreibung einiger Bedingungen negativen theologischen Sprechens gehen.

(3) Tatsächlich hat die christliche Theologie der letzten Jahrzehnte auf die Defunktionalisierung religiöser Erfahrung mit einem Rückgriff auf Traditionen der negativen Theologie reagiert.

[1] Vgl. Welte, Bernhard, Das Licht des Nichts. Von der Möglichkeit neuer religiöser Erfahrung, Düsseldorf 1980, neu ediert in: Welte, Bernhard, Gott und das Nichts. Entdeckungen an den Grenzen des Lebens, hg. v. Zaborowski, Holger, Frankfurt 2000, 27–87; zum Umkippen der Ambivalenz in Evidenz vgl. Hafner, Johann Ev., Weltes Metaphorik vom „Seindürfen". Eine Längsschnittlektüre seines Werkes, in: Enders, Markus/Zaborowski, Holger (Hg.), Phänomenologie der Religion. Zugänge und Grundfragen, Freiburg/München 2004, 495–510.

Das lag nahe und konnte als Selbstreinigung von wuchernden dogmatischen Bestimmungen gerechtfertigt werden. Im Zuge dieser Bewegung wurden viele eurozentrische, geschlechtsspezifische oder unnötig anthropomorphe Bestimmungen diagnostiziert. Der Gewinn eines weniger festgelegten Gottesbegriffes liegt sicherlich in der neu gewonnenen Möglichkeit zum interreligiösen Gespräch. Solange man Ballast abwerfen kann, fühlt man sich leichter und lebt eine Weile von den emanzipatorischen Neuheitseffekten. Aber was ist Ballast und wann beginnt man, das eigene Schiff abzubauen? Die Tendenz zur negativen Theologie hat innere Grenzen zu wahren. Theologie darf sich nicht so weit entkernen, dass sie unfähig wird, ihre Hauptaufgabe wahrzunehmen: die Unterscheidung von Transzendenz und Immanenz. Wo sie verloren geht, kann sich religiöse Rede als solche nicht mehr von anderer (künstlerischer, wissenschaftlicher etc.) Rede unterscheiden und verdunstet in Phantastik oder Weltverschönerung.

(4) Im Folgenden sollen einige Bedingungen für 1. negierende Prädikate, 2. negierende Prädikationen, 3. negierende Aussagen und 4. negierende Aussagenkonstellationen oder „Codes" vorgeführt werden. Ziel ist es, die Reichweite und die Vielfalt von Negationen zu sichten. Der letzte Abschnitt steht unter der These, dass religiöse Rede nur so lange funktioniert, wie sie die eigene Unterscheidung für nichtnegierbar hält. Diese Grenze des Negierens wird mit der Formel „Gott" bezeichnet.

1. Prädikatenlogische Bedingungen

(5) Texte der negativen Theologie bleiben unscharf, wenn sie nicht zwischen den verschiedenen Formen des Negierens unterscheiden. Der Satz „Gott ist nicht endlich" ist formallogisch eine Aussage, die eine Prädikation enthält. Während Aussagen durch syntaktische Kalküle, also durch Regeln der Symbolkombination definiert sind, werden Prädikationen durch semantische Kalküle beschrieben. Wenden wir uns zunächst der Prädikatenlogik zu. Der einfachste Fall ist die Zuschreibung eines positiven Prädikats an ein Subjekt „Gott ist endlich". Das Prädikat ist Teil der Aussage, denn es qualifiziert das Subjekt, nicht die Aussage selbst. Negiert man, erhält man „Gott ist nicht endlich". Hier zeigt sich bereits eine erste umgangssprachliche Vieldeutigkeit, denn es bleibt unentschieden, ob mit „nicht endlich" das strenge kontradiktorische „nicht-endlich" oder das weiter gefasste, konträre „unendlich" gemeint ist. Wendet man vorschnell den Satz des ausgeschlossenen

Dritten an, wonach eine Eigenschaft entweder zugesprochen oder abgesprochen werden muss,[2] dann bleibt für die letztgenannte Bedeutung kein logischer Raum. Denn dann dürfte nur „s“ oder „nicht-s“ zutreffen, nie beide und nie keines. Dieses Gesetz gilt aber nicht in der Prädikatenlogik. Denn Prädikate enthalten, solange sie nicht in der strengeren Aussagenlogik vorab definiert werden, eine gewisse Unbestimmtheit. Dazu müssen wir unser Beispiel formalisieren: Die Negation von „Gott ist endlich“ kann auf zweierlei Weise dargestellt werden, entweder „Gott ist nicht endlich“ (P –|→ s) oder „Gott ist unendlich“ ($\neg P \rightarrow s$). Im ersten Fall wird die Zuschreibung einfach verneint, im zweiten Fall wird die Eigenschaft durch eine gegenteilige Eigenschaft „Unendlichkeit“ ersetzt. Prädikatsnegationen lassen also zunächst offen, ob die Prädikation oder das Prädikat negiert werden. Die erste Aufgabe der negativen Theologie liegt darin, zu unterscheiden, *ob Gott ein Prädikat nicht zugesprochen wird oder ob Gott ein negatives Prädikat zugesprochen wird.* Dies lässt sich nicht durch Analyse der logischen Operation feststellen, welche man in der Aussagenlogik vornimmt, vielmehr benötigt man dazu eine Analyse der inhaltlichen Wertigkeit einer Eigenschaft. Jede Prädikation lässt sich negieren, so dass jede Position ($P \rightarrow s$) in seine Negation (P –|–> s) überführt werden kann, z. B. „Gott ist lebendig“ in „Gott ist nicht lebendig“. Damit ist aber kein inhaltlicher Fortschritt erreicht, sondern nur die Vermeidung inhaltlicher Festlegung.

(6) Anders verhält es sich bei der Negation des Prädikates ($\neg P \rightarrow s$) selbst. Manche Eigenschaften scheinen sich durch Negation zu steigern, manche nicht. Z. B. könnte „Gott ist un-lebendig“ als „Gott ist tot“ verstanden werden. „Endlich“ und „lebendig“ stammen beide aus dem Bereich des Geschaffenen, Begrenzten, und doch wenden wir ihre Negation auf Gott ganz unterschiedlich an. Ähnliches lässt sich für „mächtig“, „leidenschaftlich“, „wissend“, „mitleidend“, „personal“ sagen. Es wäre ein Zirkelschluss, wollte man die Eigenschaften dadurch sortieren, ob sie Gott angemessen sind oder nicht.[3] Denn um Angemessenheit bestimmen zu können, müsste bereits bekannt sein, was „Gott“ bedeutet. Dies aber ist

[2] $\sim (P \rightarrow s) \wedge \sim (\neg P \rightarrow s)$. Es gilt nicht zugleich „Subjekt s wird Eigenschaft P zugesprochen“ und „Subjekt s wird Eigenschaft nicht-P zugesprochen“.

[3] Nach Thomas von Aquin umfasst Gott alle Vollkommenheiten des Seins, weshalb er auch „lebendig“ und „glücklich“ genannt werden darf. In Gott bilden diese nomina aber keine Eigenschaften, sondern sind sein Sein. Gott *ist* das Leben. Vgl. Summa contra gentiles, 1,97f. Allerdings setzt diese Einschränkung voraus, dass man weiß, was im Sein perfekt ist; gilt es auch für perfekte Ruhe oder Unbeirrbarkeit?

Ziel und nicht Voraussetzung der Bestimmung. Sie darf also nicht vom Inhalt der Eigenschaft abhängen, sondern von der Art ihrer Verneinung. „Endlich" wird in Bezug auf Gott nicht einfach zu „endlos", sondern zu „unendlich". Analog wird „lebendig" nicht zu „leblos", sondern zu „über-lebendig", „mächtig" nicht zu „machtlos", sondern zu „all-mächtig", „leidenschaftlich" nicht zu „leidenschaftslos", sondern zu „mehr als leidenschaftlich", „personal" nicht zu „unpersönlich", sondern zu „dreipersonal". *Das Subjekt „Gott" wird also durch Negation bestimmt, aber nur dann, wenn die Prädikate superlativ und nicht privativ verwendet werden.* Räumt man diese Möglichkeit nicht ein, entleert man das Subjekt immer weiterer Bestimmungen, so dass am Schluss die religionskritische Frage berechtigt ist, was ein eigenschaftsloses höchstes Wesen noch von einem existenzlosen höchsten Wesen unterscheidet.[4] Freilich verwenden die verschiedenen Religionen unterschiedliche inhaltliche Prädikate zur Bestimmung des höchsten Wesens[5] oder ziehen die Grenze zwischen äußerlichen Eigenschaften und Wesensbestimmungen unterschiedlich,[6] dennoch be-

[4] Vgl. die klassischen Formen dieser Figur in Feuerbach, Ludwig, Wesen des Christentums, Stuttgart 1969, 59–71 bis zu Flew, Antony, Theologie und Falsifikation, in: Dalferth, Ingolf (Hg.), Sprachlogik des Glaubens, München 1975, 84–87.

[5] Man kann die Religionsfamilien nach ihrer Prädikatsverwendung einteilen; je nachdem, ob das höchste Wesen personal oder unpersonal ausgedrückt wird. Vgl. Hick, John, The Real and It's Personae and Impersonae, in: www.johnhick.org.uk/article 10.html (Zugriff 25.5.2006); ders., Religion. Die menschlichen Antworten auf die Frage nach Leben und Tod, München 1996, 274–320. Der Religionsvergleich zeigt, dass ein und dasselbe Prädikat auf unterschiedliche Weise verwendet wird, z. B. „personal". Der vischnuitische Hochgott Krischna offenbart sich in einer Vision als Allperson, die in allen Wesen, in allen Dingen, allen Lebewesen, allen Göttern weilt (und damit auch im Visionsempfänger!), er zeigt sich als der eine und einzige, allinklusive Herr „vischv'schvara" (Gita 11,16). Weil das Absolute kein bestimmtes Wesen besitzt, manifestiert es sich in unendlich vielen Erscheinungen. Dennoch verschwimmt Krischna nicht in Unterschiedslosigkeit zu einem formlosen Eins, sondern bleibt prädizierbar, und dies in gesteigertem Maße. Die Vielfalt der Erscheinungen garantiert, dass Krischnas „ewige Seele" und seine personalen Züge (sanatanas puruso. vgl. Gita 8,8; 10,22; 11,3; 15,17) nicht auf eine selbsthafte Individualität hin zugespitzt werden. Der Prädikatengebrauch funktioniert hier negativ, indem Bestimmungen inflationär vervielfacht werden. Eingegrenzt wird der Prädikatengebrauch je nach der Abstraktionskraft der Gläubigen: Für die Krieger offenbart er sich als Held, für die Weisen als Weiser, für die Götter als Gott. Jede Stufe muss dann ihre eigene negative Theologie treiben.

[6] Im Islam werden die Eigenschaften Gottes allenfalls für die Verehrung Allahs zugelassen, um seine Transzendenz nicht zu gefährden. Auch die geoffenbarte Wesensbestimmung der „Einzigkeit" Gottes wird nur als Ehrenprädikat ausgesagt. „Im Namen Gottes, des Erbarmers, des Barmherzigen. Sprich: Er ist Gott, ein Einziger (ya ahad), Gott, der Undurchdringliche. Er hat nicht gezeugt, und er ist nicht gezeugt worden, und niemand ist ihm ebenbürtig." (Qur'an 112,1–4). Der Ursprung für die Einheit (tawhid) war die Einheitlichkeit Gottes. Sie wurde als Kompaktheit, Nicht-

schränken sich die großen Volksreligionen nicht darauf, nur Prädikationen zu negieren, sondern benutzen stets auch die Möglichkeit, negierte Prädikate zuzusprechen.

(7) Wenn aber alle Prädikate unterschiedslos aussagekräftig wären, würde dies die Möglichkeit inhaltlicher Näherung gefährden. Deshalb müssen religionsintern die Prädikate nach ihrer Tauglichkeit gestuft werden. Im Christentum geschieht dies aus dogmatischen Gründen (Menschwerdung Gottes) über die Anthropozentrik. „Liebend“ und „wissend“ eignen sich besser als Eigenschaften aus dem organischen Bereich „wachsend“ oder „schwer“. Je anthropomorpher ein Prädikat, desto weniger ist es nur Gleichnis („Gott ist wie ein Baum“ oder „Gott ist wie ein Fels“), und desto eher ermöglicht es eine zutreffende Prädikation. Die Theologie hat aber zu- und absprechende Prädikationen, die näherungsweise Gott bestimmen, von sehr genauen Selbstprädikationen Gottes (Offenbarung des Gottesnamens, Vater-Anrede durch den Gottessohn) unterschieden. Letztere erhalten als Namen einen anderen theoretischen Status und werden daher unter der Funktion der Kontingenzformel behandelt (s.u.).

2. Prädikationslogische Bedingungen

(8) Innerhalb der Prädikatenlogik muss neben dem Prädikatsgebrauch noch die Art und Weise des Prädizierens selber unterschieden werden. Nehmen wir noch einmal als Beispiel die Affir-

---

differenziertheit (musmat) verstanden (vgl. van Ess, Josef, Theologie und Gesellschaft im 2. und 3. Jahrhundert Hidschra 4, Berlin 1997, 367). Früh setzt die Reflexion ein, wie ein derart kompaktes Wesen dann noch mitteilungsfähig sein kann. Die Einheit darf nicht mit Autismus Gottes bezahlt werden. Dennoch bestritt die islamische Theologie der ersten Jahrhunderte in Folge der Einheitsbetonung, dass sich Eigenschaften benennen ließen. Alles, was man von Allah sagen könne, sind aposteriorische Prädikate, die sich aus den Tätigkeiten Gottes im Koran ergeben, z. B. „Gott hört“, also ist er „der Hörende“. So sammelte man 99 Namen (in anderen Traditionen 360 oder 1001). Vgl. ebd. 428–430. Dies ging so weit, dass die Namen der Einheit eingefügt und so zu ungeschaffenen Namen wurden, ähnlich dem Ausdruck Allah selbst. Dieses Verfahren fand seine Grenze bei der Existenzeigenschaft. Selbst wenn man von Gott gar nichts aussagen und nur „Allah“ anders aussagen wollte, so muss man doch bestimmen können, dass er ist, ein Seiender ist. Eine zweite Grenze zeigte sich, die unserer Betrachtung der Prädikatenlogik entspricht. Zwar können die Attribute nicht mit Allah identisch sein (das wäre Beigesellung, Götzendienst), aber sie dürfen doch nicht ganz äußerlich sein (das wäre Lästerung des Korans). Das Wort „mächtig“ (qadir) z. B. muss aussagekräftig und göttliches Handeln muss anwendbar bleiben. Das heißt, es wird neben seiner privativen Bedeutung (nicht mächtig wie ein Herrscher mächtig ist) dennoch superlativ verwendet (mächtiger als jeder Herrscher mächtig ist).

mation „Gott ist personal". Ihr entspricht die Negation „Gott ist nicht personal" (bzw. wie oben gezeigt zu „Gott ist a-personal/ Gott ist all-personal"). Formallogisch müsste immer einer der beiden Fälle, Affirmation oder Negation, zutreffen. Dennoch gibt es Fälle, in denen eine dritte Möglichkeit eintritt. Behauptet jemand „Die Schreibmaschine auf diesem Tisch ist kaputt", kann man formal diese Aussage bestätigen („Ja, sie ist kaputt") oder verneinen („Nein, sie ist in Ordnung") oder man muss gegebenenfalls die gesamte Aussage negieren („Auf diesem Tisch steht keine Schreibmaschine").[7] In Fällen, in denen es nicht möglich ist, die Affirmation oder die Negation zu überprüfen, lässt sich nicht entscheiden, ob die Negation wahr oder falsch ist. Sie ist unbestimmt. „Neben der Möglichkeit, einem Subjekt ein [bestimmtes, J.H.] Prädikat zu- bzw. abzusprechen, ist noch der Fall zu betrachten, daß das betreffende Prädikat dem Subjekt weder zugesprochen noch abgesprochen wird."[8] Eventuell gilt also weder „Gott ist personal" noch „Gott ist nicht personal", wenn man die Negation auf die Aussage als Ganze anwendet „Es gilt nicht: Gott ist personal". Gott lässt sich dann mit der Kategorie „Personalität/Apersonalität" prinzipiell nicht bestimmen. Diesmal hängt es nicht von der Tauglichkeit der Kategorie ab, sondern von der Möglichkeit, Kategorien zuzusprechen. Den ersten Fall nennt die Logik innere Negation „$P \not\rightarrow s$", der – wie wir gesehen haben – auch die Form „$P \rightarrow \neg s$" annehmen kann. Den zweiten Fall nennt man äußere Negation: $\sim (P \rightarrow s) \wedge \sim (P \not\rightarrow s)$ bzw. $\sim (P \rightarrow s) \wedge \sim (\neg P \rightarrow s)$.[9] Prekär wird diese Unterscheidung bei der Anwendung des Prädikats „seiend", das die klassische Metaphysik eben nicht unter die Eigenschaften zählt, sondern unter die Wesensaussagen, denn nur Seiendem könne man etwas zuschreiben. Von daher müsse man dieses subjektskonstituierende Prädikat gesondert behandeln. Diese Kritik wird prädikatenlogisch durch die äußere Negation bereits antizipiert. Denn ob etwas ist oder nicht ist, wird nicht auf der Prädikatsebene entschieden, sondern auf der Ebene der Prädikation.

(9) Mit dem Fall, dass die Aussage als ganze unbestimmt ist, müssen vor allem Religionen rechnen, denn sie gehen davon aus,

---

[7] Dieser alltägliche Fall ließe sich noch durch abstraktere Beispiele illustrieren: „Die Zahl Pi enthält eine Zahlenreihe von 1000mal 0" oder „Auf einem Planeten im nächsten Sternensystem gibt es Leben" oder „Am Ende der Zeiten wird der Messias wiederkommen". In allen Beispielen ist die Verifikation logisch möglich, aber faktisch ausgeschlossen.

[8] Wessel, Horst, Logik und Philosophie, Berlin 1999, 156.

[9] „Während sich die innere Negation immer auf den jeweiligen logischen Operator bezieht, bezieht sich die äußere Negation nur auf Aussagen als Ganzes." (ebd.).

dass Gott das zunächst Unbestimmbare ist, dass aber gleichzeitig Bestimmungen an ihm vorgenommen werden können. Luhmann hat dies als Grundfunktion des Religionssystems definiert: Bestimmung des Unbestimmten.[10] Religionen halten Gott nicht für grundsätzlich unbestimmbar. Ansonsten bliebe der theologischen Arbeit nur übrig, den Satz „Gott ist der Unbestimmbare“ auf ewig zu wiederholen. Aber von der puren Kontradiktion kann eine Religion nicht leben, die religiöse Funktion würde zusammenbrechen.[11] Vielmehr wird Gott als der unter den Bedingungen des Sprechers (hier, jetzt, in dieser Sprache, mit dieser Logik) Unbestimmte angenommen. Negative Theologie bearbeitet neben den beiden Fällen der inneren Prädikatennegation auch den dritten Fall der äußeren Prädikationsnegation. Sie hält der Religion vor, dass ihre Bestimmungsarbeit trotz aller inhaltlichen Fortschritte auch nicht zutreffen könnte. Insofern erinnert sie Religion immer an eine nicht zu schließende „Wahrheitslücke“, wie Frege es nennen würde. Das Zutreffen religiöser Sätze hängt von Bedingungen ab, die der Sprecher nicht kontrolliert und über die er deshalb nur in konditionaler Weise sprechen kann.[12] Das bedeutet nicht, dass die Inhalte der Aussage für umweltabhängig erklärt werden, wohl aber dass solche

---

[10] Luhmann sieht darin das Merkmal jeglicher religiöser Kommunikation, die auf ein Problem von Systembildung überhaupt antwortet, nämlich die Kompensation von Selektivität. Solange ein System Unbestimmtheiten entlang der Systemgrenze „System = bestimmbar, Umwelt = unbestimmbar“ verteilen kann, ergibt sich noch kein Problem, weil alles eindeutig zurechenbar ist. Bearbeitbares gehört bereits zum System, Unerreichbares in die Umwelt. Erst beim Ansteigen des Komplexitätsgefälles entsteht eine Überforderung, die das System dazu zwingt, die Umwelt nach anwesenden Wirklichkeiten und abwesenden Wirklichkeiten zu unterscheiden. Religion kann also erst in einem Systemtyp entstehen, der fähig ist, sich und seine Umwelt anders als nur wirklich zu sehen, wo also die Möglichkeit gesehen wird, in der Systemumwelt den Überhang von Möglichkeiten gegenüber den gegebenen Wirklichkeiten abzugrenzen. „Religion hat demnach […] für das Gesellschaftssystem die Funktion, die unbestimmbare, weil nach außen (Umwelt) und nach innen (System) hin unabschließbare Welt in eine bestimmbare zu transformieren, in der System und Umwelt in Beziehungen stehen können, die auf beiden Seiten Beliebigkeit der Veränderung ausschließen. Sie hat, mit anderen Worten, zu verantworten und tragbar zu machen, daß alle Typisierungen, alle Selbst-Identifikationen, alle Kategorisierungen, alle Erwartungsbildungen reduktiv verfahren müssen und widerlegbar bleiben. […] sie spezialisiert im Laufe einer langen Geschichte ihre besonderen Anstrengungen auf Repräsentationen, die das Repräsentationsrisiko absorbieren.“ Luhmann, Niklas, Funktion der Religion, Frankfurt ^{3}1992, 26f.; Scholz, Frithard, Freiheit als Indifferenz. Alteuropäische Probleme mit der Systemtheorie Niklas Luhmanns, Frankfurt 1982, 114–119.

[11] Rahner gibt zu Bedenken, ob noch der wirkliche Gott ausgesagt werde, wenn neben den eigentümlichen auch die relativen, die Menschen betreffenden Eigenschaften wie Treue oder Barmherzigkeit für unbegreiflich gesetzt werden. Vgl. Rahner, Karl, Die menschliche Sinnfrage vor dem absoluten Geheimnis Gottes, in: ders., Schriften zur Theologie 12, Zürich/Einsiedeln/Köln 1975, 111–128.

[12] Vgl. Hafner, Johann Ev., Gottes Benutzeroberfläche. Zur Funktion religiöser Ver-

Sätze vom Zutreffen anderer Sätze abhängen. Deshalb können sie auch kontrafaktisch behauptet werden, müssen aber mit dem Vorbehalt zurechtkommen, dass sie relative Sätze bleiben. Damit stehen wir bereits in der Aussagenlogik.

3. Aussagenlogische Bedingungen

(10) Ein aussagenlogisches Problem der negativen Theologie liegt darin, dass sie annimmt, durch die Negation aller Prädikationen folge die Affirmation des unaussagbaren Höchsten. Ein Beispiel hierfür ist der frühe Augustinus. Er bestimmt Gott als den im höchsten Maße Seienden („qui summe est"[13]) und insofern als höchste Gehaltlichkeit. Dieser Gott ist nur zu erkennen, indem der Geist alle sinnlichen Eigenschaften und alle geistigen Bestimmungen wegdenkt.[14] Nach dieser Abstraktion bleibt keineswegs bloße Ununterschiedenheit übrig (wie Plotins differenzloses hen), vielmehr zeigt sich Gott nun erst, wie er ist, nämlich Geist und Güte. Als solcher ist er dem menschlichen Geist verwandt, und als solchem lassen sich ihm auch anthropomorphe Regungen zuschreiben: Gott liebt, Gott richtet, Gott spricht. „Am Ende steht nicht die Verneinung, sondern das Erfassen des Guten, durch das alles gut ist und das für uns als Inbegriff aller Beurteilungsregeln, als Maßstab für alles Sollen dient."[15] Die negative Theologie, in dieser Weise betrieben, erfüllt eine im Vollsinn des Wortes negative Funktion: Sie nimmt weg, was wahres Erkennen ablenkt oder behindert. Aber sie hält vor dem Höchsten inne. Dieser ist nicht die Unerkennbarkeit schlechthin, sondern der Grund von Erkennen, der im höchsten Maße erkennbar ist. Gott *zeigt sich* dem unverstellten Verstand.

---

sprechen, in: Roth, Peter u. a. (Hg.), Die Anwesenheit des Abwesenden. Theologische Annäherungen an Begriff und Phänomen der Virtualität, Augsburg 2000, 57–82.

[13] De natura boni 19.

[14] Das erste Buch der Antike, das den Begriff „religio" im Titel führt, De vera religione besteht aus nichts anderem als aus dem stufenweisen Aufstieg aus der Sinnlichkeit in die Geistigkeit zu Gott.

[15] Flasch, Kurt, Augustin. Einführung in sein Denken, Stuttgart ^{2}1994, 303. Bekanntermaßen kontrastiert Flasch diesen neuplatonischen Zug in Augustins Denken gegen die angeblich widersprüchliche Gnadentheologie des späten Augustin, die dessen Errungenschaften wieder zunichte mache. Auch Thomas teilt den Optimismus, dass sich die Erkenntnis des den Verstand übersteigenden Gottes durch eine Vielzahl von Verneinungen präzisieren lasse. „Und um so mehr nähern wir uns der Kenntnis (notitia) von ihm, je mehr wir durch unseren Verstand von ihm verneinen können (cognoscendo quid non est)." Summa contra gentiles 1,14.

(11) Dieser neuplatonische Optimismus leidet an einer logischen Paradoxie. Solange man einseitig, d. h. stets auf der Seite der Negation beginnt, kann aus einer negierten Aussage jede beliebige Aussage folgen. Wenn $\neg P \rightarrow s$, dann gilt $Q \rightarrow s$ oder auch $\neg Q \rightarrow s$ oder auch $R \rightarrow s$ oder auch $\neg R \rightarrow s$ usw. Wenn man Gott die Personalität abspricht, folgt nicht zwangsläufig, dass er apersonal ist, mit gleichem Recht gilt auch, dass er menschlich oder welthaft oder nichtmenschlich oder nichtwelthaft ist. „Jede falsche Aussage impliziert formal-logisch Beliebiges. [...] Das Außerkraftsetzen aller denkbaren Aussagen kann deshalb nicht noch einmal eine formal-logisch oder syntaktisch sinnvolle Bedeutung haben. Falls sie doch eine – möglicherweise auch für die formale Logik – sinnvolle Bedeutung haben sollte, so kann diese jedenfalls nicht mehr innerhalb der formalen Logik, sie muß vielmehr in einer anderen Theorie [...] gefunden werden."[16]

(12) Damit negative Theologie also nicht dem Paradox der materialen Implikation anheim fällt,[17] darf man nicht asymmetrisch von einer Aussage aus auf den unaussagbaren Gott zusteuern. Stattdessen sollten mit einem symmetrischen Aussagenpaar begonnen werden. Dieses Paar erzeugt die Differenz, innerhalb derer Sätze über Gott möglich werden. Deshalb ist die Erstunterscheidung stets eine Differenz, kein Satz, keine Satzkette, kein Begriff. Diese Bedingung wird mit Niklas Luhmanns Theorie der Religion als eines binär codierten Systems erfüllt. Luhmann beschreibt alle ausdifferenzierten Systeme, also auch das Religionssystem, als eine Art Sprache, die sich voneinander über Codes unterscheiden. Codes sind nichts anderes als zweiwertige Aussagenkonkurrenzen. Mit ihrer Hilfe kann ein System erstens sich selbst definieren und zweitens seine Umwelt seligieren. Alles Vorkommende fällt unter eine der beiden Aussagen. Auf lebensweltlicher Ebene teilen wir die Welt in Gruppen ein. Wir setzen dabei eine Gesamtheit an Dingen voraus und ordnen die Dinge den Gruppen zu. Die Zuordnung erfolgt über Merkmalsähnlichkeit; die allgemeinsten Merkmale werden seit jeher „Kategorien" genannt. Ihr philosophisches Problem ist die Nachträglichkeit, weil sie von den Dingen ab-gelesen werden. Solche Einteilungen stellen Gruppen fest, Codes aber stellen Gruppen her. Sie erst erzeugen den Unterschied, mit dem dann eingeteilt werden kann.[18]

---

[16] Hochstaffl, Josef, Negative Theologie. Ein Versuch zur Vermittlung des patristischen Begriffs, München 1976, 161.

[17] Vgl. hierzu Bochenski, Josef M., Logik der Religion, Köln 1968, bes. 72ff.

[18] Vgl. Luhmann, Niklas, Die Ausdifferenzierung der Religion, in: Gesellschaftsstruktur und Semantik, Bd. 3, Frankfurt 1993, 259–357, hier: 271–275.

Das wird deutlich an der Ausschließlichkeit des Codes: Es gibt nichts, das nicht einer Seite zugeordnet werden könnte. Dagegen kennen Einteilungen auch Nicht-Zuordnungsfähiges. Zum Beispiel wird mit dem Himmel-Hölle-Schema die Erde als „Dazwischen" erfasst, aber nicht eingeordnet. Es entscheidet sich also am Gebrauch, ob ein Gegensatzpaar einen Code darstellt, der immer binär ist, oder eine Einteilung, die auch zu einem Ternar oder zu anderen mehrwertigen Unterscheidungen erweitert werden kann. Wird Himmel-Hölle als Code und damit als konträrer Gegensatz gebraucht, dann muss entschieden werden, ob die Erde der Himmel ist oder die Hölle. Codes geben die Anweisung zur Exklusion „dies oder das". Duale ordnen subkonträr „dies und das". Schlüsseln wir die Negationsmöglichkeiten genauer auf: Codes zwingen zur der Entscheidung nach der Form: Dies oder das? Oder-Fragen werden notwendig, wenn es mehr mögliche als wirkliche Alternativen gibt und ein Selektionsdruck besteht.[19] Von allen nachträglichen Rationalisierungen sind die vorgängigen Strukturen zu unterscheiden. Diese bilden ein Gerüst, das festlegt, wie sich die Alternativen zueinander verhalten und wie viele Alternativen nach der Selektion zugelassen sind.

(13) Zwei Aussagen (p und q) können klassisch-logisch auf 16 verschiedene Weisen miteinander verknüpft werden. Das errechnet sich wie folgt: Vorausgesetzt, jede Aussage kann, weil sie einen Sachverhalt bezeichnet, zwei Werte annehmen (z. B. „wahr" oder „falsch"), dann können beide Aussagen vierfach aufeinander bezogen werden: 1. beide wahr, 2. die eine wahr und die andere falsch, 3. die eine falsch und die andere wahr, 4. beide falsch. Diese vier Beziehungen (1.–4.) bilden 16 mögliche Konstellationen, da jede Beziehung wiederum „wahr" oder „falsch" sein kann, je nachdem, wie die beiden Ursprungsaussagen zueinander stehen.[20]

[19] Egal, ob die Wahl dezisionistisch getroffen wird (die Wahlkriterien werden nur aus den Wählenden bezogen) oder begründet (die Merkmale der Bevorzugung werden dem Auszuwählenden zugerechnet), sie überführt mögliche Möglichkeiten in wirkliche (verwirklichbare) Möglichkeiten. Diese Rekonstruktionen können noch nach der Wahl vorgenommen werden. Meist ergibt sich erst im Verlauf des Prozesses, wie frei der Wählende ist, wie gut die Alternativen sind und wie beide einander beeinflussen.

[20] Zum Beispiel kann eine Konstellation folgende Verknüpfungen zulassen bzw. ausschließen:
dass 1. beide Aussagen wahr sind, kann eintreten: „ja"
dass 2. die eine (p) wahr und die andere (q) falsch ist, kann nicht eintreten: „nein"
dass 3. die eine falsch ist und die andere wahr, kann eintreten: „ja"
dass 4. beide falsch sind, kann eintreten: „ja".
Diese Vierer-Konstellation **jnjj** wird Implikation genannt, mit dem „$\subset$"-Zeichen abgekürzt, umgangssprachlich mit „wenn – dann" (Wenn die Sonne scheint, dann ist es hell) ausgedrückt und in folgender Tafel dargestellt:

p	**q**	**p verknüpft mit q ergibt**
		– „ja“, wenn die Verknüpfung möglich ist, oder – „nein“, wenn sie nicht möglich ist[21]
w	w	1 (j oder n)
w	f	2 (j oder n)
f	w	3 (j oder n)
f	f	4 (j oder n)

(14) Für die Suche nach Binarität „dies oder das?“, also die formalisierte Konkurrenz, lassen sich die Antwortkonstellationen eingrenzen: Die 16 denkbaren Möglichkeiten werden danach untersucht, ob sie die Ausgangskomplexität zu wenig oder zu stark reduzieren. Nach dieser Maßgabe fallen alle **1nn4** aus, da wenigstens eine der beiden Alternativen wahr sein muss. Konkurrenz entsteht, wenn auf Position 2 und 3 ein „ja“ steht, also „p wahr und q falsch sein kann“, und wenn gleichzeitig „p falsch und q wahr sein kann“. Aus den 16 Aussagenverknüpfungen interessieren demnach ausschließlich die vier Möglichkeiten mit **1jj4**. Das sind: **jjjj**, **njjj**, **njjn** und **jjjn**. Wenn wir nun noch die Ergebniskonstellation **jjjj** ausscheiden, weil ihre Verknüpfungen unter jeder Interpretation wahr und damit tautologisch sind, bleiben noch **njjj**, **jjjn** und **njjn**. Bei der Konkurrenz von zwei Alternativen, die ein

---

p	q	$p \subset q$
wahr	wahr	ja
wahr	falsch	nein
falsch	wahr	ja, denn man kann nach Sonnenuntergang auch elektrisches Licht anmachen
falsch	falsch	ja

Um einer Verwechslung vorzubeugen: In der ersten und zweiten Spalte stehen Wahrheitswerte von Aussagen, also die Beziehung eines Subjekts auf ein Prädikat $(P \rightarrow s)$. In der dritten Spalte steht der Wahrheitswert von Aussagen*verknüpfungen* $(P_1 \rightarrow s_1) \wedge (P_2 \rightarrow s_2)$.

[21] Für Position 1 heißt „ja“, dass p und q gleichzeitig wahr sein können. „Nein“ hieße, dass p und q nicht gleichzeitig wahr sein können. Für Position 2 heißt „ja“, dass p wahr und gleichzeitig q falsch sein kann. „Nein“ hieße, dass p gleichzeitig wahr und q falsch sein kann usw.

Code anbietet, ergeben sich demnach drei Möglichkeiten negativer Beziehung, die umgangssprachlich alle mit der Konjunktion „oder" wiedergegeben werden:

a) **njjn**: Immer eines ist wahr, nie keines und nie beide
= Kontradiktion

b) **njjj**: Höchstens eines ist wahr, eventuell keines
= Exklusion/Kontrarietät

c) **jjjn**: Mindestens eines ist wahr, eventuell beide
= Disjunktion.

Welche davon wird in Codierungen von Funktionssystemen verwendet?[22]

4. Codelogische Bedingungen

(15) Codes bestehen aus einem positiven und einem negativen Wert. Wert und Gegenwert bilden nicht zwei Hälften eines gemeinsamen Universums, sondern erzeugen sozusagen zwei Parallelwelten. *Alles* kann entweder unter dem Positivwert oder unter dem Negativwert gesehen werden. In theologischer Sprache: Jedes Ding kann als Geschöpf *Gottes* und als *Geschöpf* Gottes gesehen werden, jedes Ereignis kann als *kontingenter* Vorfall und als Vollzug der *göttlichen* Providenz gelten:

Wert | Gegenwert oder: Gegenwert | Wert

Rein formal ist nicht auszumachen, welche Seite „zuerst" war und welche „nachträglich" als Negation dazukam. Erst im Zusammenhang mit einer Kontingenzformel und in der Verwendung des Codes in Programmen (z. B. Dogmatiken) entscheidet sich, wo der Positivpol und wo der Negativpol liegt. Jener bietet Anschlüsse für Programmierungen, über den Negativpol kontrolliert man die Verwendung der Anschlüsse und schließt man das Nichtanschließbare aus. Daher verteilen sich die Funktionen ungleich:

[22] Vorab: Codes sind Differenzgebilde, in denen alle drei Differenzen sozusagen als Abstandshalter vorkommen: 1. Die beiden Codewerte stehen zueinander in konträrem Gegensatz, z. B.: „Alles ist entweder transzendent oder immanent, eventuell kann Gott diese Differenz aber aufheben." 2. Gegenüber heterodoxen religiösen Systemen, z. B. Häresien oder anderen Weltreligionen, steht der Code in einem disjunktiven Verhältnis: z.B: „Weil Gnostiker ebenfalls von Gott reden, aber auf andere Weise, sind sie zwar religiös, aber theologisch different." 3. Der gesamte Code steht in einem kontradiktorischen Verhältnis zu Codes anderer Systeme, z. B.: „In der Religion geht es um Gott, in der Justiz um Gerechtigkeit."

Negation | Position fungiert als Abschlusspol | Anschlusspol.

In der Religion werden Codeseiten mit folgenden Werten besetzt:[23]

Transzendenz | Immanenz.

(16) Sofort gerät man in das Paradox, dass der Blick von der einen Codeseite auf die andere diese unter Bedingungen stellt, die nicht mit Aussagen *einer* Seite ausgesagt werden können. Über Transzendentes kann man nur immanent sprechen, Transzendentes (z. B. Angelisches) denkt nur transzendent über Immanentes. Ausgeschlossen bleibt dann aber die Frage, wie es zur Unterscheidung der beiden Welten kam. Sie muss einfach vorausgesetzt werden. Formal: Die Codeseiten können sich gegenseitig in Aussagen abbilden, nicht aber die Aussagenkonstellation beschreiben. Der Negativwert dient also nicht dazu, den Gebrauch der Unterscheidung insgesamt zu reflektieren, sondern spiegelt nur die Verwendung der Gegenwert-Seite. Diese fundamentale Differenz zwischen Reflexion der Codewerte untereinander und Reflexion des Codes insgesamt wird in reflexiven Religionen berücksichtigt.

(17) Dies geschieht dadurch, dass die Codeseiten nicht komplett symmetrisch gesetzt werden, das wäre die kontradiktorische Differenz **njjn**, sondern dass mit konträrer Differenz *njjj* gearbeitet wird. Die Kontrarietät kennt – wie wir oben gesehen haben – *drei* Zustände: Neben weder „p" noch „q" gibt es noch die Möglichkeit „weder p noch q". Codes enthalten neben ihren Codewerten noch die Kontingenzformel, mit deren Hilfe das System seinen Code *als Einheit* behandeln kann. Das System erhält damit die Fähigkeit, die Differenz *für sich* als eine Einheit darzustellen. Es muss nicht vom positiven Codewert zum negativen Codewert springen, sondern kann mit Hilfe dieses – eigentlich nicht existenten – dritten Wertes das *crossing over*, das Kreuzen der Demarkationslinie | zwischen Affirmation und Negation, noch einmal beobachten. Von den Codeseiten aus gesehen, kann so die Möglichkeit mit eingerechnet werden, dass die Codierung als Ganze nicht zutrifft. Auf beobachtende Systeme angewandt, heißt das: Die Außenperspektive auf die eigene Perspektive, auf innen und außen, wird mit dem dritten Wert im konträren Gegensatz symbolisiert. Er steht für den blinden Fleck

[23] Für eine ausführliche Rekonstruktion der religiösen Codierung und der folgenreichsten Codierungsfehler siehe Hafner, J. Ev., Selbstdefinition des Christentums. Ein systemtheoretischer Zugang zur frühchristlichen Ausgrenzung der Gnosis, Freiburg 2003, 78–228, bes. 188ff.

der eigenen Beobachtung. Er ist logisch gesprochen das eingeschlossene ausgeschlossene Dritte, dialektisch gesprochen die Einheit der Differenz von Einheit und Differenz. Diese dritte Möglichkeit wird durch die Kontingenzformel symbolisiert und wird in der Religion als „Absolutes“ oder „Gott“ wiedergegeben.

$$\frac{\text{Transzendenz} \mid \text{Immanenz}}{\text{Gott}}$$[24]

(18) Die Formel „Gott“ dient dazu, die Kontingenz der Verwendung des Codes (der Unterscheidung) zu absorbieren. Von ihm aus beobachtet sind die beiden einander kontingenten Seiten als Ganze notwendig. Aus einem unhinterfragbaren Ratschluss heraus hat er die transzendente Welt, den Himmel, und die immanente Welt, die Erde, erschaffen. „Gott“ ist weder transzendent noch immanent, er kann aber in der transzendenten Welt (im Christentum das Motiv der Himmelfahrt und Höllenfahrt Christi) und in der immanenten Welt (das Motiv der Inkarnation und Inspiration) auftreten. Von anderen Systemen aus gesehen ist der religiöse Code nur einer unter anderen möglichen Codes. Religion wird selbst nicht-notwendig, kontingent. Um auf diese Negationsmöglichkeiten antworten zu können, bieten Kontingenzformeln eine Art Letztbegründung oder das Generalmotiv eines Systems.[25] Um Gottes Willen ist die ganze Religion da. Wer die Kontingenzformel hinterfragt, ist bereits „draußen“: Wer „Gott“ erklärt haben will, glaubt nicht. Kontingenzformeln dienen also im Hinblick auf andere Systeme zur Verbergung der eigenen Kontingenz mittels einer internen Notwendigkeit.

(19) Allen Formeln ist gemeinsam, dass sie die Gesamtheit der Kommunikationen im System *quasi von außen* umfassen. Kunst darf nicht nur Handwerk sein, es muss „noch etwas hinzukommen“. Alle Erziehungskniffe würden nichts nützen, wenn beim Schüler keine Lernfähigkeit (so die Formel des Erziehungssystems) vorhanden wäre. Alles Produzieren/Konsumieren hätte keinen Sinn, wenn nicht ein Sockel an Bedürftigkeit (Knappheit als ökonomische Formel) bestünde. Auf die Religion angewandt: Alle Rede von der

[24] Man könnte auch den dritten Begriff wie ein Vorzeichen vor eine Klammer schreiben: „Kontingenzformel $\left(\overline{\text{negativer Codewert} \mid \text{positiver Codewert}}\right)$“, aber das erstgenannte Schema ist anschaulicher, weil es den gleichen Abstand zu beiden Codewerten darstellt. Das Dritte ist nicht ein weiterer Codewert, sondern eine andere Codeebene.

[25] Luhmann sieht in ihr geradezu eine Art Kurzkatechismus, „ja fast schon eine Gesamtformel für die religiöse Programmatik, die angibt, was im Verhältnis von Immanenz und Transzendenz richtig und was falsch ist. […] Man muß nicht wissen, was er ist. Man muß wissen, wie er urteilt, um das eigene Leben auf die Liebe Gottes einstellen zu können.“ Luhmann, Niklas, Die Religion der Gesellschaft, Frankfurt 2000, 168.

Transzendenz wäre hohl, wenn nicht geglaubt werden könnte, dass sie *semper maior* ist als alle Vorstellungen von ihr.

(20) Umgekehrt schützen die Kontingenzformeln die Systemvorgänge vor Inflation. Hätten die Konsumenten keine Bedürfnisse oder gäbe es unendlich viele Waren, wäre Wirtschaft überflüssig. Wären alle Kinder Genies und gäbe es gar nichts Wissensnotwendiges, würde sich Erziehung erübrigen. Auf die Religion angewandt: Wenn das Transzendente immer und überall zugegen wäre und die Gläubigen sich schon in seinem Besitz wähnen dürften, bedürfte es keiner Religion. Im System herrscht stets die Unterstellung, dass eine Kommunikation den Rest der Möglichkeiten verkleinert, dass man nicht noch einmal vor derselben Alternative stehen wird. Damit tritt man in eine systemtheoretische Schleife ein, welche die Selbstreferentialität des Systems stabilisiert: So wie die Ökonomie das System zur Knappheitsbewältigung ist und zugleich das System, welches Knappheit erst sichtbar macht, so ist Religion das System zur Beantwortung der Gottesfrage und zugleich das System, das die Gottesfrage stellt.

(21) Um sich nicht dem Vorwurf auszusetzen, hier würde eine christliche Dogmatik als Grundstruktur des Religiösen aufgebläht, soll in einem letzten Schritt anhand eines interreligiösen Strukturmodells überprüft werden, ob die Negationsvorgänge in der Codetheorie allgemeiner zutreffen. Hierfür wird die umfassende Arbeit von Hans-Peter Sturm[26] herangezogen, welche die Parallelen negativen Argumentierens im östlichen und westlichen Denken aufgewiesen hat. An diesem Modell soll das Code-Modell sozusagen von unabhängiger Seite bestätigt und plastischer entfaltet werden.

(22) Sturm arbeitet aus religiösen und philosophischen Basistexten (Ajñanika, Buddha, Nagarjuna, Chi Tsang, Shankara, S|ÿri Harşa, Parmenides, Platon, Aristoteles, Nikolaus von Kues, Schelling, Hegel, Kierkegaard, Heidegger) einen „Urteilsvierkant" (catuskoti) negativer Urteile heraus, der in aller Verkürzung dargestellt sei: Er beginnt mit der reinen Identifikation, der Selbstidentifikation, der Tautologie (Ein Dreieck ist ein Dreieck). Eine bloße Bezeichnung von Seiendem besagt inhaltlich nichts und verweist auf ihr Gegenteil, die Kontradiktion (Ein Dreieck ist kein Elefant, es ist nichts, was nicht ein Dreieck wäre.) Eine bloße Definition oder Abgrenzung besagt inhaltlich nichts, sie dehnt nur den logischen Raum aus. Jede Prädikation einer „Istheit" zieht eine „Nicht-Istheit" nach sich. Wechselt man auf eine Metaebene, ergibt sich: Beide Urteile stehen

[26] Sturm, Hans-Peter, Weder Sein noch Nichtsein. Der Urteilsvierkant (catuşkoţi) und seine Korollarien im östlichen und westlichen Denken, Würzburg 1994.

in Negation zueinander und bilden zusammen einen Widerspruch, so dass man feststellen muss: Weder das Sein noch das Nichtsein ist wahr, sondern nur der Satz, dass beide nicht wahr sein und damit nichts abbilden können. Das entspräche dem Satz vom ausgeschlossenen Dritten. Ließe man diesen Widerspruch zu, dann wäre alles möglich. Dies entspricht der oben gezeigten Paradoxie der materialen Implikation. Alle Entscheidbarkeit würde zusammenbrechen. Die Struktur endet aber nicht mit dem Widerspruchsverbot, sondern hebt es geradezu auf, indem sie zu einem Vierten drängt. Radikal weitergedacht kann man fragen: Von welcher Warte aus wird der Widerspruch negiert? Welche Logik erlaubt es, Unlogisches auszuschließen? Ist solche Logik nicht selber wieder eine dogmatische Setzung, eine Selbstbeschränkung von Denken? „Wäre das Wesen höchster Wirklichkeit charakterisiert durch Absenz von Seiendem und Nichtseiendem, wie könnte es Sprache, Denken, als diesem Bereich angehörig, valide an- und aussprechen?“[27] Mit dem vierten Urteil begibt sich die Betrachtung auf eine weitere Ebene, nämlich die der Kommunizierbarkeit. Hier geht es nicht um die Fortführung von logischen Operationen, nicht um Negation von Negationen von Negationen. Im Unterschied zu Sturms Auslegung weise ich darauf hin, dass der Vierkant nicht allein auf einen Aufweis einer letzten Leere aller Wirklichkeitsbehauptungen, also auf die Unsagbarkeit des letzten Grundes zielt, sondern auf die Kommunizierbarkeit von Behauptungen, d. h. *die Sagbarkeit* dieses Unaussagbaren. Wir wechseln spätestens mit der vierten Negation von der Onto-Logik des Denkens in eine Funktions-Logik von Sätzen.[28]

(23) Der Urteilsvierkant umfasst demnach materialiter vier Aussagen und beim Ebenenwechsel drei Negationen:

1. die Ebene des Seins, die bedingten, gewordenen Dinge: „ist“
2. die Ebene des Nichts, die unbedingten, ewigen Dinge (= Leerheit der gewordenen Dinge): „ist nicht“
3. die Ebene des Seins von Nichts, also das Zugleich von Sein und Nichts, das ist der Widerspruch zwischen 1. und 2.: „ist und ist nicht“
4. die Ebene der Ununterschiedenheit, also der Affirmation von 3. Der Satz „ist und ist nicht“ ist wahr. Demnach gilt: „weder ist noch ist nicht“

[27] Sturm, H.P., Weder Sein noch Nichtsein 129.

[28] Dem entspricht die Mahnung Nagarjunas, seine Lehre nicht als Denkgesetze zu dogmatisieren, vielmehr sollen sie im Streit der Worte beruhigend wirken. Vgl. Nagarjuna: Mula-madhyamaka-karika 13.7f. zit. in: Sturm, H.P., Weder Sein noch Nichtsein 149, vgl. ebd. 156.

(24) Codetheoretisch gesprochen: Die ersten beiden Ebenen repräsentieren alle Beobachtungen erster Ordnung, auf der man Unterscheidungen trifft. Von der dritten Ebene aus beobachtet man diese Beobachtungen als zwei nebeneinander vorkommende, mögliche Beobachtungsweisen. Hier erst wird die Kontingenz sichtbar, in der sich 1. und 2. bewegen. Die vierte Ebene schließlich fragt, wie solche Beobachtung zweiter Ordnung möglich ist. Formal unterscheidet sie sich aber nicht von Ebene drei, denn auch sie ist eine Beobachtung *zweiter Ordnung*. Auf Ebene vier wird das Paradox der Selbstanwendung von Urteilen nur weiter entfaltet. Dabei wird deutlich, dass solche Entfaltung keine weitere transzendentale Ebene ist, der man immer noch einmal eine apriorische Metaebene, eine Hyperontologie unterstellen kann, sondern dass die Beobachtung an ein Ende kommt.[29] Sie beendet die Urteilsproduktion, indem sie sie nicht wieder als ein Negierbares (Seiendes) oder Affirmierbares (Nichtseiendes) herausstellt. Die Beobachtung, dass weder Sein noch Nichts gelten kann, dass man die Negation von Sein und Nichts behaupten kann, darf nicht wieder eine logische Unterscheidung (wie in 1. und 2. und drittens im Vergleich von 1. und 2.) verwenden. Daher bleibt nur der Ausweg, den Zusammenfall der Unterscheidungen anzunehmen. Insofern bezieht sich 4. nicht mehr auf vollzogene Urteile, sondern bildet das Urteilen und Bedeuten selber ab.

5. Materiale Füllung der Form

(25) Anders als H.P. Sturm, der die Funktion von 4. darin sieht, von nun an Urteilsenthaltung (Schweigen, Stille, Ruhe, „Selbstzurücknahme der begrifflichen Reduktionen“[30]) zu üben, zeigt die Philosophie- und Religionsgeschichte, dass sehr wohl und sehr viel über Ebene vier gesprochen wird. Gerade das Paradox des Namenlosen, aus dem sich alle Logik nährt, hat die Kommunikation angeregt. Auf Ebene drei wird die Alternativlosigkeit, sich für Affirmation oder Negation zu entscheiden und die Probleme ihrer

[29] „Damit der Weg nicht endlos beritten zu werden braucht, bedürfen wir sozusagen eines Zügels, der das den Begriffsgalopp zum Halten Bringende de-notiert.“ (Sturm, H.P., Weder Sein noch Nichtsein 129). Weniger bildhaft: Weil am Anfang die Differenz (von gedachtem Sein und denkendem Seienden, von Umwelt und System, von Referenz und Selbstreferenz) als operatives Prinzip steht, ist Beobachtung des Beobachtens selbst nur eine einfache Beobachtung. Vgl. Luhmann, Niklas, Die Wissenschaft der Gesellschaft, Frankfurt ^{2}1991, 13.

[30] Sturm, H.P., Weder Sein noch Nichtsein 185.

Gleichrangigkeit aufzuwerfen, formuliert. Es ist so, wie es ist. Auf Ebene vier erscheint diese Alternativlosigkeit wiederum als kontingente Alternative. Es muss nicht so sein, wie es ist. Sub specie aeternitatis werden die scheinbar ehernen logischen Gesetze und Ausschlüsse wieder anschlussfähig. Weder muss man sich auf die Affirmation der Gegensätze festlegen noch auf ihre Negation. Die vierte Ebene dient dazu, die Widerspruchsfähigkeit als solche zu sichern, weil sie davon entbindet, sich auf erstens „ist" oder auf zweitens „ist nicht" oder auf drittens das logische Gegeneinander von beiden festzulegen. Man kann also auch das logische Miteinander behaupten. Tertium datur. Wohlgemerkt, das Vierte behauptet nicht, dass „weder Sein noch Nichtsein" wahr wäre, sondern dass auch dieser Satz negierbar und damit kommunikationsfähig bleibt. Deshalb mündet der Vierkant keineswegs in ein Absolutes im Sinne eines höchsten Begriffs oder Urteils. Das Vierte bildet die Einfalt aller Unterscheidungsmöglichkeiten, das Woraus aller Differenz. Sprachlich kann es demnach nicht wieder als eine Dialektik aus Negationen dargestellt werden.

(26) Diese Ebenen lassen sich fugenlos in das allgemeine Schema der Codierung von Kommunikation übersetzen. Der Ebene 1 entspräche der Bereich des Bestimmbaren, Ebene 2 der Bereich des Unbestimmbaren. Ebene 3 wird durch den senkrechten Strich | der Kontrarietät schematisiert. Ebene 4 liegt als Einheit der Differenz dieser Unterscheidungen beiden zugrunde und wird daher unter dem waagerechten Strich der Identität platziert.

Unbestimmbares | Bestimmbares
———————————————
Bestimmen[31]

(27) Im Religionssystem werden die Bereiche – wie oben gezeigt – mit traditionalen Topoi besetzt: Die irdische, sichtbare Welt heißt Immanenz. Sie bietet sich für Affirmationen förmlich an. Die himmlische, angelische, unsichtbare Welt nannten wir Transzendenz. Sie ist von der Erde aus gesehen unbestimmbar, entzogen. Beide Welten zusammen bleiben strikt getrennt, denn der irdische Beobachter hat keinen direkten Zugang zu den invisibilia. Auf die andere Welt kann er nur schließen, indem er sich z. B. negativer Theologie bedient. Religion sorgt durch vielerlei Vorkehrungen dafür, dass die ersten beiden Ebenen nicht beliebig vermischt wer-

---

[31] Als „unbestimmbar" gelten auch Gegenstände, die keinerlei weiterer Bestimmung bedürfen, weil sie durch und durch intelligibel, immer schon begriffen sind. Als „bestimmbar" gelten auch Gegenstände, die noch der näheren Bestimmung bedürfen. So könnte man auch formulieren: vollends Bestimmtes | noch Unbestimmtes
———————————————
Bestimmendes.

den; Profanes und Sakrales werden kultisch und begrifflich getrennt gehalten. Reinheitsvorschriften (das Profane darf nicht in die Nähe des Sakralen) und Sakrilegverbote (das Sakrale darf nicht inmitten des Profanen verwendet werden) stehen daher am Anfang religiöser Handlungen.[32] Das aktive Auseinanderhalten von Irdischem und Überirdischem entspräche der Ebene drei. Diese Ebene behandelt noch das Heilige. Erst Ebene 4 bezieht sich auf *den* Heiligen, die Quelle aller Heiligkeit:

$$\frac{\text{Sakrales} \mid \text{Profanes}}{\text{der Heilige.}}$$

(28) Betrachten die Gebote der Unterscheidung noch die Transzendenz als Abstraktion des Immanenten oder umgekehrt die Immanenz als Privation des Transzendenten und definieren sie so das Kreuzen der Grenze von der einen in die andere Welt, so beobachtet der Heilige diese Gebote. Er wird als der Geber der Gebote verehrt und als Erschaffer beider Welten. Das christliche Credo beginnt mit dem Bekenntnis zum Schöpfer der visibilia und der invisibilia. Der Heilige steht sozusagen äquidistant zu den drei ersten Ebenen. Er affirmiert, er negiert und er erlaubt, Affirmation und Negation als Widerspruch zu behandeln. Will man nun von ihm sprechen, dann kann das nicht in der Weise der bisherigen Operationen geschehen. Der Heilige lässt sich nicht einfach affirmieren wie ein immanenter Mensch, ebenso wenig lässt er sich durch Negation des Immanenten beschreiben wie ein transzendenter Engel. Der Heilige lässt sich weder von der Immanenz noch von der Transzendenz aus beobachten. Er ist der blinde Fleck des Systems, das auf ihm ruht.[33] Denn Beobachtung heißt, dass eine

[32] Ihm entspricht das zweite Gebot des Dekalogs „Du sollst den Namen des Herrn, deines Gottes, nicht missbrauchen" (Ex 20,7). Die Gebote bei der Abfassung des zweiten Dekalogs bestehen ausschließlich in der Trennung der weltlichen Zusammenhänge (andere Völker, Erträge, Wochen- und Jahreszeiten) vom Gott Zugehörigen (erwähltes Volk, Erstlinge, Sabbat und Feste). Vgl. Ex 34, 12–27.

[33] Gott ist der Name für eine von vorneherein ausgeschlossene Möglichkeit des Beobachtens. In Gott ist es nicht notwendig, verschiedene Beobachter miteinander zu vernetzen, um die Relativität der Einzelperspektive zu relativieren. Alle endliche Erkenntnis weiß, dass sie endlich ist und unter Bedingungen stattfindet, die ihr nicht zugänglich sind, die aber von einer Außenperspektive aus beobachtbar sind. Die interne Verwendung von Erkenntnissen, die von außen gewonnen wurden, ist der von Luhmann immer wieder zitierte re-entry. Ein re-entry, der die Gesamtheit des Systems in sich selber wieder spiegelt, ist deshalb nicht möglich, weil das System auch den Systemzustand in sich repräsentieren müsste, der entsteht, wenn es sich selbst repräsentiert. Es kann nur beobachten, *was* es beobachtet, es kann nicht beobachten, *dass* es beobachtet. Beobachtung ist so gebaut, dass sie immer nur auf Kosten von Ausblendung sieht und blinde Flecken erzeugt. Der blinde Fleck bleibt

wenigstens zweiwertige Unterscheidung benutzt wird, auf der das Unterschiedene einseitig eingetragen wird. Der Heilige kann demnach weder von der Immanenz aus als transzendent prädiziert werden noch von der Transzendenz aus (das wäre die Erkenntnis der Engel oder der erlösten Seelen) als das Gegenteil von Transzendenz, denn das wäre nur Immanenz. Vielmehr wird der Heilige in der Mitte zwischen die beiden Welten gesetzt.

(29) Einige religiöse Systeme lösen diese Frage nach der höchsten Autorität, indem sie das Göttliche auf halber Strecke wie etwas allgegenwärtiges Feinstoffliches oder ein pantheistisches Fluidum eintragen. Dies verlagert aber nur das Problem, weil unklar wird, wie sich das Göttliche vom Immanenten noch unterscheiden lässt. Tut es dies nicht, kann sich diese Religion allenfalls in verzaubernder Welterklärung ausdrücken und verschwimmt mit Kunst oder Medizin. Komplexe Religion reflektiert hingegen noch einmal den Grund der Unterscheidung, die zwischen Transzendenz und Immanenz getroffen worden ist. In der biblischen Metaphorik wird er einem unvordenklichen Entscheidungsakt des Schöpfers zugeschrieben, dem es gefiel, Himmel und Erde zu erschaffen, indem er Sichtbares (Licht) von Unsichtbarem (Finsternis), Hier (Unten) von Dort (Firmament), Instabil (Wasser) und Stabil (Land) etc. schied. Darin enthalten ist die Selbstunterscheidung Gottes von jedem dieser Gegensätze.[34] Im Schöpfungsbericht wird diese durch ein Sprachhandeln angezeigt „und Gott unterschied sprechend“. Das Wort wird nicht Welt, sondern unterscheidet die Welt. Der Heilige agiert also auf einer anderen Unterscheidungsebene. Von ihm aus gesehen/gesprochen entfalten sich die affirmierbare und die negierbare Welt gleichursprünglich. Damit wird die Dialektik, eine Position enthalte ihr Gegenteil, unterbrochen. *Die Differenz zwischen Transzendenz und Immanenz unterscheidet sich von der Differenz zwischen dem Heiligem und Transzendenz und Immanenz.*[35] Der Heilige ist – unrein gesprochen – Transzendenz von Transzendenz und Immanenz. Er beantwortet die Frage der Selbstimplikation: Ist die Unterschei-

---

daher innersystemisch prinzipiell unsichtbar. Vgl. Hafner, Johann Ev., De visione diaboli. Beobachtung von Beobachtung bei Luhmann Niklas und Cusanus Nikolaus, in: Hafner, Johann Ev. u. a. (Hg.), Nachdenken der Metaphysik (FS Alois Halder), Augsburg 1998, 11–35.

[34] Vgl. Gen 1,3–10.

[35] Formallogisch: Jene ist symmetrisch konträr, diese ist asymmetrisch subsumptiv. Der Heilige umfasst beide Welten, nicht als Summe von Möglichkeiten und Wirklichkeiten, von Negationen und Positionen, sondern als Differenzierung von beiden. Die Kontingenzformel zeigt dem Gläubigen an, dass Gott zwar alles ist, nicht aber alles Gott ist.

dung in „transzendent und immanent“ transzendent oder immanent?

(30) Weil die Kontingenzformel den einzigen nichtnegierbaren Begriff im System bildet, ist vom Heiligen nicht in Begriffen zu sprechen. Er kann nur noch symbolisiert werden über Namen (Brahma, Nirvana, Jhwh, „Vater“) und Rituale ihrer Darstellung, die weder eine positive noch eine negative Aussage machen, sondern eine Unterscheidungsanweisung bezeichnen. Negative Theologie muss also darauf achten, ob sie von der ersten Transzendenz als der Negation des Immanenten handelt oder von der „zweiten Transzendenz“, die je nach Religion „Gott“ genannt wird. Im ersten Fall geht es um die Unterscheidung eines Gegenstandsbereiches gegen einen anderen. Dort treffen die Gesetze der Prädikaten-, Prädikations- und Aussagenlogik zu. Im zweiten Fall geht es um die Unterscheidung der Operation selbst, wo Gesetze der Aussagenbinarität- und der Codefunktionen gelten. Sie besagen, dass die Kontingenzformel nicht mit systeminternen Unterscheidungen erfasst und nur von außen beobachtet werden könnte. Nur außerreligiöse Rede (Ethnologie, Philosophie) spricht begrifflich vom Heiligen. Luhmann erkennt in der Gestalt des Teufels denjenigen wieder, der Gott beobachtet und dabei seine eigene Unterscheidung vornimmt. Für religiöse Rede bildet der Heilige kein Differenzierbares, das in eine Unterscheidung eingetragen werden könnte. Insofern wird er nie der Gegenstand von Negationen und auch nicht durch negative Theologie näherungsweise bestimmbar. Die Kontingenzformel lässt sich nur „positiv“ im Vollsinn des Wortes aussagen. Man muss sie *sagen*, den Namen rufen. Oder man lässt es bleiben. Viele Religionen verzichten auf die Annahme einer Kontingenzformel und sortieren nur Transzendentes (Energien, Numina). Wer es aber dennoch tut, tut es nicht im Modus der Unterscheidung, sondern im Modus der *Entscheidung, dass die religiöse Unterscheidung in Transzendenz und Immanenz vom Heiligen als nichtkontingent, nicht immanent gesetzt* ist.[36] Die Arbeit der negativen Theologie besteht darin, dafür zu sorgen, dass der Heilige als derjenige, der die Unterscheidung vornimmt, d. h. sich dazu entscheidet zu unterscheiden, von allem anderen unterschieden wird, ohne selbst Teil einer Unterscheidung zu werden. Das erste Gebot, das der Heilige erlässt, das Götzendienstverbot, kann als solche Unterscheidungsanweisung gelesen werden.

---

[36] Auch vom Sein und vom Nichtsein! Deshalb lässt er sich nicht von außerhalb unterscheiden, ob Gott existiert oder nicht. Innerhalb der Religion ist das bereits entschieden.

Magnus Striet: Kommentar zu Johann Ev. Hafner

Zu Johann E. Hafners Reflexionsgang zum Problemfeld negativer Theologie, der sich von systemtheoretischen Prämissen in die Pflicht nehmen lässt, möchte ich mich kurz fassen. Eine knappe Rückfrage möchte ich zunächst an seine Bemerkung zu Bernhard Welte stellen. Es mag ja sein, dass Weltes Denken zu stark an die lebensweltlichen Bereiche der Einzelnen gebunden sind. Ohne aber dass Religion sich überhaupt in diese hineinschreibe, in diesen ihre primäre Verankerung fände, gäbe es vermutlich keine religiöse Selbstbeschreibung von Menschen. Dies gilt auch dann noch, wenn vermeintlich individuelle Lebensentwürfe viel systemkonformer sind, als diese selbst wahrnehmen. Dies aber nur am Rande. Gerne will ich zustimmen, dass eine der Hauptaufgaben der Theologie in der Unterscheidung von Transzendenz und Immanenz liegt. Wenn nun für Hafner zum einen auch die Unterscheidung von Transzendenz und Immanenz sich einer bipolaren Logik verdankt, die ein jedes System bestimmt, er zum anderen deshalb den Begriff des Heiligen einführt, der, weil in ihm ein Nicht-Unterscheidbares gedacht ist, eine Wirklichkeit außerhalb des Systems ins Spiel bringt, die Entscheidung ist und die im Sinne des Götzendienstverbots auf Entscheidung drängt, so weiß ich nicht recht, ob sich nicht auch diese Logik als rein begriffliche und damit begriffssystemimmanente Logik rekonstruieren ließe. (30) Sprachphilosophisch durchreflektiert wiederholt dieses Argument eine aus einer anderen Problemkonstellation sich entwickelnde Überlegung, die Fichte im Zweiten Buch von *Die Bestimmung des Menschen* durchspielt. Auch der Begriff der Kontingenz ist zunächst nur ein Begriff. Sein Wirklichkeitsgehalt leuchtet nur auf dem Standpunkt der Freiheit ein, der aber ein praktischer ist. In dem Moment, da sich das Subjekt seiner radikalen Kontingenz reflexiv bewusst wird, sich in dieser Konsequenz aber nicht auf die mögliche Absurdität menschlichen Daseins versteift, sondern die menschliche Existenz mit Sinnoptionen noch jenseits der Postulate verbindet, die ihm aufgrund der Dialektik der Kritik der praktischen Vernunft auferlegt sind, öffnet es sich auf den Gottesgedanken. In der Instanz einer auf das Kontingenzproblem und die damit verbundene Einsicht in die antinomische Struktur freier Menschen sich erweiternden praktischen Vernunft erlangt der Gottesbegriff seine Bestimmtheit. Ob systemtheoretische Ansätze zu solchen Überlegungen gelangen, wage ich nicht zu beurteilen. Darf ich aber die Aufnahme systemtheoretischer

Überlegungen und ihrer Konfrontation mit dem Kontingenzbegriff durch Hafner als Warnung an die Theologie lesen, sich nicht von diesen fesseln zu lassen, nicht dem Codierungswillen zu erliegen, will ich ohne Umschweife zustimmen.

Thomas Schärtl: Kommentar zu Johann Ev. Hafner

Bestimmte Unbestimmtheit

In mancherlei Hinsicht ist der Beitrag, den Johann Ev. Hafner formuliert hat, beeindruckend. Er deutet eine logische und semantische Metaebene an, die sehr viele Anknüpfungspunkte zu meinen eigenen Überlegungen gestattet. Zudem finden sich in den systemtheoretischen Analysen zur Codierung des Gottesbegriffes Überlegungen wieder, die es gestatten die Semantik des Ausdrucks „Gott" besser und tiefer zu verstehen. So analysieren die Abschnitte 5 bis 7 sehr exakt, was passiert, wenn Gott Eigenschaften im Maße der Vollkommenheit oder Unendlichkeit beigelegt werden. Auch die Ausführungen zum Zueinander von interner und externer Prädikationsnegation sind aufschlussreich, um die Eigenart der Semantik des Gottesbegriffes zu verstehen, ja um eine sozusagen unabweisbare dialektische Signatur des Gottesbegriffes nachzuvollziehen (vgl. 8 und 9). Auch die von Sturm her entwickelte „Tafel" der primären Urteilsformen bildet im Wesentlichen die notwendigen dialektischen Strategien einer generellen Ontologie ab, wie sie von Platons Parmenides bis in die Logik Hegels antreffbar sind: das verflüssigende, sich in ein Verhältnis setzende Zueinander von Ist und Nicht-ist und seine modalsemantische Überwindung. Ob die Tafel dieser dialektischen Urteilsformen jene Gestalt haben muss, die Hafner via Sturm ihr in Nr. 23 gibt, das müsste eigens diskutiert werden. Wie ein Blick in Hegels Wissenschaft der Logik zeigt, sind die Ebenen, die wir in Betracht zu ziehen haben, möglicherweise vielfältiger auszubuchstabieren, obwohl die schlanke Logik, die Hafner vorlegt, gewisse Reize hat.

Meine Anfragen richten sich eher an die codetheoretischen Beschreibungen bzw. Analysen des Religiösen – wobei mir im Detail nicht klar ist, ob es sich hier um die Analyse der religiösen Rede von Gott oder des soziologischen und kulturellen Phänomens Religion bzw. der in der Religion anzutreffenden Basisrituale handelt. Im Kontext dieses reichhaltigen Feldes wäre zudem die Frage nach der Plausibilität der Unbestimmtheitsthese zu stellen: Ist denn der Himmel, die Transzendenz tatsächlich das gegenüber der Immanenz Unbestimmte? Oder ist es nicht einfach das radikal Anders-bestimmte? Wer dem zweiten Deutungsvorschlag zuneigt, kann im Rahmen der von Hafner vorgelegten codetheoretischen Analysen nicht mehr ohne weiteres von negativer Theologie sprechen. Es sei denn, man setzt alternierende Bestimmungen mit negativen Bestimmungen gleich. Aber warum sollte man das tun?

Meine Anfrage richtet sich nicht an die Eindeutigkeit der Zweiwertigkeit in der codeanalytischen Logik – sie hat, wie ich in meinen eigenen Überlegungen deutlich zu machen versuchte, als radikal disjunktive Ausgangsposition in der Etablierung eines Kategoriensystems – einen unabdingbaren Wert. Meine Frage richtet sich auch nicht an die Stellung des Gottesbegriffes. Wer in der Tradition des Idealismus oder eines Nikolaus von Kues Gott als Andersheit und als Andersheit zur Andersheit zu bestimmen versucht, wird in Hafners stupenden Analysen eine erhellende und bekräftigende Stütze finden. Meine Frage ist viel simpler: Warum nennt Hafner das Ergebnis noch „negative Theologie", wo doch offensichtlich ist, dass seine Überlegungen dem Gedanken bestimmter Negation mehr gewogen sein werden als der Vorstellung einer radikalen Unsagbarkeitsthese (gemeint ist damit der Satz: „Von Gott kann nichts in zutreffender, wahrheitswertfähiger Weise ausgesagt werden"). Mehr noch: Hafners Überlegungen erlauben eine Metaebene und Metaperspektive, von der aus man mit einem Lächeln auf den Lippen mit ansehen kann, wie der gefährliche Tiger der Unsagbarkeitsthese zu einer schnurrenden Hauskatze zusammenschrumpft. Denn auch jede noch so laut vorgetragene Unsagbarkeitsthese wird – vor dem Hintergrund der codeanalytischen Elementaranalysen der Semantik religiöser Rede – zu einem wohlbestimmten Spielzug im System – ein Spielzug, der sowohl Sinn macht als auch einen bestimmten Gehalt hat, weil er weitere Spielzüge impliziert oder andere verbietet.

Willibald Sandler: Kommentar zu Johann Ev. Hafner

Hafner setzt sich in seinem Beitrag mit der negativen Theologie aus der Perspektive der Systemtheorie auseinander, wie er sie von Niklas Luhmann übernommen und in seiner Habilitationsarbeit weiter ausgeführt hat.[1] Leitend ist für ihn der Begriff Transzendenz, der von Luhmann her im Codesystem von Transzendenz–Immanenz das gesellschaftliche Teilsystem Religion spezifiziert, und dessen erkenntniskritische Klärung zugleich für die negative Theologie bedeutsam ist. Hafners Beitrag zielt auf seine Schlussthese, dass ein adäquater Gottesbegriff die Unterscheidung zwischen Transzendenz und Immanenz nochmals transzendiert: Der Heilige, also Gott, ist für ihn „– unrein gesprochen – Transzendenz von Transzendenz und Immanenz“ (Nr. 29). Aus dieser These gewinnt Hafner das für ihn entscheidende Kriterium für eine adäquate negative Theologie: „Negative Theologie muss also darauf achten, ob sie von der ersten Transzendenz als der Negation des Immanenten handelt oder von der „zweiten Transzendenz“, die je nach Religion „Gott“ genannt wird“ (Nr. 30). Hafners nicht immer leicht nachvollziehbare Argumentationsgänge zielen auf eine Klärung dieser Unterscheidung mit sprachlogischen und systemtheoretischen Mitteln. Von daher lässt sich meiner Meinung nach am ehesten das leitende Anliegen des Aufsatzes erschließen: Hafner untersucht, was jede der beiden genannten Alternativen bedeutet und warum die zweite der ersten Alternative vorzuziehen ist. Versuchen wir deshalb, von der klaren Schlussthese her einen roten Faden in Hafners Beitrag zurückzuverfolgen: Die These benennt zwei verschiedene Formen oder Ebenen von Unterscheiden bzw. Negieren. Um sie nachvollziehen zu können, arbeitet Hafner zuerst an einer Unterscheidung zwischen verschiedenen Formen des Unterscheidens bzw. Negierens. Die prädikaten- und prädikationslogischen Differenzierungen, die Hafner in Erinnerung ruft, sind für die negative Theologie gewiss beachtenswert: Die Aussage „Gott ist unendlich“ kann *erstens* die affirmative Zusage von Nicht-Endlichkeit bedeuten, *zweitens* die negierende Zurückweisung jeder Zusage von Endlichkeit bedeuten, *drittens* die Negation einer aufteilenden Anwendbarkeit der Kategorien endlich–unendlich auf Gott. Die dritte Form ist die für Hafner maßgebende: „Negative Theologie bearbeitet neben den beiden Fällen der inne-

[1] Vgl. Hafner, Johann Ev., Selbstdefinition des Christentums. Ein systemtheoretischer Zugang zur frühchristlichen Ausgrenzung der Gnosis, Freiburg 2003.

ren Prädikatennegation auch den dritten Fall der äußeren Prädikationsnegation. Sie hält der Religion vor, dass ihre Bestimmungsarbeit trotz aller inhaltlichen Fortschritte auch nicht zutreffen könnte. Insofern erinnert sie Religion immer an eine nicht zu schließende ‚Wahrheitslücke' …" (Nr. 9). Hier ist bereits Hafners Schlussthese im Blick: Nicht um bloße Negation des Immanenten, sondern um eine Überschreitung der Alternativbildung immanent–transzendent soll es der negativen Theologie gehen. Wie aber lässt sich das näherhin verstehen?

Dazu kritisiert Hafner zunächst die erste Alternative („bloße Negation des Immanenten"): „Ein aussagenlogisches Problem der negativen Theologie liegt darin, dass sie annimmt, durch die Negation aller Prädikationen folge die Affirmation des unaussagbaren Höchsten" (Nr. 10). Hafners Einwand: „Solange man einseitig, d. h. stets auf der Seite der Negation beginnt, kann aus einer negierten Aussage jede beliebige Aussage folgen" (Nr. 11).[2] Hafner scheint nahezulegen, dass die negative Theologie neuplatonischer Provenienz – von ihm exemplifiziert am frühen Augustinus (Nr. 10) – diesem Paradox verfällt, und er erwägt einen Ausweg auf der Spur Niklas Luhmanns: Zur Vermeidung des „Paradoxes der materialen Implikation […] darf man nicht asymmetrisch von einer Aussage aus auf den unaussagbaren Gott zusteuern" (Nr. 12). Hafner hält es für nötig, anstelle dessen mit symmetrischen Aussagenpaaren zu beginnen, wodurch Differenzen erzeugt würden, „innerhalb derer Sätze über Gott möglich werden […] Diese Bedingung wird mit Luhmanns Theorie der Religion als eines binär codierten Systems erfüllt" (Nr. 12). Anhand von Wahrheitswerttafeln untersucht Hafner nun mögliche Alternativen für Prädikationsverknüpfungen und schränkt die für ihn in Frage kommenden im Blick auf Codierungen von Funktionssystemen ein. Durch diese Einschränkung, deren Stellenwert und Berechtigung noch zu hinterfragen ist, kommt er auf die drei Alternativen von kontradiktorischer, konträrer und disjunkter Entgegensetzung. Hier fragt Hafner nochmals weiter, welche Codierungen in Funktionssystemen verwendet werden und favorisiert die konträre Form als eine Entgegensetzung, für die gilt: tertium datur.

[2] Hafners Argumentation ist für mich hier nicht leicht nachvollziehbar. Das Argument „ex falso quodlibet" führt nur dann zur Beliebigkeit, wenn das als falsch Aufgewiesene zugleich auch behauptet wird. Wenn ich gegen übliche Gottesprädikationen behaupte, dass Gott nicht gerecht ist, folgt daraus für mich noch nicht Beliebiges. Allerdings würde ein „quodlibet" – vermutlich im Sinne Hafners – aus der Behauptung der Falschheit jeder möglichen Aussage über Gott resultieren, und zwar angesichts des Umstandes, dass zugleich – logisch unvermeidlich – doch affirmative Aussagen bezüglich Gott gemacht werden.

Anderseits hält er an einer Zweiwertigkeit von Codierungen fest (Zweiwertigkeit „transzendent-immanent" im Unterschied zu *Einteilungen*, wie „Himmel-Hölle", für die mit „Erde" problemlos ein Drittes hinzugefügt werden könne), mit dem diesem entsprechenden Kontradiktionsprinzip. Daraus resultiert eine Paradoxie, die mit Luhmann, der hier Spencer-Brown aufgreift, durch eine Berücksichtigung einer zweiten Beobachtungsebene aufgelöst werden kann: Das „Dritte" innerhalb des zweiwertigen Codes ist die Grenze der binären Unterscheidung, die im Wechsel auf die zweite Beobachtungsebene als willkürlich oder – in Luhmanns und Hafners Terminologie: – als kontingent erscheint: Sie hätte ja auch anders gesetzt werden können. Die Frage nach der Legitimation der Grenzziehungen legt die Selbstanwendung des dualen Codes auf sich selber nahe, – in der paradoxen Frage, ob denn die Festlegung der Grenze zwischen immanent und transzendent immanent oder transzendent ist. Nach Luhmann, und Hafner scheint ihm hier zu folgen, beantworten Religionen diese Frage mit dem Verweis auf Gott, in dessen Willen sie die kontingente Festlegung der Grenzen verankern. Mit den Worten Hafners: von Gott her wird die Kontingenz der Kodierung „absorbiert" (Nr. 18). Luhmann bestimmt auf diese Weise Gott als „Kontingenzformel" und die Funktion der „Formel Gott" als „Kontingenzabsorption".[3] Hafner übernimmt diese Bestimmung affirmativ, ohne allerdings die naheliegende religionskritische Frage zu erörtern, ob denn die so bestimmte Funktion Gottes nicht eher eine Kontingenz*verschleierung* bedeutet. Mehr als diese inhaltliche Problematik interessiert ihn die logische Stelle, die sich durch den „re-entry" (also die Selbstanwendung einer Binärcodierung auf sich selbst) unvermutet für eine Gottesrede auftut.[4]

Das ist nun tatsächlich ein interessanter Ansatzpunkt, um in einer Welt, deren beschreibende und strategische Methoden zunehmend quantifizierbar und auf binäre Codierungen zurückführbar erscheinen, eine Schneise für die Rede von einer anders gearteten Transzendenz Gottes zu schlagen. Zugleich erhebt sich aber – gerade im Sinne einer negativen Theologie – die kritische Anfrage, ob das, was in derart verengter Systemperspektive sich an deren Bruchstellen zeigt, so *wie* es sich von daher zeigt, schon angemes-

[3] So in Luhmann, N., Die Religion der Gesellschaft, Frankfurt 2000, 147–187.

[4] Dass es Hafner dabei nicht bloß um abstrakte Begriffsspekulationen zu tun ist, zeigte er in seiner umfangreichen Habilitationsarbeit, welche in die These mündet, dass eine Bestimmung Gottes als Transzendenz gegen Immanenz den Weg der Gnosis darstellte, demgegenüber das Christentum auf die subtilere Gottesbestimmung auf der von Hafner angesprochenen reflexiven Ebene setzte. Vgl. Hafner, J.Ev., Selbstdefinition des Christentums 623.

sen als Gott bezeichnet werden kann.[5] Wo TheologInnen diesen Weg beschreiten, gewinnen sie zwar vielleicht den Vorteil, auf für das Systemdenken triftige Weise von Gott zu reden und überdies seine systemische Unverzichtbarkeit vertreten zu können. Sie laufen aber zugleich Gefahr, mit einem derart schnell zuhandenen Gottesbegriff („Gott als Kontingenzformel") die paradoxale Bruchstelle der binär-systemisch verengten Weltsicht zu kitten, anstelle den Bruch weiterreißen zu lassen, bis ein erweiterter Blick auf Welt, Selbst und Gott, – in einer „Bekehrung des Denkens" – unverzichtbar wird.

Dass Hafner negative Theologie gerade im Blick auf die Systemtheorie Niklas Luhmanns behandelt, müsste nicht eigens gerechtfertigt werden. Es entspricht einer thematischen Vorgabe, die zum Beispiel durch motivische Annäherungen Luhmanns an Nikolaus von Kues interessant zu sein verspricht.[6] Würde derart die Frage einer theologischen Integrierbarkeit Luhmannscher Systemtheorie direkt thematisiert, so wären von Anfang kritische Fragen zur theologischen Übertragbarkeit dieses Instrumentariums angezeigt. Diese Kritik wird durch Hafners andersartiges Vorgehen eingeklammert. Er setzt mit einer Aporetik traditioneller neuplatonisch orientierter negativer Theologie an und beschreibt dann einen Ausweg – im Beginnen mit „symmetrischen Aussagenpaaren" –, den er „mit Luhmanns Theorie der Religion als eines binär codierten Systems" beschritten sieht (Nr. 12). Die daran anschließenden aussagenlogischen Untersuchungen (ab Nr. 13) mit der Einschränkung ihrer Alternativen können dann einerseits als Spezifizierungen eines binär codierten Systems begriffen werden, – ohne normativen Anspruch, allein zur Klärung der Frage, wie ein binär codiertes System logisch zu rekonstruieren ist. Dieselben Ausführungen können aber auch als Arbeit an einem normativen Vorhaben interpretiert werden, – gemäß der Frage: „Wie kann ein Ausweg für eine negative Theologie ausschauen, welche nicht dem ‚Paradox der materialen Implikation' (Nr. 12) verfällt?" – Diese ungeklärte Doppelrolle von Hafners Ausführungen in den Nummern 12–20 verwischt die Notwendigkeit, Luhmanns Theorievorgaben auf ihre theologische Tauglichkeit hin zu prüfen.[7]

---

[5] Konkret etwa bei Luhmann: Einerseits kommen in seiner Systemtheorie menschliche Personen als solche nicht vor, anderseits meint er, von der Bestimmung Gottes als Kontingenzformel her die Rede von der Personalität Gottes begründen zu können. Vgl. ders., die Religion der Gesellschaft (s. Anm. 3) 152.

[6] Vgl. Luhmann N., Die Religion der Gesellschaft 126.

[7] Das beschriebene Problem zeigt sich z. B., wenn Hafner als ein Einschränkungskriterium für die 16 logischen Möglichkeiten von Aussagenverknüpfungen folgenden

Blendet man Hafners Fokussierung auf ein binäres Code-Modell à la Luhmann und Spencer-Brown einmal aus, so bleibt ab Nr. 12 immer noch ein für die negative Theologie interessantes Argument, das zudem mit dem im dramatischen Ansatz verfolgten polyperspektivischen Ansatz der Gottesrede konvergiert:[8] Zur Vermeidung von Paradoxie mit daraus folgender Beliebigkeit der Gottesrede muss die theologische Gottesrede mit symmetrischen Aussagenpaaren angesetzt werden, deren Spannungen aufzuarbeiten sind, und dazu ist es auch nötig, das logische Verhältnis dieser Aussagenpaare näher zu bestimmen. Das Problem einer gewissen Richtunglosigkeit der triplex via („in welche Richtung soll die Überbietung der via eminentiae denn zielen?") lässt sich durch die Kontraposition von Aussagenpaaren überwinden, wobei solche Aussagenpaare unterschiedlichen Typs sein können. Gerecht-barmherzig, geschaffen-ungeschaffen, zeugend-gezeugt, transzendent-immanent, unvermischt-ungetrennt sind höchst unterschiedliche Aussagenpaare auf verschiedenen theologischen Sprachebenen, die sich logisch in unterschiedlicher Weise zueinander verhalten. Das von Hafner angeregte Programm einer logischen Klärung solcher Gegensatzpaare wäre für die negative Theologie hochspannend, – wenn auch allein von der Aussagenlogik her wohl nicht ausreichend behandelbar.[9] Eine Eingrenzung auf den Typus Luhmannscher Codesysteme scheint mir hier allerdings begründungsbedürftig und allenfalls für einen kleinen Teil dieser Aussagenpaare weiterführend zu sein.[10]

Satz aufstellt: „Die 16 denkbaren Möglichkeiten werden danach untersucht, ob sie die Ausgangskomplexität zu wenig oder zu stark reduzieren" (Nr. 14). Worin gründet die Berechtigung eines solchen Eingrenzungskriteriums? – in der Zielsetzung, die Eigenart von Luhmanns Code-Modell anzunähern, oder in der Zielsetzung, eine adäquate Gottesrede zu erzielen? In Letzterem wohl nicht.

[8] Vgl. in meinem Beitrag Nr. 16, sowie den zweiten Teil meines Kommentars zu Thomas Schärtl.

[9] Das Problem besteht hier darin, dass die Aussagenlogik extensional und intensional eindeutig festgelegte Begriffe voraussetzt, während logische Operationen in der Theologie Aporien häufig durch Korrekturen in der Bedeutung von Begriffen zu überwinden trachten.

[10] Ich denke hier an Sprachregelungen der theologischen Reflexionssprache, die ab dem 4. Jahrhundert mit kontradiktorischen Gegensatzpaaren wie geschaffen-ungeschaffen eingeführt wurde. Hier dürfte wohl die größte Nähe zu Luhmannschen Codesystemen bestehen. Für das Begriffspaar immanent-transzendent – etwa mit seinen inkarnatorisch-theologischen Steigerungsformeln eines „je-mehr-immanent desto mehr transzendent" – scheint mir das nicht adäquat möglich zu sein.

Alois Halbmayr: Kommentar zu Johann Ev. Hafner

Am Beitrag von Johann Ev. Hafner erscheint mir zunächst sein Begriff von negativer Theologie bemerkenswert. Er versteht sie „als Angebot der Tradition [...], sinnvoll von etwas zu *sprechen*, was jenseits der Erfahrung, aber in der Sprache liegt“ (2). Die negative Theologie wäre um ihr Proprium gebracht, würde man sie auf eine theologische Methode zur Aussagbarkeit von Gotteserfahrungen reduzieren. Hafner kritisiert zu Recht ein heute oft anzutreffendes Verständnis von negativer Theologie, das den Mangel an Gotteserfahrung und religiöser Plausibilität als Indiz der Herrlichkeit Gottes selbst deutet und damit dem elementaren Sprach- wie Erfahrungsverlust ausweicht. Freilich kann dies auch ein Gewinn sein, denn ein weniger festgelegter Gottesbegriff eröffnet etwa der Religionstheologie größere Möglichkeiten. Aber dem steht doch auch ein erhöhtes Risiko entgegen. Was ist in der Gottesrede verzichtbarer Ballast und wann beginnt man, seine eigenen Grundlagen aufs Spiel zu setzen und abzubauen? Die Grenze ist nach Johann Ev. Hafner dort zu ziehen, wo die Theologie ihre Hauptaufgabe nicht mehr erfüllen kann, die Unterscheidung von Immanenz und Transzendenz zu sichern bzw. zu begründen.

Um dem deutlicher auf die Spur zu kommen, folgen zunächst system- und sprachtheoretische Reflexionen über einige Bedingungen negativer Rede. Die Analyse dieser vier Punkte (prädikatenlogische, prädikationslogische, aussagenlogische und codelogische Bedingungen, 5–24) bietet in ihrer Dichte und Präzision nicht nur einen hervorragenden Einblick in die Denkwerkstatt der Systemtheorie, sie macht auch mit einer Fülle von Unterscheidungen und Einsichten vertraut, die den Fragehorizont der negativen Theologie von einer ganz anderen Warte her beleuchten und einmal mehr zeigen, dass Sprache Wirklichkeit nicht (nur) abbildet, sondern auch erzeugt. So macht es etwa einen großen Unterschied, ob Prädikationen oder Prädikate negiert werden. Das gilt erst recht in der Gottesrede. Wenn wir die Eigenschaften danach bestimmen wollten, ob sie für Gott angemessen sind oder nicht, würden wir unweigerlich in einen Zirkel geraten, weil damit bereits bekannt sein müsste, was das Wort „Gott“ bedeutet. Deshalb behält der Weg der negativen Theologie nur dann seine Gültigkeit, „*wenn die Prädikate superlativ und nicht privativ verwendet werden*“ (6). Es liegt dann an den jeweiligen Religionsgemeinschaften, diese Prädikate auf ihre Tauglichkeit hin zu prüfen. Ob das im Christentum über die Anthropozentrik erfolgen müsse, wie Johann Ev. Hafner meint (7), ist m.E. nicht unbedingt zwingend, obwohl es dafür natürlich starke Argumente gibt. Neben der Negation von Prädikation oder Prädikat kennt die Sprache noch eine dritte Möglichkeit, die vor allem religiös sehr bedeutsam ist, wonach die Aussage als Ganze unbestimmt bzw. unentscheidbar bleibt. Für die Religionen ist Gott der nicht vollends Erkennbare, aber gleichzeitig müssen sie ihn in irgendeiner Weise auch bestimmen. Die negative Theologie hält daher das Bewusstsein wach, dass dieser unersetzbare Prozess der Zuschreibung ein höchst kontingenter ist, der sein Ziel immer auch verfehlen kann. Weil nun aber aus einer negierten Aussage formal-logisch Beliebiges resultieren kann, darf die negative Theologie nicht asymmetrisch von einer Aussage aus auf den unaussagbaren Gott zusteuern, sondern muss mit einem symmetrischen Aussagenpaar operieren. Hier wechselt die Gedankenführung explizit auf systemtheoretisches Terrain, das die Religion als eine Art Sprache dechiffriert, durch die sich die Differenzen bearbeiten lassen und so erst Sätze über Gott ermöglichen. Die hier Schritt für Schritt entwickelten codelogischen Differenzierungen führen zu der These, dass jedes System aus sich heraus keine Möglichkeit besitzt, die Einheit der Differenz selbst zu beobachten, dass dies ein Außerhalb erfordert, das zur Selbstbeschreibung notwendig dazu gehört. Diese „Einheit der Differenz von Einheit und Differenz“ (17) wird in der Religion „Gott“ genannt. Sie definiert die irdische, sichtbare Welt als Immanenz und die himmlische, unsichtbare Welt als Transzendenz. Religion verhindert das Vermischen dieser beiden strikt getrennten Ebenen, die erst auf einer höheren Ebene, der von der Ununterschiedenheit („weder ist noch ist nicht“), als Einheit gedacht werden können. Damit aber wird nicht mehr *das* Heilige behandelt, sondern *der* Heilige angesprochen, er umfasst in der Einheit der Differenz das Sakrale und Profane (27).

Es ist bemerkenswert, dass hier nicht von Gott, sondern von dem Heiligen die Rede ist. Denn er lässt sich weder von der Immanenz noch von der Transzendenz aus beobachten, er ist der blinde Fleck des Systems, das aus ihm resultiert. Aber was lässt sich dann von dem Heiligen resp. von Gott religiös aussagen? Weil der Heilige den einzig nichtnegierbaren Begriff im System bildet, kann von ihm nicht in Begriffen gesprochen werden, da diese ja Differenzen markieren. Der Heilige ist aber kein Differenzierbares, in das eine Unterscheidung eingetragen werden könnte. Daher, so Johann Ev. Hafner, „wird er nicht Gegenstand von Negationen und auch nicht durch negative Theologie näherungsweise bestimmbar“ (30). Der Heilige kann dann nur noch symbolisiert und in Ritualen dargestellt werden. Wer sich wie das Christentum für die Annahme einer Kontingenzformel entscheidet, kann nicht nochmals in ihr eine Unterscheidung setzen, sondern wird im Modus der *Ent*scheidung anerkennen, dass die Transzendenz-Immanenz-Differenz vom Heiligen als nichtkontingent und nichtimmanent gesetzt ist (4).

Hafners Beitrag macht auf eindrückliche Weise einmal mehr deutlich, welch ungewöhnliche und aufregende Perspektive die Systemtheorie in ein theologisches Denken einträgt, in welch singulärer Weise sie Religion und Gott zu bestimmen und zu denken versucht. Allein von daher ist sie für einen theologischen Reflexionskanon unverzichtbar. Ich möchte abschließend daher nur zwei Fragen formulieren, die sich auf die materiale Füllung der systemtheoretischen Struktur bzw. Form beziehen (25–30).

(1) Weicht die für das Religionssystem so zentrale Unterscheidung von Transzendenz und Immanenz mit ihren klaren Zuordnungen nicht den Ambivalenzen eines religiösen Verhältnisses aus? Die klare Unterscheidung der himmlischen, angelischen, unsichtbaren bzw. überirdischen Welt (Transzendenz) von der irdischen, sichtbaren Welt (Immanenz), die selbstverständliche Trennung von Profanem und Sakralem – all das sind Differenzierungen und Codierungen, die den Beobachter stets vor neue Probleme stellen, weil im Religionssystem nicht immer deutlich benennbar ist, was zur Transzendenz und zur Immanenz zählt. Die Transzendenz lässt sich als solche für uns nicht beobachten, weil sie die nicht erkennbare Kehrseite der Unterscheidung bildet. Sie bleibt unbeobachtbar und wird durch Religion sichtbar. Der „irdische Beobachter hat keinen direkten Zugang zu den invisibilia" (27), wie Johann Ev. Hafner zu Recht betont. Auf die andere Welt kann der Beobachter „nur schließen, indem er sich z. B. negativer Theologie bedient" (27). Hier drängt m.E. die klassische Frage herein, wie und nach welchen Kriterien sich die formal ausgewiesene Transzendenz material füllen lässt, wenn sich begrifflich nicht vom Heiligen sprechen lässt.

(2) Vom Heiligen als „die Transzendenz von Transzendenz und Immanenz" (29) lässt sich deswegen nicht begrifflich sprechen, weil damit wieder Unterscheidungen getroffen würden. Mit dem Heiligen ist nämlich jene Ebene erreicht und bezeichnet, auf der die Unterscheidung von Transzendenz und Immanenz aufgehoben ist. Da in der religiösen Rede der Heilige kein Differenzierbares bildet, das in eine Unterscheidung eingetragen werden könnte, lässt sich die Kontingenzformel nur „positiv" im Vollsinn des Wortes aussagen, etwa durch direkte Rede, Anrufung, Bekenntnis etc. Die negative Theologie steht dann dafür ein, dass der Heilige, der

von sich her die Unterscheidung einseitig kippt, „von allem unterschieden wird, ohne selbst Teil einer Unterscheidung zu werden" (30). In welcher Weise aber kann sie das leisten, wenn der menschlichen Sprache nur die Seite der Immanenz gegeben ist und Bezeichnen immer Unterscheiden bedeutet? Vom Standpunkt Gottes her wäre diese Forderung plausibel und vollziehbar. In menschlicher Perspektive stoßen wir hier an eine Grenze, weil unser Sprechen immer Unterscheidungen setzt. Selbst in der positivsten „Bezeichnung" Gottes, im Bekenntnis zu seiner radikalen Transzendenz, in der Entscheidung, in allen Symbolisierungsformen ist ein Moment der Differenz und des Unbestimmbaren enthalten.

Hildegund Keul: Kommentar zu Johann Ev. Hafner

Gottesferne – ganz nah

Die Unterscheidung von Transzendenz und Immanenz, die die Systemtheorie als Code im Religionssystem analysiert, ist eine Grundunterscheidung, ohne die Theologie nicht christlich getrieben werden kann. Aber inwiefern ist diese Unterscheidung die „Hauptaufgabe“ (3) der Theologie? Via negativa formuliere ich hier positiver als Johann Hafner: Aufgabe heutiger Fundamentaltheologie ist eine Topographie verborgener Gottespräsenz. In einer Zeit, die sowohl von pluralen religiösen Konfessionen als auch von säkularer Bezweiflung gezeichnet ist, gewinnt Theologie an Überzeugungskraft, wo sie Gottes verschwiegene Spuren in heutigen Diskursen aufzuzeigen vermag. Überzeugungskraft hängt von Themen ab, in denen man etwas zu sagen hat, und damit von Orten, an denen diese Themen relevant und gewichtig sind. Erst in dieser immanenten Verortung kommt die Theologie zu Aussagen über die Transzendenz, die nicht nur sinnvoll sind, sondern Bedeutung gewinnen. Die Systemtheorie kann in dieser Topographie wichtige Perspektiven erschließen, weil sie den Zusammenhang von Code und Sozialsystem analysiert. Damit eröffnet sie der Theologie eine Möglichkeit, ihre Gottesrede *sozial* zu verorten. Die Systemtheorie weist auf diese Möglichkeit hin, wenn z. B. Peter Fuchs nach der Funktion des monastisch-aszetischen Schweigens in der Kirche als Sozialsystem fragt.[1]

In der Analyse Hafners spielen die *Sozialsysteme* christlicher Gottesrede jedoch keine Rolle. Vernachlässigt er damit nicht einen Hauptpunkt der Systemtheorie, der für die Bedeutung Negativer Theologien in der Gegenwart besonders aufschlussreich wäre? Diese Ausblendung ist signifikant und hängt mit der engen Fassung des Begriffs „religiöse Erfahrung“ zusammen. Über Erfahrungen, die man nicht selbst gemacht hat, die man aber durch Beschreibung kennt, kann man sprechen und auch wissenschaftlich arbeiten – das ist unbestritten. Aber ist es wirklich so, dass religiöse Erfahrung heute „weiträumig verloren gegangen“ (2) sind? Hafner unterscheidet nicht zwischen religiöser Erfahrung und

[1] Fuchs, Peter, Die Weltflucht der Mönche. Anmerkungen zur Funktion des monastisch-aszetischen Schweigens, in: Luhmann, Niklas/Fuchs, Peter, Reden und Schweigen. Frankfurt ^{3}1997, 21–45. – Leider bezieht Hafner dieses Buch nicht in seine Überlegungen ein, obwohl „Reden und Schweigen“ ein zentrales Thema Negativer Theologien ist.

Gotteserfahrung. Diese Unterscheidung ist jedoch für die Verortung christlicher Theologie im heutigen, sehr pluralen Religionsdiskurs unerlässlich. Hier folgt Hafner dem Duktus der Soziologie Niklas Luhmanns, ohne die religionsphilosophischen Debatten[2] um Erfahrungen des Heiligen z. B. von Roger Caillois oder Georges Bataille ins Spiel zu bringen.

Wenn man die Erfahrung des Heiligen als Grundkategorie des Religiösen begreift, ist beileibe nicht jede religiöse Erfahrung eine Gotteserfahrung im christlichen Sinn. Die Frage ist vielmehr, wie sich die christliche Gottesrede in der Pluralität religiöser Erfahrungen verortet. Vor Erfahrungen des Heiligen sind Menschen selbst da nicht gefeit, wo sie sich in der profanen Welt eingerichtet haben. Die Verwirrungen der Liebe; die Bedrohung durch Krankheit und Tod; die Gewalt in Terror und Krieg – sie werfen aus der sicheren Welt des Profanen hinaus in die Welt des Heiligen, der Turbulenzen und Überschreitungen, wo man Opfer aller Art bringt, um sein Leben in den Dienst einer höheren Macht zu stellen. Auch wo Menschen keiner Religionsgemeinschaft angehören, stellt der Zusammenhang von religiöser Erfahrung, Gemeinschaft und Gewalt eine bedrängende Macht dar, die nur zu analysieren ist, wo die Religiosität in der Erfahrung des Heiligen erkannt wird. Nebenbei sei angemerkt, dass „die Gnade der Gottesbegegnung“ (2) wahrlich eine Gnade ist, die aber manche Zumutungen bereit hält – wie bei Samuel, der auf sein „Rede, denn dein Diener hört“ den Auftrag erhält, die Familie seines Lehrers Eli zu verfluchen – jenes Lehrers, der ihm beigebracht hat, die Stimme Gottes zu erhören (1 Sam 3,1–21).

Hafner geht davon aus, dass Negative Theologien nach dem Prinzip des Zwiebelschälens vorgehen und ihr Gewinn der „eines weniger festgelegten Gottesbegriffes“ (3) sei. Dies ist genauso wenig zutreffend wie zu behaupten, dass die Verwendung unerhörter Metaphern in einer Liebeserklärung deren Aussagekraft schmälern. Negationen, die die Mystik zur verschwiegenen Gottesrede machen, führen nicht zur Entkernung, sondern sie dienen der Profilbildung. Die feministische Kritik am Gottesnamen „Vater im Himmel“ bewahrt die Theologie vor einer falschen Verwendung dieser Metapher und präzisiert damit die Rede vom „Gottvater“. Negative Theologien zielen auf die Berührungspunkte von Immanenz und Transzendenz und benennen die Differenzen dieses Ortes, wo Gott dem menschlichen Reden ins Wort fällt.

---

[2] Vgl. Gantke, Wolfgang, Der umstrittene Begriff des Heiligen. Eine problemorientierte religionswissenschaftliche Untersuchung. Marburg 1998.

Die systemtheoretische Analyse der Codes bezieht sich auf das Problem, wie selbstreferentielle, geschlossene Systeme gleichwohl offen bleiben können für das Außen ihrer selbst. Dieses Offenhalten des Systems, das die Soziologie fokussiert, funktioniert nach dem Prinzip des Oxymoron, jener in der Mystik beliebten Sprachform, die mit Widersprüchen arbeitet und den sprachlichen Zugriff ohne Negation bestreitet. „Die Außenperspektive auf die eigene Perspektive, auf innen und außen, wird mit dem dritten Wert im konträren Gegensatz symbolisiert. Er steht für den blinden Fleck der eigenen Beobachtung.“ (17) Die Mystik weiß um ihren blinden Fleck und spricht über das, was sich zeigt, aber nicht ins Blickfeld rückt. Wenn man das Ausgeschlossene zum Thema macht, wird es via negativa im Diskurs präsent und damit als Ausgeschlossenes eingeschlossen. Für eine Theologie, die in der Gegenwart Gehör finden will und deswegen an ihrer Sprachfähigkeit arbeitet, ist dies ein signifikanter Vorgang, weil er geschlossene Systeme aufbricht. Gottesnähe ist nicht zu haben ohne seine Entzogenheit, und erst in der Gottesferne kommt Gott entgegen.

Gregor Maria Hoff: Kommentar zu Johann Ev. Hafner

Die kommentierenden Anmerkungen zu Hafners Bestimmung negativer Theologie verstehen sich als ergänzende Perspektive, die sich auf die im Titel angesprochene Diskussion der *Bedingungen negativer Theologie* beziehen. Ihr Leitmotiv ist die Frage, ob nicht sprach*logisch* die Möglichkeitsbedingungen von Sprache vorab in den Blick kommen müssten.

Für Hafner besteht die Aufgabe negativer Theologie in einer Unterscheidungsarbeit, die es erlaubt, von Gott (bzw. dem Heiligen) so zu sprechen, dass er als der Transzendente von der Immanenz unterschieden wird und zugleich noch einmal jenseits dieser Differenz bleibt (30). M.a.W.: Gott / der Heilige ist die „Transzendenz von Transzendenz und Immanenz" (29). Negative Theologie führt also an eine Bestimmungsgrenze und muss sie als solche aussagen – sie betreibt „*die Sagbarkeit* dieses Unaussagbaren" (22).

Dazu gehören dann aber auch die Grenzbestimmungen, die Hafner vorführt: „Von welcher Warte aus wird der Widerspruch negiert? Welche Logik erlaubt es, Unlogisches auszuschließen? Ist solche Logik nicht selber wieder eine dogmatische Setzung, eine Selbstbeschränkung von Denken?" (22) Die entsprechenden Fragen führen an eine konstitutive Grenze des Sprechens – und an dieser Stelle ließe sich das Konzept Hafners um eine semiologische Perspektive ergänzen, die seinen Ansatz stützen könnte. Die Differenzen, aus denen sich überhaupt erst Zeichen und ihre Bedeutung generieren, produzieren eine formale Negativität, insofern sie den Bezug von Zeichen und Bezeichnetem nicht garantieren können. Sie stehen zwischen Position und Negation, weil sie nicht einfach für sich stehen, sondern als solche nur in der Differenz zu anderen Zeichen, die es erst erlauben, sie als solche zu kennzeichnen. Zugleich wird jedes Zeichen in seinem Gebrauch bereits in der Zeit verschoben – es gibt nicht das ideale Zeichen, sondern nur seine Materialisierung als Schrift oder gesprochenes Wort, das sich in der Kommunikation verändert. Damit bleibt aber konstitutiv etwas Unsagbares – nämlich das Zeichen *als solches*. Das Zeichen, also Sprache, ist Raum der Differenz.

Unter dieser Voraussetzung wäre also noch *vor* den sprachlogischen Bestimmungen die semiologische Differenz als eine formale Negativität zu charakterisieren, die in sich wiederum als ein Akt der Bestimmung des Unbestimmbaren auszutragen ist. Dieser unendliche Verweisungsvorgang wird von Hafner zurecht über eine binäre Logik des Ausschlusses hinausgeführt, und zwar mit der

Einführung einer Kontingenzformel, die es erlaubt, z. B. das Entweder-Oder von *Macht* Gottes und ihrer Negation als *Nicht-Macht* oder *Allmacht* Gottes komplexer aufzufassen, sodass sich aus ihrer paradoxalen Verbindung eine eigene Form sinnvoller Theo-Logik ergibt. Mit ihr ließe sich etwa die Macht Gottes kreuzestheologisch an seine Ohnmacht koppeln.

An dieser Stelle verbietet sich nun eine erneute „dialektische" Synthetisierung, weil die entscheidende Kontingenzformel des Christentums die Grundunterscheidung von Transzendenz und Immanenz an eine Grammatik des *ungetrennt und unvermischt* (Chalkedon) bindet. Die Konkretion negativer Theologie, die auf dieser Basis Gott im bleibend unsagbaren Geheimnis seiner Menschwerdung bestimmt, ergibt sich dabei von einem konkreten Ort der Geschichte her (Leben des Jesus von Nazareth) – der sich aber seinerseits wiederum nicht als solcher auf den Begriff bringen bzw. wirklich aussagen lässt. Die chalkedonensische „Kontingenzformel", sprachlich in der Form negativer Theologie gehalten, bringt die Identität des Jesus von Nazareth als Christus Gottes im Raum von Differenzen so zur Sprache, dass zugleich Sprache schlechthin als ein Raum unabschaffbarer Differenzen markiert wird. Die Arbeit an bestimmten Unterscheidungen, ohne die Theologie letztlich atheistisch „entleert" (6) würde, führt also immer zu nur vorläufigen Bestimmungen, die weiterer Differenzierungsarbeit unterliegen. Diese formale Negativität ist damit als der Ort zu bestimmen, an dem negative Theologie einsetzt, genauer: der die Bedingung der Möglichkeit ihres Sprechens stellt.

4

Die offen zu haltende Mitte

Negative Theologie in dramatischer Polyperspektivität

Willibald Sandler, Innsbruck

1. Negative Theologie in „ästhetischer Polyperspektivität" bei Hans Urs von Balthasar

(1) In der katholischen Theologie des 20. Jahrhunderts hat vor allem Karl Rahner dazu beigetragen, die schultheologisch verflachte Radikalität negativer Theologie, wie sie bei Thomas von Aquin noch durchscheint, wiederzugewinnen. Den Schnittpunkt von Geheimnishaftigkeit und Selbstmitteilung Gottes, welcher das Zentrum der Rahnerschen Theologie bildet, entfaltet Hans Urs von Balthasar mit dem Begriff Herrlichkeit,[1] dem titelgebenden Zentralwort des ersten Teils seiner monumentalen Trilogie[2], der theologischen Ästhetik. Herrlichkeit bedeutet für Balthasar die „Kundgabe Gottes, wie er in seiner Göttlichkeit ist"[3], was dem Rahnerschen Begriff von Offenbarung als göttlicher Selbstmitteilung entspricht und die Signatur von Gottes Geheimnishaftigkeit trägt: Gottes erscheinende Herrlichkeit ist unserem erkennenden Zugriff entzogen,[4] und im Sinne einer

---

[1] Zum Zusammenhang zwischen Herrlichkeit und Selbstmitteilung von Gottes Geheimnishaftigkeit in Rahners Theologie: „Die eigentliche und einzige Mitte des Christentums und seiner Botschaft ist darum für mich die wirkliche Selbstmitteilung Gottes in seiner eigensten Wirklichkeit und *Herrlichkeit* an die Kreatur, ist das Bekenntnis zu der unwahrscheinlichsten Wahrheit, daß Gott selbst mit seiner unendlichen Wirklichkeit und *Herrlichkeit*, Heiligkeit, Freiheit und Liebe wirklich ohne Abstrich bei uns selbst in der Kreatürlichkeit unserer Existenz ankommen kann und alles andere, was das Christentum anbietet oder von uns fordert, demgegenüber nur Vorläufigkeit oder sekundäre Konsequenz ist." Rahner, Karl, Erfahrungen eines katholischen Theologen, in: Raffelt, Albert (Hg.), Karl Rahner in Erinnerung, Düsseldorf 1994, 138f; Hervorhebungen von mir.

[2] Vgl. Balthasar, Hans Urs von, Herrlichkeit. Eine theologische Ästhetik, 3 Bände, Einsiedeln 1961–1969; ders., Theodramatik, 4 Bände, Einsiedeln 1973–1983; ders., Theologik, 3 Bände, Einsiedeln 1985–1987.

[3] Balthasar, H.U.v., Herrlichkeit III/2–2, 275.

[4] Der Begriff Herrlichkeit ist demgemäß für Balthasar undefinierbar. Vgl. Balthasar, H.U.v., Herrlichkeit III/2–1, 13.

„positiven Unbegreiflichkeit Gottes“[5] führt sie uns tiefer in Gottes Verborgenheit und Unfasslichkeit hinein.[6]

1.1 Polyperspektivität von Gestalt und Wahrheit

(2) Wie Gott in welthafter und geschichtlicher Konkretheit als unbegreifliches Geheimnis erscheinen kann, erschließt Balthasar mit dem Begriff der Gestalt. Als schöne Gestalt hat endliches Seiendes eine Tiefenstruktur, die es auf das transzendente göttliche Licht durchscheinen lässt. Mit dieser Transparenz erschließen sich zugleich und in gleichem Maße: die Einmaligkeit des endlichen Seienden, seine Verweiskraft auf Gott und seine Bezogenheit auf anderes Seiendes. Der Exklusivität der schönen Gestalt entspricht eine Inklusivität, die anderes Seiendes in seiner Bedeutung und Schönheit nicht verdeckt, sondern aufleuchten lässt. Dem vertieften Gottbezug der schönen Gestalt korreliert ein erweiterter Weltbezug, ihrer größeren Tiefe eine größere Weite;[7] „mit der Immanenz steigt die Transzendenz“[8]. Ein wesentliches Indiz für Offenbarung ist somit die Integrationskraft der schönen Gestalt: ihre Fähigkeit, disparate Wirklichkeiten in eine umfassende Sinngestalt zu integrieren.

(3) Diese Eigenart von endlichem Seienden als schöne Gestalt ist für Balthasar ein Transzendentale: Wie an Einheit, Wahrheit und Gutheit, so partizipiert jedes Seiende auch – in geringerem oder höherem Maße – an Schönheit im beschriebenen Sinn und ist solcherart grundsätzlich geeignet, Medium der Selbsterschließung Gottes zu werden. Die Gestalt Jesu Christi erweist ihre absolute Tiefe von Transzendenz durch eine unbeschränkte integrative Weite, – durch die Fähigkeit, allen Weltsinn ohne Ausschluss in sich zu integrieren. Andere Gestalten werden von daher relativiert: sie erweisen sich als partiale Sinngestalten, die von sich her in unauflösbaren Spannungen zueinander verbleiben. Erst von der

[5] Balthasar, Hans Urs von, Der Zugang zur Wirklichkeit Gottes, in: MySal 2, 15–48, hier: 35.

[6] Balthasar spricht von einer „offenbarungstheologischen ‚negativen Theologie‘“: „Das Unbegreifliche Gottes ist nun nicht länger ein blosser Ausfall an Wissen, sondern eine positive Gottbestimmtheit des Glaubenswissens: die überwältigende niederschmetternde Unfasslichkeit der Tatsache, dass Gott uns so sehr geliebt hat, dass er seinen einzigen Sohn für uns dahingab“. Balthasar, H.U.v., Herrlichkeit I, 443. Vgl. auch ders., Theologik I, 9 zum „Paradox, daß Enthüllung sich sehr wohl mit Verhüllung und Geheimnis verträgt“.

[7] Balthasar, Hans Urs von, Die christliche Gestalt, in: ders., Pneuma und Institution (Skizzen zur Theologie IV), Einsiedeln/Zürich/Köln 1974, 38–60, hier: 41.

[8] Balthasar, H.U.v., Herrlichkeit III/1, 32.

Mitte der Offenbarungsgestalt Jesu Christi her lassen sich den partialen Sinngestalten berechtigte Anteile und Grenzen von Wahrheit zumessen.[9] Balthasar führt seine Glaubwürdigkeitsargumente für die christliche Offenbarung nach dem Leitprinzip „Wer mehr sieht, hat Recht."[10]

(4) Dieser ambitionierte Ansatz, der die ausufernde Weite des Balthasarschen Werks bereits erahnen lässt, würde einen triumphalistischen Totalitäts- und Überlegenheitsanspruch christlicher Theologie bedeuten, wenn die Sinnmitte christlicher Gestalt dem theologischen Verstand verfügbar wäre. Genau das stellt Balthasar aber vehement in Abrede. Die Mitte christlicher Gestalt lässt sich weder von den auf sie hin konvergierenden Teilgestalten und Teilwahrheiten „von unten" her – in „kosmologischer Reduktion" – konstruieren, noch durch die synthetische Kraft der Vernunft – in „anthropologischer Reduktion" – entwerfen.[11] Auch dem glaubenden Christen ist sie nicht verfügbar, nicht durch ein Gesetz, nicht durch das biblische Wort und schon gar nicht durch ein theologisches System. Die zentrale Offenbarungsgestalt ist – bei aller Kommunikabilität letztlich inkommunikable – *Person,* und zwar in der geschichtlichen Gestalt des Christusereignisses, das in Kreuzestod und Auferstehung kulminiert. Gottes Herrlichkeit offenbart sich durch ein Zerbrechen und unerwartbares Wiedererstehen von Gestalt hindurch, das jede Kontinuität zwischen weltlicher Schönheit und göttlicher Herrlichkeit durch eine je größere Unähnlichkeit durchkreuzt. Die „Herzmitte der Offenbarung Gottes in Christo"[12] erweist sich als „Abgrund der unbegreiflichen göttlichen Liebe", – eine ‚Position', die nicht in neutraler Beobachtung erfasst, sondern nur in der diesem Inhalt allein angemessenen Haltung des Glaubens und der Liebe – mit den Rousselotschen „Augen des Glaubens" – aufgefunden werden kann.[13] Glaube und Liebe werden auf die Probe gestellt durch die Anforderung, bereits gefundene Elemente partialen Sinns zu riskieren, um sich unter Umständen durch ihr Zerbrechen hindurch Zugang zur verborge-

[9] So lässt sich nach Balthasar ein Dualismus heidnischen Denkens zwischen mythischen und philosophischen Gottesbildern erst vom sich als Liebe offenbarenden biblischen Gott her überwinden. Vgl. dazu: Balthasar, H.U.v., Zugang 21–25. Und die alttestamentlichen Heilsvermittlungsinstanzen Messias, Prophet und Menschensohn finden erst neutestamentlich in der Christusgestalt ihre Mitte. Vgl. Balthasar, H.U.v., Die christliche Gestalt 52.

[10] Balthasar, Hans Urs von, Epilog, Einsiedeln 1987, 35. Vgl. ebd. 11, sowie Balthasar, Hans Urs von, In Gottes Einsatz leben, Einsiedeln ^{2}1972, 91.

[11] Vgl. Balthasar, Hans Urs von, Glaubhaft ist nur Liebe, Einsiedeln 1972.

[12] Balthasar, H.U.v., Herrlichkeit III/1, 19.

[13] Balthasar, H.U.v., Zugang 34.

nen Mitte christlicher Gestalt schenken zu lassen. Dass und wie von daher die Partialgestalten neu Bedeutung gewinnen, ist im Vorhinein nicht absehbar. Im Gegensatz zu dieser Glaubenshaltung steht die Haltung des Ärgernisses:

> „Immer aber liegt das Ärgernis in einer Grenzziehung gegenüber einer weiteren Wahrheit, im Festhalten und Verabsolutieren einer endlichen Perspektive, die man nicht mehr als einen Teil und Ausdruck der übersteigenden, unendlichen Wahrheit ansehen will. Nicht darin, daß der Mensch nur einen Ausschnitt aus der unendlichen Wahrheit kennt, liegt seine Schuld, sondern darin, daß er sich bei diesem Ausschnitt beruhigt, sich gegen erweiternde und ergänzende Ausblicke abriegelt und sich so von der lebendigen Quelle der Wahrheit trennt. Er nimmt dieses Ärgernis im Grunde jedesmal, wenn er sich von der Liebe trennt."[14]

(5) Liebe erweist sich hier als Bereitschaft, die Mitte der christlichen Herrlichkeitsgestalt offen zu halten. Als „Abgrund der unbegreiflichen göttlichen Liebe" ist sie *universale concretum*. Je tiefer wir uns auf ihre Konkretheit einlassen, desto umfassender offenbart sich uns ihre uneinholbare Fülle und umfassende Integrativität. – Dies geschieht durch eine zunehmende Spannung zwischen den auf sie verweisenden Indizien, die durch keine synthetische Vernunft auf einen univoken Begriff der anvisierten Mitte hin zur Deckung gebracht werden können. Gottes Herrlichkeit erscheint im gewickelten Kind in der ärmlichen Krippe und im blutenden Leichnam am Kreuz, – und erweist sich hier dennoch als *Herrlichkeit*, sodass der Offenbarungsglaube auch nicht auf die Widerspruchsdialektik eines „credo quia absurdum" hin aufgelöst werden kann.[15] Die Unfassbarkeit der Mitte wird durch eine spannungsvolle Pluralität von auf diese Mitte hin verweisenden „Indizien" gesichert, – schon dadurch, dass das Christusereignis durch vier Evangelien beschrieben wird,[16] die sich in keine Evangelienharmonie auflösen lassen. Der Glauben und Liebe innewohnende Respekt[17] gebietet, solche Spannungen wahrzunehmen ohne sie aufzulösen, und so den Verweis in der Konkretheit der Christusgestalt auf den je größeren Gott offen zu halten. Je umfassender die auf die Mitte verweisenden Indizien mit ihrer Konvergenz *und* ihren gegenseitigen Spannungen wahrgenommen werden, desto tiefer erschließt sich das Geheimnis der sich offen-

---

[14] Balthasar, H.U.v., Theologik I, 138.
[15] Balthasar, H.U.v., Herrlichkeit I, 442.
[16] Vgl. Balthasar, H.U.v., Theodramatik II/2, 133.
[17] Vgl. Balthasar, H.U.v., Theodramatik II/1, 107.

barenden Gestalt. Balthasars theologische Ästhetik zielt so auf eine „‚offenbarungstheologische' negative Theologie", welche die ihr innewohnende Negativität durch eine „ästhetische Polyperspektivität"[18] wahrt: durch die Wahrnehmung einer Pluralität von auf eine „transzendente Synthese"[19] hinweisenden Indizien, die zueinander in Spannungen stehen, an denen sich Theologie abzuarbeiten hat ohne sie doch auflösen zu dürfen.[20]

1.2 Der zugleich weltimmanente und transzendente Gott im Theodrama

(6) Balthasars theologische Ästhetik führt konsequent von der Theo*phanie* zur Theo*praxie* weiter: Die *Erblickung* der erscheinenden Herrlichkeit führt über die *Entrückung*[21] weiter zu Erwählung und Sendung:[22] „Da ist keine Stelle, die dich nicht sieht. Du musst dein Leben ändern"[23]. Wo dieser Schritt von der ästhetischen Erfahrung in die ethische Verantwortung verweigert wird, verlieren Menschen ihre Fähigkeit, Gestalt in ihrer Transparenz auf Gott hin wahrzunehmen. Nun gehört zu Gottes Herrlichkeit wesentlich seine sich entäußernde Liebe, die ermächtigt ist, auch jene Menschen, die sich ihr gegenüber verweigert haben, zu erreichen. Wie aber ist das möglich, ohne dass die Freiheit der Menschen in ihrem Nein zu Gott überspielt wird?[24] So kann es „keine theologische Wahrnehmungslehre (‚Ästhetik') geben ohne eine Lehre von der kämpfenden Konfrontation der Freiheiten (‚Dramatik'), in der das Dunkel der in sich verschlossenen endlichen Freiheit sich – durch Gnade und eigene Anstrengung – aufbrechen läßt zum einströmenden göttlichen Licht (vgl. Joh 3,19–21)"[25]. Die theologische Ästhetik muss in eine Theodramatik weitergeführt werden, die Theo*dramatik* ist, insofern sie den Konflikt zwischen göttlicher

---

[18] Vgl. Hoff, Gregor Maria, Aporetische Theologie. Skizze eines Stils fundamentaler Theologie, Paderborn u. a. 1997, 260f: Hoff spricht in Bezug auf H. U. von Balthasar von einer gebrochen-perspektivischen Theologie.

[19] Balthasar, H.U.v., Theodramatik II/2, 133.

[20] Vgl. Balthasar, Hans Urs von, Die Wahrheit ist symphonisch. Aspekte des christlichen Pluralismus, Einsiedeln 1972, 56f.

[21] „Entrückung" ist auf eine nicht elitär-ekstatische Weise zu verstehen, als Erhebung des Menschen zu einer Gotteserfahrung, die ihn zu einer Entscheidung für Gott freisetzt.

[22] Vgl. Balthasar, H.U.v., Theodramatik II/1, 20–30.

[23] So das für Balthasar wichtige Ende von Rilkes Gedicht über den archaischen Torso: Balthasar, H.U.v., Theodramatik II/1, 22; ders., Herrlichkeit I, 21.

[24] Vgl. Balthasar, H.U.v., Theodramatik IV, 261.

[25] Balthasar, Hans Urs von, Homo Creatus est. Skizzen zur Theologie V, Einsiedeln 1986, 55.

und menschlicher Freiheit angesichts der Sünde sowie mit dem Ziel der Erlösung behandelt, und die *Theo*dramatik ist, insofern in diesem Konflikt die göttliche Freiheit nicht nur Partner, sondern zugleich auch bleibender Grund der menschlichen Freiheit ist. Damit bricht verschärft die Gottesfrage auf, die Balthasar von zwei entgegengesetzten Seiten her andenkt: „von negativer Theologie her, die jede notwendige Implikation Gottes in den Weltprozeß als Mythologie ausschließt, und vom Weltdrama her, das in Gott die Bedingungen seiner Möglichkeit haben muß."[26] Das Prinzip der theologischen Ästhetik, Gott als je größeren so weit zu denken, dass alle innerweltlichen Spannungen *in ihm* Raum finden, führt Balthasar in seiner Theodramatik konsequent weiter. Die Sünde der Welt ist durch die Differenz zwischen den Personen der Trinität ermöglicht und von ihr umfasst. „Die Gebärde, mit der der Vater die ganze Gottheit ausspricht und dahingibt (eine Gebärde, die er nicht nur ‚tut', sondern ‚ist'), kann, sofern sie den Sohn als das unendlich Andere seiner selbst zeugt, nur gleichzeitig die ewige Voraussetzung und Überholung all dessen sein, was Trennung, Schmerz, Entfremdung in der Welt, und was Liebeshingabe, Ermöglichung von Begegnung, Seligkeit in ihr sein wird."[27]

(7) Das Theodrama ist christologisch zentriert. Jesus Christus ist nicht nur ein Handelnder im Drama neben anderen, sondern „Hauptdarsteller", – als zweite göttliche Person „ausdrücklich Prinzip der Weltgeschichte, ja der Schöpfung überhaupt."[28] Im Wirken Jesu ist die zweite göttliche Person soteriologisch engagiert. Durch die Annahme einer Identität von Person und Sendung in Christus gelangt Balthasar zur Behauptung einer universalen Sendung Jesu Christi. Die Korrelativität zwischen absoluter Tiefe und universaler Weite der Gestalt Jesu Christi, die Balthasar in der theologischen Ästhetik behauptet, findet in der theodramatischen Theologie von der Personalität Jesu Christi eine Begründung: Der absoluten Tiefe als göttliche Person entspricht eine universale Weite seiner Sendung, sodass für jeden Menschen gilt, dass er seine Sendung „in Christus" findet. Die „Sendung in Christus" ist gemäß Balthasarscher Theologie für jeden Menschen absolut zentral, weil menschliche Personalität für ihn – rein theologisch bestimmt – mit dem Begriff der Sendung zusammenfällt. „Von Natur aus" ist der Mensch Geistsubjekt mit einer noch unbestimmten Identität. Er weiß, *was* er ist, aber nicht *wer*. Wer er ist, erfährt er

[26] Balthasar, H.U.v., Theodramatik III, 304; vgl. ders., Theodramatik I, 118.
[27] Balthasar, H.U.v., Theodramatik III, 302.
[28] Balthasar, H.U.v., Theodramatik II/1, 393.

erst durch eine Zusage Gottes, die zugleich Beauftragung bzw. Sendung bedeutet. Durch seine universale Sendung – die Jesus gemäß dem Balthasarschen Prinzip einer trinitarischen Inversion[29] in seiner Lebensgeschichte durch den Heiligen Geist so vermittelt wird, dass er sie „zugleich zu finden und zu erfinden“ hat – ist die Grundlage dafür gelegt, dass Jesus grundsätzlich jeden Menschen auch in dessen sündiger Selbstabriegelung gegen Gott erreichen kann. Die Durchführung dieser Erlösung ist bei Balthasar ganz auf das triduum mortis fokussiert: Entgrenzung seiner Sendung durch die Überlieferung ans Kreuz, Unterwanderung der Weltsünde am Karsamstag, ihre Überwindung mit der Auferstehung.[30] Soteriologisch leitend ist für Balthasar die Überlegung, dass Jesus dem gegen Gott entschiedenen Menschen durch sein Tun und Leiden noch neue, ungekannte Seiten Gottes offenbaren kann, sodass sich trotz Respektierung der früheren negativen Entscheidung neue Möglichkeiten für den Sünder zu einer Entscheidung für Gottes öffnen können. Dies geschieht kenotisch „von unten“: „Wer die vollkommene Verlassenheit für sich wählen und damit seine Absolutheit Gott gegenüber beweisen wollte, träfe vor sich auf die Gestalt eines, der absoluter verlassen ist als er selbst. Man kann sich deshalb überlegen, ob es Gott nicht freisteht, dem von ihm abgewendeten Sünder in der Ohnmachtsgestalt des gekreuzigten, von Gott verlassenen Bruders zu begegnen, und zwar so, daß es dem Abgewendeten klar wird: dieser (wie ich) von Gott Verlassene ist es um meinetwillen.“[31]

(8) Dass Gott die – letztlich selbstzerstörerische – Verweigerung des Sünders durch ein Mehr an offenbarender Selbsthingabe sozusagen von innen aufbricht, enthält allerdings das Risiko, dass Gott durch den derart ermächtigten Sünder in noch radikalerer Weise abgelehnt werden kann. Daraus ergibt sich für Balthasar ein Grundgesetz dramatischer Verschärfung: eine „Gleichzeitigkeit von Geschichtsüberlegenheit und innergeschichtlichem Engagement Gottes, die ihre Spitze im spezifisch theodramatischen Rhythmusgesetz der Steigerung hat: das Je-mehr des Einsatzes Gottes treibt das Je-mehr des Widerspruchs gegen ihn heraus.“[32]

(9) Es eröffnet sich hier der Blick auf eine wechselseitige dramatische Zuspitzung zwischen sündig gegen Gott fixierter menschlicher Freiheit und Gottes Erlösungswillen, die auf einen völlig un-

---

[29] Vgl. Balthasar, H.U.v., Theodramatik II/2, 167–175.
[30] Vgl. Balthasar, Hans Urs von, Mysterium Paschale, in: MySal 3/2, 133–326.
[31] Balthasar, H.U.v., Theodramatik IV, 284.
[32] Balthasar, H.U.v., Theodramatik III, 49; vgl. ebd. 53–55.

gewissen Ausgang zutreiben könnte. Hier verpflichtet Balthasar Christen und christliche TheologInnen auf die Hoffnung, dass Gottes Wesen so reich und sein Erlösungswille so weitreichend ist, dass letztlich jede sich sündig verweigernde Freiheit noch erlösend aufgefangen werden kann. Die Hoffnung auf eine Rettung aller Menschen[33] findet ihren Grund in der Annahme des uneinholbaren Reichtums göttlicher Liebe. Konsequenterweise mündet Balthasars umfangreiche Theodramatik in ein Kapitel über negative Theologie:[34] – So gilt bis zuletzt: „Das Offenhalten des Raumes für [den] je-größeren Gott ist die Bedingung der Möglichkeit einer Theodramatik."[35]

2. Einspruch im Namen der Opfer: Johann Baptist Metz

(10) Im leidenschaftlichen Gedenken an die historische Katastrophe, für die der Name Auschwitz steht, hat Johann Baptist Metz immer wieder Einspruch erhoben gegen eine systematische Theologie, die verblüffungsfest und leidunempfindlich eine „Versöhnung mit Gott hinter dem Rücken der menschlichen Leidgeschichte" betreibt. Metz ortet dieses Vergehen sowohl in Theologien, die Gott souverän aus der Misere der Welt heraushalten als auch in Theologien, die das Leid der Welt aufzuheben meinen, indem sie einen mitleidend-leidenden Gott proklamieren. Beide Vorwürfe sind auch an die Theologie Hans Urs von Balthasars adressiert.

(11) Aus einer konsequenten Befolgung beider Metzscher Verbote – nämlich sowohl der Rede von einem „pathischen" als auch von einem „a-pathischen" Gott – droht allerdings eine theologische Sprachlosigkeit zu resultieren, die den „Logos der Hoffnung", der ja auch im Namen der Opfer zu verkünden ist, unterbindet oder ihn allenfalls noch im Modus des Protests und der Klage anzielt.[36] Um diese Konsequenz zu vermeiden, dürfen die beiden Metzschen Kritiken nicht als Disqualifizierungen der kritisierten Theologietypen interpretiert sondern nur als Warnungen begriffen werden. Diese sind bei Balthasar zumindest grundsätzlich berücksichtigt. In seiner trinitarischen Passiologie vermeidet

---

[33] Vgl. Balthasar, H.U.v., Theodramatik IV, 288–293.

[34] Vgl. das Kapitel „Begreifst du, so ist es nicht Gott" in: Balthasar, H.U.v., Theodramatik IV, 447–476.

[35] Balthasar, H.U.v., Theodramatik II/1, 106.

[36] Diese Gefahr wurde auch an der Theologie von J.B. Metz festgestellt. Vgl. die Kritik von Jan Heiner Tück: Christologie und Theodizee bei Johann Baptist Metz. Ambivalenz der Neuzeit im Licht der Gottesfrage, Paderborn ^{2}2001.

er eine undifferenzierte Rede vom Leiden Gottes.[37] Und einer leidunempfindlichen systematischen Schließung der Rede von Gott und Erlösung ist zumindest prinzipiell vorgebeugt durch die dargestellte Polyperspektivität Balthasarscher Theologie, die auf ein Offenhalten der göttlichen Mitte gerade durch ein unverkürztes Wahrnehmen der Spannungen in der Welt zielt. Demgemäß ist zwar richtig, dass Balthasar auch das äußerste Leiden der Geschichte in Gott und seinem Erlösungshandeln eingeborgen und aufgehoben sieht.[38] Das muss aber *dann* gerade nicht zu einer systematischen Entspannung des geschichtlich Unversöhnten führen, wenn Balthasars Methode der offen gehaltenen Mitte in einer negativen Theologie durch Polyperspektivität konsequent durchgeführt wird. Das aber ist eine Sache der rechten Balance zwischen einer affirmativen theologischen Synthese (im anzielenden Besprechen der letztlich unsagbaren Mitte) und einer Relativierung dieser Affirmation durch das Offenhalten der Spannungen zwischen den auf die Mitte verweisenden Indizien. Für diese rechte Balance ist aber die Metzsche Kritik von großer Bedeutung. Soll sich gegen Balthasars eigene Intention Theologie nicht doch in ein System schließen, so müssen das Leid und das Unrecht, das Menschen einander angetan haben, laufend mitbedacht werden, und zwar auf radikalere Weise, als es bei Balthasar mancherorts geschieht.[39] Auch die Kritik von Metz, dass Leid theologisch nur als Folge von Sünde bedacht und die Leidproblematik deshalb soteriologisch durch die Erlösung von der Sünde als bereits mit aufgelöst betrachtet wird, dürfte in Bezug auf Balthasars Theologie nicht haltlos sein. Anderseits droht ein polemisches Ausspielen der Leidfrage gegen die soteriologische Sündenthematik den kritischen Blick auf die verantwortlichen Täter zu verstellen. Dagegen ist einzufordern, dass eine Theologie nach Auschwitz nicht nur sensibel sein muss für das Leid unschuldiger Opfer, sondern auch für die immense Pervertierbarkeit menschlicher Ideale, die sich

---

37 Vgl. ebd. 201–213.

38 „Daß es jenseits seines Untergangs, der alles Grauen und allen Formzerfall der Welt in sich einbirgt, ein Wort gibt, das seinerseits diesen Untergang einbergen kann, darum allein ging es in der ‚Ästhetik'" (Balthasar, H.U.v., Theodramatik II/1, 26). – „Und wenn es wahr ist, dass das Leid des Gekreuzigten auch das sich selbst unverständliche Weltleid in ein miterlösendes verwandeln kann, dann können die unbegreiflichsten, die grauenhaftesten Foltern, Kerker, Konzentrationslager und was es an Greueln mehr gibt, in eine große Nähe zum Kreuz rücken: zu seiner vollkommenen Nacht, in der nur noch ein unausdenkliches Warum geschrieen werden kann." (Balthasar, H.U.v., Theodramatik IV, 458).

39 Vgl. das Kapitel „‚Das bißchen momentane Trübsal'?", in: von Balthasar, H.U.v., Theodramatik IV, 455–463.

am Faktum eines Genozids im christlichen, aufgeklärten Europa so erschreckend gezeigt hat. Die Sündenfrage darf also nicht zugunsten der Leidproblematik zurückgestellt werden, sie ist vielmehr als Täter-Opfer-Problematik in ihrer gesellschaftlichen Dimensionalität verschärft wahrzunehmen. Stärker als Hans Urs von Balthasars Theodramatik kommt diesem Desiderat die von Raymund Schwager begründete Innsbrucker Dramatische Theologie entgegen.

3. Negative Theologie als dramatische Polyperspektivität in der Innsbrucker Dramatischen Theologie

3.1 Das Heilsdrama Jesu Christi in dramatischer Polyperspektivität

(12) Die von Raymund Schwager entwickelte und in Innsbruck in Weiterentwicklung befindliche dramatische Theologie[40] steht in einem Nahverhältnis zur Theologie Hans Urs von Balthasars, das noch aufzuarbeiten ist.[41] Dieses Nahverhältnis besteht nicht nur zur Theodramatik, sondern schon zu Balthasars theologischer Ästhetik. Auf beide hat sich Schwager positiv bezogen, dabei aber auch deutliche Kritiken eingebracht und andere Akzente gesetzt, die der von Metz eingemahnten Sensibilität für die Opfer der Geschichte entgegen kommen. Schwager anerkennt die unverzichtbare Bedeutung der theologischen Ästhetik für eine Theodramatik,[42] verlangt aber über die von Balthasar favorisierten Ansätze beim ästhetisch Schönen und bei der Erfahrung der Liebe hinaus

---

[40] Vgl. v.a. Schwager, Raymund, Jesus im Heilsdrama. Entwurf einer biblischen Erlösungslehre (ITS 29), Innsbruck/Wien 1990; ders., Der wunderbare Tausch. Zur Geschichte und Deutung der Erlösungslehre, München 1986; ders., Erbsünde und Heilsdrama. Im Kontext von Evolution, Gentechnologie und Apokalyptik (BMT 4), Münster u. a. 1997. Weiters die Sammelbände: Niewiadomski, Józef/Palaver, Wolfgang (Hg.), Dramatische Erlösungslehre. Ein Symposion (ITS 38), Innsbruck/Wien 1992; Niewiadomski, Józef/Wandinger, Nikolaus (Hg.), Dramatische Theologie im Gespräch. Symposion/Gastmahl zum 65. Geburtstag von Raymund Schwager (BMT 14), Münster u. a. 2001; Schwager, Raymund/Niewiadomski, Józef (Hg.), Religion erzeugt Gewalt – Einspruch! (BMT 15), Münster u. a. 2003; Siebenrock, Roman/Sandler, Willibald (Hg.), Kirche als universales Zeichen. In memoriam Raymund Schwager SJ (BMT 19), Wien/Münster 2005, im Internet: http://theol.uibk.ac.at/itl/596.html#h5.

[41] Zu Raymund Schwagers Verhältnis zu H. U. von Balthasar vgl. Schwager, Raymund, Der Sohn Gottes und die Weltsünde. Zur Erlösungslehre von Hans Urs v. Balthasar, in: ders., Der wunderbare Tausch, 273–317. Weiters: Schwager, Raymund, Dramatische Theologie im Kontext einer dramatischen Weltsituation. Unveröffentlichter Vortragstext, Schwager-Archiv in Innsbruck.

[42] „Eine Ästhetik der Herrlichkeit und eine Theologie der Freiheit gehören deshalb ganz zusammen. Es dürfte ein dauerndes Verdienst Balthasars bleiben, diese Zusam-

eine Berücksichtigung politischer Gestalt mit ihren gewalterzeugenden Pervertierungen.[43] Für unverzichtbar hält Schwager die theodramatische Grundthese, „dass Jesus Christus nicht nur durch seine Worte, sondern durch sein ganzes Geschick den dreifaltigen Gott geoffenbart hat“;[44] ebenso die in der Theodramatik herausgearbeitete Verbindung von Transzendenz und Weltimmanenz Gottes, welche eine Theologie des geschichtlichen Handelns Gottes ermöglicht. Grundsätzlich stimmt Schwager auch Balthasars Ansatz einer trinitarischen Unterfassung des Weltdramas zu, fordert aber eine größere Vorsicht und Zurückhaltung bei Gottesprädikationen und innertrinitarischen Spekulationen.[45] Mit diesen Einschränkungen übernimmt Schwager weitgehend Balthasars theodramatischen Rahmenbau, konzentriert sich aber in seiner eigenen Arbeit auf den konkreten Verlauf des Heilsdramas.

(13) Stärker als Balthasar, der das Theodrama ganz auf die eine Hauptperson Jesus Christus fokussiert, berücksichtigt Schwager das Handeln der Menschen, und zwar auch in ihren kollektiven Verschärfungen. Damit überwindet er zugleich eine bibeltheologische Einseitigkeit der Theodramatik: „Balthasar orientiert seine Theologie vorwiegend am Johannesevangelium und an Paulus, während die synoptischen Evangelien bei ihm nicht ihr volles Gewicht erhalten. Daraus ergibt sich, daß er der historisch-kritischen Exegese und einer Theologie, die sich an der Basileia-Botschaft orientiert, kaum gerecht werden kann. Deshalb spielt sich nach ihm auch das ‚Drama‘ vor allem zwischen Jesus und seinem himmlischen Vater ab, während der dramatische Konflikt zwischen Jesus und den Menschen keine tiefere theologische Bedeutung hat.“[46] Das Theodrama im Vorspiel des Kreuzes gewinnt bei Schwager an Bedeutung. Im Unterschied zur radikalen Staurozentrik Balthasars rekonstruiert er das Christusereignis als dramatischen Prozess, in dem das freie Agieren und Reagieren von Akteuren jeweils neue Situationen bewirkt, die Schwager als Akte bezeichnet.

(14) Den Einsatz des Heilsdramas (1. Akt)[47] bildet Jesu in Wort,

---

menhänge auf neue Weise deutlich gemacht zu haben.“ (Schwager, R., Weltsünde 297)

[43] Vgl. Schwager, R., Weltsünde 297–301, sowie dazu: Lösel, Steffen, Kreuzwege. Ein ökumenisches Gespräch mit Hans Urs von Balthasar, Paderborn u. a. 2001, 251.

[44] Schwager, R., Weltsituation.

[45] Vgl. ebd.

[46] Ebd.

[47] Eine fünfaktige Darstellung des christlichen Heilsdramas hat Schwager in vielen Publikationen summarisch durchgeführt. Am ausführlichsten in: ders., Jesus im Heilsdrama, 41–202; vgl. auch die Zusammenfassung in: Schwager, Raymund, Dra-

Tat und Sein erfolgende Verkündigung des Gottesreiches, welche den Menschen ohne Vorbedingung einen neuen Zugang zu Gott eröffnet. Die Adressaten der Gottesreichbotschaft werden so zu einer Entscheidung für Gott zugleich befähigt und herausgefordert („Umkehr"). Deren Verweigerung führt zu einem Rückfall in eine verschärfte Situation der Gottlosigkeit. Damit ist eine gegenüber dem ersten Akt veränderte Situation gegeben (2. Akt), der ein anderes Handeln Jesu entspricht: anstelle der positiven Verkündigung des anbrechenden Gottesreichs weist Jesus nun mit aller Schärfe auf die Alternativlosigkeit des von ihm aufgewiesenen Heilswegs hin, und er deckt die sündige, gott- und menschenfeindliche Natur der Verweigerung auf. Die Gerichtsworte und das richtend-aufdeckende Handeln Jesu werden von den Kritisierten nicht mit Umkehr beantwortet, sondern durch eine verschärfte Ablehnung Jesu, wobei die von Jesus am Grunde der Verweigerung aufgewiesene Lüge und Gewalttätigkeit sich nun kollektiv gegen ihn zusammenballt: Jesus wird am Kreuz getötet (3. Akt). Die Auferstehung Jesu markiert eine neue Situation (4. Akt), die durch das Auferweckungshandeln Gottes eingeleitet wird, – ein göttliches Handeln in der Geschichte, das als Möglichkeitsbedingung für den erstaunlichen Freimut der Jünger und ersten Christen auch gegenüber den historischen Wissenschaften zu vertreten ist, und das Jesu Gottesreichverkündigung mit der Repräsentation eines bis in die äußerste Sünde versöhnungswilligen und gewaltlosen Gottes bestätigt. In der Folge von Jesu Auferstehung kommt es ausgehend von den Jüngern zu einer Gemeinschaftsbildung („Kirche"), die Jesu Gottesreichbotschaft in ihrer gemeinschaftlichen Dimension („Sammlung") auf den Weg ihrer geschichtlichen Verwirklichung führt, – ein Geschehen, zu dem die ersten Christen durch die göttliche Initiative der Sendung des Heiligen Geistes befähigt wurden, – eine Initiative, die nach Schwager den Übergang in eine nochmals neue Situation (5. Akt) einleitet.

(15) Mit dieser Fünf-Akte-Struktur vermag Schwager sowohl Kontinuität als auch Differenzen im Christusereignis zu berücksichtigen. Die zentrale Kontinuität besteht in der geschichtlichen Einsenkung des Gottesreichs, welche durch die Zurückweisung von Jesu Gottesreichbotschaft nicht falsifiziert wurde, sondern über die fünf Akte in verschiedenen Formen entsprechend den sich verändernden Situationen weitergewirkt hat. Von daher können Differenzen in den Blick genommen werden: Den verschiede-

---

matische Theologie und theologische Politik, im Internet: http://theol.uibk.ac.at/itl/438.html.

nen Akten entsprechen unterschiedliche Verhaltensweisen, Botschaften und „Theologien“, die bei einem dekontextualisiert-unvermittelten Vergleich einander auszuschließen scheinen: So scheint Jesu Botschaft vom liebenden Vater (1. Akt) unvereinbar zu sein mit seinen harten, bis zur Höllendrohung sich zuspitzenden Gerichtsworten (2. Akt). Und die anfängliche voraussetzungslose Heilszusage (1. Akt) scheint unverträglich zu sein mit der staurologischen Soteriologie, nach der zur Erlösung der Menschen Jesu Kreuzestod erforderlich sei (3. Akt).[48] Hier zeigt sich die bibelhermeneutische Bedeutung von Schwagers dramatischer Methode: Die scheinbare Widersprüchlichkeit gegensätzlicher Aussagen und Aussagengruppen wird überwunden im Blick auf „die Einheit innerhalb eines dramatischen Geschehens, bei dem sich die Verbindungen nicht durch logische Folgerungen, sondern durch Entscheidungen von Akteuren ergeben, die auf andere Akteure positiv oder negativ antworten.“[49]

(16) Dramatische Theologie erweist sich hier als Mittelweg zwischen spekulativ-theologischer Systembildung und einer narrativen Theologie, welche gegenläufige Gotteserfahrungen und -prädikationen in eine unverbundene Folge von Erzählungen hinein auflöst.[50] In *dramatischer Polyperspektivität* nähert sich dramatische Theologie dem unfassbaren Geheimnis des sich heilsgeschichtlich offenbarenden Gottes durch die Wahrnehmung scheinbar divergierender Aussagenlinien in den heilsgeschichtlichen Zeugnissen der Bibel und arbeitet sich an den derart zugespitzten Aporien ab. In diesem Prozess müssen theologische Begriffe und Konzepte einem fortlaufenden Korrekturprozess unterzogen werden, der – in Analogie zur existentiellen Umkehr – als „Bekehrung des Denkens“ bezeichnet werden kann.[51]

3.2 Für ein Denken, das sich nicht dem Ausschluss verdankt: Die theologische Rezeption von René Girards mimetischer Theorie

(17) Schwagers dramatische Theologie ist von einer tiefen Wahrnehmung der Sündenproblematik geprägt, welche sich in einer kollektiv verschärften Vermischung von Verblendung und Gewalt äußert. Leitend dafür ist René Girards Verständnis der Mimesis,

[48] Vgl. Schwager, R., Jesus im Heilsdrama 22f.
[49] Schwager, Raymund, Dramatische Theologie und theologische Politik (http://theol.uibk.ac.at/itl/438.html).
[50] Vgl. Schwager, R., Jesus im Heilsdrama 23–25.
[51] Vgl. Schwager, R., Jesus im Heilsdrama 17, – mit Bezug auf die Aporetik Anselms von Canterbury.

einer die Menschen zutiefst prägenden gewalterzeugenden Nachahmung des Begehrens. Girards mimetische Theorie kann als genuin theologisches Thema in der theologischen Anthropologie im Schnittbereich von Transzendenz und Interpersonalität des Menschen lokalisiert werden: Menschen sind als Geschöpfe Gottes in „dynamischer Gottebenbildlichkeit" von einem grenzenlosen Begehren geprägt, einem „desiderium naturale in visionem beatificam", das allein in der Ausrichtung auf den wahren Gott in dessen unerschöpflicher Geheimnishaftigkeit Frieden (nicht: Sättigung) findet. Gemäß seiner konstitutiven Weltbezogenheit und Interpersonalität findet der Mensch diesen Zugang nicht unmittelbar, sondern stets nur vermittels einer „conversio ad phantasma", insbesondere einer – gemeinschaftlich, geschichtlich und sprachlich bestimmten – „conversio ad homines". Durch das kollektive Verhängnis, welches die christliche Theologie als Erbsünde reflektiert, ist die interpersonale und gemeinschaftliche Vermittlung des Gottbezugs wurzelhaft beeinträchtigt. Der Mensch begehrt ohne zu wissen, was er begehren soll und orientiert so sein Begehren spontan am fehlgeleiteten Begehren anderer Menschen. In ihrem Bedürfnis, mit ihrer eigenen Transzendenz an den Objektivierungen authentischer Transzendenz Anderer Anhalt zu finden, stoßen die Menschen durchwegs auf Äußerungen pervertierter Transzendenz, welche sich auf Götzen (im Sinne von Substituten Gottes als des einzig wahren Begehrensszieles) fixiert. Durch diese gegenseitige Beeinflussung werden Begehrensziele und Begehrensform derart pervertiert, dass das Begehren nur durch eine exklusive Aneignung von Objekten erfüllbar zu sein scheint. Hier stoßen wir auf die konfliktive Mimesis, deren gewalterzeugende Konsequenzen René Girard schlüssig ausgearbeitet hat:[52] vor allem in der Rivalität um „Positionsgüter", deren Wert sich nicht aus ihren objektiven Vorzügen und aus darauf bezogenen Bedürfnissen ergibt, sondern aufgrund ihres Prestiges, welches ihnen allein aufgrund des Umstandes zukommt, dass sie Objekte der Begierde von anderen sind; – eine Form von Rivalität, die in der heutigen Konkurrenzgesellschaft systematisch gefördert wird und die weltweite Marginalisierung von Verlierern als notwendige Kontrastierung zugunsten einer relativen Überlegenheit der „Tüchtigen" festschreibt.

(18) Nach Girard führt konfliktive Mimesis zu einem diffusen Anwachsen von Neid, Hass und Gewalt, die spontan oder vermit-

[52] Eine detaillierte Einführung bietet: Palaver, Wolfgang, René Girards mimetische Theorie. Im Kontext kulturtheoretischer und gesellschaftspolitischer Fragen (BMT 6), Münster 2001.

tels institutionalisierter Formen auf einen Sündenbock abgeladen werden können. Für archaische Gesellschaften, die über keine institutionellen Mittel zur Eindämmung von eskalierender Gewalt verfügten, bot dieser Sündenbockmechanismus nach Girard die einzige Möglichkeit für die Wiedergewinnung des überlebensnotwendigen inneren Friedens. Über eine Sakralisierung von Sündenböcken konnten gemäß Girardscher Theorie religiöse und gesellschaftliche Strukturen entstehen. Die verschleierte Gewalt des Sündenbockmechanismus ist von daher nach Girard in die Fundamente aller menschlichen Kulturen eingeschrieben. Die biblische Offenbarung bewirkte eine Aufdeckung und damit eine schleichende Entmächtigung des Sündenbockmechanismus. Dadurch resultiert allerdings nicht automatisch ein Ende der Gewalt, sondern auch die Destabilisierung einer Welt, die des effektivsten Mittels zur Gewaltabfuhr sukzessive verlustig geht. Durch die jüdisch-christliche Offenbarungsgeschichte, gipfelnd im Wirken Jesu Christi, wurde aber auch der blockierte Zugang zum wahren, gewaltlosen Gott wieder neu eröffnet, sodass sich „in guter Mimesis" – durch mimetische Nachahmung authentischer Transzendenz – eine Alternative zum Weg der mimetischen Gewalt öffnete. Die theologische Integration der skizzierten mimetischen Theorie Girards mündet in eine umfassende Kritik an ambivalenten und pervertierten Formen von Gesellschaft und Religion.

(19) Von besonderem Interesse für das hier gestellte Thema negativer Theologie ist das Zusammenspiel von Lüge und Gewalt, das den Girardschen Sündenbockmechanismus prägt, das biblisch einen Anhalt in der johanneischen Analyse des Satans als Mörder von Anfang an und Vater der Lüge findet (Joh 8,44) und sich weiterführen lässt in die Hypothese einer Korrelativität zwischen *Lüge* als Ausschluss relevanter Fakten und *Gewalt* als Ausschluss von Menschen. Von daher wird im folgenden Kapitel der Frage nachgegangen, ob ein „unwahres Gottesbild" – durch Ausschluss relevanter Fakten im Bezug auf Gott – nicht mit verhängnisvoller Folgerichtigkeit Ausschlussgewalt nach sich zieht. Negativer Theologie käme dann die verantwortungsvolle Aufgabe zu, als Hüterin des göttlichen Geheimnisses Ausschlussgewalt zwischen Menschen an der Wurzel zu unterbinden.

(20) Zuvor soll aber noch ein positiver Bezug zwischen einem theologischen Begriff von Mimesis und der Geheimnishaftigkeit Gottes aufgewiesen werden. Gemäß einer theologischen Rezeption der Girardschen Theorie prägt – wie beschrieben – eine gewalterzeugende Mimesis als „erbsündiges Existential" den Menschen zutiefst, ohne deshalb als unüberwindbare Gewaltnatur

festgeschrieben zu sein. Naturhaft festgelegt ist nicht die gewalterzeugende Mimesis, sondern eine ursprüngliche Verbindung von Transzendenz und Interpersonalität gemäß dem Prinzip, dass Transzendenz grundsätzlich nur vermittelt ist. Hierin liegt die Grundlage für eine ursprünglich wesentlich gute Mimesis, – nämlich die menschliche Neigung, zu Äußerungsformen authentischer Transzendenz von Seiten anderer Menschen spontan „in Resonanz zu treten" und so selber die Orientierung in Richtung auf den wahren Gott zu finden.

(21) Wir können diese mimetisch vermittelte Transzendenz im Sinne von Balthasars theologischer Ästhetik als Liebe verstehen,[53] und zwar als eine Liebe, die allein fähig ist, sich Gott in adäquater Weise zu nähern, indem sie die verschiedenen Verweise auf seine Mitte in einer Weise zusammenschaut, dass seine uneinholbare Geheimnishaftigkeit gewahrt bleibt. Entsprechend der prinzipiellen Vermitteltheit der Gottesbeziehung bildet sich dieses „Offenhalten der göttlichen Mitte" ab in der liebevollen Achtung einer unverzweckbaren Geheimnishaftigkeit der auf die Transzendenz verweisenden Mittler, d. h. von Mitmenschen und auch der geschöpflichen Welt (als Grundlage für einen achtenden Umgang mit der Natur). Allein in dieser Haltung kann auch die letzte Nichtobjektivierbarkeit der eigenen Subjektivität (die auch stets nur vermittelt zugänglich ist) – jene geschöpfliche Nacktheit, die gemäß tiefer biblischer Einsicht erst vom Sündenfall her als Fluch erfahren wird – ausgehalten werden, ohne dass Um- und Mitwelt aufgrund ihres beschämenden Anscheins größerer Seinsfülle gehasst oder zur Verdeckung der eigenen Nacktheit instrumentalisiert werden. Wo die letztgenannten Pervertierungen in die gemeinschaftliche Welt einbrechen, drohen sie aufgrund mimetischer Ansteckung „pandemisch" zu werden. Dem entspricht der Zustand unserer Welt, deren ökonomische Gesetzmäßigkeiten über weite Strecken mit der Leithypothese einer rivalisierenden, gewalterzeugenden Mimesis analysiert werden können. Die Wurzel für diese Misere lässt sich theologisch beschreiben als interpersonal und kollektiv sich aufschaukelndes, ängstliches und begieriges Verstellen der offen zu haltenden göttlichen Mitte, und zwar im eigenen Selbst, in den Mitmenschen und in der Umwelt. Von daher lässt sich zeigen, wie der Verlust der Geheimnishaftigkeit Gottes sich in reale Ausschlussgewalt auswirkt.

---

[53] Vgl. oben, Absatz 4f.

(22) Im Einklang mit einer schöpfungstheologisch aufweisbaren direkten Proportionalität von Gottbezogenheit und personalem Eigenstand wirkt Gottes heilsgeschichtliche Selbsterschließung für ihre Adressaten zugleich identitätsstiftend.[54] Wie Hans Urs von Balthasar in seiner Theodramatik herausgearbeitet hat, ist solche Identität als Sendung von Gott her (in Jesus Christus und durch den Heiligen Geist) und auf andere Menschen hin zu begreifen.[55] Der Verlust einer authentischen Gottesbeziehung durch Sünde bzw. durch Sündenverstrickung bedeutet demgemäß eine Schwächung von Identität – in der Weise, dass die Unverfügbarkeit subjektiver Identität (als Abspiegelung göttlicher Geheimnishaftigkeit) in einem Grundgefühl der Scham als Mangel begriffen wird –, was sich in Versuche kompensatorischer Identitätssicherungen auswirkt, durch betonte Absetzung von Anderen oder umgekehrt durch symbiotische Identifizierung mit ihnen. Daraus resultiert ein hohes Gewaltpotential.[56]

(23) Diese Zusammenhänge gelten nicht nur für die Bildung individueller Identität, sondern auch für die Gestaltungen gemeinschaftlicher und gesellschaftlicher Identität. Die Selbstoffenbarung Gottes bereits im Alten Testament, sowie im Neuen Testament vor allem im Kontext von Jesu Gottesreichbotschaft, hat eine eminent gemeinschaftsbildende und -korrigierende Funktion. Jesu Gottesreichbotschaft zielt auf die Sammlung einer Gemeinschaft, die ihre Identität ganz von Gott her und im Dienst an Menschen findet. Ihr eminent provokatives Moment (das z. B. in Lk 4,16–31 deutlich wird) liegt in der damit einher gehenden Entmächtigung und Aufdeckung unzulänglicher Formen gemeinschaftlicher Identität. Diese erweisen sich im aufdeckenden Licht von Jesu gelebter Gottesreichbotschaft als negativ-grenzende Identitätsbestimmungen, bei denen die Bezugnahme auf Gott der abgrenzenden Sicherstellung von Gemeinschaft in Abhebung von nicht Dazugehörigen und Übertretern dient.[57]

---

[54] Vgl. Jes 43,1; Jes 62,2; Apk 2,17.

[55] Vgl. v.a. Balthasar, H U.v., Theodramatik II/2, 321.

[56] So stellt schon H. U. von Balthasar fest: „Wenn die freie Annahme von Berufung und Sendung das Moment theologischer Personalisierung bedeutet, dann kann deren Ablehnung die Person nur im tiefsten bedrohen: sie wird sie im Menschen nicht vernichten, aber ihr Antlitz bis zur Unkenntlichkeit entstellen." (Balthasar, H U.v., Theodramatik II/2, 244).

[57] Zur Unterscheidung zwischen negativ-grenzender und positiv-bezogener Identität vgl. Sandler, Willibald, Kirche als Sakrament des Heilsdramas Jesu Christi, in: Kirche als universales Zeichen, 101–139, darin: 109–116.

(24) Diese Formen abgrenzender Identitätssicherung erliegen der Versuchung, den transzendenten Gott durch eine exklusive Hinordnung auf die eigene Gruppe greifbar und verfügbar zu machen. Die unterstellte Spezifität Gottes besteht dann darin, dass er „*unser* Gott ist und nicht der Gott der Anderen". Damit werden Gottesvorstellungen handhabbar gemacht zur Definition und Legitimation von kollektiven Identitätsvorstellungen, die in angespannten gesellschaftlichen Situationen zu „mörderischen Identitäten" (Amin Maalouf) werden können. Diese Gefahr lässt sich an heutigen ethnischen Konflikten aufzeigen, aber auch an den Gründungserzählungen religiöser Identität im Israel des Alten Bundes.[58]

(25) So kann negative Theologie mit ihrer Kritik an falschen Positivierungen von Gottesbildern zugleich als Weg zur Vermeidung und Überwindung von religiöser Gewalt begriffen werden. Wird der erkenntniskritische Zug von negativer Theologie aber dahingehend überspannt, dass die Weltrelevanz Gottes deistisch oder agnostisch aus dem Blick gerät, so wird auch die gewaltüberwindende, befriedende Wirkmöglichkeit authentischer Offenbarung entkräftet. Die offen zu haltende Mitte in unserer Gotteserkenntnis – und von daher im Mitmenschen, in Umwelt und in der eigenen Subjektivität – wird dann den dominierenden Kräften der „Welt" überlassen, die die Verstellung dieser Mitte betreiben und so in Verblendungszusammenhänge der Ausschlussgewalt führen. Die Innsbrucker Dramatische Theologie lässt sich von der Einsicht leiten, dass wir Gott niemals los werden können, und dass deshalb unsere so genannte säkulare Welt von Kryptotheologien geprägt ist, auf die zutrifft, was Balthasar in schneidender Schärfe gegen nichtchristliche negative Theologie formuliert hat: „Der primäre Ort der negativen (philosophischen) Theologie bleibt das außerbiblische Suchen des Menschen nach Gott, des Menschen, der seines nie anlangenden Suchens überdrüssig, entweder in ein System flüchtet … oder in einen resignierenden Agnostizismus, der mit Verneinungen fortfährt, während er die Suche schon aufgegeben hat. Diese primäre negative Theologie bildet die stärkste Bastion gegen das Christentum."[59] Das Wissen um die Brisanz solcher Fehlauffassungen – insofern sie das grenzenlose Begehren der

[58] Zur Kritik von Jan Assmann („mosaische Unterscheidung") wäre in diesem Zusammenhang anzumerken, dass sie eine reale Gefahr anspricht. Zu zeigen ist hingegen, dass die Bibel mit dieser Gefahr ringt ohne ihr zu erliegen, und dass sie demgemäß auch ein Verständnis von Gott und der durch ihn erfolgten Erwählung jenseits eines Ausschlussdenkens entwickelt hat.

[59] Balthasar, H U.v., Theologik II, 88.

Menschen den mimetischen Spiralen von Verblendung und Gewalt ausliefern – verlangt eine adäquate „offenbarungstheologische negative Theologie", die in einer Gratwanderung zwischen falscher Positivierung und resignativem Verschweigen das Geheimnis Gottes offen hält.

Magnus Striet: Kommentar zu Willibald Sandler

Wenig beobachtet in den Diskussionen um die Negative Theologie ist, dass sich in Hans Urs von Balthasars gewaltigem Ouevre eine der wichtigsten Auseinandersetzungen mit der Tradition negativer Theologie findet. Der Beitrag von Sandler findet sich ausdrücklich in die Balthasarsche Rezeption dieser Tradition ein. Für wichtig halte ich die Kombination der Einsicht Balthasars, derzurfolge aufgrund des offenbarungstheoretischen Grundcharakters christlichen Glaubens nurmehr die Rede von einer „positiven Unbegreiflichkeit Gottes“ (1) sein könne, mit Raymund Schwagers Konzept einer dramatischen Theologie. Letzteres forciert die Härte realer Geschichte, die Antagonismen einer Heilsgeschichte, in die Gott dadurch, dass er sich schließlich selbst zum Sündenbock hat machen lassen, hierdurch die Gottlosigkeit der Welt, ihre Konkurrenzen und Rivalitäten (17) aufgedeckt hat und er diese Konkurrenzen immer wieder aufdeckt; vor allem aber zeigt dieses Konzept auch die in Jesus eröffnete Möglichkeit „‚guter Mimesis‘“, somit „eine Alternative zum Weg der mimetischen Gewalt“ (18) auf. Keine falsche Positivierung herrschender Gottesbilder, da christlich das wahre Bild Gottes und in eines damit Berufung und Sendung offenbar geworden sind, auf diese Quintessenz läuft der Beitrag von Sandler heraus. Umso wichtiger ist es deshalb, auch keine falsche Negativität in die Gottesrede eintreten zu lassen, die den befreienden Grundzug positiver Gottesrede zum Verstummen bringen müsste. Die Aufgabe negativer Gottesrede besteht deshalb darin, immer wieder neu die Ambivalenzen und Perversion von Gesellschaft und Religion aufzuschließen, so wie sie in dem dramatischen Geschehen, in das Gott selbst sich durch seine Menschwerdung hat verwickeln lassen, offengelegt wurden. Negative Theologie steht damit im Dienst der positiven Theologie, ihr Logos ist ein praktischer. Ich will dem zustimmen, möchte nur anfragen – aber das ist eher ein anderes Thema – ob nicht die primär soteriologisch zu entfaltende Aussage der Menschwerdung Gottes gegenüber der Durchbrechung des Sündenbockmechanismus eine grundsätzlichere noch ist. Im Anschluss an Überlegungen Sandlers zum Geheimnisbegriff (v.a. 21) könnten hier Gespräche mit der gesamten „Innsbrucker Schule“ von großem Gewinn für die Theologie überhaupt sein.

Thomas Schärtl: Kommentar zu Willibald Sandler

Gottes differenzierte Selbstdifferenzierung

Zunächst gibt es unter sprachphilosophischen oder sprachanalytischem Vorzeichen wenig, was in Beitrag von Willibald Sandler zum Einspruch oder Widerspruch reizen würde. Die Warte, von der aus Sandler eine bestimmte Weise negativer Theologie andenkt, lässt sich in eine Sicht integrieren, die Gott nicht als den vollkommen Anderen, sondern als den Einzigartigen zu denken versucht. Sandler gelingt es, diese Einzigartigkeit unter soteriologischer und gnadentheologischer Perspektive theologisch sehr genau durchzukomponieren. Die Weise, in der hier die Ansätze von Hans Urs von Balthasar, Johann Baptist Metz und Raymund Schwager wechselseitig füreinander transparent gemacht werden, ist bemerkens- und nachahmenswert.

Negative Theologie hat im Ansatzpunkt von Willibald Sandler einen wohlbestimmten Sinn – und zwar als permanente Aufspreizung eines verengten oder von Verengung gefährdeten Gottesbegriffes. Gerade das gefährliche Junktim von Religion, Gewalt und Gruppenidentität verlangt nach einem Korrektiv (vgl. Sandler 22–25). Dass dies in der negativen Theologie zu suchen ist, leuchtet ein. Was das theoretisch für den Gottesbegriff selbst bedeutet, müsste allerdings noch einmal bedacht werden. Denn von einer gewissen Warte aus ließe sich die Notwendigkeit negativer Theologie rein funktional erklären – im Dienste des besagten Korrektivs, um die Amalgamierung von Religion, Gruppenidentität und Gewalt zu verhindern oder wenigstens nicht zu weit vordringen zu lassen. Über die kognitiven Gehalte negativer Theologie oder ihr Verhältnis zu den kognitiven Gehalten theistischer Redeweise ist damit noch nichts gesagt. Die Zuweisung einer Korrektivfunktion ist einfach nur eine Funktionszuweisung. Dass gleichzeitig eine andere Geschichte erzählt werden könnte – die Geschichte, dass negative Theologie der letzte Fluchtversuch einer in die Ecken der Inkonsitenz getriebenen religiösen Weltanschauung ist – steht auf einem anderen Blatt. Aber dieses Blatt müsste gelegentlich eingehender untersucht werden, wie mir scheint. Denn auch diese zweite Funktion – die Funktion einer willkommenen Notbremse – hat negative Theologie (sehr zum Ärgernis für alle, die an wissenschaftstheoretischen Standards noch festhalten möchten) immer gespielt und spielt sie, womöglich, immer noch.

Eine exakte Bestimmung der Funktion negativer Theologie und ihres Verhältnisses zu den kognitiven Gehalten des christlichen Theismus lässt sich, wie mir scheint, jedoch nur erreichen, wenn man diese Funktion selbst in den Gottesbegriff integriert: Wenn Gott – ausgehend von einsichtig zu machenden begrifflichen Minimalbestimmungen – als der schlechthin Entgrenzte zu denken ist, dann lässt sich auch einsichtig machen, in welcher Form die Weise, wie sich Gott selbst von den Götzenbildern distanziert, sich im geschichtlichen Prozess der Sprachformen religiöser Rede niederschlägt. Wenn die Differenzierung des Gottesbegriffs als Selbstdifferenzierung Gottes gegengelesen wird, dann füllt sich die Funktionsbestimmung negativer Theologie sozusagen von selbst mit kognitiven Ansprüchen auf, geht es dann doch um nicht mehr und nicht weniger als die rechte Weise der Rede von Gott – eine Weise, die Gott nicht zum Götzen macht.

Johann Ev. Hafner: Kommentar zu Willibald Sandler

Im Anschluss an Girards mimetischer Theorie und in Verlängerung der Mahnung von Metz, Theologie aus der Opferperspektive zu betreiben, sieht Sandler die Aufgabe negativer Theologie darin, „als Hüterin des göttlichen Geheimnisses Ausschlussgewalt zwischen Menschen zu unterbinden" (19, 21). Der Mensch besitze eine „naturhaft festgelegte" (29) Verbindung zur Transzendenz und Interpersonalität. Es komme darauf an, diese göttliche Mitte „offen zu halten" (5, 9, 12, 25), also nicht eindeutig zu bestimmen, sondern vor Verzweckungen zu bewahren und in polyperspektivischer Umkreisung festzuhalten. Die Anwendung von Girards sozialanthropologischen Analysen haben aber ihre Grenzen. Drei sollen hier angezeigt werden.

1. Girard geht von der Universalität mimetischer Gewalt aus. Sie entsteht und hält sich in ausnahmslos allen menschlichen Gesellungsformen. Von dieser Allgemeinheit auf eine Universalität des Transzendenzzugangs („gute Mimesis") zu schließen, würde dazu führen, den Mechanismus nicht wirklich zu unterbrechen, sondern ihn unter anderen Vorzeichen weiterzuführen. Girard interpretiert das Christentum (und das Judentum) als Aufdeckung jeglicher Rivalitätsverhältnisse, denn mimetische Rivalität wirkt gewalttätig, auch wenn sie sich auf hohe Güter wie Gott oder Seligkeit bezieht.

2. Girards Theorie ist wenig geeignet, Ausschlussgewalt zu kritisieren. Wo immer er die mimetische Gewaltspirale aufzeigt, handelt es sich um Interaktionen in Gruppen. Deshalb resultiert die Gewalt stets in Aggression, die als allgemeinnützliches sacrificium kaschiert wird. Zwar kommt dort bereits die Verstoßung einzelner durch die Majorität vor, aber dies trifft noch nicht das soziologische Phänomen der Exklusion in ausdifferenzierter Gesellschaft, wo ganze Gruppen durch nichtaggressive, systemische Nichtberücksichtigung Gewalt erleiden. Dieses Problem lässt sich nicht durch Kritik an Gruppendynamiken lösen.

3. Sehr ernst ist der abschließende Hinweis Sandlers zu nehmen, dass negative Theologie sich nicht erkenntniskritisch überspanne (25) und dann Gott seine Weltrelevanz verlöre. Deshalb sei alle Negation auf eine offenbarungspositive Mitte zu zentrieren. Wenn diese Mahnung allerdings dazu führt, dass negative Theologie nur als christliche Theologie betrieben werden darf, beraubt man sie (und auch sich selber) aller heuristischen Gewinne. Darf es nicht auch ein tastendes, schweifendes Suchen außerhalb des

Christentums geben, solange es sich selber seiner Negativität bewusst ist? Die außerchristliche negative Theologie kann sehr wohl zwischen wahrer und falscher Transzendenz unterscheiden und so vor Götzenbildung bewahren, und zwar auch dann, wenn sie nicht um die Mitte des Gottesgeheimnis in Christus konzentriert ist. Aber Transzendenz und Gott sind nicht dasselbe.

Alois Halbmayr: Kommentar zu Willibald Sandler

Die so genannte Dramatische Theologie, wie sie vor allem an der Theologischen Fakultät in Innsbruck entwickelt und zu einem Schwerpunkt ausgebaut wurde, zeichnet sich nach Willibald Sandler insbesondere dadurch aus, dass sie sich um einen Mittelweg bemüht „zwischen spekulativ-theologischer Systembildung und einer narrativen Theologie, welche gegenläufige Gotteserfahrungen und -prädikationen in eine unverbundene Folge von Erzählungen hinein auflöst" (16). Sie versucht, die offensichtliche Widersprüchlichkeit gegensätzlicher Aussagen der Bibel (im Übrigen seit jeher ein stereotypes Argument der Religionskritik) zu überwinden, indem sie diese als Momente eines einzigen dramatischen Heilsgeschehens Gottes begreift. Die Rolle der Menschen im göttlichen Erlösungsprozess wird hier nicht auf eine bloß äußere Ereignishaftigkeit reduziert, sondern als entscheidendes Movens in das dramatische Geschehen zwischen Gott und Welt eingetragen. Damit rückt die konkrete Existenz des Menschen explizit in den Mittelpunkt der Aufmerksamkeit und wird insbesondere darauf hin befragt, ob und wie sie die Heilszusage Gottes aufnehmen bzw. ihr entsprechen und damit der Gewaltspirale entkommen könne. Denn die Situation des Menschen ist für die Dramatische Theologie im Gefolge René Girards als zutiefst von der Sündhaftigkeit geprägt, als kollektives Verhängnis, das „die interpersonale und gemeinschaftliche Vermittlung des Gottesbezugs wurzelhaft beeinträchtigt" (17). Erst die radikale Liebe Gottes, die in Jesus unüberbietbare Gestalt annimmt und auch vor der äußersten Konsequenz des Kreuzestodes nicht zurückschreckt, zerreißt diesen unentrinnbar erscheinenden Zusammenhang von Sünde, Gewalt und Heilsverweigerung. Die Auferstehung Jesu eröffnet einen völlig neuen Interpretations- und Handlungsraum, insofern sie das verzeihende Heilshandeln Gottes als unüberholbar bestätigt und ein bleibend neues Gott-Welt-Verhältnis ermöglicht.

Die vielschichtigen Aspekte des dramatischen Konzeptes (und der auf ihr fußenden Mimesistheorie) haben in vielen Disziplinen der Theologie kritische und anregende Debatten ausgelöst, die in zahlreichen einschlägigen Publikationen nachgelesen werden können. Es bleibt ein großes Verdienst dieses Ansatzes, der menschlichen Gewalt schonungslos und ungeschminkt ins Auge zu sehen. Schließlich ist es ganz und gar nicht selbstverständlich, eine solch universal treibende und gesellschaftlich hochgefährliche Kraft auch einer theologischen Analyse zu unterziehen. Wie sonst sollte es gelingen können, ihre Macht schrittweise einzudämmen, wenn man nicht ihre einzelnen Dimensionen aufschlüsselt? Darüber hinaus liegt ein weiterer Vorzug in ihrem konsequenten Bemühen, das Leben und Wirken Jesu nicht als beiläufige, unter Umständen auch umgehbare Größe im Erlösungsprozess zu interpretieren, sondern als heftiges Ringen um die Ankunft des Reiches Gottes, das kein Spiel am grünen Tisch ist, sondern aufs Ganze zielt und auch ein Risiko in sich birgt.

Willibald Sandler arbeitet stringent heraus, welche Funktion der negativen Theologie in einem dramatischen Konzept zukommen kann. Die zentrale Offenbarungsgestalt ist die „bei aller Kommunikabilität letztlich inkommunikable" Person des Christus, der nicht durch neutrale Beobachtung erfasst, sondern nur im Glauben und in der Liebe gefunden werden kann (4). Das „Offenhalten der göttlichen Mitte" (11), die nie als solche erreichbar ist und daher eine Polyperspektivität der Zugänge erfordert, qualifiziert die negative Theologie in ihrer verantwortungsvollen Aufgabe, „als Hüterin des göttlichen Geheimnisses" (19), alle Verkürzungen und Verabsolutierungen in Bezug auf Gott zu verhindern. Indem die negative Theologie jegliche Besitzansprüche („Unser Gott, nicht der Gott der Anderen") und falsche Zuschreibungen kritisiert sowie entschieden das Offenhalten des Raumes für den je größeren Gott einmahnt, kann sie zu Recht „als Weg zur Vermeidung und Überwindung von religiöser Gewalt begriffen werden" (25). Willibald Sandler weist zugleich darauf hin, dass ihre Überstrapazierung das biblische Gottesverständnis deutlich verfehlen und dessen Weltrelevanz aus den Augen verlieren würde, womit das Problem der Gewalt erst recht virulent werden könnte. Notwendig ist und bleibt deshalb „eine adäquate „offenbarungstheologische negative Theologie", die in einer Gratwanderung zwischen falscher Positivierung und resignativem Verschweigen das Geheimnis Gottes offen hält" (25).

Diese systematisch überzeugende Einordnung, die sich wohl auch historischen (Gewalt)Erfahrungen verdankt und durch aktuelle politische Entwicklungen gestützt wird, steht in sichtbarer Spannung zum ersten Teil des Textes, der die Grundlegung der dramatischen Theologie im Anschluss an die *Theodramatik* von Hans Urs von Balthasar rekonstruiert (1–9). Die darin entwickelte Struktur bildet für die Dramatische Theologie den konstitutiven Rahmen, auch wenn an markanten Punkten Ergänzungen vorgenommen wurden. Den für Balthasar so zentralen innertrinitarischen Kampf zwischen dem gerechten Zorn des Vaters über die Sünde der Menschen und der selbstlosen Liebe des Sohnes, der den Zorn auf sich nimmt und vernichtet, bleibt uns im Text von Willibald Sandler erspart, aber dieses Drama durchzieht als Leitdifferenz Balthasars staurozentrisches Erlösungsverständnis.[1] Jeder Widerspruch gegen Gott ist prinzipiell schon aufgelöst, weil der Sohn durch die Sühneleistung den ganzen Schmerz der Trennung und Gottferne bereits aufgefangen hat. Doch woher stammt eigentlich das Wissen um die innertrinitarische Rollenverteilung, „die dem ewigen Vater den Zorn, dem ewigen Sohn die Liebe zuweist, wenn beide ihrem Sein nach von der Liebe her zu verstehen sind?"[2] Einen wichtigen Einwand hat Willibald Sandler ja selbst ins Treffen geführt, ob dieses Konzept letztlich nicht leidunempfindlich und systematisch völlig geschlossen sei. Deshalb erhebt er die Forderung, das Leid und das Unrecht kontinuierlich mitzudenken, „und zwar auf radikalere Weise, als es bei Balthasar mancherorts geschieht" (11). Aber wo wäre ihr systematischer Ort? In den innertrinitarischen Beziehungen? Dann stellt sich die Frage, wie sie in ihrer exakten, uns einsehbaren Aufgabenteilung das Fundament des Weltdramas bilden sollten, wenn sie zugleich die „offen zu haltende Mitte in unserer Gotteserkenntnis" (25) repräsentieren. Könnte die Dramatische Theologie nicht gänzlich auf diese innertrinitarischen Berichte und Spekulationen verzichten, ohne ihr Proprium zu verlieren? Braucht es die genauen Einblicke in das Innenleben Gottes? Obwohl in der Dramatischen Theologie dem Konflikt zwischen Jesus und den Menschen eine weitaus größere Bedeutung zukommt, bildet die Grammatik des innergöttlichen Kampfes um die Erlösung nach wie vor den entscheidenden Interpretationsrahmen. Hier könnte die negative Theologie ihr kritisches Potential noch stärker einbringen, um die von Willibald Sandler überzeugend eingemahnte „uneinholbare Geheimnishaftigkeit" (21) Gottes stärker zum Ausdruck bringen. Das aber würde vielleicht auch den Verzicht implizieren, das Christusereignis als einen einzigen, heilsgeschichtlichen Prozess zu interpretieren. Vielleicht erlauben die äußerst disparaten Aussagen und Perspektiven, wie sie das Neue Testament auf Jesus hin entwirft, keine Synthese, keine einheitliche Interpretation, sondern eine starke Polyperspektivität, wie sie dic Dramatische Theologie auch selbst widerspiegelt.

---

[1] Vgl. etwa Balthasar, H.U.v., Theodramatik III, Einsiedeln 1980, 315–327.

[2] So Bachl, Gottfried, Der schwierige Jesus, Innsbruck [2]1996, 99.

Hildegund Keul: Kommentar zu Willibald Sandler

Ausschlussgewalt und die Leerstelle der Auferstehung

Mit der „offen zu haltenden Mitte“ vertritt Willibald Sandler im Rückgriff auf Hans Urs von Balthasar ein biblisches Anliegen. „Die Unfassbarkeit der Mitte wird durch eine spannungsvolle Pluralität von auf diese Mitte hin verweisenden ‚Indizien‘ gesichert, – schon dadurch, dass das Christusereignis durch vier Evangelien beschrieben wird, die sich in keine Evangelienharmonie auflösen lassen.“ (5) Die unhintergehbare Pluralität der Evangelien und mehr noch die Tatsache, dass keines der vier Evangelien den Akt der Auferstehung beschreibt, machen die Komplexität des Problems deutlich. Die Mitte des christlichen Glaubens bildet sprachlich eine Leerstelle. Denn die Evangelien erzählen Vieles; aber sie schweigen sich aus über das Ereignis der Auferstehung. Es gibt keine biblische Erzählung von der *Auferstehung*, nur von Erscheinungen des *Auferstandenen*. Selbst Matthäus, der am dichtesten an die Auferstehung heran tritt, erzählt lediglich vom Engel, der den Stein wegwälzt, so dass die Frauen die Leere des Grabes sehen können (Mt 28,1–8) – nicht aber von Jesus, wie er aufersteht.

Über die Auferstehung selbst, die Mitte christlichen Glaubens, schweigen alle Evangelien sich aus. Hier ist ein Bilderverbot am Werk, das jenes Geheimnis wahrt, vor dem die Sprache versagt. Und dennoch verschweigen die Evangelien dieses Unsagbare keineswegs. Denn indem sie von den Erscheinungen des Auferstandenen erzählen, verweisen sie auf das, was sie nicht in Worte fassen. Wenn Hans Urs von Balthasar trotz aller innertrinitarischer Spekulationen, die er intensiv betreibt, die Unverfügbarkeit Gottes betont, folgt er dieser Spur verschwiegener Gottesrede. Sie ist ihm auch aus der Mystik bekannt, deren Bedeutung für die Systematische Theologie er sehr hoch einschätzt.[1] Seine Wertschätzung der Traditionen Negativer Theologie gipfelt in der Mystik der Kartage nach einer Vision der Adrienne von Speyr, die das Drama des menschlichen Lebens am Karsamstag platziert: wird der Mensch am Tod durch das Kreuz verzweifeln oder auf die Auferstehung hin glauben?

Zu Recht greift Sandler verschiedene Vorwürfe gegenüber der theologischen Ästhetik Balthasars auf, insbesondere das Einklagen der Sensibilität gegenüber den Opfern, die Johann Baptist

[1] Vgl. Balthasar, Hans Urs von, Mechthilds kirchlicher Auftrag. Einleitung zur Übersetzung von „Das Fließende Licht der Gottheit“, Einsiedeln, 1955, 19–45, bes. 19.

Metz vorgebracht hat. Balthasars Argumentationsweg nimmt seinen Ausgangspunkt in der theologischen Ästhetik und von ihr her zur Konkretheit der Welt; der immanenten Trinität gibt er Vorrang gegenüber der ökonomischen. Hier stellt sich die Frage nach der konkreten Verortung dieser spekulativen Theologie, die bei der „Herrlichkeitserfahrung" ansetzt. Die Innsbrucker Dramatische Theologie gleicht diese tendentielle Ortlosigkeit aus, indem sie sich der unfasslichen Realität der Gewalt stellt, die Menschen einander anzutun in der Lage sind. Damit rückt sie ein Thema in den Mittelpunkt, das in den letzten Jahren weltweit an Bedeutung gewinnt und ungeheuer bedrängend ist.

Dass sich die Innsbrucker Dramatische Theologie dem globalen Problem der Gewalt stellt, ist für die Theologie im deutschsprachigen Raum sehr wichtig. Allerdings ist zu bezweifeln, ob der nahtlose Anschluss an die Mimesis-Theorie von René Girard in dieser Frage weit genug führt. „Girards mimetische Theorie kann als genuin theologisches Thema in der theologischen Anthropologie im Schnittbereich von Transzendenz und Interpersonalität des Menschen lokalisiert werden" (Sandler 17). Aber eine mimetisch formierte Anthropologie ist schwerlich in der Lage, das gegenwärtige Problem religiöser Gewalt zu lösen. Die heutige Religionssituation ist davon gezeichnet, dass Religionen ihre Heiligen Texte zu Todeswaffen schärfen – und zugleich nicht bestreiten, dass Gott ein bleibendes Geheimnis ist. Nicht nur dem mimetischen Begehren unter Menschen, sondern ihrer Gottesrede wohnt ein Gewaltpotential inne, das allerorten ausbricht und Unheil anrichtet. Ein „interpersonal und kollektiv sich aufschaukelndes, ängstliches und begieriges Verstellen der offen zu haltenden göttlichen Mitte, und zwar im eigenen Selbst, in den Mitmenschen und in der Umwelt" weicht dem Problem der *Gottesrede* auf das Feld der Anthropologie hin aus.

In Auseinandersetzung mit Gewalt legen die Traditionen Negativer Theologie die Gefährdung und Störanfälligkeit menschlicher Gottesrede frei, die auf die Macht Gottes zuzugreifen versucht. Bei Sandler findet infolge der Betonung der Interpersonalität die Tatsache nicht genug Beachtung, dass es hier um *sprachliche* Prozesse geht – um die Bedeutung der jeweiligen Heiligen Schrift; um die Konkretisierung der Mission; um die verschwiegenen Namen Gottes, deren Benennung befreiende oder tödliche Macht freisetzt. Die Unfasslichkeit der Mitte christlichen Glaubens verweist auf den sprachlichen Modus der Gottesrede. Wie wird die „rechte Balance" „zwischen einer affirmativen theologischen Synthese (im anzielenden Besprechen der letztlich unsagbaren Mitte) und einer

Relativierung dieser Affirmation durch das Offenhalten der Spannungen zwischen den auf die Mitte verweisenden Indizien" (11) erzeugt? Die Betonung einer (beliebigen?) Polyperspektivität ist kein ausreichendes Instrumentarium, um der Ausschlussgewalt von Erwählung und Mission entgegenzuwirken und die Nicht-Erwählten gewaltreduzierend in den Gottesdiskurs einzuschließen. Es ist zweifelhaft, ob die Kombination einer Theologie, die den konkreten Orten der Welt eher sekundäre Bedeutung zumisst, mit der Einlinigkeit des Mimesisgedankens der Komplexität der Gottesfragen gewachsen ist, die sich in Konfrontation mit realer Ausschlussgewalt stellen. Die „dramatische Polyperspektivität" bleibt in Sandlers Ausführungen eher appellativ und damit zu unbestimmt. Aber diese Kritik stellt nicht infrage, dass er mit der Ausschlussgewalt ein reales Problem benennt und Negative Theologie damit an einem zentralen Punkt heutiger Diskurse verortet.

Gregor Maria Hoff: Kommentar zu Willibald Sandler

Die Kritik, die sich im Folgenden an Sandlers Relecture der negativen Theologie richtet, ist in einem erheblichen Maße an seinen Gewährsmann von Balthasar zu adressieren. Da Sandler ihn ins Feld führt, trifft auch ihn ein theoretisches Unbehagen, das sich am von mir geteilten Interesse an einer offenbarungstheologisch verorteten negativen Theologie (1, Anm. 6; 5) entzündet. Dabei erscheint dies für die Innsbrucker dramatische Theologie insofern relevant, als erstens ein besonderes „Nahverhältnis zur Theologie Hans Urs von Balthasars" besteht (12) und sich diese zweitens ausdrücklich auf die theologische Ästhetik Balthasars bezieht (12).

Vor diesem Hintergrund stellt sich die Frage, ob negative Theologie bei Balthasar konsequent durchgeführt wird, zumal wenn sie sich in theologische Spekulationen auflöst.[1] Konkret: Die eschatologische Überbestimmtheit der dramatischen Theologie von Balthasars, wie sie sich in verschiedenen Bildern zeigt[2], konterkariert jene nüchterne Reserviertheit, mit der negative Theologie Sätze wie den folgenden behandeln müsste:

„Wer die vollkommene Verlassenheit für sich wählen und damit seine Absolutheit Gott gegenüber beweisen wollte, träfe vor sich auf die Gestalt eines, der absoluter verlassen ist als er selbst. Man kann sich deshalb überlegen, ob es Gott nicht freisteht, dem von ihm abgewendeten Sünder in der Ohnmachtsgestalt des gekreuzigten, von Gott verlassenen Bruders zu begegnen, und zwar so, daß es dem Abgewendeten klar wird: dieser (wie ich) von Gott Verlassene ist es um meinetwillen." [(7) – H. U. von Balthasar, Theodramatik IV, 284.]

Negative Theologie forciert demgegenüber die *bestimmte Negation* als Modus der Rede von Gott, indem sie sagt, was sich nicht sagen lässt. Damit verliert sie sich nicht in leeren Abstraktionen, sondern fragt nach der konkreten Belastbarkeit von theologischen Aussagen. Wie steht es in dieser Hinsicht um die Steigerung der *vollkommenen Verlassenheit* in ein noch *absoluteres Verlassensein*? Und sprengt nicht das vorgeschlagene Bild der Begegnung des von Gott verlassenen Menschen mit dem Gekreuzigten jedes zumutbare Maß eines theologischen Konkretis-

---

[1] Sandler weist in diesem Zusammenhang seinerseits auf die Kritik Schwagers an Balthasar hin: Nr. 12, Anm. 45.
[2] Zumal in seiner „Theologie der drei Tage".

mus der Anschauung, die gerade deshalb seltsam hohl erscheint, weil sie nicht von der konkret gegebenen Erfahrung ausgeht? Wäre nicht der Einsatzpunkt der äußerst denkbaren negativen Theologie dort, wo man sich der Möglichkeit einer radikalen Verlassenheit stellen muss, für die kein Bild mehr aufkommen kann?

Gerade in seiner *positiven Sprache* der am Ende alles einschließenden Herrlichkeit Gottes findet von Balthasar dafür keinen angemessenen Ausdruck. Das hängt wiederum an jener systemischen Geschlossenheit, gegen die er sich einerseits sperrt (4) und die er in den transzendentalen Bestimmungen des Seins andererseits doch immer schon voraussetzt, wenn er seine theologische Trilogie als Ästhetik, Dramatik und Logik entfaltet. Negative Theologie erscheint hier eher als Funktionselement denn als konstitutiver erkenntnistheoretischer Faktor. Vom Ende der Theodramatik her gedacht: Seine negative *Theologie hält den Raum für den je größeren Gott* insofern *offen*, als sie immer schon Teil eines Theorierahmens ist, der am Ende alles *synästhetisch* stellt – in der Kongruenz des Schönen, Guten und Wahren (9).

Angesichts dessen stellt sich die Frage, ob eine dramatische Theologie, die sich ihrerseits am Rahmen eines geschlossenen Fünf-Akte-Schemas orientiert (14), nicht noch einmal in eine ästhetische Hermetik zurückfällt. Gerade angesichts ihres dramatischen Impulses droht sich die Aufgabe negativer Theologie als radikaler Einspruch gegen die gewaltförmige Ordnung der Dinge aufzulösen, wenn sie sich in einen theologischen Rahmen zwingen lässt, der bereits ästhetisch vorab fest gefügt ist. In dieser ästhetischen Kombinatorik geht theologisch am Ende des Dramas alles auf – es gibt kein Außerhalb *dieses dramatischen Systems.*[3] Der Bruch ist hier immer schon Aspekt der gegebenen Ordnung der Dinge. An sie wenden sich aber gerade die Fragen negativer Theologie, sofern sie sich vom Paradigma einer hierarchisch gefugten negativen Theologie löst, wie es bei Pseudo-Dionysius Areopagita begegnet. Wenn Sandler negative Theologie am Ende mit einem Balthasar-Zitat besonders dort als gefährlich beschreibt, wo sie philosophisch von außen hinzutritt, markiert er das formale Problem dieser Verortung negativer Theologie eher unfreiwillig sehr genau als einen systemischen

[3] Einer der Gründe, warum es in seiner klassischen Form in der Moderne scheitert – vgl. dazu die Analysen Peter Szondis: Theorie des modernen Dramas (1880–1950), in: Schriften 1, Frankfurt ^{3}1989, 9–148.

Identitätsfunktor. Doch gegen allzu feste gefügte Identitätsformate steht negative Theologie nach eigener Auskunft diskurspolitisch ein (24). Das Theorie-Setting führt an dieser Stelle zu internen Spannungen.[4]

[4] In einer Ästhetik der Passung von Wahrem und Gutem und Schönem ist jedenfalls kein Platz für eine Ästhetik, wie sie etwa von Th.W. Adorno her zwingt, Hoffnung im Modus ihrer Unvorstellbarkeit als den „unmöglichen" Ort zu bestimmen, ohne den Denken doch zugleich *unmöglich* würde. Angesichts einer selbst nicht mehr adäquat benennbaren Unheilsgeschichte arbeitet sich Adornos Denken an dem ab, was ist und nicht sein darf. Seine kritische Theorie ist von daher Einspruch unter dem Verdikt eines Bilderverbots, das nicht mehr sagen lässt, was sein sollte und wie es werden könnte. Diese grundlegende Negativität durchfurcht noch die Hoffnung auf entlegenen, weil nicht mehr gegenständlichen Sinn. Das heißt aber dann: „Negativ, kraft des Bewußtseins der Nichtigkeit, behält die Theologie gegen die Diesseitsgläubigkeit recht." (Adorno, Th.W., Negative Dialektik, Frankfurt ^{6}1990, 371.) Weil alle Erkenntnis eine Tendenz zur Einordnung des Erkannten ins System hat, muss sich Adornos Hoffnung an diese Negativität anschließen. Der theologische Gedanke der Ohnmacht Gottes, den eine dramatisch entwickelte Kreuzestheologie – selber an dieser Stelle prekär, weil ideologisch anfällig – austrägt, steht damit auf anderem geschichtstheologischem Boden. Noch einmal mit Adorno: „Nicht absolut geschlossen ist der Weltlauf, auch nicht die absolute Verzweiflung; diese ist vielmehr seine Geschlossenheit. So hinfällig in ihm alle Spuren des Anderen sind; so sehr das Glück durch seine Widerruflichkeit entstellt ist, das Seiende wird doch in den Brüchen, welche Identität Lügen strafen, durchsetzt von den stets wieder gebrochenen Versprechungen jenes Anderen. Jegliches Glück ist Fragment des ganzen Glücks, das den Menschen sich versagt und das sie sich versagen." (Ebd. 396.) Hoffnung nimmt hier die Form negativer Theologie an. Sie zielt auf „Konvergenz, das menschlich verheißene Andere der Geschichte". (Ebd.) Wieder taucht der Gedanke der Alterität auf. Doch lässt sich von Gott als dem Ganz-Anderen für Adorno nicht mehr sprechen – wohl auch deshalb, weil er identitätslogisch eingeebnet wäre. Immerhin: „Kein Licht ist auf den Menschen und Dingen, in dem nicht Transzendenz widerschiene. Untilgbar am Widerstand gegen die fungible Welt des Tauschs ist der des Auges, das nicht will, daß die Farben der Welt zunichte werden. Im Schein verspricht sich das Scheinlose." (Ebd. 396f.) Negative Theologie erscheint hier selbst als dramatischer Prozess – dramatischer, als er in der Regie dramatischer Theologie auftritt.

5

Gottesrede als Einspruch

Das ideologiekritische Potential negativer Theologie

Alois Halbmayr, Salzburg

(1) Der einstmals vielfach erhobene und breit akzeptierte Anspruch, Ideologiekritik aus theologischer Perspektive zu betreiben, hat sich weitgehend überlebt. Theologie und Kirche, so scheint es, kommen auch ohne dieses lästige Programm ganz gut zurecht. In der bewegten Zeit des nachkonziliaren Aufbruchs war es die (neuere) Politische Theologie, die das mühsame Geschäft der Ideologiekritik mit aufrichtiger Überzeugung betrieb.[1] Allerdings besitzt die Politische Theologie nicht mehr den Stellenwert und die Aufmerksamkeit, die sie noch vor einer Generation innehatte und die ihr aufgrund ihres Anspruchs und Selbstverständnisses noch gebührte. Für ihre Marginalisierung und den schleichenden Bedeutungsverlust gibt es viele Gründe. Kirchen- und theologiepolitisch hatte diese Denkform stets mit Gegenwind zu kämpfen, sie stand meist unter Ideologieverdacht und war daher einem verschärften Rechtfertigungsdiskurs ausgesetzt, der nicht nur langfristig an ihrem Selbstverständnis kratzte, sondern auch universitäre Karrieren erschwerte bzw. verhinderte und daher kaum eigene Traditionen bilden konnte. Ein weiterer Grund für ihren Bedeutungsverlust lag wohl auch im durchaus gewollten Niedergang ihres großen Partners, der lateinamerikanischen Befreiungstheologie, die sich stets intensiv und fruchtbar mit der Politischen Theologie auseinandersetzte.[2] Auch von innen her haben Begründungsprobleme und Theoriedefi-

---

[1] Zur Geschichte und zur Begrifflichkeit der Politischen Theologie vgl. den Überblick von: Wacker, Bernd/Manemann, Jürgen, Art. Politische Theologie, in: NHThG 3 (Neuausgabe), München 2005, 388–398. Der Terminus „neue Politische Theologie" versteht sich als eine „Neuschöpfung" (394), um sich einerseits explizit von der historisch dominierenden, herrschaftsaffirmativen Tradition abzugrenzen, durch die Beibehaltung des Namens aber auch bewusst an das ihr inhärente kritische Potential anzuknüpfen. Im Folgenden bezieht sich der Terminus „Politische Theologie", falls nicht anders vermerkt, auf die „neue" bzw. „neuere" Politische Theologie.

[2] Vgl. dazu den Überblick von: Sievernich, Michael, Ende oder Wende? Neuere Beiträge zur Befreiungstheologie, in: ThRev 95 (1999) 356–364; Tamayo, Juan José, Rezeption der Theologie der Befreiung in Europa, in: Ellacuría, Ignacio/Sobrino, Jon (Hg.), Mysterium Liberationis 1, Luzern 1995, 37–62; Fiorenza, Francis, Religion und Politik, in: CGG 27, Wien 1982, 59–101.

zite zu ihrer Schwächung beigetragen: ihr stark appellativer Charakter, verbunden mit einer weitgehend ausgebliebenen theoretischen Reflexion ihrer Geltungsansprüche und Voraussetzungen, ihre stark ethische Zuspitzung, ihr soteriologisch aufgeladener Vernunftbegriff, eine im Zuge der Schmitt-Renaissance erneut aufgebrochene Debatte um die Kategorie des Politischen, ein unterbestimmter Praxisbegriff, die verhaltene Rezeption im theologischen Fächerkanon, all das erschwerte oder verhinderte eine gedeihliche und kontinuierliche Weiterentwicklung.[3] Schließlich erwies sich auch ihr ungeklärter ekklesiologischer Status als hartnäckiges Problem. Der Kirchenbegriff, der für die Politische Theologie eine zentrale Kategorie bildete und von dem her sie ihre gesellschaftliche Kritik formulierte, blieb weitgehend unvermittelt gegenüber den real existierenden konkreten Gestalten der Kirche und den Alltagserfahrungen vieler Katholikinnen und Katholiken. So gibt es in der gesamten Politischen Theologie keine überzeugend ausgearbeitete Ekklesiologie, obwohl die Aufgaben der Kirche klar umrissen werden: „Kirche muß sich verstehen und bewähren als öffentliche Zeugin und Tradentin einer gefährlichen Freiheitserinnerung in den »Systemen« unserer emanzipatorischen Gesellschaft“[4]; als Trägerin und Ort kritischer, emanzipatorischer Freiheit, als „Institution zweiter Ordnung“[5] könne ihre primäre Aufgabe nicht darin liegen, eine positive Gesellschaftsordnung normativ zu proklamieren, vielmehr müsse sie in der Gesellschaft und ihr gegenüber kritisch-befreiend wirksam sein.

(2) Neben diesen primär theologischen und innerkirchlichen Gründen trug auch die allgemeinpolitische Entwicklung entscheidend zur Krise bei. Unilaterismus, neoliberales Politikmodell und die sie begleitenden restaurativ-autoritären Tendenzen sind nur ei-

---

[3] Selbstkritisch resümiert etwa Jürgen Moltmann: In der Politischen Theologie „gab es zwar neue theologische Aussagen, aber zu wenig Bemühen um eine Definition des Politischen“ (Moltmann, Jürgen, Erfahrungen theologischen Denkens. Wege und Formen christlicher Theologie, Gütersloh 1999, 112).

[4] Metz, Johann Baptist, Glaube in Geschichte und Gesellschaft. Studien zu einer praktischen Fundamentaltheologie, Mainz 1977, 78.

[5] Metz, Johann Baptist, Zur Theologie der Welt, Mainz/München 1968, 108. Der Begriff „zweite Ordnung“ besagt, dass eine solche Institution nicht Objekt sondern Subjekt und Träger dieser Kritik ist. Sie sollte „kritisches gesellschaftliches Handeln nicht verdrängen, sondern überhaupt erst konkret ermöglichen“, was den Aufbau einer innerkirchlichen kritischen Öffentlichkeit erfordert (Zur Theologie der Welt 125). Allerdings hat Metz zugleich hinzugefügt: „Die Kirche wird ein wirksames Freiheitszeugnis natürlich nur geben, wenn sie in sich selbst diese Freiheit abbildet. Wenn es ihr gelingt, selbst ein Asyl dieser Freiheit zu sein, kann sie, sich auf Freiheit berufend, reden, sonst wird es ihr niemand abnehmen.“ (Metz, Johann Baptist, Zum Begriff der neuen Politischen Theologie. 1967–1997, Mainz 1997, 73).

nige Stichworte, mit denen die Entpolitisierung auf der symbolischen Ebene den tiefgreifenden sozialen und kulturellen Wandel widerspiegelt. Unter den auf Deregulierung und Entsolidarisierung ausgerichteten Rahmenbindungen erscheint die Aufgabe, „nicht eine systematische Soziallehre, sondern – Sozialkritik“[6] zu formulieren, notwendiger und zugleich schwieriger denn je. Allerdings wird diese Kritik nach außen, an den politischen und gesellschaftlichen Entwicklungen nur dann überzeugen, wenn sie eine Kritik nach innen einschließt, d. h. die eigenen Verwicklungen und Probleme in den Blick nimmt und sich diesbezüglich in Frage stellen lässt.

1. Zum ideologie- und gesellschaftskritischen Anliegen der Politischen Theologie

(3) Die Renaissance der Politischen Theologie, die Mitte der 60er Jahre des vorigen Jahrhunderts einsetzte, lässt sich nur aus der jüngeren Zeitgeschichte heraus verstehen. Sie ist eine Frucht des Zweiten Vatikanischen Konzils und des politischen Wandels dieser Zeit. Kirche *und* Gesellschaft waren die beiden entscheidenden und herausfordernden Größen, in denen sich dieser neue theologische Denkweg als kritische, befreiende und verändernde Kraft verorten wollte. Damit stellte sich die Politische Theologie einem doppelten Anspruch, aus dem jeweils spezifische Aufgabenstellungen erwuchsen. Nach außen galt es die Entwicklungen in Politik und Gesellschaft aufmerksam zu analysieren und kritisch zu begleiten, nach innen hin die Verkrustungen und Selbststilisierungen im kirchlichen Selbstvollzug aufzudecken und zu korrigieren. Zentral für Selbstverständnis und Rezeption war und ist deshalb „ihre Kennzeichnung als kritische Theologie“[7]. Leitkategorien des Re-

[6] Metz, J.B., Zur Theologie der Welt 115.

[7] Zeillinger, Peter, Maßstäbe der Kritik. Negatives Denken, „schwache Kategorien“ und der Einbruch der Alterität im Kontext der neuen Politischen Theologie, in: Reikerstorfer, Johann (Hg.), Vom Wagnis der Nichtidentität. Johann Baptist Metz zu Ehren, Münster 1998, 79–115, 94. Zeillinger betont, dass für die Politische Theologie das Verständnis von Kritik nicht eine von außen kommende, „sondern nur eine aus einem explizit theologischen Praxisbegriff selbst erwachsende Kategorie sein“ (ebd.) könne. Für die neue Politische Theologie liege in der Verwiesenheit der Gottesrede an eine geschichtliche Erinnerung, die weder historisierend vergangene Ereignisse beschwöre, noch ahistorisch dogmatisierend Erinnerung und Verheißung ihres geschichtlich relevanten Wesens beraube, „die kritische Instanz gegenüber der Herrschaft des Bestehenden“ (111). Dafür habe Metz das Wort von der gefährlichen Erinnerung geprägt, deren Gefährlichkeit nach Zeillinger „in den in ihr aufgezeigten Alternativen zum herrschenden Bewusstsein“ (112) bestehe.

flexionsgeschehens sind *Erinnerung* (*memoria*), *Erzählung* (*Narrativität*) und *Solidarität* (*empathische Praxis*), allesamt Kategorien, die nicht aus transzendentaltheologischer Reflexion, sondern aus existentieller Betroffenheit und einem mehrfachen Erschrecken gewonnen wurden: die Irritation, dass man der christlichen Gottesrede die himmelschreiende Leidensgeschichte der Menschen so wenig ansehen und anhören könne; der Abgrund, für den paradigmatisch der Name Auschwitz stehe; die Selbstverständlichkeit, mit der die Theodizeefrage sistiert wurde.[8] Politische Theologie wollte auf Basis dieser Erfahrungen die Aufgaben von Theologie und Kirche neu formulieren und die Entpolitisierung der Religion, ihre Degradierung zur reinen Privatsache aufheben, die sich als beschämend unfähig erwies, gesellschaftliche Katastrophen als Herausforderung des Glaubens zu begreifen.[9]

(4) Mit dem Fokus auf die *gesellschaftliche* und *politische* Bedeutung der christlichen Botschaft grenzt sich die Politische Theologie von den verschiedenen transzendentaltheologischen Ansätzen ab, denen Metz vorgeworfen hatte, der Privatisierung des Subjekts Vorschub zu leisten und die sozialen Konstruktionsbedingungen der Glaubensformen auszublenden. Sie will das bequeme Vorurteil von der apriorischen Neutralität oder politischen Unschuld der Kirche widerlegen und zeigen, dass in ihrer konkreten, historisch-gesellschaftlichen Erscheinung Kirche immer schon als eine politische Größe existiert, die einerseits den anderen gesellschaftlichen Institutionen gegenübersteht, zugleich aber eines ihrer Teilsysteme bildet. Um die hoch gehaltene Un- oder Überparteilichkeit erkennen und die dadurch verschleierten Allianzen mit den Mächtigen aufdecken zu können, ist deshalb „die Ausbildung einer kritisch-politischen Hermeneutik der Kirche gefordert“[10]. Damit ist jedoch nicht ein Schritt zurück hinter die neuzeitlichen Ausdifferenzierungen und Errungenschaften gemeint, dass etwa die Religion wieder in das politische Alltagsgeschäft eingreifen solle, sondern die Wiederentdeckung der *politischen Dimension* des Religiösen, seine gesellschaftlich-pragmatische Bedeutung. Vor diesem Horizont ist die Entprivatisierung der Theologie des-

---

[8] Vgl. dazu v.a. Metz, J.B., Glaube in Geschichte und Gesellschaft 159–211.

[9] Vgl. dazu: Ruster, Thomas, „Ein heiliges Sterben“. Der Zweite Weltkrieg in der Deutung deutscher Theologen, in: SaThZ 9 (2005) 212–228.

[10] Metz, J.B. Glaube in Geschichte und Gesellschaft 78; Zur Theologie der Welt 99. Metz betont ausdrücklich, dass mit der Politischen Theologie keine neue theologische Disziplin gegründet werden solle, sondern sie als ein „Grundzug im theologischen Bewußtsein überhaupt“ (107) zu rekonstruieren sei; vgl. Peukert, Helmut (Hg.), Diskussion zur „politischen Theologie“, Mainz/München 1969.

halb eine „primäre theologische Aufgabe“[11], die Ausarbeitung einer „Theologie des Subjekts“[12], für die der Praxisbegriff konstitutiv erscheint, ein Gebot der Stunde.[13] Praxis wird dabei ausdrücklich nicht als eine Konkretisierung vorgefasster, in transzendentaler Reflexion entworfener Theorien verstanden, sondern als eigenständiger Erkenntnisort, als konstitutive Dimension des Glaubens rekonstruiert, die aus sich heraus eine unableitbare, intelligible und wahrheitsfähige Kraft besitzt. Da Gott, so Metz, nicht gedacht werden könne, ohne dass dieser Gedanke irritiert, in Frage stellt und zu Positionierungen zwingt, ist die Selbstbeschreibung der Theologie, eine theoretische, „neutrale“ Reflexion der Gottesfrage zu sein, in sich ein Widerspruch. Im Akt der Erkenntnis ist die praktische, auf Handlung ausgerichtete und die Praxis orientierende Dimension bereits vom Ursprung her mitgesetzt, so dass Metz formulieren kann: „Der christliche *Gottesgedanke* ist aus sich selbst ein praktischer Gedanke.“[14] Er zielt nicht primär auf Erkenntnis und spekulative Durchdringung der Welt, sondern auf Umkehr durch Nachfolge Jesu. Die zentralen Verheißungen der biblischen Reich-Gottes-Verkündigung münden nicht in die Behaglichkeit einer bürgerlichen Wohnstube, sondern setzen „den einzelnen in eine kritische Freiheit gegenüber seiner gesellschaftlichen Mitwelt“[15] ein. Träger dieser Freiheit ist zum einen der mündige Mensch, aber nicht in seiner reduzierten Form als bürgerlich-privatistisches Individuum, sondern als solidarisches Subjekt, das in eschatologischer Perspektive die Welt als Gestaltungsauftrag Gottes begreift. Zum anderen vermittelt sich diese Freiheit in der konkreten Gestalt der Kirche, die allerdings nur dann eine glaubwürdige, „öffentliche Zeugin und Tradentin einer gefährlichen Erinnerung“[16] sein kann, wenn sie wiederum diese emanzipatorische und herrschaftsfreie Struktur exemplarisch in und für die Gesellschaft repräsentiert. Allerdings lauert hier die Gefahr einer Verwandlung in „bürgerliche Religion, oder genauer die Gefahr, daß wir die Erneuerung der Kirche nicht auf der Basis des Evangeliums, sondern auf der Basis dieser bürgerlichen Kirche

[11] Metz, J.B., Zur Theologie der Welt 101. Metz kritisiert immer wieder den „Trend zum Privaten“, den er vor allem in den „heute vorherrschenden Formen der transzendentalen, existentialen und personalistischen Theologie“ am Werk sieht (101).
[12] Metz, J.B., Glaube in Geschichte und Gesellschaft 57.
[13] Vgl. dazu insb. Metz, J.B., Glaube in Geschichte und Gesellschaft 44–74.
[14] Metz, J.B., Glaube in Geschichte und Gesellschaft 47.
[15] Metz, J.B., Appendix Lexikonartikel „Politische Theologie“ (1969), in: ders., Zum Begriff 26–32, 29f.
[16] Metz, J.B., Was will die „Politische Theologie“?, in: ders., Zum Begriff 62–74, 66.

suchen"[17]. Das Problem dabei ist für Metz weniger die Institution selbst als die Menschen in ihr: „[D]ie Krise des Christentums ist primär keine Krise seiner Inhalte, sondern eine Krise seiner Subjekte und deren Praxis."[18] So zahle die Kirche den Preis dafür, „daß das Volk selbst bisher zu wenig zum Subjekt der Kirche geworden ist; dafür, daß in der Sprache der Kirche die Lebens- und Leidensgeschichte des Volkes zu wenig laut und verlautet wurde; dafür daß die Kirche zwar »Kirche für das Volk« sein will, aber zu wenig »Kirche des Volkes« ist."[19] Gleichzeitig gilt es aber den Pendelschlag in die entgegengesetzte Richtung zu verhindern, nämlich die Kirche zu instrumentalisieren und „für eine ganz bestimmte konkrete Politik neu aufzuladen"[20]. In jedem Falle bedarf es einer Kritik an den jeweiligen Gestalten und Vollzugsformen konkreter Kirchlichkeit, woran es die Politische Theologie jedoch bis dato eher hat fehlen lassen.[21]

(5) Die Politische Theologie hatte in ihren Anfängen sehr stark das prophetisch-apokalyptische Potential des Glaubens herausgearbeitet und von diesem Anspruch her versucht, Einfluss auf die gesellschaftliche Entwicklung zu nehmen. Selbstbewusst positionierte sie die Theologie als eine Wissenschaft, die im Sinne des Evangeliums ihre Stimme im Streit um die Zukunft des Menschen erheben müsse. Der Auszehrung der Politik und dem Erlöschen der politischen Phantasie könne nur dann wirksam entgegengetreten werden, wenn die Politik „kritisch-befreiend von dem eschatologischen Gewissen der Theologie inspiriert und unterstützt wird in ihrem Kampf"[22] um die Freiheit und den universalen Frieden. Gottes Verheißungen sind nämlich kein leerer Horizont ei-

---

[17] Metz, Johann B., Jenseits bürgerlicher Religion. Rede über die Zukunft des Christentums, Mainz 1980.

[18] Metz, J.B., Appendix Lexikonartikel „Politische Theologie" (1992), in: ders., Zum Begriff 163–166, 165. Andererseits scheut sich Metz auch nicht, Kritik an der Institution Kirche zu üben: „Nicht ein Zuviel an Kritik, sondern ein katastrophaler Mangel an fundamentaler und eingeübter kritischer Freiheit in der Kirche ist eine der Ursachen der kirchlichen Krise heute." (Metz, J.B., Glaube in Geschichte und Gesellschaft 85).

[19] Metz, J.B., Glaube in Geschichte und Gesellschaft 121. Metz blendet hier weitgehend aus, dass die von ihm geforderte Subjektwerdung der Gläubigen vielfach durch die institutionellen Rahmenbedingungen verhindert bzw. erschwert wird.

[20] Metz, J.B., Zum Begriff 65.

[21] So treffend Wacker, B./Manemann, J., Art. Politische Theologie 395.

[22] Metz, Johann Baptist, Der zukünftige Mensch und der kommende Gott, in: Schulz, Hans Jürgen (Hg.), Wer ist das eigentlich – Gott?, München 1969, 260–275, 267. Metz macht allerdings sehr deutlich, dass es nicht darum gehe, „in ideologieverdächtiger Manier nun aller erörterten Zukunftsprobleme doch in eine theologische Lösung hinein aufzusaugen" (268), weil die Gottesrede seinerseits „eine fremde, eine anstößige Rede" (271) sei.

ner umherschweifenden religiösen Sehnsucht, sondern „ein Imperativ, ein Ansporn und Auftrag", die zugesagte Freiheit und den Frieden Gottes „je schon unter den Bedingungen unserer Gegenwart wirksam zu machen und sie so zu »bewahrheiten«, denn ihre Wahrheit muß getan werden"[23]. Dieses Programm fand außerhalb der Kirche, vor allem im gesellschaftspolitisch engagierten, kritischen Segment des politischen Spektrums, eine ungewöhnlich hohe Aufmerksamkeit. Doch in der Frage nach den pragmatischen Konsequenzen und den Transformationen in die baren Münzen des Alltagsgeschäfts offenbarten sich Schwachstellen und Probleme dieses Anspruchs. Einerseits besaß die Politische Theologie trotz aller Betonung der eschatologischen Unverfügbarkeit und Entzogenheit der Gottesrede relativ genaue Vorstellungen von dem, was dem Willen Gottes entspricht und was nicht.[24] Andererseits blieb dieses Gegenüber, die Welt von heute, eine schwer fassbare Größe, weit entfernt von jeglichen geschichtsphilosophischen Selbsterschließungs- und Einheitsprozessen, mit denen sich die Theologie früherer Tage so häufig konfrontiert sah. Um das gesellschaftsverändernde Potential des Glaubens in seiner Tiefe ausschöpfen zu können, bedarf es exakter Analysen und Beurteilungen bestehender Unrechtsverhältnisse im Lichte des Evangeliums. Die Theologie ist deshalb gut beraten, auf das Wissen und die Kenntnisse einschlägiger politisch-ökonomischer und kulturwissenschaftlicher Theorien zurückzugreifen, deren Maß und Brauchbarkeit aber „nicht in ihrer Distanz zum Marxismus liegen"[25] können. Für die Befreiungstheologie war die mangelnde Reflexionskapazität in Bezug auf die realen gesellschaftlichen Wirkkräfte einer der Hauptkritikpunkte an der Politischen Theologie, die daher zu einer schärferen Analyse der gesellschaftlichen Verhältnisse gedrängt wurde.[26]

(6) Aber sind mit diesen Problemen und Einseitigkeiten Anspruch sowie Programm der Politischen Theologie obsolet geworden? Oder können sie im Gegenteil Ansporn und Auftrag sein, die gesellschafts- und kirchenkritische Dimension der theologischen

---

[23] Metz, J.B., Wer ist das eigentlich – Gott? 269.

[24] Vgl. Metz, J.B., Glaube in Geschichte und Gesellschaft 77–86, 122–135.

[25] So zu Recht Wacker, Bernd, Art. Politische Theologie, in: NHThG 4, München 1991, 245.

[26] Vgl. etwa: Gutiérrez, Gustavo, Theologie der Befreiung, Mainz [10]1992, 284f. Explizit formuliert F. Fiorenza: Eine Hauptaufgabe der Politischen Theologie, sowie ein Hauptgrund ihrer Existenz bestehe „in der Notwendigkeit einer Konfrontation der christlichen Theologie mit (sowohl impliziten als auch expliziten) zeitgenössischen religiösen Legitimationen sozialer und politischer Ordnungen" (F. Fiorenza, Religion und Politik 88).

Reflexion deutlicher zu profilieren und die Botschaft des Evangeliums entschiedener zu kontextualisieren? Nach wie vor schöpft die Politische Theologie in ihrem ideologiekritischen Zuschnitt das semantische Potential des Glaubens in einer Weise aus, die für eine Orts- und Verhältnisbestimmung des Religiösen innerhalb der kulturellen Moderne unverzichtbar sind. Sie aktiviert und rückt jene Segmente im Selbstvollzug des Christentums in den Vordergrund, die durch gegenwärtige innertheologische Tendenzen häufig ausgeblendet und stillgelegt werden, aber für das Selbstverständnis des Christlichen von zentraler Bedeutung sind: die politisch-pragmatische Dimension unseres Handelns und das prophetisch-messianische Moment unserer Hoffnung.[27] Deshalb wäre das Verschwinden der Politischen Theologie ein unwiederbringlicher Verlust, der die schwindende emanzipatorisch-pragmatische Kraft des Glaubens weiter unterminieren und die Parteilichkeit für die Armen und Schwachen auf eine semantische Chiffre reduzieren würde.

(7) Das größte Entwicklungspotential der Politischen Theologie liegt demnach in einer Erweiterung bzw. Fokussierung des Anspruchs auf sich selbst, die sich nach innen in einer stärkeren Reflexion auf ihren eigenen theoretischen Status sowie ihre ekklesiologische Grundlegung und nach außen in einer vertieften gesellschaftlichen Analyse artikuliert. Nur so lässt sich verhindern, dass die Politische Theologie ihrerseits vollzieht, was sie zu Recht kritisiert, in ihrer Ideologiekritik selbst mit ideologischen Kategorien zu agieren oder auf deren Versatzstücke zurückzugreifen. Nur indem sie sich diesem von ihr initiierten Programm der Kritik permanent aussetzt und unterstellt, kann die Politische Theologie ihr kritisch-pragmatisches Potential überzeugend freisetzen. Wenn Theologie als kritische Reflexion einer christlichen Praxis diese als ungerecht und unmenschlich entschlüsselt, dann reicht es nicht aus, Unterdrückung anzuprangern und Freiheit zu fordern. Dann ist es „auch nötig, daß sie sich selber von den Mechanismen befreit, die in sie eingedrungen sind, ohne daß sie sich darüber Rechenschaft gegeben hat“[28]. Theologie als Ideologiekritik ist daher immer auch Kritik ihrer selbst, das Bemühen und der Auftrag, das bei sich selbst Unbeobachtete zu beobachten, das Aus- und Abgeblendete ins Auge zu fassen. Sowohl als eine grundlegende Grammatik als auch als normative Struktur steht ihr für dieses Unterfangen die negative Theo-

[27] Vgl. dazu: Manemann, Jürgen, Rettende Erinnerung an die Zukunft. Essay über die christliche Verschärfung, Mainz 2005.

[28] Segundo, Juan Luis, Freiheit und Befreiung, in: Ellacuría, Ignacio/Sobrino, Jon (Hg.), Mysterium Liberationis 1, 361–381, 368.

logie zur Verfügung, die wie kaum eine andere Sprachform des Glaubens das selbstkritische, in Frage stellende Moment an sich selbst vollzieht und so den Prozess der Offenheit und Vorläufigkeit der Gottesrede entscheidend vorantreibt. Dieses dekonstruktive Element, das der negativen Theologie als grundlegende Struktur eingeschrieben ist, lässt nicht nur dem Streit der Interpretationen seine erforderlichen Fortsetzungen finden, sondern eröffnet auch der Politischen Theologie eine Option, ihr ideologie- und gesellschaftskritisches Anliegen zu stärken und die pragmatische Dimension der Gottesrede weiterzuentwickeln.

2. Negative Theologie als basale Sprachform des Glaubens

(8) Die negative Theologie ist ursprünglich ein platonisch-neuplatonisches Verfahren, um durch Verneinung bzw. Absprechung zu einer Denk- und Sprechweise zu gelangen, die dem höchsten Sein bzw. dem göttlichen Einen angemessen ist. Ihr Ziel besteht letztlich darin, dieses jenseits unserer Wirklichkeit liegende Eine (auf eine mystische Weise) zu schauen bzw. sich mit ihm zu vereinigen. Für die christliche Theologie wurde diese Sprachform vor allem in der spekulativen Konzeption des Pseudo-Dionysius Areopagita prägend und stilbildend.[29] Gott, so formuliert der im Mittelalter zu Recht hoch angesehene und heute auf eigentümliche Weise äußerst moderne Philosoph und Theologe, ist und bleibt jenseits des Denkens. Er ist die alles transzendierende Allursache, „weder wesenlos noch leblos, weder sprachlos noch vernunftlos“[30], besitzt keinerlei Gestalt oder Form, Qualität, Quantität oder Gewicht. „Man kann ihr überhaupt weder etwas zusprechen noch absprechen. […] Denn sie, die allvollendende, einzige Ursache aller Dinge, ist ebenso jeder Bejahung überlegen, wie keine Verneinung an sie heranreicht, sie, die jeder Begrenzung schlechthin enthoben ist und alles übersteigt.“[31] Gott ist daher „eine Einheit, die die gesamte Einheit eint, ein überwesentliches Sein, ein nicht gedanklich faßbarer Ge-

[29] Pseudo-Dionysius Areopagita nennt als Ziel unseres Lebens: „Angleichung an Gott so gut wie möglich und Einswerdung mit ihm“ (Über die himmlische Hierarchie 164). Zur Frage nach der historischen Einordnung vgl. die Einleitung von Adolf Martin Ritter zu: Pseudo-Dionysius Areopagita, Über die Mystische Theologie und Briefe, Stuttgart 1994, 1–53.

[30] Pseudo-Dionysius Areopagita, Über die Mystische Theologie 1048 B (sämtliche Schriften werden zitiert nach der „Bibliothek der griechischen Literatur; Abteilung Patristik“, Anton Hirsemann-Verlag Stuttgart).

[31] Pseudo-Dionysius Areopagita, Über die Mystische Theologie 1048 B.

danke, ein unaussprechliches Wort, Wort- und Gedanken- und Namenlosigkeit, beschaffen nach keinem Wesen, zwar Ursache des Seins für alles, selbst aber, weil sie über alles Sein erhaben ist, ohne Sein"[32]. In diese sprachtheoretische Paradoxie vom *nicht gedanklich fassbaren Gedanken* und vom *unaussprechbaren Wort* findet sich der Kerngehalt dieser Denkform eingeschmolzen. Entgegen einem breiten Missverständnis ist die negative Theologie nicht das Gegenteil einer affirmativen oder Offenbarungstheologie, sondern ihre grundlegende Grammatik, in der das Unaussprechbare so zur Sprache und das Undenkbare so in den Gedanken kommt, dass damit die Transzendenz Gottes konstitutiv gewahrt bleibt. Damit aber das Absolute in seiner Unerkennbar- und Unbegreiflichkeit nicht in ein abgründiges, dunkles Nichts verfällt und sein affirmativer, heilsgeschichtlicher Bezug zur Welt erhalten bleibt, hat die apophatische (ver-neinende) Rede von Gott die positiven, bekräftigenden Aussagen in der gleichen Bewegung notwendig zu ihrer Voraussetzung. Wäre sie nur eine Konsequenz der kataphatischen (behauptenden) Rede, könnte negative Theologie problemlos in Agnostizismus oder Atheismus umschlagen. Affirmation und Negation stehen sich daher nicht dialektisch gegenüber, als wäre das eine die überfällige Korrektur oder Erweiterung des anderen, der unersetzliche Ausgleich im Widerstreit der unversöhnlichen Prinzipien. Man muss sich deshalb „vor der irrigen Annahme hüten, diese Verneinungen seien (einfachhin) das Gegenteil jener Bejahungen. Vielmehr muss man ihn (den göttlichen Urgrund) dem allen weit vorausliegend denken, jenseits all dessen, was ihm etwa entzogen werden möchte, der doch sowohl jede Verneinung wie jede Bejahung übersteigt."[33] Aus diesem Grund setzt negative Theologie Offenbarung als unverrückbaren, nur in asymptotischer Perspektive gegebenen Fluchtpunkt ihrer eigenen Denkbewegung voraus und wahrt damit zugleich „die Nicht-Selbstverständlichkeit der Offenbarung"[34]. Alle großen Vertreter, am deutlichsten wieder Pseudo-Dionysius und der ebenfalls hochspekulative Nikolaus von Kues, stellen daher an den Beginn ihrer Überlegungen stets das Bekenntnis zum Gott der biblischen Offenbarung als dem unverbrüchlichen Maßstab ihres kühnen Denkens. Die kurz Schrift „Über die Mystische Theologie" beginnt mit einem Gebet an die göttliche Trinität (997 A), „Die Namen Gottes" mit der Mahnung, „daß von allem

[32] Pseudo-Dionysius Areopagita, Die Namen Gottes, Stuttgart 1988, 588 B.

[33] Pseudo-Dionysius Areopagita, Über die Mystische Theologie 1000 B.

[34] Faber, Eva-Maria, Zur Bedeutung negativer Theologie in der christlichen Rede von Gott, in: IkathZ 31 (2002) 468–478, 474.

Anfang an die Weisung der Heiligen Schrift eine Richtschnur" bleiben muss (585 B).[35] Innerhalb dieser Voraussetzung dürfe man es „überhaupt nicht wagen, irgendetwas über die überwesentliche und verborgene Gottheit zu sagen oder gleichwohl zu denken mit Ausnahme dessen, was uns durch göttliche Eingebung in der Heiligen Schrift geoffenbart worden ist."[36]

(9) Im Gegensatz zur kataphatischen artikuliert und betont die apophatische Theologie jenes „methodische Moment theologischer Prinzipientheorie", das durch den voraussetzend-reflektierenden Bezug auf das aus sich hervortretende, göttliche Prinzip „an und für sich ihre eigenen Positionen sowie sich selbst als positive Theologie korrigierend übersteigt"[37]. Der am Anfang der Denkfigur stehende positive Bezug auf das in der (Selbst)Offenbarung Gottes aufscheinende Absolute wird durch die Apophase in der gleichen Bewegung wieder negiert – und problematisiert. Die negativierende Struktur der Gottesrede führt zu einer Verneinung, die sprachtheoretisch als kataphatische Form erscheint und daher wieder in den Fluss der Apophase hineingezogen werden muss. Durch die „Negation der Negation"[38] entsteht ein endloses Spiel der Zeichenbildung, ein unendliches Gespräch ohne Anfang und Ende, dessen Zielpunkt, die mystische Schau Gottes und die Vereinigung mit dem All-Einen benannt werden kann, aber unerreichbar bleibt. Die negative Theologie überbietet sich in gewisser Weise selbst, denn anders würde sie noch „in ihrer Festlegung auf apophatisches Sprechen über Gott in der Festschreibung seiner Entzogenheit und Unerkennbarkeit"[39] verfügen. Dieser Grundgedanke findet sich in abgewandelter Form im Poststrukturalismus wieder, der mit der Kategorie der Dekonstruktion das Programm einer fortgesetzten Interpretation verfolgt

---

[35] Ähnliche Formulierungen finden sich in den Schriften über die *himmlische* und die *kirchliche Hierarchie.*

[36] Pseudo-Dionysius Areopagita, Die Namen Gottes 588 A.

[37] Hochstaffl, J., Negative Theologie. Ein Versuch zur Vermittlung des patristischen Begriffs, München 1976, 135 (zur Frage nach der Prinzipientheorie vgl. Dietrich, Jan, Negative Theologie bei Pseudo-Dionysios Areopagita und Mose ben Maimon, in: ThPh 76 (2001) 161–184).

[38] Diese Formel ist der grundlegende Duktus der Interpretation von Stolina, Ralf, Niemand hat Gott je gesehen. Traktat über negative Theologie, Berlin/New York 2000. Stolina weist darauf hin, dass das Gottesverständnis des Areopagiten nicht nur gegenüber der Christologie unvermittelt bleibt, sondern auch sprachtheoretisch an eine Grenze stößt: Die angestrebte Gotteserkenntnis kann über die via negativa entwickelten Sprachformen nicht hinausgreifen, weshalb Verkündigung dann letztlich nur heißen könne, „zu dem allein angemessenen Schweigen vor Gott hinzuführen" (26).

[39] Hoff, Gregor Maria, Aporetische Theologie. Skizze eines Stils fundamentaler Theologie, Paderborn 1997, 203.

und dessen Nähe zur negativen Theologie immer wieder herausgearbeitet wird.[40]

(10) Als prinzipientheoretischer Begriff, der seine genuine Funktion in der Fortdauer des Gesprächs und im Aufbrechen von endgültigen Zuschreibungen findet, sollte negative Theologie eine basale Grammatik nicht nur der Politischen Theologie sondern jeglicher Form theologischen Denkens sein. Durch eine stärkere Einbeziehung der apophatischen Dimension kann das kritische, verändernde Potential jeder Theologie überzeugender zur Geltung gebracht werden, weil mit ihr ein Sicherungssystem gegen die Gefahren der Ideologisierung und irritierenden Engführungen bzw. Verkürzungen eingezogen ist. Die traditionsreiche Geschichte der *klassischen* Politischen Theologie erscheint auch deshalb überwiegend als eine endlose affirmative Liste von Herrschaft und Macht, weil sie das negativ-kritische Moment aus ihrem Theoriefundus weitgehend ausgeblendet oder gänzlich getilgt hat. Von der Spätantike über Gegenaufklärung und Gegenrevolution bis herauf zu den rechten und linken Anhängern der Politischen Theologie von Carl Schmitt, so Willi Oelmüller, liefere diese theologische Denkform zahlreiche „Beispiele dafür, wie Menschen geschichtlich kontingente Ordnungen als vollkommene Staaten, als Abbild göttlicher Ordnung und des Willens Gottes stabilisiert und sakralisiert haben."[41] Aus diesem Grund versucht die *neue* Politische Theologie, die untrennbar mit den Namen Johann B. Metz, Jürgen Moltmann und Dorothee Sölle verbunden ist, diesem klassischen Legitimierungsdiskurs seine Basis zu entziehen, indem sie die politische und verändernde Dimension der Reich-Gottes-Verkündigung Jesu als eschatologisches Moment freilegt und die privatistische Engführung in der kirchlichen Verkündigung aufbricht. Allerdings hat die Politische Theologie die apophatische Dimension der Gottesrede primär nach außen verlegt, in die Gesellschaft und Kultur hinein, weniger bereits in die eigene Trägerinstitution, in die Kirche und ihre Subjekte hinein vermittelt. Die nach außen hin kritische Haltung gegenüber bestimmten gesellschaftlichen Entwicklungen, die sich durchaus in liberalen Positionen niederschlagen konnte, hat

---

[40] Vgl. etwa: Wohlmuth, Josef, „Wie nicht sprechen". Zum Problem der negativen Theologie bei Jacques Derrida, in: Kruck, Günter (Hg.), Gottesglaube, Gotteserfahrung, Gotteserkenntnis. Begründungsformen religiöser Erfahrung in der Gegenwart, Mainz 2003, 131–152.

[41] Oelmüller, Willi, Negative Theologie – auch heute ein philosophischer Sprechversuch über Gott, in: Baumgartner, Hans Michael/Waldenfels, Hans (Hg.), Die philosophische Gottesfrage am Ende des 20. Jahrhunderts, Freiburg/München 1999, 101–134, 123.

nach innen oft keine vergleichbare Vehemenz gefunden. Hier lässt sich gewiss noch viel Terrain erkunden und abschreiten, weshalb der folgende Punkt einige Markierungspunkte benennen möchte, inwiefern eine stärkere Einbeziehung der negativen Theologie das selbstkritische Potential der Politischen Theologie unterstützen und vertiefen könne.

3. Gottesrede als kritischer Eintrag

(11) Als eine rationale Reflexion des christlichen Glaubens betreibt die Theologie ein intensives Gespräch mit der Philosophie, den Human- und Naturwissenschaften. Als gesellschaftsrelevante Pragmatisierung des Glaubens reflektiert sie das Dogma als ein praktisches, Freiheit förderndes und Handlung orientierendes Geschehen. Und nicht zuletzt unterstützt die Theologie als eine existenz- und personerschließende Hermeneutik die Prozesse der individuellen Subjektwerdung und Identitätsfindung.[42] Diese drei Ansprüche auf *Wahrheit*, *Richtigkeit* und *Wahrhaftigkeit* bilden einen Dreiklang, bei dem kein Ton ohne die beiden anderen denkbar ist, obwohl natürlich unterschiedliche Kadenzen gesetzt werden können. Wenn theologische Modelle in praktischer Absicht von Gott reden, sind auch die Bedeutungstheorien religiöser Überzeugungen, sind Semantik und Syntax von der pragmatischen Komponente her zu entwickeln. Dabei wird der Rationalitätsanspruch der religiösen Sprachhandlung in keiner Weise sistiert, er verschiebt sich lediglich und besteht nicht mehr „in der ontologischen Deduktion ihres Wahrheitsanspruchs, sondern in deren Performativität, d. h. in deren handlungsleitendem Gebrauch“[43]. Erkennbar schreibt sich die Politische Theologie, ähnlich wie die Befreiungstheologie,[44] der zweiten Dimension des theologischen Selbstvollzugs, der pragmatischen Normativität ein, weshalb ihr Erbe auch vielfach in den sprach- bzw. handlungstheoretischen Ansätzen weiterlebt.[45]

---

[42] Vgl. dazu Gruber, Franz, Theologie im Dienst der Personwerdung. Dogmatische Theologie lehren im Kontext von Traditionsabbruch und Individualisierung, in: SaThZ 7 (2003) 16–25.

[43] Franz Gruber, Die kommunikative Vernunft des Glaubens. Zur Rezeption des philosophischen Pragmatismus in der Systematischen Theologie, in: SaThZ 9 (2005) 132–147, 137.

[44] „Nur wenn wir diese Wahrheit praktizieren, wird sich, wörtlich gesprochen, unser Glaube be-wahr-heiten.“ (Gutiérrez, G., Theologie der Befreiung 76)

[45] Vgl. etwa den grundlegenden sprach- und handlungstheoretischen Begründungsversuch von: Peukert, Helmut, Wissenschaftstheorie – Handlungstheorie – Fun-

(12) Die Gottesrede ist das zentrale Symbol dieser pragmatischen Dimension des Glaubens. Durch ihre von der negativen Theologie eingezogene dekonstruktive Struktur ist sie zugleich die Grammatik, in der die performative Kraft des Evangeliums die Welt und das Handeln der Menschen als offenes, vorläufiges Geschehen begreift. Sie bricht die vermeintlich affirmativen und endgültigen Sprachformen in Religion und Politik auf, so dass keine Lektüre, kein Offenbarungsverständnis und keine Interpretation für sich beanspruchen könne, die einzige und letztgültige zu sein. Dasselbe Gottesbild, so Jürgen Ebach, kann „ganz unterschiedliche Konsequenzen zeitigen. Es kann legitimieren *und* delegitimieren, es kann affirmativ *und* kritisch sein, bestätigend *und* subversiv wirken."[46] Der Gottesbegriff repräsentiert das Wirksamwerden der Kommentierungen und Überlieferungen, das Ende der klassischen Monosemien und vorschnellen Zuschreibungen, er steht für eine Verhältnisbestimmung von Religion und Politik, die Identifizierungen und Legitimierungsdiskurse ebenso verbietet wie sie mit der Unfassbarkeit des Glaubens rechnet. Die Politische Theologie kann daraus als eine wichtige Konsequenz die Erkenntnis ziehen, dass ihr Programm der Ideologiekritik und performativen Praxis ebenfalls ein nach vorne offenes, über sich selbst hinausgreifendes Projekt darstellt, das sich in die unabschließbare Reihe der Interpretationen und Polysemien einreiht. Diese Selbstkritik im Sinne einer Kritik der Kritik kann die Politische Theologie aus sich heraus nur bedingt leisten, sie bedarf dazu verschiedener Außenbeobachtungen, die das Unbeobachtete in den Blick bekommen. Als strukturelle Garantie gegen die geschlossenen, anknüpfungslosen Gedankengebäude bedarf die Selbstreferentialität einer Fremdreferentialität, die dem Anspruch der negativen Theologie deutliche Konturen verleihen kann. Dies soll abschließend noch an drei Beispielen gezeigt werden.

---

damentale Theologie. Analysen zu Ansatz und Status theologischer Theoriebildung, Frankfurt 1978; Arens, Edmund, Bezeugen und Bekennen. Elementare Handlungen des Glaubens 1989. Als weitere Beispiele möglicher Weiterführungen vgl. Knapp, Markus, Gottes Herrschaft als Zukunft der Welt. Bibeltheologische, theologiegeschichtliche und systematische Studien zur Grundlegung einer Reich-Gottes-Theologie in Auseinandersetzung mit Jürgen Habermas' Theorie des kommunikativen Handelns (Bonner Dogmatische Studien 15), Würzburg 1993; Gruber, Franz, Von Gott reden in geschichtsloser Zeit. Zur symbolischen Sprache eschatologischer Hoffnung, Freiburg 1997.

[46] Ebach, Jürgen, Gottesbilder im Wandel. Biblisch-theologische Aspekte, in: Jahrbuch Politische Theologie 2 (1997) 22–35, 30.

(13) In seiner 1985 unter dem Titel „Exodus and Revolution“[47] erschienenen Studie rekonstruiert der amerikanische Philosoph Michael Walzer die politische Ideengeschichte des Exodus-Motivs, insbesondere in seiner neuzeitlichen Rezeptionsgeschichte. Er zeigt, dass der Kampf um eine bessere und gerechtere Gesellschaft als theoretisches Problem häufig mit der Exodusüberlieferung der Bibel begründet und gerechtfertigt wurde. Der Hauptstrang der langen Interpretationsgeschichte liest den Exodus als Legitimationserzählung eines revolutionären Kampfes, der im Versprechen des Gelobten Landes bzw. in der Aussicht auf eine befreite Gesellschaft Umsturz und Gewalt, Leid und Opfer problemlos rechtfertigen könne. Dieses Konzept, dessen Ursprung in der unerträglichen Endlosigkeit des Exodus-Marsches liegt, fand im politischen Messianismus seinen Höhepunkt und ist ideengeschichtlich „die große Verlockung der westlichen Politik“ (143). Der Messianismus, ob religiöser oder politischer Provenienz, entwirft das Bild eines neuen Himmels und einer neuen Erde, er träumt vom Ende der alten Geschichte, für Walzer „ein Gedanke, der den Exodus-Texten völlig fremd ist, denn sie scheinen geradezu auf die Lehre angelegt, daß die Verheißungen sich nie endgültig erfüllen, daß Rückfälle und Kämpfe ewige Züge der menschlichen Existenz sein werden.“ (127f) Im Judentum wurde der Messianismus durch eine Transformation in eine Exodusform und im Christentum durch die Eschatologie gedämpft, blieb aber auch dort eine gefährliche Versuchung, die von Zeit zu Zeit, wie Chiliasmus und verschiedene religiöse Revolutionsbewegungen zeigen, durchgebrochen ist. Seine volle Wirkkraft hat er jedoch erst in den säkularen, von religiösen Gegenströmungen völlig befreiten Revolutionstheorien und politischen Befreiungsbewegungen gefunden.[48] Für Walzer ist die „Umsetzung der messianischen Phantasie in weltliche Aktivität [...] eine unbestreitbare Tatsache des modernen Zeitalters“ (152).

---

[47] Die deutsche Ausgabe erschien 1988 im Rotbuch Verlag Berlin, zitiert wird nach der Ausgabe des Fischer-Verlags: Walzer, Michael, Exodus und Revolution, Frankfurt 1998.

[48] Walzer meint, dass man in der lateinamerikanischen Befreiungstheologie einen Drang zum politischen Messianismus hin feststellen könne, betont aber zugleich, dass in ihr auch der Exodus einen wichtigen Bezugspunkt darstellt. Dadurch entsteht „auch ein starkes Gefühl innerweltlicher Komplexität. Exodus-Geschichte und -Politik hemmen die christliche Eschatologie.“ (156) Der beste der Befreiungstheologen, so Walzer, warne seine Leser ausdrücklich vor jeder Absolutsetzung der Revolution und vor jeder Idolatrie hinsichtlich eines unvermeidlichen menschlichen Erfolgs. Walzer nimmt immer wieder Bezug auf Gutiérrez „Theologie der Befreiung“.

(14) Allerdings hat die Exodustradition stets auch Gegenlektüren hervorgerufen, die den Messianismus und die sie begleitende Gewaltbereitschaft kritisiert und bekämpft haben. Diese alternativen und marginalisierten Rezeptionstraditionen interpretieren den Exodus nicht als Revolutionstheorie, sondern als „Paradigma revolutionärer Politik" (17). Sie betonen den langen, ja endlosen Marsch durch die Wüste und versuchen gradualistisch, in kleinen Schritten und mit dem Einverständnis der Vielen, kleinere und größere Verbesserungen zu erreichen. Walzer nennt diese Interpretationsform die „sozialdemokratische Version des Exodus" (64): „Physisch gesehen, ist die Flucht aus Ägypten unvermittelt, glorreich, vollständig; geistig und politisch gesehen, ist sie sehr langsam, erfordert zwei Schritte vorwärts und einen zurück." (67) Wohl liegt die Stärke der Exodus-Geschichte in ihrem Ende, der göttlichen Verheißung, aber das Gelobte Land, das Ziel der Verheißung, kann letztlich nicht in Besitz genommen werden, es bleibt ein unerreichbarer Ort. In der Theologiegeschichte ist das Hinausschieben der Verheißung denn auch eines der Mittel gewesen, mit ihrem (zeitweiligen) Scheitern fertig zu werden. Während dieses Aufschubs entwickelt man sie gleichzeitig weiter, erhöht sie und verändert letzten Endes ihren Charakter. „Sie verliert ihre genauen historischen und geographischen Dimensionen, aber sie leuchtet umso deutlicher im geistigen Raum. Die Verheißung wird utopisch." (125)

(15) Walzer macht keinen Hehl daraus, dass er die zweite Interpretationslinie, den langsamen Weg der kontinuierlichen Entwicklung, für die angemessene und letztlich auch einzig mögliche hält. Für diejenigen Frauen und Männer, die sich der Exodus-Tradition verpflichtet fühlen, gibt es keinen Endkampf, sondern nur eine lange Reihe von Entscheidungen, Rückfällen und Reformen.[49] Der apokalyptische Krieg zwischen dem Volk des Herrn und dessen Feinden ist nach Walzer im Exodus nicht leicht zu finden. „Gemessen am politischen Messianismus, steht der Exodus für eine vorsichtige und gemäßigte Politik. Gemessen an »der alten Kategorie des gesellschaftlichen Kampfes« oder der noch verbreiteteren Passivität und Ergebung der Unterdrückten, steht er für revolutionäre Politik. Aber diese Begriffe sind irreführend. Wie wir gesehen haben, kann die Exodus-Geschichte unterschiedlich interpretiert werden [...].

[49] Zu den praktischen Konsequenzen, vor allem für die Begründung einer Politischen Philosophie vgl. Walzer, Michael, Lokale Kritik – globale Standards. Zwei Formen moralischer Auseinandersetzung, Hamburg 1996; ders., Sphären der Gerechtigkeit. Ein Plädoyer für Pluralität und Gleichheit, Frankfurt 1998; ders., Ich will Politik nicht durch Philosophie ersetzen. Interview von Claudia Althaus und Martin Hartmann mit Michael Walzer, in: DZPhil 47 (1999) 139–161.

Der biblische Text erzählt eine Geschichte von Auseinandersetzung und Kontroverse, und die Kommentatoren lesen den Text im selben Geiste; es gibt stets eine »weitere Interpretation«. Der politische Messianismus verhält sich ganz anders. [...] sobald eine Entscheidung getroffen worden ist, das Ende der Zeiten zu erzwingen, gibt es keinen Platz mehr für Auseinandersetzungen. Dann wird Politik absolut, sind Feinde satanisch und Kompromisse unmöglich." (154f) Eine Politische Theologie, die sich dieser Lektüretradition einordnet, wird ihren kritischen Impetus aufrechterhalten, vermag ihn aber zugleich als überholbar und reversibel, als fragmentarisch und kontingent zu begreifen.

3.2 Christentum als Prozess der Selbstdekonstruktion: Jean-Luc Nancy

(16) Von säkularer, philosophischer Seite hat Jean-Luc Nancy den Gedanken der negativen Theologie auf eigentümliche Weise in die Diskussion eingebracht, ohne ihn als solchen explizit zu kennzeichnen. Er spricht stattdessen von Dekonstruktion und zeigt damit exemplarisch, wie eng der Gedanke bzw. der Prozess der Dekonstruktion mit dem der negativen Theologie verbunden ist.[50] Nancy möchte das Christentum dekonstruieren, d. h. diejenigen Elemente, die es konstituieren, auseinanderlegen, „um zu fragen, ob nicht im Herzen der Konstruktion und in der Fügung der elementaren Bestandteile des Christentums etwas freizulegen ist, was das Christentum möglich gemacht hat [...], was aber gleichzeitig nicht das Christentum selber wäre und sich nicht mit ihm vermischt hätte – etwas, was das noch im Kommen begriffene Ungedachte des Christentums selber wäre" (76). Die *Liebe* und der *Glaube* (wohl bewusst in dieser Reihenfolge) repräsentieren für ihn jene zu entdeckenden Potentiale, die noch keine Philosophie gehoben habe.[51] Aus dieser offenen, unentdeckten Struktur ihrer Zentralbegriffe bezieht das Christentum seine reformatorische Kraft und besitzt dadurch „in sich selbst eine Dimension des Aus-

---

[50] Nancy, Jean-Luc, Entzug der Göttlichkeit. Zur Dekonstruktion und Selbstüberschreitung des Christentums, in: Lettre International Nr. 59 (2002) 76–80 (die Seitenzahlen beziehen sich im Folgenden auf diesen Text).

[51] Die Philosophie habe diese Potentiale entweder gänzlich beiseite gelassen (wie Heidegger) oder nur philosophisch interpretiert (wie etwa Hegel und Schelling). In der Tiefenstruktur des abendländischen Denkens sei aber das Christentum nicht verschwunden: „Zum Beispiel ist die Idee der Demokratie und der Menschenrechte zutiefst christlich. Auch speist sich die Mehrzahl der Fragen, die man heute im Namen des Humanismus angeregt erörtert (beispielsweise die aktuellen Fragen der Bioethik), aus einer deutlich christlichen Inspiration." (77)

zugs aus der Religion" (76), weshalb es „genau durch seine eigene Dekonstruktion charakterisiert" (78) ist. Der Monotheismus steht exakt für dieses Programm, sein zentraler Gehalt liegt nicht in einer quantitativen Lösung im Sinne der Ersetzung der vielen Götter durch einen einzigen, sondern im *„Entzug aller Götter"* (77). Der eine Gott ist im Gegensatz zur polytheistischen Götterwelt *„nicht mehr in der Anwesenheit"*, sondern definiert sich „wesentlich durch den Entzug, durch die Abwesenheit" (77).[52]

(17) Dieses dekonstruktive Moment erklärt, warum das Christentum in seiner ganzen Geschichte immer wieder Bewegungen hervorgebracht hat, die eine „Rückkehr zu einem immer reineren Ursprung" (78) auf ihre Fahnen schrieben. Weil dieser Ursprung eine entzogene Größe ist und bleibt, weil er aus jüdischen und griechischen Traditionen besteht, offenbart sich in exakt dieser Differenz eine bleibende Leerstelle. Judentum und Griechentum haben das Christentum auf eine Weise geprägt, „daß es gerade etwas Zusammengesetztes, eine Zusammenstellung und Zusammenfügung bleibt, die den Ort ihrer Ent-Setzung, Ent-Stellung und Ent-Fügung noch in sich aufweist" (79). Es führt zu einer prospektiven Bewegung und Unruhe, „immer angespannt in der Erwartung der Ankunft dessen [...], was seiner klaren Bestimmung nach nicht kommen oder sich nicht in der Anwesenheit selbst vollenden kann und darf" (80). Für Nancy wird dadurch sichtbar, dass im Christentum „ein Bezug zu sich immer ein Bezug zu etwas ist, was nicht da, was nicht gegeben ist." (80) Dieser Selbstbezug kann per definitionem und prinzipiell nicht dazu führen, wohin er zu führen bestimmt ist, das heißt zum *autos* oder zum Selbst, so dass Selbstüberschreitung und Selbstberichtigung die beiden Besonderheiten und Charakteristika des Christentums repräsentieren. Die Geschichte kommt durch diese Dynamik nie an ihr Ende, ein inneres Telos bleibt ihr letztlich fremd, so wie die Erwartung auf Erlösung ihren Bezug zur unmittelbaren Gegenwart aufrecht erhält, zugleich aber das Moment des Kommenden, unmittelbar Bevorstehenden vollzieht. In dieser eigentümlichen Konstellation ist das Christentum für „das Abendland unerhört strukturgebend gewesen." (80). Diese Denkfigur bestärkt die Politische Theologie in der Verpflichtung, das Telos ihrer Kritik als einen konsequent entzogenen Ursprung, als eine Leerstelle zur Sprache zu bringen, in

---

[52] Die Kenosis-Lehre des Paulus bildet einen gewissen Höhepunkt und behauptet nichts weniger, als dass sich Gott seiner eigenen Göttlichkeit entleert, um in den Menschen einzutreten. Damit aber werde „das Göttliche im Menschen zur Dimension des Entzugs, der Absenz, selbst des Todes" (78). Ähnlich Vattimo, Gianni, Glauben – Philosophieren, Stuttgart 1997.

denen das Bevorstehende und Kommende die Dynamik der Offenheit bestimmt.

3.3 Religion als Anwältin der Leerstelle: Claude Lefort

(18) Die philosophische Bedeutung der Leerstelle ist auch für Claude Lefort ein Zentralaspekt seines Denkens, allerdings in einem dezitiert politischen Kontext.[53] Den Ausgangspunkt markiert hier die Überzeugung, dass die geschichtsphilosophischen Implikationen der Marxschen Theorie und das aus ihnen abgeleitete Wissen eine letzte Mystifikation des radikal geschichtlichen, d. h. offenen Charakters der Zivilgesellschaft darstellen. Doch die Politik könne in ihren radikal säkularisierten Grundlagen auf keine vorgegebenen und gesicherten Gewissheiten mehr zurückgreifen. Dieses Fehlen letzter Prinzipien fordert dazu auf, sich der Erfahrung des geschichtlich Neuen und den Risiken der gesellschaftlichen Selbsterzeugung ohne normative Rückversicherungen auszusetzen. Ähnlich wie Walzer optiert auch Lefort für den Verzicht auf theoretische Konzeptionen des Revolutionären und plädiert stattdessen für das Projekt einer libertären Politik. Dieser Entwurf lebt vom Spannungsverhältnis zwischen der symbolischen Repräsentation einer (konflikthaften) autonomen Gesellschaft und den jeweiligen institutionellen Umsetzungen dieser symbolischen Repräsentation. Lefort unterscheidet deshalb zwei verschiedene Begriffe von Politik, die sich in der Moderne ausdifferenziert haben und in denen sich die unterschiedlichen Konzeptionen des Politischen manifestieren. Auf der einen Seite existiert die geschichtsträchtige Tradition des *staatszentrierten Politikverständnisses* (La Politique), dem auf der anderen Seite ein *zivilgesellschaftliches Politikverständnis* (Le Politique), das eigentlich Politische, gegenübersteht.[54] Im ersten Konzept stellt die politische Macht durch ihre institutionellen Strukturen und Repräsentationsformen eine greifbare Realität, einen Fixpunkt dar, der symbolisch von Amtsinhabern verkörpert wird, denen die Gesellschaft dann ausgeliefert und unterworfen ist. Dieses Politikverständnis aber, so Lefort, nimmt den gesellschaftlichen Wandel und die veränderten symbolischen Repräsentationen der Macht nicht zur Kenntnis, es übersieht den grundsätzlichen Bruch, den die Moderne darin vollzogen hat. In der Vormoderne

[53] Lefort, Claude, Fortdauer des Theologisch-Politischen?, Wien 1999; ders., Die Frage der Demokratie, in: Rödel, Ulrich (Hg.), Autonome Gesellschaft und libertäre Demokratie, Frankfurt 1990, 281–297. Vgl. dazu die aufschlussreiche Interpretation bei Manemann, J., Rettende Erinnerung 72–78.

[54] Vgl. Lefort, C., Fortdauer 35ff, 53f.

mit ihren traditionell-religiösen Legitimationsgrundlagen waren Macht und Gesellschaft in der Person des Herrschers als symbolische und faktische Realität verkörpert, der Ort der Macht war buchstäblich personell „besetzt“ und eindeutig lokalisierbar.[55] Mit der Säkularisierung aber erfolgte eine Dekorporierung der Macht, die dazu führte, dass sich die Gesellschaft aus der symbolischen Verklammerung im sakralen Körper des Herrschers befreien und dadurch beide Sphären auseinandertreten konnten. Wenn nun der Ort der Macht körperlich und personell leer wird, können sich neue symbolische Repräsentationsformen bilden, die dem zweiten, egalitären Politikverständnis entstammen.

(19) Für den zivilgesellschaftlich geprägten Begriff von Politik ist die Demokratie ein symbolisches Dispositiv, in dem die Mitglieder sich als gleichberechtigt verstehen und deshalb aufgerufen sind, die Macht über sich selbst auszuüben und die eigene Geschichte zu bestimmen. Notwendige Voraussetzung dafür aber ist es, dass die Zivilgesellschaft trotz ihrer internen Konflikte und Zerrissenheit sowohl auf der symbolischen Ebene als auch faktisch den Ort der Macht leer hält, ihn also weder durch identitäre Symbolisierungen wie Volk, Staat, Nation oder Klasse ausfüllt, noch bestimmten Personen, Gruppen oder Parteien überlässt. „Der Ort der Macht wird zu einer *Leerstelle.*“[56] Den Regierenden wird die Aneignung und Einverleibung der Macht untersagt, indem ihre Ausübung einem Verfahren unterworfen und zeitlich begrenzt wird. Machtausübung geht am Ende aus einem geregelten Wettstreit hervor, dessen Bedingungen dauerhaft festgeschrieben sind. Das Fehlen von repräsentativen, symbolischen Gestalten definiert die Zivilgesellschaft als heterogene, unabschließbare Struktur, als vorläufiges und riskantes geschichtliches Projekt. Die Selbsterzeugung der Gesellschaft in Form ihrer Selbstregierung bleibt ein offener, gefährdeter Prozess.

(20) Die Platzierung der Leerstelle mitten im Selbstverständnis demokratischer Gesellschaften erinnert in ihrer theoretischen Konzeptionalisierung an den Kerngehalt der negativen Theologie: „Leer und unbesetzbar, so daß kein Individuum, keine Gruppe ihm konsubstantiell zu sein vermag, erweist sich der Ort der Macht zugleich als nichtdarstellbar.“[57] Einzig sichtbar sind ihre Aus-

[55] Vgl. dazu die für das Verständnis der politischen Struktur des Mittelalters über weite Teile revolutionierende Untersuchung: Kantorowicz, Ernst H., Die zwei Körper des Königs. Eine Studie zur politischen Theologie des Mittelalters, München 1990 (EA Princeton, N.Y. 1957).

[56] Lefort, C., Demokratie 293; ders., Fortdauer 49f.

[57] Lefort, C., Demokratie 293.

übungsmechanismen oder aber die Menschen, die diese Macht jeweils für eine bestimmte und befristete Zeit innehaben. Dadurch wird die autonome Zivilgesellschaft zum entscheidenden Ort des Politischen, an dem die internen Konflikte zivil und regelgeleitet ausgetragen werden und darüber entschieden wird, wie die verselbständigten Institutionen der Machtausübung vorübergehend personell besetzt werden und doch zugleich Vorläufigkeit und Weiterentwicklung sichtbar bleiben. Die demokratische Gesellschaft begründet sich als gleichsam körperlose Gesellschaft, d. h. als Gesellschaft, die die Vorstellung einer organischen Totalität außer Kraft setzt. Allerdings zeigt die geschichtliche Erfahrung, dass Politik ohne Symbolisierungen nicht auskommt. Das Wiedererstarken der Religion als politische Kraft, wie sie in den letzten beiden Dekaden sichtbar geworden ist, interpretiert Lefort nicht als eine womöglich unvollständige Säkularisierung politischer Begriffe, sondern als starkes Indiz dafür, dass Politik ohne Symbolisierungen bzw. Verkörperungen nicht auskommt und das Religiöse mit dem Politischen untrennbar verbunden ist.[58] Das erklärt die hohe Affinität zur Herrschaft und zur Autorität. Mit der Entkörperung der Macht, wie sie für demokratische Gesellschaften kennzeichnend ist, geht auch „eine Entkörperung des Rechts, eine Entkörperung des Denkens, eine Entkörperung des Sozialen einher“[59], was die Sphäre des Politischen erst recht für religiöse Legitimierungsdiskurse anfällig macht.

(21) Auch wenn sich gegen Leforts Verhältnisbestimmung von Macht und Repräsentation, vor allem gegen den Gedanken der Entkörperung einige Einwände formulieren lassen, entscheidend bleibt der Kerngedanke, auf den seine Argumentation hinausläuft: dass Religionen, auch in demokratischen Gesellschaften, die Leerstelle der Macht, die Offenheit ihrer Formung zur Sprache bringen und in ihrem Symbolsystem repräsentieren. Gegen alle Versuche der Sakralisierung von Herrschaft, wie sie selbst in traditionsreichen Demokratien verstärkt beobachtet werden können, liegt eine wichtige Aufgabe der Politischen Theologie gerade darin, die Anbindungen religiöser Symbolisierungen an säkulare Machtformen offenzulegen und damit die verschiedenen Versuche, diese Leerstellen zu besetzen, deutlich aufzuzeigen.

---

[58] So mit Blick auf die Situation in Polen 1981 (Lefort, C., Fortdauer 64).
[59] Lefort, C., Fortdauer 94.

(22) Die traditionelle europäische Anbindung von Religion an Staat und Politik fördert eher die Säkularisierung als dass sie zu einem Wiedererwachen des Glaubens führt. So zeigen zahlreiche Beispiele, dass die Attraktivität des Glaubens dort wächst und ein qualitativ neues Niveau erreicht, wo sich kirchliche Institutionen und Gemeinschaften nicht nur für ihre eigenen Interessen, sondern für die Gesellschaft insgesamt engagieren, indem sie etwa konkret für die Menschenrechte eintreten. Der soziale Bedeutungsverlust von religiösen Überzeugungen und Praktiken stellt keinen strukturell notwendigen Trend der Moderne dar, obwohl er praktisch für viele europäische Gesellschaften zutrifft.[60] Alle drei Arenen des modernen Gemeinwesens, Staat, politische Gesellschaft und Zivilgesellschaft besitzen eine öffentliche Sphäre, in denen sich die Religionen niederlassen können. Traditionell besetzte die Kirche die ersten beiden Felder, ihre Zukunft wird aber wohl in der Zivilgesellschaft als dem neuen „öffentlichen Ort der Kirche“[61] liegen, insofern sie für sich in Anspruch nimmt, in Wort und Tat in die Öffentlichkeit der Zivilgesellschaft einzugreifen. Dies eröffnet der Politischen Theologie im Anschluss an ihre herausragendsten Traditionen gänzlich neue Domänen und Betätigungsfelder, weil damit eine gewisse „Repolitisierung des Privaten“[62] unvermeidlich erscheint. Damit soll die liberale Maxime, wonach Religion Privatsache sei, keinesfalls aufgehoben, wohl aber in ihrer gegenwärtigen Funktion präzisiert werden. Sie kann nicht bedeuten, dass sich Religion nur mit Privatangelegenheiten beschäftigen und nicht auch mit öffentlichen Fragen befassen bzw. sich in den diskursiven Prozess einbringen darf. Religionen stellen mit ihrem semantischen Potential und ihrer performativen Praxis „eine Herausforderung für die vorherrschenden individualistisch-liberalen Theorien dar, die das Gemeinwohl auf die Gesamtsumme persönlicher Präferenzen reduzieren“[63]. Dafür braucht es

[60] Vgl. Casanova, José, Chancen und Gefahren öffentlicher Religion. Ost- und Westeuropa im Vergleich, in: Kallscheuer, Otto (Hg.), Das Europa der Religionen. Ein Kontinent zwischen Säkularisierung und Fundamentalismus, Frankfurt 1996, 181–210.

[61] Casanova, J., Chancen und Gefahren 194.

[62] Manemann, J., Rettende Erinnerung 78. Für Manemann muss dies Entprivatisierung zu einer „Renormativierung der Öffentlichkeit“ führen. „Als öffentliche Religion könnte das Christentum eine Art Scharnier zwischen der privaten und der öffentlichen Sphäre bilden, indem sie die persönliche Moral mit öffentlichen Problemen und die Öffentlichkeit mit Fragen der privaten Moral konfrontiert.“ (78)

[63] Casanova, J., Chancen und Gefahren 209. Zur näheren Begründung vgl. Haber-

Trägergruppen, die nach innen und außen Formen authentischer Christlichkeit entwickeln und die politische Dimension des Evangeliums in den Debatten und Auseinandersetzungen einbringen.[64]

(23) Allerdings ist die Reihenfolge nicht umkehrbar. Hier lässt sich an das anknüpfen, was zu Beginn als Grundprinzip Politischer Theologie formuliert wurde und als konstitutiver Teil ihre Plausibilitätsstruktur bestimmt. Was nach außen kraftvoll und mit berechtigter Verve vorgetragen wird, sollte auch nach innen Verpflichtung und oberste Richtschnur sein. Das bedarf der Übung und des offenen Raumes für Experimente. In dieser Perspektive können Denkverbote und Diskussionsabbrüche keinen Platz finden. Aber selbst dort, wo sie gesetzt werden, erinnern die große Tradition der negativen Theologie hier an das Ungedachte und Widerständige, das sich mit autoritativen Prozessen nicht einfangen und aus der Welt schaffen lässt. Damit verweist sie auf den entscheidenden Ort, der sie zu einer grundlegenden Grammatik der christlichen Gottesrede gemacht hat und aufs Engste mit der Politischen Theologie verbindet: die Welt und die Menschen, die wir in ihr leben und die wir auf Gottes Verheißung hin gestalten.

---

mas, Jürgen, Religion in der Öffentlichkeit. Kognitive Voraussetzungen für den „öffentlichen Vernunftgebrauch" religiöser und säkularer Bürger, in: ders., Zwischen Naturalismus und Religion. Philosophische Aufsätze, Frankfurt 2005, 119–154.

[64] Vgl. dazu Mautner, Josef P., Dekonstruktion des Christentums. Linkskatholizismus und Gegenwart, in: Faber, Richard (Hg.), Katholizismus in Geschichte und Gegenwart, Würzburg 2005, 227–254. Mautner zeigt am Beispiel der neuen, netzwerkorientierten sozialen Bewegungen, wie im Engagement von ChristInnen Anliegen des Linkskatholizismus der 50er und 60er Jahre weiterwirken. Für sie ist „die negative Bindung an den Katholizismus" der Protagonisten von damals ebenso obsolet geworden, wie der vorrangige theoretische Bezug auf Marxismus und Sozialismus. Methodenbildung und theoretische Reflexion verlaufen primär „im Rahmen eines pluralen Aktionsfeldes von horizontalen Netzwerken, das keine geschlossenen ideologischen Systeme mehr bildet" (234).

Magnus Striet: Kommentar zu Alois Halbmayr

Mit den Ausführungen von Alois Halbmayr weiß ich mich im Anliegen verbunden. Um die Politische Theologie ist es gegenwärtig wohl auch deshalb etwas ruhig geworden, weil das allgemeine Wohlgefühl einer Wiederkehr des Religiösen rechtshegelianische Interessen aufnimmt. Das Interesse an Religion als Garantin für die sittliche Substanz eines Staates war schon immer die große Verführerin einer Angleichung von Religion und Herrschaft. Und es ist zutiefst fraglich, ob die von Johann Baptist Metz in die Diskussion eingeführte Kategorie der ‚Unterbrechung', die das biblische Wort vom Exodus-Gott bedeutet, in diesem Raunen noch gehört wird. Weil aber der Exodusgott und damit der Gott Jesu nicht ohne Bezug auf die Geschichte und damit auf die realen Verhältnisse zu haben ist, ist eine sich auf diesen Gott verpflichtende Theologie immer auch politisch. Glaubensreflexionen finden immer in konkreten historischen Situationen statt, die ein Überdenken des Überlieferten notwendig machen. Dies kann nicht anders sein, wenn man dem Faktor Geschichte nicht zugunsten plotinischer Ewigkeit seine grundsätzliche Bedeutung abstreiten will. Aber es bleibt doch auch dabei, dass es so etwas wie einen normativen Kern gibt, den aufzugeben bedeutete, sich aus der Tradition dieser Religion zu verabschieden. Dies gilt auch für die jüdisch-christlichen Glaubenstraditionen. Konstitutiv für diese ist der Glaube an den Exodus-Gott, der deshalb, weil er selbst Barmherzigkeit ist, in die Praxis einfordert. Deshalb ist der Gottesbegriff hier immer auch ein Praxisbegriff, gefährliche Erinnerung für Gegenwart und Zukunft. Mit Halbmayr scheint es mir deshalb auch unerlässlich zu sein, die Frage der Theodizee im Logos einer Theologie zu verankern, die sich in diese Traditionen einschreibt. Gerade weil, so möchte ich zuspitzen, die biblische Reflexionsgeschichte dieses Gottes trotz aller widrigen Erfahrungen das Gottesbild immer weiter vereindeutigt, weil sie es bereits alttestamentlich und dann in neutestamentlicher inkarnationstheologischer Fortschreibung konzentriert auf den Gott, der Liebe ist, macht die Erfahrung des Vermissens Gottes angesichts entsetzlichen geschichtlichen Leidens und geschichtlicher Greuel um so nervöser. Aber man kann angesichts der religiösen Turbulenzen der Gegenwart auch einmal die Frage riskieren, ob nicht hier gerade der humane Vorteil dieser Traditionen liegt, mit einem Gott rechnen zu dürfen, der mitleidet und dem – in eschatologischer Erwartung – die Abgründigkeit seiner Schöpfung zu klagen ist, ohne darüber in eine weltabgewandte, am Ende subjektvergessene und ideologische Lethargie zu verfallen.

Während ich die theologischen Intentionen teile, möchte ich nur zurückfragen, ob das Problem der Rezeption pseudodionysischer Figuren nicht doch unterschätzt wird. Mir geht es ausschließlich darum, den Gott denkbar zu machen und verstehend zu erschließen, der in der geschichtlichen Überlieferung dieses Glaubens gelebt und erlitten wird. Um es zu unterstreichen: Es handelt sich ausschließlich um die Frage der adäquaten Denkform. Mir scheint weiterhin, dass der neuplatonisch konzipierte Begriff einer absoluten Transzendenz Gottes dem Glauben daran, dass Gott aus der völligen Unverfügbarkeit seiner Freiheit heraus sich ausgesagt hat, seinen Namen kundgetan hat, sich – wie dann der christliche Glaube sagt – inkarniert und endgültig selbst geoffenbart hat, nicht gerecht wird. Unter der Prämisse des freien Offenbargewordenseins stehen bestimmte Begriffe nicht zur Disposition, entziehen sich der Apophase, etwa Freiheit, Personalität, Liebe. Natürlich sind diese Begriffe auch nicht eins zu eins von Gott und Mensch auszusagen. Aber wenn der Begriff einer absoluten Transzendenz Gottes die theologische Logik dominieren sollte, Gott deshalb zu dem ganz Anderen erklärt wird, weil er menschlich überhaupt nicht begreifbarer ist, so bricht diese Logik mit dem Glauben an den Gott, dessen Geheimnis doch gerade darin besteht, dass er sich aus der Unverfügbarkeit seiner Freiheit heraus offenbar gemacht hat: nicht etwas, sondern sich selbst.

Thomas Schärtl: Kommentar zu Alois Halbmayr

Gottes radikale Selbstdifferenzierung

Die politisch-theologischen Überlegungen im Beitrag von Alois Halbmayr lassen sich – von einer bestimmten Warte aus – ähnlich wie die Ausführungen von Willibald Sandler als Feinabstimmungen und Feinbestimmungen des Gottesbegriffes lesen. Meine provokative Frage ist daher recht schlicht und vielleicht naiv: Warum ist bei dieser Weise der feineren Bestimmung dessen, was von Gott gesagt werden kann, der Rekurs auf negative Theologie überhaupt notwendig? Ließe sich das, was zur kritischen und politischen Implikation der christlichen Rede von Gott zu sagen ist, nicht genauso gut ohne einen Rekurs auf negative Theologie sagen? Wäre es nicht ausreichend, auf den Gegensatz zwischen Gott und Sünde, Gottes Macht und den Mächten der Welt, Gottes Liebe und dem Hass der Welt, Gottes Gerechtigkeit und den Maßstäben der Welt zu verweisen, um der kritischen Dimension Nachdruck zu verleihen? Mir scheint, dass die Bezugnahme auf negative Theologie klassischer Prägung, wie sie Alois Halbmayr in 8–10 vornimmt, einerseits zuviel und andererseits zu wenig erreicht. Bevor ich dies erläutere, möchte ich nur anmerken, schlicht anmerken, dass ich mit Halbmayrs Ausführungen in 8–10 grundsätzlich nicht übereinstimme und dass ich kein Argument gefunden habe, warum ich meine Auffassung, die ich in meinem eigenen Beitrag longe lateque dargelegt habe, ändern sollte. Halbmayr referiert dort nur bestimmte Segmente der Tradition, ohne nach der Schlüssigkeit dieser Gedanken oder nach den unliebsamen Konsequenzen zu fragen. Dass sich die von ihm korrekt dargelegten, aber – und das wäre mein Kritikpunkt – nicht weiter problematisierten Basisaxiome der klassischen negativen Theologie mit poststrukturalistischen Intuitionen decken, mag sein. Ob das der Theologie gut tut, ist eine ganz andere Frage. Ob in einem solchen Parallelogramm aus klassischer negativer Theologie und poststrukturalistischer Unendlichkeit der Zeichenketten der Offenbarungsbegriff nicht vollkommen ausgehöhlt wird, ist eine Frage, die in hinreichender Deutlichkeit Magnus Striet formuliert hat.

Jenseits dieses „ceterum censeo“ gilt meine Aufmerksamkeit dem Zuviel und Zuwenig: Alois Halbmayr erreicht zuviel, wenn er explizite Motive der klassischen negativen Theologie mit den Motiven der politischen Theologie und der dekonstruktivistischen Lesart aller Theologumena verbindet: Gott wird zum absolut

Fremden. Das erlaubt es zwar, alle Verheißungs- und Erwählungsattribute einer kritischen Relecture zu unterziehen und sie im wahrsten Sinne des Wortes auseinander zu nehmen. Aber der Gott, der hier ungedacht angedacht wird, ist ein vollkommen Anderer geworden. Das Resultat ist ein Zuwenig: Wie dieser Gott noch ein Bürge für eine Anwaltsaufgabe sein soll, die der dem biblischen Wurzelboden entstammenden Religion zugedacht wird, ist mir ein Rätsel. Ohne ein Mindestmaß an Identitätsdenken lässt sich die Selbstidentifikation Gottes nicht denken. Und ohne ein Maß an Selbstidentifikation ist auch die Parteilichkeit Gottes für die Marginalisierten, Entrechteten und Unterdrückten nicht zu haben. Gelänge es, die Kunst der Dekonstruktion ihrerseits noch einmal in eine radikale Selbstdifferenzierung in Gott zurückzuspiegeln, so wäre ich sofort glühender Anhänger dessen, was Alois Halbmayr angedacht hat. Der Rekurs auf die klassische Tradition negativer Theologie wäre vor diesem Hintergrund aber ein im Kern nichtnotwendiger Schritt.

Johann Ev. Hafner: Kommentar zu Alois Halbmayr

Um Religion davor zu bewahren, einseitig affirmativ zu werden und bestehende politische Verhältnisse gezielt oder als Nebenfolge zu zementieren, verlangt Halbmayr eine selbstkritische Aufklärung von Theologie. Das kritische Potential liegt vor allem in der Gottesrede, da sich Theologie in Bezug auf Gott selbst immer wieder negieren und überbieten muss und so in ein „endloses Ziel der Zeichenbildung" (9) eintritt. Dies kann nicht in einer Reihung von affirmativen Aussagen gesehen, sondern muss durch Selbstunterbrechung geleistet werden (Negation der Negation). Hierfür bedarf die Theologie der Außenbeobachtungen, die das für sie selber Unbeobachtbare in den Blick bringen. So könne eine geschlossene, anknüpfungslose Selbstreferentialität (vgl. 12) vermieden werden und die Theologie ihrem prophetischen Auftrag nachkommen. Ziel ist es, die kirchlichen Gemeinschaften aus ihrer Selbstbezogenheit zu lösen und ihren Verantwortungshorizont auch auf die Gesamtgesellschaft hin auszuweiten.

Aus systemtheoretischer Sicht stellen sich hier zwei Fragen: Erstens hat die Fähigkeit zur Negation klare Grenzen. Zwar kann eine Theologie ihre Gegenstände, also die in der Offenbarung vorausgesetzten, irreversiblen Aussagen, kritisieren, aber sie kann sich nicht selber negieren. Ihre Negationen geschehen ja nicht als Fundamentalskepsis, sondern unter einer bestimmten Hinsicht. Die Wahrung einer Leerstelle (Nancy) erfolgt stets im Namen dessen, der diese Stelle ausfüllen sollte. Wenn also Theologie vom Unerreichbaren spricht, dann immer vom *theologisch* Unerreichbaren. Damit begreift sich Theologie immer schon als Reflexionsorgan einer Bezugsreligion, die positive Aussagen macht, affirmativ spricht, eindeutige Abschlussfiguren verwendet. Theologie, auch negative Theologie, ist eine interne Funktion von Religion. Ist dieser Zusammenhang aufgelöst, läuft sie Gefahr, von anderen Systemen usurpiert zu werden und könnte mit politischer oder belletristischer Rede verwechselt werden, denn auch diese Systeme kennen die Figur des Unverfügbaren. Zweitens: Halbmayr ist zuzustimmen, dass die Bindung von Religion an Politik zu ihrer Säkularisierung führt. Allerdings trügt m.E. die Hoffnung, das kirchliche Engagement für die „Gesellschaft insgesamt" (22) führe zu höherer Attraktivität. Empirisch ist eine Revitalisierung von Religion gerade dort zu beobachten (Pfingstbewegung, Predigerkirchen), wo sich Gemeinschaften von allgemein gesellschaftlichen Aufgaben lossagen und sich dezidiert als religiöse Veranstaltung verstehen. Bevor man die Selbstreduktion auf das Kerngeschäft als eskapistisch kritisiert, muss man anerkennen, dass damit ein Grundzug von Religion zum Tragen kommt. Religion nimmt nicht einen „unbestimmten Ort" in der Gesellschaft ein, von dem aus sie hier und da auf totalisierende Zustände hinweist. Stattdessen bezieht sie die klar bestimmte Position: Religion behauptete eine Gegenwelt zur Gesellschaft (nicht Gegengesellschaft). Aus dieser Perspektive macht sie sichtbar, dass die Gesellschaft als ganze unbestimmbar, kontingent, willkürlich, unsicher ist. Diese Aufgabe der Entlarvung teilt sie sich mit der Philosophie. Aber Religion bietet darüber hinaus auch Wege an, mit dieser Unbestimmbarkeit fertig zu werden, indem sie ein Ziel angibt (Gott), von dem aus die Kontingenzen dieser Welt, der Zusammenhang von Welt und Gegenwelt, die Überforderung durch Erwartungen und Enttäuschungen relativiert und damit bestimmbar werden. Gerade in ihrer Funktion als Systemkritik wirkt die Religion dann auch systemstabilisierend.

Willibald Sandler: Kommentar zu Alois Halbmayr

Alois Halbmayr unternimmt mit seinem Beitrag ein selbstkritisches Plädoyer für die neue Politische Theologie. Er diagnostiziert für sie eine „Marginalisierung" und einen „schleichenden Bedeutungsverlust" (Nr. 1), benennt äußere (zeitgeschichtlich-gesellschaftliche) und innere (selbstverschuldete) Gründe für diese Krise, stellt gegen alle Kritik die bleibende Bedeutung ihrer Anliegen fest und empfiehlt eine radikalisierte Besinnung auf ihr kritisches Potential – vor allem als methodische Selbstkritik (Nr. 7) – als Weg zur Wiedergewinnung ihrer gesellschaftlichen Relevanz.

An dieser Stelle erschließt Halbmayr eine zentrale Bedeutung der *negativen Theologie* für die Politische Theologie, und zwar als ihr „Heilmittel": Negative Theologie als reflexive Vergewisserung der unüberholbaren Inadäquatheit jeder affirmativen Gottesrede bildet das eigentliche Reservoir für das neu zu belebende kritische Potential negativer Theologie. Angesichts der die Geschichte prägenden Tendenzen, „geschichtlich kontingente Ordnungen als vollkommene Staaten, als Abbild göttlicher Ordnung und des Willens Gottes" zu stabilisieren, erweist sich negative Theologie als politisch hoch brisant (Nr. 10). Während Halbmayr diese Kritik bei den HauptvertreterInnen Politischer Theologie gut aufgehoben sieht, vermisst er die selbstkritische Rückwendung dieses negativ-theologischen Impulses auf die Politische Theologie selbst. Im Sinne einer Außenbeobachtung skizziert er dazu drei sozialphilosophische Entwürfe von Michael Walzer, Jean-Luc Nancy und Claude Lefort. Allen gemeinsam ist die Kritik an der Verabsolutierung innerweltlicher politischer Wirklichkeiten, bei Walzer – in einer negativen Philosophie der Geschichte – gegen die Ungeduld des politischen Messianismus, bei Nancy und Lefort im Appell zum Offenhalten einer zentralen Leerstelle, die durch ideologische und politische Machtansprüche beansprucht zu werden droht. Zwar hat Halbmayr diese Entwürfe als „Außensichten" zur selbstkritischen Korrektur der negativen Theologie eingebracht, aber sie spielen – als politische Philosophien wohl absichtslos – einer Politischen Theologie zugleich eine zentrale Funktion als „Wächterin" der offen zu haltenden Mitte zu.[1]

An zahlreichen Stellen, vor allem aber hier finde ich enge Bezüge zwischen Halbmayrs Rezeption negativer Theologie für die Politische Theologie und dem in meinem Beitrag verfolgten dramati-

[1] Vgl. dazu auch in meinem Beitrag, Nr. 19.

schen Ansatz. Auch für diesen ist ja „das Offenhalten der Mitte" zentral. Durch diese Berührungsstellen erschließen die von Halbmayr beigebrachten Argumente – wie auch die drei von ihm referierten sozialphilosophischen Ansätze – wichtige Aspekte, die sich in die dramatische Theologie mit Gewinn einarbeiten lassen.

Über dieselben Berührungsflächen lassen sich auch Anliegen, die die dramatische Theologie gegenüber der Politischen Theologie geltend macht,[2] in die Diskussion von Halbmayrs Beitrag einbringen. Dazu zählt vor allem die Option für eine – durch negative Theologie stets zu korrigierende – affirmative oder kataphatische Theologie, die sich von der Auseinandersetzung mit dem Heilsdrama Jesu Christi her speist. Dass solche Tendenzen durch die negative Theologie nicht von vornherein kompromittiert werden, hat Halbmayr durch formale Überlegungen zum Wechselspiel zwischen kataphatischer und apophatischer Theologie, sowie durch Hinweise auf die durch negative Theologie unrelativierte Normativität biblischer Gottesrede in Nr. 11 bestens zum Ausdruck gebracht.

Hier ansetzend möchte ich an Halbmayrs Beitrag die Frage nach dem Woher dieser unverzichtbaren Affirmativität stellen. Gleichsinnig mit postmodernen Strömungen der Dekonstruktion plädiert Halbmayr für die Relativierung von Wahrheits- und Normativitätsansprüchen, – auch als Selbstbescheidung für die Politische Theologie, die mithin auch nicht beanspruchen darf, die Rezepte zum Heil in Händen zu halten. Das ist gewiss berechtigt und wünschenswert, – aber reicht die selbstkritisch-dekonstruktive Inanspruchnahme negativer Theologie zur „Heilung" der Politischen Theologie aus? Müsste nicht auch gefragt werden, woher die Politische Theologie jene affirmativen Anstöße gewinnt, die stark genug sind, um gegenüber den massiv eingebrachten und abgestützten ideologischen Interessen die „Stelle der Macht" *theologisch* „leer" zu halten?

Gemäß den Intuitionen Politischer Theologie ist die zentrale Quelle für diese affirmativen Anstöße die gefährliche Erinnerung an das als kritisch und emanzipatorisch verstandene Handeln Gottes in Jesus Christus. Mit Halbmayr: „Um das gesellschaftsverändernde Potential des Glaubens in seiner Tiefe ausschöpfen zu können, bedarf es exakter Analysen und Beurteilungen bestehender Unrechtsverhältnisse im Lichte des Evangeliums." (Nr. 5) Vom Evangelium her ist nicht nur der prophetische Impuls zur Gesellschaftskritik immer neu zu gewinnen, sondern auch die Unterscheidung zwischen authentischen und ideologisch pervertierten

[2] Vgl. in meinem Beitrag, Nr. 11.

Begriffen von Befreiung, Herrschaftsfreiheit, Emanzipation, Kritik usw.

Diese Unterscheidung wird möglich, indem relevante Einzelereignisse aus dem Wirken Jesu (sowie aus der gesamten biblischen Offenbarungsgeschichte) innerhalb eines gleichermaßen zu erschließenden umfassenden Kontextes von Gottes Handeln im Wirken Jesu situiert werden. So braucht die Politische Theologie aus kriteriologischen Gründen eine ausgearbeitete Christologie.[3] Ich meine, dass die *dramatische Christologie* mit ihrer durchgängigen Wahrnehmung von Gesellschaft und Gewalt hier einen guten Gesprächspartner für die neue Politische Theologie abgeben könnte.[4]

Was solcherart programmatisch angesprochen wurde, lässt sich im Blick auf von Halbmayr herausgearbeitete Inhalte konkretisieren, – insbesondere im Blick auf die drei Skizzen politischer Philosophie. Während sich Jesu Gottesreichbotschaft in einer Balance zwischen „Schon“ und „Noch-nicht“ hält, betonen alle drei Ansätze das Moment des „Noch-nicht“ und dementsprechend die Tugend der Zurückhaltung und des Zuwartens. Das ist gewiss *auch* im Sinne Jesu, der verlangte, das Unkraut nicht auszureißen, sondern es wachsen zu lassen. Aber er betonte ebenso an vielen Stellen die unerhörte Dringlichkeit eines Gnadenkairos, der nicht versäumt werden darf. In diesen Appellen wurzelt die Dringlichkeit späterer prophetischer Impulse, die eine radikale Umkehr, ein radikales Handeln erfordern, – auch wo es unakzeptabel und inopportun erscheint. Wird das Moment der Dringlichkeit von Jesu Gottesreichbotschaft ausgeblendet, so erlahmt auch die Schärfe prophetischer Forderungen, die angesichts drohender politischer, ökonomischer und ökologischer Katastrophen überaus dringlich sind, – Forderungen, deren konsequente theologische Berücksichtigung ein unverzichtbares Anliegen der neuen Politischen Theologie ist.

Von daher möchte ich zuletzt – gegen gewisse Tendenzen der von Halbmayr geführten Selbstkritik Politischer Theologie – deren mangelnde systematische Reflektiertheit als geringeres Übel bezeichnen. Es gibt eine Spannung zwischen Verstehen und Handeln, die nicht ins Letzte auflösbar ist. Eine Theologie, die sich als

---

[3] Dieses Desiderat erscheint mir als mindestens ebenso triftig wie die von Halbmayr angemahnte Ausarbeitung einer systematischen Ekklesiologie. Dass innerhalb der Politischen Theologie einer ausgearbeitete Ekklesiologie fehlt, stellt Halbmayr in Nr. 1 fest. Dass die Politische Theologie von J.B. Metz ein *christologisches* Defizit aufweist, ist die Hauptthese von Tück, J.H., Christologie und Theodizee bei Johann Baptist Metz. Ambivalenz der Neuzeit im Licht der Gottesfrage, Paderborn ^{2}2001.

[4] Vgl. in meinem Beitrag Nr. 12–16.

praktische und pragmatische die prophetischen Appelle zum – innovativen und (in Umkehr) korrektiven – Handeln zu eigen macht, kann nicht zugleich und im gleichen Maße den systematisierenden Überblick behalten, – auch wenn dieser Überblick gerade im Sinne der rechten Orientierung des eingeforderten Handelns unverzichtbar bleibt. Diese Spannung kann und braucht nicht von einem einzigen theologischen Ansatz aufgelöst zu werden. Vielmehr ist hier das – durchaus dramatisch zu verstehende – Ringen zwischen verschiedenen Ansätzen systematischer Theologie gefragt. Bei allen Gemeinsamkeiten stehen Dramatische und Politische Theologie in einer solchen Spannung zueinander und brauchen sich auf diese Weise gegenseitig.[5] Die unreduzierbare Pluralität verschiedener systematischer Theologien entspricht dabei selbst nochmals der Einsicht negativer Theologie in die Gebrochenheit jeder Affirmation in der Gottesrede.

[5] Dass und inwiefern die Dramatische Theologie die kritischen Anstöße der Politischen Theologie braucht, habe ich in meinem Beitrag in Nr. 11 ausgeführt.

Hildegund Keul: Kommentar zu Alois Halbmayr

Verborgene Gottespräsenz – die beredte Grammatik des Unsagbaren

Albert Schweitzer schreibt in der Schlussbetrachtung seiner „Geschichte der Leben-Jesu-Forschung“ lapidar und pointiert: „Diejenigen, welche gerne von negativer Theologie reden, haben es im Hinblick auf den Ertrag der Leben-Jesu-Forschung nicht schwer. Er ist negativ.“[1] Alois Halbmayr stellt sich dieser Negativität, die ihre Gravuren nachdrücklich in die christliche Gottesrede einschreibt, und begreift zugleich den Offenbarungswert, der in diesen Gravuren liegt. „Entgegen einem breiten Missverständnis ist die negative Theologie nicht das Gegenteil einer affirmativen oder Offenbarungstheologie, sondern ihre grundlegende Grammatik, in der das Unaussprechbare so zur Sprache und das Undenkbare so in den Gedanken kommt, dass damit die Transzendenz Gottes konstitutiv gewahrt bleibt“ (8) und – so füge ich hinzu – sich verborgen offenbart.

Diese beredte Grammatik des Unsagbaren nutzt Halbmayr für eine Weiterführung der Politischen Theologie nach Johann Baptist Metz, um deren Theoriedefizit in theologischen Fragen sowie im Begriff des Politischen entgegenzuwirken. Wer sich dem Grauen von Auschwitz und vieler weiterer von Menschen produzierter Todesorte stellt, wird mit tödlichem Verstummen konfrontiert, das eigene Sprachlosigkeit freilegt. Hier hat die Negative Theologie ihren Ort in Erinnerung, Erzählung und solidarischem Engagement der Politischen Theologie. Das Christentum, in dessen Zentrum Jesus und damit ein Opfer der Geschichte steht, ist in besonderer Weise mit den Opfergeschichten der Menschheit verbunden.

Die Erneuerung der Politischen Theologie erfolgt in der pragmatischen Verortung der Theologie im Raum heutiger Politik. Ob dabei der zivilgesellschaftlich geprägte Begriff von Politik als „symbolisches Dispositiv, in dem die Mitglieder sich als gleichberechtigt verstehen und deshalb aufgerufen sind, die Macht über sich selbst auszuüben und die eigene Geschichte zu bestimmen“ (19) weiterführt, ist zu bezweifeln. Hier zeigt sich ein utopisch formierter Politikbegriff, der zugunsten des Ideals einer gleichberechtigten, souveränen Macht die Frage vernachlässigt, wie Macht tatsächlich funktioniert. Negative Theologie zielt hingegen auf einen

[1] Schweitzer, Albert, Geschichte der Leben-Jesu-Forschung. Tübingen: ^{9}1984, 620.

heterotopisch formierten Politikbegriff, denn sie sucht jene Andersorte auf, wo sich Verschwiegenes zeigt und die Machtwirkungen im politischen Raum verschiebt. Die Anschlussidee Halbmayrs, dass Religion Anwältin der Leerstellen der Macht sei und damit Unterbrechungen in bedrängende Machtmechanismen einzieht, ist in dieser Hinsicht eine vielversprechende Weiterführung Negativer Theologie.

Politik ist der Raum, in dem Sprache als Instrument von Macht dominiert. Hier gilt in besonderer Weise die Feststellung von Michel Foucault: „und der Diskurs – dies lehrt uns immer wieder die Geschichte – ist auch nicht bloß das, was die Kämpfe oder die Systeme der Beherrschung in Sprache übersetzt: er ist dasjenige, worum und womit man kämpft; er ist die Macht, deren man sich zu bemächtigen sucht."[2] Politikerinnen und Politiker sind äußerst beredt, zeigen in Interviews und öffentlichen Debatten keine Sprachlosigkeit gerade dort, wo diese sich verschwiegen zu Wort meldet. Die Negative Theologie im politischen Raum zur Geltung zu bringen, legt diese Unterwerfung des Verschwiegenen frei. Sie sucht gezielt Orte des Verstummens auf, an denen der ununterbrochene Sprachfluss der Politik versagt. Hier gilt es, sich der beredten Grammatik des Unsagbaren im komplexen Raum heutiger Politik auf die Spur zu machen. Negative Theologie fragt an Orten des Verstummens nach einer verborgenen Gottespräsenz, die ihre verschwiegenen Spuren ins Leben legt.

Ein solches Vorgehen schreibt nicht nur theologische Gravuren in den Raum der Politik ein, sondern es wirkt auch umgekehrt auf die Theologie zurück. Sich den Orten des Verstummens zu stellen legt Spuren in eine theologische Sprache hinein, die von den Zeichen der Gegenwart markiert wird. In Auseinandersetzung mit Jean-Luc Nancy fragt Halbmayr nach dem ‚noch im Kommen begriffenen Ungedachten des Christentums selber' und setzt damit den Kontrast der Anwesenheit des Abwesenden, der für die Geistlehre des Christentums kennzeichnend ist.[3] Das 2. Vatikanische Konzil stellt vorsichtig fest: „Da nämlich Christus für alle gestorben ist und da es in Wahrheit nur eine letzte Berufung des Menschen gibt, die göttliche, müssen wir festhalten, dass der Heilige Geist allen die Möglichkeit anbietet, diesem österlichen Geheimnis in einer Gott bekannten Weise verbunden zu sein." (Gaudium

[2] Foucault, M., Die Ordnung des Diskurses, Frankfurt 1997, 11.

[3] Vgl. Keul, Hildegund, Gravuren einer geistesgegenwärtigen Theologie, in: Lebendige Seelsorge 56 (2005), 76–81. Sowie im selben Heft: Heterotopie statt Utopie. Antwort auf Jürgen Bründls „Gegenwart des Geistes?", ebd. 84–86.

et Spes 22) Das Konzil verweist auf Orte auch außerhalb der Kirche, an denen der Geist verschwiegen in Erscheinung tritt und seine verborgenen Zeichen setzt. Die Negative Theologie Halbmayrs folgt diesen verschwiegenen Spuren Gottes im Raum der Politik. Dabei ist zu wünschen, dass sich nicht nur ein ideologiekritisches Potential zeigt, sondern stärker auch die sprachproduktive Seite Negativer Theologie hervortritt und zur Sprachfähigkeit der Theologie in der Gegenwart beiträgt.

Gregor Maria Hoff: Kommentar zu Alois Halbmayr

Halbmayr entwickelt das Konzept negativer Theologie aus den Theoriezusammenhängen politischer Theologie. Dabei hebt er vor allem auf die ideologiekritischen Implikationen negativer Theologie ab. Sie zehren u. a. von prophetisch-apokalyptischen Traditionen (5), die den Einspruch gegen Unrecht im Namen Gottes formulieren. Hier zeigt sich bereits das verwickelte Verhältnis von Affirmation und Negation, das Halbmayr bewusst kennzeichnet, um es nicht in einer dialektischen Synthetisierung aufzuheben (8, 9). Stattdessen bleibt es bei einem gespannten Bezug. Er aktiviert eine „Grammatik", mit „der die performative Kraft des Evangeliums die Welt und das Handeln der Menschen als offenes, vorläufiges Geschehen" (12) beschrieben werden kann. Die Rede von Gott wird damit in das Unabgeschlossene verlegt und erhält einen eschatologischen Drive.

Freilich fragt sich, woran die *Position* ihr Maß nimmt, die Halbmayr mit der „Verheißung Gottes" (23) buchstabiert und „im Lichte des Evangeliums" (5) interpretiert. In seinem Namen tritt die Kritik dieser reformulierten politischen Theologie an. So sehr ihre Intuitionen dabei das Moment des Einspruchs betonen, so offen bleibt ihre theologische Grundlegung. Sie könnte in Verlängerung der Überlegungen Halbmayrs drei Aspekte stark machen, die der Text zumindest anspielt:

1. Mit den Bezügen auf eine poststrukturalistische Dekonstruktion (7) ließen sich fundamental-semiologisch jeder Text, jedes Zeichen und – für eine politische Theologie wichtiger – jedes Ereignis in ihrer Nicht-Gegebenheit (vgl. 16f.) forcieren. Kein Zeichen erfüllt die Bedingungen einer stabilen Präsenz seiner Bedeutung.
2. Damit verbindet sich der Hinweis auf eine Zeit-Analyse (vgl. 19), in der sich der Entzug jeder Gegenwart als ein Moment der Negation des Gegebenen codieren ließe.[1]
3. Schließlich orientiert sich politische Theologie am Evangelium, das seinerseits keine schlechthin gegebene Größe ist. Es liegt uns nur in vier voneinander abweichenden Varianten vor, in denen sich die authentische Gestalt des Jesus von Nazareth bleibend entzieht. Christliches Sprechen von Gott, das konstitutiv

---

[1] Die Frage nach der Bedeutung der Zeit ist im Übrigen ein eigens und vor allem noch genauer zu bearbeitendes Problem negativer Theologie. Vgl. Theunissen, Michael, Negative Theologie der Zeit, Frankfurt ^{4}2004.

an das Evangelium Jesu Christi gebunden ist, findet immer in einem Raum des Ungesagten, des Unfassbaren, des Entzugs statt.

Die entsprechenden Verankerungen negativer Theologie schließen darüber hinaus im Sinne einer methodisch durchkomponierten politischen Theologie wohl die Forderung ein, von den konkreten Zeichen der Zeit auszugehen, die – gerade weil sie nicht in Texten aufgehen – immer etwas erneut Unsagbares *verkörpern*.

6

Gravuren der Mystik in christlicher Gottesrede

Ein genealogischer Beitrag zur Negativen Theologie

Hildegund Keul, Bonn / Würzburg

(1) Die Leitfrage des vorliegenden Buchs macht den Stellenwert zum Thema, den die Negative Theologie heute hat oder erlangen kann. Dabei ist die Mystik als jene Wissensform gefragt, die in ihrer Gottesrede die Sprachlosigkeit, das Schweigen und die Bestreitung in den Mittelpunkt rückt. Wenn bei der Negativen Theologie die Mystik ins Spiel kommt,[1] kann sich die Frage nach dem aktuellen Stellenwert jedoch nicht allein auf innertheologische Debatten beziehen. Entstehungsorte der Mystik sind konkrete Lebensfragen, die vom Zerbrechen der Sprache gezeichnet sind und verschwiegene Gottesfragen stellen. Hier ist nicht mehr die *eine* Frage dominant, ob Gott existiert – eine Frage, die noch immer ganz selbstverständlich als *die Gottesfrage* in theologischen Büchern firmiert –, sondern plurale Gottesfragen, die an differierenden Lebensorten aufscheinen. In welchen Diskursen ist die Mystik gefragt, in welchen Themen trägt sie ihre verschwiegenen Spuren ein?

(2) Mystik entsteht da, wo Menschen in Grenzerfahrungen ihres Lebens die Sprache versagt. Als *„cognitio experimentalis de Deo"* ist sie die praktische, an Lebensfragen orientierte Seite der Negativen Theologie. Bei ihr ist kein systematischer Entwurf zu erwarten, wie die Fundamentaltheologie ihn anstrebt. Aber es stellt sich die Frage, ob die Mystik dem disparaten Diskurs um die Negative Theologie Gravuren eintragen kann, die ihr eine Verortung in gegenwärtigen Lebensfragen eröffnen. Erschließt die Mystik heutige Diskurse als Orte, an denen Gottesfragen zu besprechen sind? Braucht die Theologie vielleicht gerade die Mystik, um sich in Themen der Gegenwart zu verorten?

---

[1] Auf die enge Verbindung der Mystik mit der Negativen Theologie verweist bereits die „Mystische Theologie" des Dionysios Areopagita. – Das Substantiv „Mystik" wird erst seit dem 16. / 17. Jh. verwendet und konstituiert nachträglich einen speziellen Bereich religiöser bzw. theologischer Literatur.

(3) Die Fundamentaltheologie richtet sich nicht aus historistischen Gründen an die Vergangenheit, sondern wegen einer theologischen Analyse der Gegenwart. Um klassische Texte der Mystik für gegenwärtige Gottesfragen zu erschließen, ist daher eine Weiterführung hermeneutischer Methoden in der Genealogie hilfreich, wie sie der französische Philosoph und Analytiker der Denksysteme Michel Foucault in die Debatte eingebracht hat. Während die Hermeneutik das Verstehen von Texten in den Mittelpunkt rückt und sich auf Innenperspektiven konzentriert, betreibt die Genealogie ein „Denken des Außen".[2] Sie analysiert verborgene, aber machtvolle Entwicklungslinien von Diskursen und geht den komplexen Fäden der Herkunft von Macht und Ohnmacht nach, die Dinge in Bewegung bringen und Wirklichkeit verändern. Warum wird etwas zum Thema und was wird dabei verschwiegen, obwohl es die Ordnung der Dinge bestimmt? Welche Ortswechsel werden ermöglicht und welche Handlungsperspektiven eröffnet, wenn dieses Verschwiegene zum Thema wird?

(4) Der Religionshistoriker, Literat und Theologe Michel de Certeau SJ hat in seinen genealogischen Analysen Zusammenhänge zwischen der Mystik im 16. / 17. Jh. und gegenwärtigen Gottesfragen freigelegt. Der Perspektivenwechsel von der Frage „Wer ist Christus?" hin zur Frage der Maria Magdalena „Wo ist er?" hat ihn zu einer Topik der verborgenen Präsenz Christi geführt. Diese genealogische Spur wird im Folgenden weitergeführt. Die Entstehungsorte der Mystik rücken in den Blick und ihre Herkunft aus den Ereignissen von Ostern, wie sie in den biblischen Erzählungen vom Leeren Grab zu Wort kommen. Hier treten thematische Verbindungslinien zwischen den Evangelien und der Mystik des Mittelalters, zwischen der Bitte der Mystik um das fehlende Wort und der Thematisierung des Verstummens in heutiger Literatur zutage. Das „Halte mich nicht fest" des Auferstandenen eröffnet der Theologie die Möglichkeit, sich in heutigen, zunächst nicht-theologischen Diskursen zu verorten, wo in der Zerbrechlichkeit des Lebens Themen der Mystik gefragt sind.

---

[2] Foucault, Michel, Das Denken des Außen, in: ders., Von der Subversion des Wissens, Frankfurt 1991, 46–68; ders., Nietzsche, die Genealogie, die Historie, in: ders., Von der Subversion des Wissens, Frankfurt 1991, 69–90. – Zur Genealogie der Mystik vgl. Keul, Hildegund, Verschwiegene Gottesrede. Die Mystik der Begine Mechthild von Magdeburg (ITS 69), Innsbruck 2004, 51–107.

1. Verstummen, das sich nicht verschweigen lässt – die Verortung der Mystik in der Zerbrechlichkeit des Lebens

(5) Wer sich mit den Werken der Mystikerinnen und Mystiker befasst, gewinnt den Eindruck, dass diese über nichts lieber sprechen als über das Schweigen. Und darüber schreiben sie dicke Bücher. Sie betonen, dass ihre Sprache schwach und elend ist – und dennoch nehmen ihre Werke einen hervorragenden Platz in der Weltliteratur ein. Wortgewandt erzählen sie von dem, was die Grenzen ihrer Sprache überschreitet. „Je stiller sie schweigt, um so lauter ruft sie",[3] sagt Mechthild von Magdeburg. Und Thomas Merton ist überzeugt: „Jedes wahre Wort taucht aus dem Schweigen auf."[4] Schweigen kann sehr beredt sein, genauso wie jedes Sprechen seine verschwiegenen Seiten hat. Die Mystik richtet ihr Augenmerk auf dieses Verschwiegene, damit es sich in ihr Sprechen einschreibt; auf das, was nicht sagbar ist – weil es nicht gesagt werden kann oder nicht gesagt werden darf; weil es so unerhört ist, dass es sich nicht sagen lässt; weil es die Sprache noch nicht gibt für das, was zur Sprache drängt.

(6) Die Polarität von Unaussprechlichkeit und Schrift; Sprechen und Verschweigen; Verstummen und zu-Wort-Kommen markiert den Spannungsbogen, den die Mystik wie keine andere theologische Tradition in die Mitte ihrer Gottesrede stellt. Die Sprachlosigkeit in Gottesfragen begreift sie in Verbindung mit der Zerbrechlichkeit, die Menschen in Brüchen ihres Lebens erfahren. Der „Aschenkuchen der Gebrechlichkeit"[5] stellt vor herausfordernde Gottesfragen. Die Mystik richtet die Aufmerksamkeit auf Orte, wo es Menschen die Sprache verschlägt, weil ihnen das Leben zu zerbrechen droht: das Gefängnis, das Bewegungsspielraum einengt, auf das Denken zugreift und das Leben in Gefahr bringt; die Krankheit, die den Tod schon im Körper spürbar werden lässt; und als alles verbindendes Symbol die Dunkle Nacht, die auf einen Lichtschimmer hofft. Die Klassikerinnen und Klassiker der Mystik haben jeweils konkret benennbare Lebensorte, an denen sie nach Gravuren verborgener Gottespräsenz fragen. Hildegard von Bingen geht dem Elend von Kranksein auf den Grund und fragt nach der „Grünkraft" Gottes; Mechthild von Magdeburg gehört als Begine zu einer städtischen Armutsbewegung; Meister Eckharts Pre-

---

[3] Mechthild von Magdeburg, Das fließende Licht der Gottheit. Neubearbeitete Übersetzung von Schmidt, Margot (MGG I / 11), Stuttgart/Bad Cannstatt 1995, Buch I, 22.

[4] Merton, Thomas, Zeiten der Stille, Freiburg 1992, 94.

[5] Mechthild, Fließendes Licht II, 25.

digten entstehen in der Seelsorge von Frauenklöstern, die an spiritueller Engführung leiden; Gertrud von Helfta trägt mit ihren „Exercitia spiritualia" neue Gravuren in die brisanten sozialen und geistlichen Umbrüchen des 13. Jh.s ein. Auch im 20. Jh. ereignet sich eine solche Verortung der Mystik in prekären Lebensfragen: Madeleine Delbrêl geht gezielt in die Trostlosigkeit einer Pariser Arbeitervorstadt und stellt sich dem Gespräch mit Atheisten; Simone Weil begibt sich in die Fabrikarbeit und setzt sich der Gewaltsamkeit des Hungers aus, der Menschen im Terror des Krieges bedrängt; Dietrich Bonhoeffer bleibt nicht in den USA, wo er vor der Verfolgung der Nazis sicher wäre, sondern geht zurück nach Deutschland, wo er in akuter Lebensgefahr sein „Von guten Mächten wunderbar geborgen" schreibt; Thomas Merton, ein Mann des klösterlichen Schweigens, meldet sich angesichts von Vietnam und Kaltem Krieg unüberhörbar in umstrittenen Friedensfragen zu Wort.

(7) An den Orten, denen sich die Mystik stellt, und in den Fragen, mit denen sie es hier zu tun bekommt, kulminiert die Zerbrechlichkeit des Lebens. Es ist gerade nicht die heile Welt eines siebten Himmels: bittere Armut und Krankheit, die in den Tod führen; das Auseinanderbrechen von Gemeinschaften, die einst tragfähig waren; die Gnadenlosigkeit des Krieges, der Leib und Leben kostet. Hier erfahren Menschen ein Verstummen, das ihre Gottesrede berührt: „Nun gebricht mir mein Deutsch, Latein kann ich nicht."[6] Mystik steht vor der Aufgabe, die Präsenz Gottes in der Not des Lebens zu benennen. Aber die Präsenz Gottes lässt sich nicht ohne weiteres aufzeigen. Auch die Mystikerin wird in der Not von Menschen sprachlos. Auch der Mystiker verstummt, wenn ihm die Grausamkeit eines Krieges vor Augen tritt. Aber gerade hier, wo ihnen die Sprache versagt, sind sie berufen, Gott ins Wort zu bringen. In himmelschreiender Not stellen sich unausweichliche Gottesfragen.

(8) Die Verortung in der Sprachlosigkeit konstituiert die Mystik als Negative Theologie. Sie schärft ihr beredtes Schweigen und ihr verschwiegenes Sprechen. Da sie sich an der Grenze des Sagbaren bewegt, wird das „nicht" zu einem Konstitutionselement ihrer Gottesrede. Sie spricht offen über das, was sich nicht sagen lässt. Die Überschreitung der Sprachgrenze erfordert die Negation. Gott schweigt – und Gott schweigt nicht, denn sein Schweigen ist beredt. Gott spricht – und Gott spricht nicht, denn sein Sprechen ist verschwiegen. Gott offenbart sich – und offenbart sich nicht,

[6] Mechthild, Fließendes Licht II,3.

denn er bleibt offenbar ein Geheimnis. Die Gottessuche hat eine „Weise“ – aber, so Meister Eckehart, diese Weise ist weiselos.

(9) Dass „Mystik“ es mit dem Verschwiegenen zu tun hat, darauf verweist bereits die Herkunft des Wortes. Es entstammt dem griechischen μυστεριον, dessen Wortwurzel μυειν „(ver-) schließen“ bedeutet. Häufig wird dies als *die Augen verschließen* gedeutet im Sinne einer Hinwendung nach Innen. Es bedeutet aber auch *den Mund verschließen, schweigen, verschweigen.*[7] Aber der Mystik geht es nicht um ein Geheimnis, das verschwiegen wird, damit Uneingeweihte es nicht erfahren – in diesem Sinn verstehen die antiken Mysterienkulte ihr „mysterion“.[8] Sie verbergen das durchaus bekannte Geheimnis vor anderen, damit es seinen Geheimnischarakter nicht verliert. Die christliche Mystik setzt sich jedoch von dieser Mysterien-Tradition ab. Denn sie hat es mit einem Geheimnis zu tun, das seinen Geheimnischarakter nicht verliert, sondern intensiviert, wenn man über es zu sprechen beginnt; ein Geheimnis, das gewahrt werden will, indem es verschwiegen zur Sprache kommt.

(10) Das Christentum ist keine mysteriöse Religionsgemeinschaft. Es vollzieht seine Rituale in aller Öffentlichkeit, und sein Evangelium richtet sich an alle Menschen, die ein offenes Ohr für seine Lebensperspektiven haben. Aber zugleich mit dieser auskunftsfreudigen Offenheit, wie sie auch in 1 Petr. 3,15 zum Ausdruck kommt, ist der christlichen Gottes*rede* das *Schweigen* eingeschrieben. Die Klassiker/innen der Mystik weisen beharrlich darauf hin, dass das Sprechen von Gott ein Geheimnis zum Thema hat, das nur verschwiegen ins Wort zu kommen vermag. Sie betonen das beredte Schweigen und das verschwiegene Sprechen in allen Fragen, die Gott und die Zerbrechlichkeit des menschlichen Lebens betreffen. Damit folgen sie einer Spur, die sich aus der Herkunft christlicher Gottesrede aus Tod und Auferstehung Jesu Christi ergibt. Das Schweigen in der Gottesrede ist nicht erst eine Erfindung von Dionysius Areopagita. Grundgelegt ist es bereits in den Ostergeschichten, die vom Verstummen der Jünger/innen angesichts des Todes Jesu genauso berichten wie von der Sprachlosigkeit, die die Zeichen der Auferstehung hervorrufen. Am Leeren Grab nimmt die christliche Mystik ihren Anfang. Hierauf verweist Michel de

---

[7] „Mystik kommt etymologisch von gr. myo = schließen, verschweigen“ (Sudbrack, Josef, in: Dinzelbacher, Peter (Hg.), Wörterbuch der Mystik. Stuttgart ^{2}1998, 367). – Zur Diskussion des Mystik-Begriffs vgl. auch McGinn, Bernard, Die Mystik im Abendland (Bd. 1: Ursprünge), Freiburg 1994, 381–482.

[8] Vgl. hierzu Kunz, Claudia Edith, Schweigen und Geist. Biblische und patristische Studien zu einer Spiritualität des Schweigens, Freiburg 1996, 201–204.

Certeau, indem er die Frage Maria Magdalenas nach dem verschwundenen Körper Jesu mit der Frage der Mystiker nach der verborgenen Präsenz Christi verbindet: „Wo bist Du?“[9]

(11) Certeau vollzieht damit einen Positionswechsel in der Frage nach dem Stellenwert des Leeren Grabes für die Theologie. Die Zweifel der Exegese an der Historizität seiner Erzählungen haben das Leere Grab als theologischen Ort verdeckt. In der Systematik ist es – und mit ihm die Frauentradition von Ostern – als sekundär zur Glaubensformel in 1 Kor 15,3–5 und den anderen Erscheinungsgeschichten eher marginalisiert.[10] Erst der an den Brüchen der Mystik geschärfte Blick sieht den Zusammenhang des „Wo ist er?“ am Ostermorgen mit der Suche nach der verborgenen Präsenz Christi, die im Religionsdiskurs der Gegenwart ansteht. Die Fragen nach dem verschwundenen Körper, der anwesenden Abwesenheit Jesu und der belebenden Entzogenheit des Auferstandenen markieren grundlegende Bruchpunkte des Christentums. Am Leeren Grab werden die Jüngerinnen und Jünger Jesu auf eine Via Negativa geschickt, ohne deren Gravur sich das Geheimnis der Auferstehung nicht zeigt. Das Leere Grab ist der Anfang jeder Negativen Theologie im Christentum, deren Spuren die Mystik folgt.

2. Der Gang der Frauen zum Leeren Grab – eine Via Negativa

(12) Das Leere Grab ist ein wegweisender Ort christlicher Gottesrede, denn hier nimmt das verschwiegene Sprechen von der Auferstehung Jesu seinen Anfang. In verschiedenen Varianten erzäh-

---

[9] Vgl. Certeau, Michel de, La Fable Mystique. XVIe-XVIIe Siecle, (Bd. 1), Paris 1982, 110. Dazu auch: Bauer, Christian, Kritik der Pastoraltheologie. Nicht-Orte und Anders-Räume nach Michel Foucault und Michel de Certeau, in: ders./Hölzl, Michael (Hg.), Gottes und des Menschen Tod? Die Theologie vor der Herausforderung Michel Foucaults, Mainz 2003, 181–216, hier: 205. – Zur Einordnung Certeaus in die Traditionen Negativer Theologie vgl. Bertrand, Dominique, La théologie négative de Michel de Certeau, in: Geffré, Claude, Michel de Certeau ou la différance chrétienne, Paris 1991, 101–127.

[10] Dass die Auferstehung den Frauen am Grab die Sprache verschlägt, interpretiert Hansjürgen Verweyen nicht als Benennung eines theologischen Problems, sondern als mangelnde Treue der Frauen Christus gegenüber (vgl. Verweyen, Hansjürgen, Gottes letztes Wort. Grundriss der Fundamentaltheologie, Düsseldorf ^{3}2000, 388f). Hans Kessler sieht das Leere Grab lediglich als „den expositionellen Rahmen [...] für die Auferweckungsbotschaft des Verkündigungsengels“ (Kessler, Hans, Sucht den Lebenden nicht bei den Toten. Die Auferstehung Jesu Christi in biblischer, fundamentaltheologischer und systematischer Sicht, Neuausgabe mit ausführliche Erörterung der aktuellen Fragen, Würzburg 1995, 120) und stellt heraus, dass das abschließende Schweigen der Frauen „die Nachfrage nach dem Grab geradezu unmöglich“ macht (ebd.124).

len die Evangelien, wie Jesu Todesweg jene Frauen hierher führt, die im Gegensatz zu den Jüngern seiner Tötung am Kreuz nicht ausgewichen sind. Drei Tage nach der brutalen Tötung suchen sie erneut das Grab Jesu auf, um den entstellten Leichnam zu salben – wahrlich keine leichte Aufgabe. Sie gehen an den Ort, der das negierte Leben birgt. Damit brechen sie auf zu einer Via Negativa, einem Weg, der mit Negationen gepflastert ist. Bei aller Unterschiedlichkeit ist dies den Ostererzählungen vom Leeren Grab gemeinsam. Sprachlosigkeit ist ihnen ein zentrales Thema, und in ihr Sprechen graviert sich ihr Verstummen ein.

(13) In der Ostererzählung des Markusevangeliums (Mk 16,1–8) steht zu Beginn die Frage der Frauen: „Wer wird uns den Stein vom Eingang des Grabes wegwälzen?" (V. 3) In diese Frage schreibt sich das Entsetzen ein, mit dem der Tod Jesu die Jüngerinnen schlägt. Der Rollstein, der den Toten von den Lebenden trennt, wird zur Metapher jener Todesmacht, die vom Kreuz auch auf sie zugreift. Der Stein verschließt Jesus vor den Lebenden und lastet ihnen mit Angst und Trauer auf der Seele. Am Grab aber erwartet sie eine Überraschung: „Doch als sie aufschauten, sahen sie, dass der Stein schon weggewälzt war; er war sehr groß." (V. 4) Kaum betreten sie den Todesort, wird ihre Erwartung negiert. Statt es zu verschließen gibt der Stein das Grab frei. Allerdings wird nicht gesagt, wer hier aktiv war. Das Passiv „weggewälzt war" schweigt sich über das handelnde Subjekt aus. Der Evangelist greift hier auf das *passivum divinum* als eine Sprachform zurück, die es ermöglicht, von Gott zu sprechen, indem der Name Gottes nicht benannt wird. Es ist eine Form Negativer Theologie, die beredt schweigt, um zu benennen. Nicht nur der Stein, das ganze Leben ist umgewälzt in dieser Nacht. Im Schweigen erhält dieses Geheimnis Raum. Mit dem *passivum divinum*[11] setzt das Markusevangelium eine Leerstelle, die auf das Unsagbare der Auferstehung verweist.

(14) Als die Frauen dann ins Grab gehen, finden sie nicht den Toten, sondern werden von einem Boten auf den Auferstandenen verwiesen: „Erschreckt nicht! Ihr sucht Jesus von Nazaret, den Gekreuzigten. Er ist auferstanden; er ist nicht hier." (V. 6) Das radikal Neue „er ist auferstanden" erhält eine Erläuterung, die je-

---

[11] Vgl. Jeremias, Joachim, Neutestamentliche Theologie. Die Verkündigung Jesu, Gütersloh 1971, 20–24; Macholz, Christian, Das „Passivum divinum", seine Anfänge im Alten Testament und der „Hofstil", in: Zeitschrift für Neutestamentliche Wissenschaft 81 (1990) 247–253; Sander, Hans-Joachim, Symptom „Gotteskrise". Die Zeitsignatur der Theologie. in: ZkTh 121 (1999) 55–60. – Über das passivum divinum im Zusammenhang mit dem Bilderverbot des Alten Testamentes vgl. Nordhofen, Eckhard (Hg.), Bilderverbot. Die Sichtbarkeit des Unsichtbaren, Paderborn 2001.

doch nicht positiv, sondern negierend geschieht. Das „er ist nicht hier“ findet sich in allen vier Evangelien, was dieser Negation Gewicht verleiht und die gravierende Bedeutung der Frage betont: „Wo ist er?“ Erst die negative Ortsbestimmung löst den Blick der Jüngerinnen und lenkt ihre Schritte in eine neue Richtung. Um zu erfahren, dass das Grab leer ist, mussten sie zum Grab gehen. Dort offenbart sich eine Abwesenheit, die auf eine Präsenz an anderem Ort verweist. Die Negation ist ein Hinweisschild auf ein Anderswo, das einen Ortswechsel einfordert: „Nun aber geht und sagt seinen Jüngern, vor allem Petrus: er geht euch voraus nach Galiläa; dort werdet ihr ihn sehen, wie er es euch gesagt hat.“ (V. 7) Erst wer den Todesort verlässt, wird fähig, das neue Leben zu sehen.[12] Die Jünger/innen werden an den Wirkungsort Jesu in Galiläa verwiesen und damit in eine Nachfolge gerufen, die von der verborgenen Anwesenheit des Abwesenden gezeichnet ist.

(15) Aber auf das Rede-Gebot reagieren die Frauen genauso merkwürdig wie die von Jesus Geheilten auf sein Schweige-Gebot (vgl. Mk 1,44f). Jene hatten geredet, als ihnen zu schweigen aufgetragen war. Diese wiederum schweigen, als ihnen das Reden aufgetragen wird. „Da verließen sie das Grab und flohen; denn Schrecken und Entsetzen hatte sie gepackt. Und sie sagten niemandem etwas davon; denn sie fürchteten sich.“ (Mk 16,8) Mit diesen Worten wird das Messiasgeheimnis[13] zu seinem Höhepunkt geführt, das die Exegese als Markenzeichen des Markusevangeliums erkannt hat. Das Leere Grab ist kein alltäglicher Ort, an dem die Sprache flüssig von den Lippen kommt, sondern es gehört zu den Heterotopien, von denen Michel Foucault sagt: Sie „trocknen das Sprechen aus, lassen die Wörter in sich selbst verharren, bestreiten bereits in der Wurzel jede Möglichkeit von Grammatik. Sie lösen die Mythen auf und schlagen den Lyrismus der Sätze mit Unfruchtbarkeit.“[14] Nachdem die Frauen die Botschaft der Auf-

[12] Dass man den Ort wechseln muss, um Neues zu sehen und in Angriff zu nehmen, stellt Michel de Certeau in seiner „Kunst des Handelns“ unter dem Thema „Praktiken im Raum“ heraus (Certeau, Michel de, Kunst des Handelns, Berlin 1988, 179–238).

[13] Wrede, William, Das Messiasgeheimnis in den Evangelien. Zugleich ein Beitrag zum Verständnis des Markusevangeliums, Göttingen ^{5}1997; sowie Robinson, James McConkey, Messiasgeheimnis und Geschichtsverständnis. Zur Gattungsgeschichte des Markus-Evangeliums, München 1989. – Dass das Schweigen der Frauen am Grab (Mk 16,8) in das markinische Messiasgeheimnis einzuordnen ist, betont aus exegetischer Sicht Gnilka, Joachim, Das Evangelium nach Markus (EKK 2/2), Zürich/Einsiedeln 1999 , 340–348.

[14] Foucault, Michel, Die Ordnung der Dinge. Eine Archäologie der Humanwissenschaften, Frankfurt 1974, 20. Heterotopien sind so unterschiedliche Orte wie der Friedhof und der Zirkus, das Gefängnis und die Ferieninsel, das Bordell und die Bi-

erstehung gehört haben, ist ihnen der Weg zurück in alte Selbstverständlichkeiten verschlossen. Die gewohnten Sprachbahnen funktionieren nicht mehr. Welche Worte stehen zur Verfügung, mit denen sie sich selbst und die Jünger von der bleibenden Anwesenheit des dennoch Abwesenden überzeugen könnten? Wie dieses Ereignis ins Wort bringen, das so unscheinbar daher kommt, aber so weitreichende Bedeutung hat?

(16) Für die Frage nach dem biblischen Ort Negativer Theologie ist die Tatsache wichtig, dass das ursprüngliche Markusevangelium mit den Worten vom bestürzten Schweigen der Frauen endet. Der Evangelist erzählt beredt über Leben und Sterben Jesu und gründet damit sogar eine eigene Literaturgattung. Und dann läuft dieses Evangelium auf das unerhörte Schweigen der Frauen zu. Die Jüngerinnen bekommen es am Leeren Grab mit einer Macht zu tun, die Steine ins Rollen bringt und die todsichere Grenze von Leben und Tod überschreitet. Sie bringt Dinge in Bewegung, die zuvor als unverrückbar galten. Der Tod Jesu am Kreuz hatte die Gottesrede der Frauen bereits durchbrochen, weil Gott den Tod Jesu nicht verhindert hat, der seiner Anhängerschaft eine maßlose Ohnmachtserfahrung einbrachte. Die merkwürdige, weil ganz und gar unspektakuläre Auferstehung lässt die Jüngerinnen erneut sprachlos zurück. Sie erfahren ein Zerbrechen der Gottesrede, das Meister Eckhart später mit den Worten beschreibt: „die Gleichnisse alle zerbrechen“.[15] Kein Donnergetöse, kein Siegestriumph, kein weithin sichtbares Zeichen beweist, dass Jesus der lang ersehnte Messias ist. Die Frauen haben allein die Worte des Boten, dass Jesus zu sehen sein wird. Die verfügbare Gottesrede greift am Leeren Grab nicht mehr. Dies alles ist den Frauen unbegreiflich, „aporetisch“ (Lk 24,4). Sie haben keine Sprache, um das zu benennen, was sich hier zeigt.

(17) Indem Markus die Sprachlosigkeit der Frauen ans Ende seines Evangeliums setzt, zeigt er sich als einer der ersten und radikalsten Vertreter Negativer Theologie. Daran ändert auch der Anhang weiterer Erscheinungsgeschichten (Mk 16,9–20) nichts, denn diese Ergänzung weist nur umso deutlicher auf die Brüche hin, von denen die Erzähltraditionen der Auferstehung gezeichnet sind. Eine summarische Zusammenschau ist nicht bruchlos möglich. Gerade jenes Ereignis der Auferstehung, das den An-

---

bliothek, der Bahnhof und das Schiff. – Zur Bedeutung von Heterotopien für die Gotteslehre vgl. Sander, Hans-Joachim, Einführung in die Gotteslehre, Darmstadt 2006.

[15] Meister Eckhart, Werke in zwei Bänden, Text und Übersetzungen von J. Quint u. a. (Bibliothek des Mittelalters 20 + 21) Frankfurt 1993, hier: Werke 1, 545.

fang des Christentums setzt, entzieht sich, indem es sich offenbart, und lässt sich sprachlich nicht ohne Negationen fassen. Die Sprachlosigkeit der Frauen am Grab wirft die Leserinnen und Leser des Evangeliums auf ihre eigene Sprachlosigkeit in Gottesfragen zurück.

3. „Halte mich nicht fest" – die Anwesenheit des Abwesenden als Schriftzug christlicher Gottesrede

(18) Im Neuen Testament ist dem ursprünglichen Markusevangelium eine Kurzform der johanneischen Erzählung von Maria Magdalena angefügt. Sie schließt theologisch an Markus an, denn das Johannesevangelium schreibt dem Verstummen am Leeren Grab eine neue Gravur ein.[16] Heterotopien sind Orte des Verstummens, damit aber zugleich Kreuzungspunkte im Diskurs, an denen die Sprache einen neuen Schriftzug erlangen kann. Die johannäische Ostererzählung trägt dem christlichen Glauben einen solchen neuen Schriftzug ein. Mit Maria Magdalena, die verzweifelt weinend am Leeren Grab steht, rückt sie die Frage nach der Anwesenheit des abwesenden Jesus in den Mittelpunkt christlicher Gottesrede (Joh 20,11–18). Maria leidet an der Abwesenheit des Menschen, auf den sie ihre Hoffnung gesetzt hat. Aber Jesus ist nicht einfach abwesend, sondern als Toter ist er auf bedrohliche Weise anwesend. Diese Präsenz des Toten nagt an ihrem Leben. Der Abwesende ist nicht sichtbar, nicht hörbar, nicht greifbar. Dies ruft eine Leere hervor, die zum Himmel schreit. Wo ist der schmerzlich Vermisste zu finden? Nach vergeblichen Wegen vom Grab zu den Jüngern erneut zum Grab (V. 1–10) sieht Maria dann einen Mann vor sich, den sie in ihrer Blindheit für den Gärtner hält. Unscheinbar tritt er ihrer Verzweiflung entgegen: „Warum weinst du? Wen suchst du?" (V. 15) Doch erst als der Auferstandene sie bei ihrem Namen „Mirjam" ruft, gehen ihr die Augen auf und sie schaut hin auf das, was sich zeigt. „Halte mich nicht fest" (V.17), sagt der Auferstandene weiter. Dies ist nun wahrlich ein Höhepunkt des Wegs der Negationen am Leeren Grab. Kaum hat Maria den Auferstandenen erblickt – von Zugreifen war noch nicht einmal die Rede –, da wird sie aufgefordert, ihn loszulassen.

---

[16] Zu „Glauben, Sehen und Erkennen im Johannesevangelium" als biblisches Fundament Negativer Theologie vgl. Stolina, Ralf, Niemand hat Gott je gesehen. Traktat über negative Theologie, Berlin/New York 2000, 111–123; allerdings begreift Stolina die Entstehung theologischer Begriffe wie des „Sehens" Jesu Christi nicht als metaphorischen Prozess (vgl. auch Stolinas Erläuterung zu *Brot, Licht, Hirte* S. 117f).

(19) Aber gerade dieses Nicht-Festhalten ist notwendig in einer Situation, die vom Zugriff des Todes bestimmt ist. Die Worte des Auferstandenen zeichnen eine neue Gravur in die Denkwege Marias, die sich unfruchtbar im Kreis drehen. „Halte mich nicht fest" ist jenes Anderswort, das den Diskurs des Todes auf die Auferstehung des Lebens hin wendet. Es richtet sich behutsam gegen das Tödliche seiner Abwesenheit, die so ungeheuerlich anwesend ist. Die Leere, die der Tote hinterlässt, offenbart sich als ein Ort, den es mit Leben zu füllen gilt. „Ich gehe hinauf zu meinem Vater und zu eurem Vater, zu meinem Gott und zu eurem Gott." (Joh 20,17) War Jesus bisher als Toter gegenwärtig, der das Leben Marias gefährdet, wird er nun als Auferstandener präsent, in dessen Abwesenheit ein Zeichen der Hoffnung aufscheint. Maria kommt dem Geheimnis des Lebens auf die Spur an einem Ort, wo sie nur die Macht des Todes zu erwarten hatte. Damit sie dieser Spur folgen kann, braucht sie die Negation des „Halte mich nicht fest". Ihr wird nicht gesagt, was sie tun, sondern was sie lassen soll, um wieder etwas tun zu können.

(20) Das „Halte mich nicht fest" ist die Gravur christlicher Mystik schlechthin. Sie bringt die harte Realität des Todes zur Sprache und führt zugleich über deren tödlichen Zugriff hinaus. Jesus wird nicht mehr so präsent sein, so sichtbar, berührbar und befragbar, wie er es vor der Kreuzigung war. Als Maria erkennt, dass der Mann vor ihr nicht der Gärtner ist – auch diese Negation ist eine wesentliche Erkenntnis –, liegt die Hoffnung nahe, dass alles bruchlos wieder so werden wird, wie es vorher war. Aber die Kreuzigung ist geschehen. In die Anwesenheit schreibt sich unwiderruflich eine Abwesenheit ein. Nur wenn dieser Bruch als Realität anerkannt wird, kann er „gründend" werden, wie Michel de Certeau dies in seinem Oxymoron *rupture instauratrice* nennt.[17] Bei den Erzählungen vom Leeren Grab wird nicht der Utopie einer heilen Welt das Wort geredet, denn das Grab bleibt und erinnert den Zugriff des Todes. Zugleich ist das Grab von einer Leere gezeichnet, die es von anderen Gräbern unterscheidet und die deren Ordnung der Dinge unterläuft. Gräber sind Orte des Todes; mit dem Leeren Grab werden sie jedoch auf das Leben hin überschritten, das Auferstehung erfährt.

(21) Michel de Certeau bezeichnet das Leere Grab als „non-lieu initial", als initialisierenden Nicht-Ort.[18] Aber das Leere Grab ist

---

[17] Vgl. hierzu Bogner, Daniel, Gebrochene Gegenwart. Mystik und Politik bei Michel de Certeau, Mainz 2002.

[18] Certeau, Michel, La faiblesse de croire, Paris 1987, 300.

kein Nicht-Ort im Sinne einer Utopie. Vielmehr handelt es sich um eine Heterotopie, um einen wirkmächtigen Ort, der in Differenz zu alltäglichen Orten des Todes steht und ihnen eine Wende ins Leben verleiht. Nach Foucault sind Heterotopien „wirkliche Orte, wirksame Orte, die in die Einrichtung der Gesellschaft hineingezeichnet sind, sozusagen Gegenplazierungen oder Widerlager, tatsächlich realisierte Utopien, in denen die wirklichen Plätze innerhalb der Kultur gleichzeitig repräsentiert, bestritten und gewendet sind, gewissermaßen Orte außerhalb aller Orte, wiewohl sie tatsächlich geortet werden können."[19] Das Leere Grab ist ein in der Realität des Todes Jesu verorteter „Ort außerhalb aller Orte". Er schreibt dem theologischen Diskurs um Gott und die Macht des Todes neue Gravuren ein, die dem Verstummen seine Verzweiflung nehmen. Das „Halte mich nicht fest" führt durch das Verstummen über es hinaus, indem es ihm den Schriftzug der Auferstehung einträgt. Am Ort des Todes legt es eine verschwiegene Spur in das Leben hinein.

(22) Dieser Spur folgt die christliche Gottesrede, wie sich an der Mystik der Sakramente zeigt. Deren verschwiegenes Sprechen eröffnet die belebende, friedensstiftende Präsenz Christi auch denjenigen, die den irdischen Jesus nicht mehr kannten und die erst aus der Tradition der Kirche mit ihm bekannt wurden. „Und er nahm Brot, sprach das Dankgebet, brach das Brot und reichte es ihnen mit den Worten: das ist mein Leib, der für euch hingegeben wird. Tut dies zu meinem Gedächtnis!" (Lk 22,19; vgl. 1 Kor 11,23–29). In der Feier der Eucharistie wird der abwesende Jesus als Leib Christi präsent. Aber auch hier schreibt sich die Negation des „Halte mich nicht fest" ein. Die Worte Jesu an die Jünger/innen werden erst von der Gravur dessen her begreiflich, was sie *nicht zu tun* aufgeben: Tut dies und nicht das Andere, das eigentlich näher liegt: gewaltsam Rache zu nehmen für Jesu Tod. Die Jünger/innen werden stattdessen beauftragt, sich im Namen Jesu Christi zu versammeln, Brot zu brechen und es miteinander zu teilen. Erst das „nicht" erschließt die Bedeutung der friedensstiftenden Präsenz Christi in der Eucharistie. Auch heute noch schreibt sie

[19] Foucault, Michel, Andere Räume, in: ders., Botschaften der Macht. Der Foucault-Reader Diskurs und Medien, Stuttgart 1999, 145–157, hier: 149. Den Begriff „Heterotopie" hat Foucault 1966 in die literaturwissenschaftliche Utopie-Debatte eingebracht, doch die Rezeption setzte erst zwanzig Jahre später ein und wird im deutschsprachigen Raum derzeit durch die Neuausgabe der Radiovorträge Foucaults forciert; vgl. Foucault, Michel, Die Heterotopien – Der utopische Körper, Frankfurt 2005. – Zur Rezeptionsgeschichte vgl. Chlada, Marvin, Heterotopie und Erfahrung. Abriss der Heterotopologie nach Michel Foucault, Aschaffenburg 2005.

dem Machtzugriff alltäglicher Gewalt das Anderswort des Friedens ein.

(23) Wer Jesus nachfolgen will, erhält das „Halte mich nicht fest" des Auferstandenen mit auf den Weg. Insofern ist Maria Magdalena eine „figure éponymique des mystiques modernes", eine eponyme Figur moderner Mystik, wie Michel de Certeau sie wegen ihrer Frage „Wo ist er?" nennt.[20] Die Negation, die das Entzogensein Jesu markiert, macht die Gottesrede in der Nachfolge Christi zu einer Via Negativa. Jesus ist der sicht- und greifbaren Präsenz unter Menschen entzogen. Als Christus ist er im Geist gegenwärtig, und dieser Geist ist sehr beweglich, ja geradezu vagabundierend: „Der Geist weht, wo er will; du hörst sein Brausen, weißt aber nicht, woher er kommt und wohin er geht." (Joh 3,8) Demnach ist es ungewiss und manchmal überraschend, wo dieser Geist in Erscheinung tritt und welche Wege er nimmt. Auch hier stellt sich die Frage nach dem Ort seiner Präsenz, die Maria Magdalena umtreibt, als sie sich der verborgenen, aber schöpferischen Präsenz des Auferstandenen auf die Spur macht. Maria Magdalena führt eine andere, nicht körperliche, aber dennoch machtvolle, eben geistreiche Präsenz Christi vor Augen. Mit ihr steht die christliche Gottesrede vor dem Geheimnis des Leeren Grabes und reflektiert die Abwesenheit Jesu, die an andere Orte schickt, wo seine verborgene Präsenz erst zu entdecken ist: Halte mich nicht fest.

4. Sprachpraktiken verschwiegener Gottesrede – die Bitte um das fehlende Wort

(24) Das Markusevangelium verschweigt das fassungslose Verstummen der Frauen am Grab nicht, und das Johannesevangelium schreibt der Gottesrede das „Halte mich nicht fest" des Auferstandenen ein. Die Mystik ist jene Tradition, die diesen Gravuren verschwiegener Gottesrede besondere Aufmerksamkeit schenkt und ihnen zu folgen versucht. Sie begreift die biblische als bleibende Herausforderung: Wer vom Geheimnis der Auferstehung Jesu Christi sprechen will, wird an Orte geführt, wo das Leben auf Messers Schneide steht und wo dem Sprechen von Gott das Verstummen ins Wort fällt. Das Verstummen am Grab und die Entdeckung der Anwesenheit des Abwesenden sind keineswegs nur historische Fragen. Vielmehr zeigen sich hier Themen, vor die das menschliche Leben stellt und denen es die Gravuren der Auferstehung

[20] Certeau, M., Fable mystique 110.

einzuschreiben gilt. Was abwesend ist, muss nicht unbedingt fern sein. So schreibt Meister Eckhart: „Hör zu: Wäre etwas tausend Meilen weit weg, will ich es haben, so habe ich's eigentlicher als das, was ich in meinem Schoß habe und nicht haben will."[21] Eckhart ist ein Meister in Fragen der Anwesenheit des Abwesenden. Er weiß um die lebeneröffnende oder lebenverschließende Macht, die Abwesendes auf die Gegenwart ausüben kann. Seine Lebenslehre der Gelassenheit zielt darauf, dass Menschen sich nicht das Leben rauben lassen von dem, was in der Vergangenheit geschah; und dass ihre Gegenwart nicht von dem vergällt wird, was erst in Zukunft kommt und vielleicht gar nicht eintrifft. Seine Mystik thematisiert die gefährliche Macht des Abwesenden, die auf das Leben hin gewendet wird, wenn sich ihr das „Halte mich nicht fest" des Auferstandenen einschreibt. Insbesondere von Gott gilt, dass wir ihn lassen müssen, um ihn zu finden.[22]

(25) Die Mystik begreift das Verstummen als Intervention gegen eine Sprache, die das Ferne in seiner Nähe verschweigt und nicht zum Vorschein kommen lässt. Aus diesem Grund ist das „Nicht" konstitutives Element ihrer Gottesrede. Mechthild von Magdeburg rät: „Du sollst minnen das Nicht, du sollst fliehen das Ich".[23] Die Liebe zum „Nicht", die die Negation in den Vordergrund schiebt, läuft einem leichtgängigen Selbstbestätigungsdiskurs zuwider. Aber die Lösung besteht auch nicht darin, nur zu schweigen – damit würde die Mystik auf der anderen der beiden Seiten abstürzen, die Madeleine Delbrêl benennt: „Dauernd schwanken wir zwischen einem Stummsein, das der Liebe schadet, und einem Ausbruch von Worten, der die Wahrheit übertönt."[24] Das behutsame Sprechen über das, was sprachlos macht, ist der Mystik wesentlich. Aber wie von dem reden, was sich nicht sagen lässt? Wie sich an den Grenzen der Sprache bewegen, ohne dem Verstummen anheim zu fallen? Die Mystik ringt um eine Sprache, die das Geheimnis des Lebens nicht in einem Zugriff benennt, die aber mit ihrem Sprechen eine Leerstelle erzeugt, die über die Sprache hinaus auf das Unsagbare der Auferstehung verweist. Dem Geheimnis des Lebens, das sich als Geheimnis offenbart,

---

[21] Meister Eckhart, Werke II, 359.

[22] Meister Eckhart, Werke II, 364–371. – Zur Bedeutung von Sprengmetaphern bei Meiser Eckhart vgl. Köbele, Susanne, Bilder der unbegriffenen Wahrheit. Zur Struktur mystischer Rede im Spannungsfeld von Latein und Volkssprache, (Bibliotheca Germanica 30), Tübingen 1993, bes. 58–63.

[23] Mechthild, Fließendes Licht I,35.

[24] Delbrêl, Madeleine, Gott einen Ort sichern. Texte, Gedichte, Gebete, hg. v. Schleinzer, Annette, Ostfildern 2002, 59.

korrespondiert eine *verschwiegene* Gottes*rede*. Wer nur schweigt, kann Gott nicht zur Sprache bringen in den Fragen der eigenen Zeit. Wenn die Gottesrede jedoch ohne das Schweigen spricht, treten die Gravuren der Auferstehung nicht hervor.

(26) Um in Gottesfragen weder dem Verstummen anheim zu fallen noch das Verschwiegene totzureden schafft die Mystik spezifische Sprachpraktiken, die eine Überschreitung in das Unsagbare hinein ermöglichen. Auf das „Halte mich nicht fest" Christi antwortet sie mit einer Öffnung „über das Sagbare hinaus". Dionysios Areopagita bevorzugt die Verwendung von Adjektiven der Überschreitung: „überwesenhaft und übergöttlich und übergut".[25] Die Mystiker/innen des Hochmittelalters bauen die Sprachpraxis der Metapher aus und verwenden damit jene innovative Sprachform, die gezielt beim Versagen der Sprache ansetzt. Metaphern vollziehen an der Grenze der Sprache eine Überschreitung – μετα φερειν heißt *hinüber tragen* oder *überschreiten*.[26] Gottesmetaphern fungieren in der Mystik als sprachliches Werkzeug, das einer Verlagerung in das Unsagbare hinein dient. Das Oxymoron erzeugt aus zwei sich widersprechenden Wörtern eine Metapher, die mit ihrem Selbstwiderspruch auf etwas Drittes, Unsagbares, verweist: *stiller Schrei, dunkles Licht, grundloser Brunnen, weiselose Weise, ferne Nähe*. Daniel Bogner nennt das Oxymoron ein „exemplarisches Werkzeug mystischer Rede": „Um an den ‚Einen' zu rühren, genügt nie eines. Selbst die kleinste semantische Einheit ist noch einmal in zwei gespalten, um darin eine Geste zu bilden, die allein es vermag, den ‚Sprung über sich selbst hinaus' zu bewerkstelligen – sei es auch nur in der verweisenden Anspielung."[27] Die Mystik erzeugt in und mit ihrem Sprechen eine Leerstelle, in der das Unsagbare Raum erhält. Der Widerspruch des Oxymoron unterbricht den Sprachfluss und verweist die Sprache über sich selbst hinaus auf das, wovor sie versagt.

(27) Neben Hyperbel, Metapher und Oxymoron verwendet Gertrud von Helfta eine Sprachpraxis, die der Negativen Theologie eine weitere Gravur einträgt: die Bitte um das Wort, das in

---

[25] Zit. nach Sudbrack, Josef, Trunken vom hell-lichten Dunkel des Absoluten. Dionysios der Areopagite und die Poesie der Gotteserfahrung, Freiburg 2001, 18.

[26] Metaphern ermöglichen Ortswechsel. Certeau weist darauf hin: „Im heutigen Athen heißen die kommunalen Verkehrsmittel metaphorai. Um zur Arbeit zu fahren oder nach Hause zurückzukehren, nimmt man eine ‚Metapher' – einen Bus oder einen Zug." (Certeau, Kunst des Handelns 215) – Zur Bedeutung von Metaphern in der Mystik vgl. Keul, Hildegund, Wo die Sprache zerbricht. Die schöpferische Macht der Gottesrede, Mainz 2004, 63–70.

[27] Bogner, D., Gebrochene Gegenwart 150f.

bedrängender Weise fehlt. Hier findet das Verstummen der Frauen am Grab eine verschwiegene Antwort. Im siebten Buch ihrer Geistlichen Übungen geht es um Christus als Frieden der Welt, und die Mystikerin bittet: „O Friede, sage mir doch noch ein einziges kleines Wort.“[28] Die Sprachlosigkeit, die sich in Konflikt, Streit und Krieg einstellt, ist ein Ort, der nach dem Anderswort des Friedens hungert. Menschen, die miteinander im Streit liegen, verstummen voreinander, weil zuviel Verschwiegenes zwischen ihnen steht. Es gibt viele Gründe, warum das Verschwiegene ungesagt bleibt – zuwiderlaufende Interessen kommen in die Quere; ein vereinnahmender Tunnelblick lässt keine Außenperspektive zu; vorherrschende Machtkonstellationen stehen dem Aussprechen des Verschwiegenen entgegen. Dies gilt selbst dann, wenn beide Seiten eigentlich den Frieden wollen. Der bedrängende Zugriff des Konflikts trocknet die Sprache aus, und kein Weg scheint auf den Frieden hinzuführen.

(28) Wenn aber kein positiver Weg in Sicht ist, gilt es nach einer Via Negativa zu suchen. Mit der Bitte an den Frieden eröffnet die Mystik eine solche Via Negativa. Denn sie bittet um etwas, das sie selbst nicht benennen kann. Es hilft nichts, viele Worte zu machen, die das Verschwiegene eher verdecken als zum Vorschein bringen. Es braucht das Anderswort des Friedens. Und niemand kann jenes Wort erzwingen, das aus der Stummheit führt. Wenn aber die Sprachlosigkeit in einer Bitte zu Wort kommt, geht sie über sich selbst hinaus. Sie öffnet dem Frieden einen Weg, indem sie die Aufmerksamkeit auf vielleicht verborgene Zeichen seiner Präsenz richtet. Als Anderswort, Heterologos[29] setzt es ein Widerlager zu jenen leicht verfügbaren Worten, die in Konflikten die Gewalt potenzieren und die Stummheit verstärken. Indem sich die Mystik an den Frieden richtet, führt sie jene Größe in den Diskurs ein, die eine Gegenmacht gegenüber der Gewalt darstellt. Im gewaltbesetzten Diskurs ist das, was hier zum Thema wird, ausgeschlossen. Die Bitte hingegen gibt der bisher abwesenden Gegenmacht des Friedens sprachlich Präsenz. Sie graviert mit der Benennung des Fehlenden eine Leerstelle, in der das Anderswort des Friedens in Erscheinung treten kann.

(29) Die Mystikerin richtet ihre Bitte an den Frieden und damit implizit, nicht aber explizit an Christus, den Frieden in Person.

---

[28] Helfta, Gertrud von, Exercitia Spiritualia – Geistliche Übungen, hg. v. Ringler, Siegfried, Elberfeld 2001, 221. – Zum fehlenden Wort in der Musik vgl. Kerling, Marc M., O Wort, du Wort, das mir fehlt. Die Gottesfrage in Arnold Schönbergs Oper „Moses und Aron“, Mainz 2004.

[29] Vgl. Certeau, Michel de, Heterologies. Discourse on the Other (Theory and History of Literature 17), Minnesota ^{2}1989.

Hier zeigt sich, wie die Mystik Gottesfragen in konkreten Lebensfragen verortet. Wo das menschliche Wort versagt, ist das Wort Gottes gefragt. Aber die Mystikerin benennt dies nicht direkt. Das Anderswort Gottes wird nicht positiv benannt, damit es *via negativa* Präsenz erlangen kann. Die Mystik spricht den Frieden an und bittet damit verschwiegen um eine Offenbarung jenes Anderswortes, das die Macht hat, neue Handlungsperspektiven auf den Frieden hin aufzuweisen. Stummheit engt den Handlungsspielraum ein. Wer verstummt, ist nur noch beschränkt handlungsfähig. Das Wort des Friedens hingegen, das die Mystik erbittet, initiiert eine neue Sprache, die Wege auf den Frieden hin eröffnet. Sie sind der Beginn mystischer Visionen, die dem Frieden das Wort reden. Wo das Gotteswort seine Gravuren in die versagende menschliche Sprache einträgt, erlangt es als Friedenswort geschichtliche Wirksamkeit.

(30) Sprachpraktiken der Mystik nähern sich von Seiten des Menschenwortes, das in Brüchen des Lebens versagt, an das Geheimnis jenes Anderswortes, das allein in der Lage ist, Auferstehung zu bewirken.[30] Das passivum divinum, das beharrlich die Benennung des Subjekts verweigert; die merkwürdige Sprachform des Oxymoron, die den sprachlichen Zugriff ohne Negation bestreitet; die Metapher als Sprachform der Überschreitung, die überraschende Ortswechsel ermöglicht; die Bitte um das Friedenswort, die in auswegloser Situation eine Via Negativa beschreitet – sie legen Spuren Negativer Theologie, die das Gotteswort in drängenden Lebensfragen verortet. „Nur in der Lücke des Texts, im Stillstand der Zeit kann das Wort Gottes vernommen werden."[31] Die menschliche Gottesrede versagt vor dem Geheimnis der Auferstehung. Sie geht ihm entgegen, wenn sich das Verstummen in ihre Sprache einschreibt.

[30] Max Frisch schreibt über das Unsagbare: „die Sprache ist wie ein Meißel, der alles weghaut, was nicht Geheimnis ist, und alles Sagen bedeutet ein Entfernen. [...] Immer besteht die Gefahr, daß man das Geheimnis zerschlägt, und ebenso die andere Gefahr, daß man vorzeitig aufhört, daß man es einen Klumpen sein läßt, daß man das Geheimnis nicht stellt, nicht faßt, nicht befreit von allem, was immer noch sagbar wäre, kurzum, daß man nicht vordringt zu seiner letzten Oberfläche." (Frisch, Max, Tagebuch 1946–49, Frankfurt 1985, 36f)

[31] Mosès, Stéphane, Spuren der Schrift. Von Goethe bis Celan, Frankfurt 1987, 141. – vgl. auch Elie Wiesel: „In der Tora, sagt eine chassidische Tradition, sind auch die Leerstellen von Gott gegeben." (Wiesel, Elie, Alle Flüsse fließen ins Meer. Autobiographie, Hamburg [2]1995, 445).

5. Spuren der Mystik im Verstummen – unterwegs zur Verortung von Gottesfragen in heutigen Diskursen

(31) Die Frage nach der Bedeutung des Verschwiegenen in christlicher Gottesrede rückt den Stellenwert der Mystik für die Theologie in den Blick. Was zeigt das bisher Gesagte über Gravuren der Mystik in der Negativen Theologie? Etwas gravieren heißt Furchen ziehen, Zeichen setzen, Spuren legen. Gravuren verändern ein schon vorhandenes Material, führen Unterbrechungen ein und machen es damit zu einem Zeichenträger. Sie geben Informationen, die Handlungsoptionen eröffnen. Gravuren arbeiten punktuell, aber schon eine kleine Verschiebung ändert die Richtung des Weges, den sie erschließen. Das „Halte mich nicht fest" des Auferstandenen ist eine unscheinbare Gravur; aber sie legt eine Spur aus dem Tod ins Leben.

(32) Dieser Charakter von Gravuren ist für die Auseinandersetzung wichtig, um die es im vorliegenden Buch geht. Mit der Negativen Theologie stehen grundlegende Fragen der Rede von Gott zur Debatte. Sprechen heißt, Position beziehen und einen Standpunkt vertreten, der mehr oder weniger große Handlungsrelevanz besitzt. Wer spricht, sagt etwas. Dies ist die positive Seite der Gottesrede, für die die Bezeichnung „Theologie" steht. Das Adjektiv „Negativ" setzt dazu einen Kontrast, der die Gottesrede mit bestimmten Gravuren markiert. Es handelt sich hier nicht um die prinzipielle Negation von Gottesrede, die ja auch von der Negativen Theologie eifrig betrieben wird. Vielmehr ist die Benennung „Negative Theologie" ein Oxymoron. Sie setzt einen Selbstwiderspruch, der auf das zeigt, was man nicht sagen kann, weil es die Sprachgrenzen überschreitet. Ihre Negationen weisen auf das hin, was sich von Seiten Gottes der menschlichen Gottesrede entzieht, was aber im Versagen der Sprache aufscheint. Das Verdienst Negativer Theologie besteht darin, den heterologischen Charakter des Gotteswortes zu wahren. Wer das Verschwiegene in der Gottesrede bestreitet, leugnet diesen heterologischen Charakter und setzt damit die Weichen in fundamentalistische Fahrwasser hinein.

(33) Die Mystik bestärkt die Negative Theologie in ihrer Betonung des heterologischen Charakters von Gottes Wort, indem sie ihr zugleich spezifische Gravuren einträgt. Sie folgt den Spuren der Via Negativa am Leeren Grab und verortet ihre Gottesrede in der Zerbrechlichkeit des Lebens. Das Geheimnis der Auferstehung, das die christliche Gottesrede behutsam bespricht, zeigt sich nicht in einem utopischen Nirgendwo, sondern in den Brü-

chen des Lebens. Mit dieser Verortung interveniert die Mystik gegen einen Diskurs über das Wesen Gottes, der nicht in menschlichen Lebensfragen verortet ist. Sie verlagert die Frage nach dem Wesen Gottes auf die pluralen Orte seiner Präsenz, wo sie nicht offen zutage liegt, aber eine verschwiegene Macht darstellt. Sie stellt Gottesfragen von den offenen Stellen her, die sich in den Brüchen menschlichen Lebens ereignen. In die Negative Theologie trägt Mystik Gravuren des Verstummens ein, das Menschen in körperlicher Krankheit und seelischer Verwundung, in sozialen Verteilungskämpfen und wirtschaftlichen Umbrüchen, in Religionskonflikten und Kriegshandlungen widerfährt. Hier rücken Realitäten in den Blick, die gerade nicht leichtfüßig zu thematisieren sind, da sie jene Widerlager im Diskurs verkörpern, die die Sprache austrocknen.

(34) Die Verortung der Mystik in der Zerbrechlichkeit des Lebens weist darauf hin, dass das Anderswort Gottes mit Heterotopien verbunden ist, an deren Kreuzungspunkten die Weichen des Diskurses neu gestellt werden. Hiermit schickt sie die heutige Theologie an Orte des Verstummens und in Diskurse, die solches Verstummen besprechen. Dies ist für eine Theologie gravierend, die das Wort Gottes über innertheologische Diskurse hinaus zum Thema machen will. Hier stellt sich die Frage Maria Magdalenas, wo Christus zu finden ist. Das 2. Vatikanische Konzils stellt über die Auferstehung fest: „Da nämlich Christus für alle gestorben ist und da es in Wahrheit nur eine letzte Berufung des Menschen gibt, die göttliche, müssen wir festhalten, dass der Heilige Geist allen die Möglichkeit anbietet, diesem österlichen Geheimnis in einer Gott bekannten Weise verbunden zu sein.“ (GS 22) Das Konzil verweist damit auch auf Orte außerhalb der Kirche, an denen der Geist Jesu Christi in Erscheinung tritt und seine verborgenen Zeichen setzt. Das 2. Vatikanum fokussiert dabei die Pastoral als Ort, der es alltäglich mit der Zerbrechlichkeit des Lebens zu tun hat und wo Menschen nach dem Anderswort der Auferstehung hungern.

(35) Dem Wegweiser des Konzils auf die verschwiegenen Spuren des Heiligen Geistes kommt heute die Tatsache entgegen, dass die klassischen Texte der Mystik mit ihrer Fokussierung des Verstummens gefragt sind – was man nicht von vielen theologischen Schriften sagen kann in einer Zeit, wo theologisch orientierte Buchverlage heftige Einbrüche verzeichnen. Darüber hinaus fällt auf, dass *Themen* der Mystik auch an solchen Orten auftauchen, wo keine explizite Auseinandersetzung mit der klassischen Mystik stattfindet.

So ist die Frage nach der Anwesenheit des Abwesenden ein zentrales Thema zeitgenössischer Kunst, die sich mit dem Verstummen auseinander setzt. Dass das Abwesende von bedrängender Präsenz sein kann, merkt nicht nur Maria Magdalena am Grab, sondern das merken alle, die um einen geliebten Menschen trauern. Mit politischer Zugkraft und entsprechender Brisanz zeigt sich dies an Orten, wo Terror, Gewalt und Krieg Leben zerstören. Hier entstehen Heterotopien, die ganze Gesellschaften in ihren Bann ziehen. Die gegenwärtige Kunst rückt solche Andersorte in den Blick und reflektiert hier die präsente Macht des Abwesenden. Die documenta 2007 thematisiert „das bloße Leben“ (Giorgio Agamben) und damit die unerhörte Verletzlichkeit menschlichen Lebens. Ihre Kunstwerke wären danach zu befragen, wie sie das Verschwiegene zum Thema machen, das in den Heterotopien der Gegenwart virulent wird. Legt die Kunst Spuren, die die Macht des Todes im Leben relativieren?

(36) Am Ort von Terror und Gewalt herrscht ein Schweigen, das zum Himmel schreit. Wo der Tod ins Leben greift, versagt die Sprache. Michael Arad bearbeitet dieses Thema der Mystik an einem signifikanten Ort der Gegenwart mit den Mitteln von Kunst und Architektur. Sein Projekt „Reflecting absence“ gewann Anfang 2004 den Wettbewerb um die Gestaltung des Ground Zero in New York. Mit seinem Minimalismus überdeckt es den Verlust nicht, von dem der Ground Zero gezeichnet ist, sondern es hebt ihn durch Betonung jener Leerstelle hervor, die der Angriff auf das WTC zurückgelassen hat. „Reflecting absence“ bringt damit das klassische Thema der Mystik von der Anwesenheit des Abwesenden auf den Punkt. Die stumme Präsenz der Toten übt eine Macht aus, die nicht verschwiegen werden darf, sondern öffentlich zum Thema wird. Dieser Umgang der Kunst mit Gewalt und Tod in der Produktion einer Leerstelle stellt Fragen an die Theologie. Eröffnet *Reflecting Absence* den Ground Zero als Ort, an dem Theologie und Kunst über Gottesfragen ins Gespräch kommen? Welche Gravuren schreibt die christliche Gottesrede in das *reflecting absence* der Kunst ein?

(37) Kunst ist in der Lage, den leisen Stimmen des Lebens Gehör zu verschaffen: wo sie nicht lautstark nach einem wehrhaften, sicheren Amerika ruft, sondern die Opfer des 11. September 2001 durch Leerstellen des Schweigens erinnert (so Michael Arad in „Reflecting Absence“); wo sie die tödliche Erstarrung der 1993 im bosnisch-kroatischen Separationskrieg zerstörten Brücke von Mostar im lebendigen Treiben auf der Kölner Hohenzollernbrücke spiegelt (so Benita Joswig in „Cologne in the Mirror of Stari

Most"); wo sie dem hektischen Alltag eine schweigsame Unterbrechung einschreibt mit einer Heterotopie in Gelb (so Seraphina Lenz in „fortsetzen").[32]

(38) Auch Literatur und Poesie ist unter den Orten zu nennen, an denen sich Themen der Mystik stellen und damit ein Gespräch mit der Theologie ermöglichen. Poesie ist von sich selbst her an die Grenzen der Sprache verwiesen – Ingeborg Bachmann nannte „Sprachlosigkeit und Stummheit" ihre „reinsten Zustände".[33] In ihrem Gedicht „Psalm", das mit dem Aufruf beginnt: „Schweigt mit mir, wie alle Glocken schweigen!", findet sich eine ähnliche Bitte wie bei Gertrud von Helfta. Verstummen macht sich breit angesichts der unsäglichen Gewalt, zu der Menschen fähig sind. Aber Verstummen bedeutet nicht, dass jemand nichts zu sagen hat. Die Stummheit drängt vielmehr zur Sprache in einer Bitte: „In die Mulde meiner Stummheit leg ein Wort".[34] Das Gedicht lässt die Frage offen, an wen sich die Bitte der Verstummten richtet. Es wird kein Name genannt. Aber sie erbittet „ein Wort", ein Anderswort, das die Spirale der Gewalt durchbricht. Bachmann schreibt dem Verstummen angesichts menschlicher Gewaltausbrüche Gravuren der Poesie ein. Die Theologie erinnert sie an die *Mulde der Stummheit* in ihrer Gottesrede, die sich dem öffnet, für das ihr die Sprache noch fehlt.

(39) Themen der Mystik tauchen heute an überraschenden Orten auf. Hier wird die Theologie darauf gestoßen, dass ihre mystischen Traditionen nicht allein in innertheologische Auseinandersetzungen gehören. Sie eröffnen die Möglichkeit, Gottesfragen in Diskursen zum Thema zu machen, wo dies nicht selbstverständlich zu erwarten ist. Hier kann sich zeigen, was ihre Gottesrede in heutigen Lebensfragen zu sagen hat. Dieser Zusammenhang wieder-

---

[32] Zu „Reflecting Absence" vgl. www.wtcsitememorial.org/fin7.html; zu Seraphina Lenz vgl. www.arpmuseum.org/html/programm/serephina-lenz.html; zu „Cologne in the Mirror of Stari Most" vgl. www.benita-joswig.de/filmdenkmal.htm sowie Joswig, Benita, Altäre. Theologie und Kunst im urbanen Raum – ein Tischprojekt, (PThK 12), Gütersloh 2003. In Kürze erscheint: Joswig, Benita/Keul, Hildegund, Brücken schlagen – Gewalt überwinden. Eine Herausforderung für Europa am Beispiel der Brücke von Mostar, in: Yearbook of the European Society of Women in Theological Research, Leuven/Belgium 2006, 78–95.

[33] Bachmann, Ingeborg, Werke in vier Bänden, hg. v. Koschel, Christine/Weidenbaum, Inge von /Münster, Clemens, München ^{5}1993, hier: Bd. 4, 60. – Zur theologischen Auswertung vgl. Habbel, Marie-Luise, „Diese Wüste hat sich einer vorbehalten". Biblisch-christliche Motive, Figuren und Sprachstrukturen im literarischen Werk Ingeborg Bachmanns (MthA 18), Altenberge 1992.

[34] Bachmann, Werke 1, 54. Vgl. Kucher, Primus-Heinz/Reitani, Luigi (Hg.), „In die Mulde meiner Stummheit leg ein Wort…" Interpretationen zur Lyrik Ingeborg Bachmanns, (Literatur und Leben 55), Wien 2000.

um erschließt den Stellenwert der Mystik in aktuellen theologischen Debatten. Menschen haben ein offenes Ohr für das Wort, das im Verstummen sprachfähig macht. Mystik weist darauf hin, dass das Anderswort Gottes seine verschwiegenen Gravuren dort einschreibt, wo Menschen sprachlos werden. Diese Gravuren gilt es zu entziffern und ins Wort zu bringen. Mystik legt damit eine Spur, die jene Ortswechsel ermöglicht, mit der die Theologie den Binnenraum der Theologie überschreitet und sich in gegenwärtigen Diskursen verortet.

(40) Die Theologie verfügt über eine lange Tradition der Gottesrede. Dies lässt leicht die Sprachlosigkeit übersehen, die ihr mit dem Leeren Grab von Beginn eingeschrieben ist. Die Mystik beharrt darauf, dass eine christliche Gottesrede auch heute nicht ohne die Via Negativa zu haben ist. Selbst wer die Bibel kennt und mit der christlichen Tradition vertraut ist, muss mit dem Gotteswort als Anderswort rechnen, das den Wegen der Theologie manche Negation einschreibt. Wer die Negationen des Leeren Grabes und das „Halte mich nicht fest" des Auferstandenen überhört, kann das Anderswort Gottes nicht zu Gehör bringen. Folgt die Theologie jedoch den Gravuren der Mystik, dann öffnet sie sich auf die Überraschung hin, für die das Anderswort Gottes auch in heutiger Zeit sorgt.

Magnus Striet: Kommentar zu Hildegund Keul

Mit Hildegund Keul teile ich das Interesse, Gott in den „Fragen der eigenen Zeit“ (25) zur Sprache zu bringen, und ich teile auch mit ihr die Ansicht, dass deshalb nicht nur geschwiegen werden dürfe. Das Schweigen vor dem Geheimnis Gottes ist das letzte dem Menschen Mögliche. Nicht wirklich deutlich ist mir aber, was Keul genau mit dem aus den mystischen Traditionen abgeleiteten Schweigen meint. Mein eigenes Denken ist viel zu verunsichert von der dem Gottesbegriff selbst anhaftenden Problematik, von agnostischen oder gar atheistischen Anfragen an die Verwendung des Begriffs überhaupt, als dass ich nicht über einen Satz wie: „Dem Geheimnis des Lebens, das sich als Geheimnis offenbart, korrespondiert eine verschwiegene Gottesrede“ (9) stolpern müsste. Keul will in einer theologischen Gegenbewegung die Traditionen der Mystik für die Gegenwart aktualisieren und für ihre Frage fruchtbar machen. Deren ‚beredtes Schweigen‘ wird deshalb erinnert, weil hier nicht „die eine Frage dominant“ sei, „ob Gott existiert“, „sondern plurale Gotteserfahrungen, die an differierenden Lebensorten aufscheinen“ (1). Fundamentaltheologisch ist dieses methodische Vorgehen insofern diskussionswürdig, als bestimmte – vielleicht sogar ausdrücklich als Gotteserfahrungen getitelte – Erfahrungen immer bereits als *reale Gottes*erfahrungen angesetzt werden. Als transzendentales Apriori ihrer Vorgehensweise scheint Keul vorauszusetzen, dass ein jeder Mensch faktisch Gotteserfahrungen macht. Dieses Apriori erinnert stark an Rahners transzendentaltheologisches Denken, das aufgrund gnadentheologischer Vorentscheidungen eine Unterscheidung von Philosophie und Theologie überflüssig zu machen scheint. Rahners Theorie vom anonymen Christen ist ja nur die Ausformulierung dieser gnadentheologischen Prämisse, die er in seinem Frühwerk noch meinte auch erkenntnistheoretisch und damit streng philosophisch einlösen zu müssen und zu können. Schon die Frage aber, warum denn ein als Geheimnis sich offenbarendes Leben *Gottes*erfahrung sein soll, irritiert jedenfalls den in der philosophischen Transzendentalen Dialektik Kants Geschulten. Ist es nicht vielleicht nur die Nichtdefinierbarkeit des Lebens, die dazu verleitet, von Gotteserfahrung zu sprechen? Warum bleibt man nicht einfach dabei stehen zu sagen, dass es zumindest gegenwärtig nicht möglich ist, eine hinreichende Bestimmung dessen, was unter dem Begriff Leben subsumiert wird, zu geben? Auch wenn man bei dem Begriff Gott ansetzt, drängen sich kritische Rückfragen auf. Arbeitet nicht hinter der Methode des Verschweigens eine hoch potenzierte Gottessemantik? Welcher Gott ist es, der sich verschweigt? Der Gott, der um des Menschen willen eine Welt erschaffen hat? Oder das anonyme Prinzip des Lebens, eine apollinisch-dionysische Macht? Ein plotinisches Prinzip des Einen, das als das schlechthin Gute in aller Vielheit als deren Grund und Prinzip gegenwärtig, nicht aber als unterschiedenes Du ansprechbar ist? Das der Individualität menschlicher Klage nicht fähig ist, da es als das Prinzip aller Individuierung nicht selbst Personalität sein kann?

Verortet man den Versuch Keuls, Gotterfahrungen in den pluralen Lebensorten von Menschen aufzusuchen, im größeren Kontext des klassischen Projekts einer natürlichen Theologie, so darf das Reflexionsmoment nicht unterschätzt werden. Theologie ist immer Anthropologie und umgekehrt. Dies lässt sich bei Rahner und Feuerbach studieren. Gerade deshalb aber, weil der Schritt von der Theologie auf eine reine Anthropologie so schnell getan ist, bedarf es dringend eines genauen, methodisch kontrollierten Vorgehens, wenn Erfahrungen als Gotteserfahrungen identifiziert werden. Freilich sind hier immer bereits Semantiken im Spiel, solche, die den Menschen, und solche, die Gott bestimmen. Allerdings müssen diese selbst immer wieder hinterfragt, auf ihre Gültigkeit hin befragt werden, damit sie sich nicht verselbständigen und zu einem toten Vokabular verkommen.

Thomas Schärtl: Kommentar zu Hildegund Keul

Diesseits und jenseits der Unsagbarkeitsthese: Erfahrung des Negativen oder Negation der Erfahrung?

Es gibt in theologischen Kontroversen gelegentlich Positionsmarkierungen, die jenseits der Vermittelbarkeit zu liegen scheinen – besonders wenn sich dahinter eine ganz andersartige Diskurswelt und methodische Grundorientierung abzuzeichnen scheint. Vielleicht ist ein Gebot akademischer Höflichkeit, sich in solch einem Fall nur freundlich zu grüßen, sich im Wesentlichen aber mit einem reibungslosen Aneinander-Vorbei zu begnügen. Der Diskurskosmos, in dem sich der Beitrag von Hildegund Keul bewegt, ist mir in manchen Facetten fremd; Fremdheit bedeutet aber immer einen Anstoß und eine Inspiration. Andererseits wäre es eine Art Verweigerung, würde ich nicht doch versuchen, eine Anfrage oder Anmerkung zu formulieren, die als einen ersten Schritt das zu verstehen sucht, was sich als Gegenstand eines fremden Diskurskosmos darbietet. Mein Schritt hin zu dieser nach Verstehen suchenden Anfrage beginnt mit einer Würdigung, die ihrerseits aber – um meines Verstehens willen – eine Übersetzungsleistung vorausschickt: Hildegund Keul beschreibt in einer stupenden und eindringlichen Weise eine bestimmte Art religiöser Erfahrung (vgl. bes. Keul Nr. 12–17), die ich – in meinem weitaus armseligeren Vokabular – als Erfahrung des Negativen, genauer: als existentiell signifikante Erfahrungen des Negativen kennzeichnen würde. In einer eindringlichen Weise beschreibt Hildegund Keul (vgl. erneut Nr. 12–17) die Strukturen einer bestimmten, gleichwohl universal nicht unzugänglichen religiösen Erfahrung, die als Erfahrung der Eröffnung, des Aufbruchs, auch des Zerbrechens etablierter Bedeutungszusammenhänge apostrophiert werden kann. Soll diese Weise des Erfahrens religiöse signifikant sein, dann muss in ihr etwas zur Gegebenheit kommen, das auf Transzendenz verweist. Gleichwohl kann dieser Verweis vielgestaltig und vielfältig ausfallen. Schon die Radikalität eines Aufgebrochenwerdens kann eine Transzendenzerfahrung sein, wenn im Aufbrechen gewissermaßen ein Blick auf das Außerhalb zu jener Welt, die aufgebrochen werden soll, erhascht wird.

Erfahrungen des Negativen sind in dem von mir anvisierten Sinn durchaus noch Erfahrungen von etwas, auch wenn sie hauptsächlich oder ausschließlich von Abgrenzungen und Differenzmarkierungen leben. Das gilt samt und sonders auch von der Mystik.

Es sei hier nur an den Ansatz von William P. Alston erinnert, der die mystische Erfahrung als die wichtigste Referenzquelle für den Theismus hält[1] und damit in den Rang einer epistemischen Instanz erhebt, die – auch wenn Entgrenzung und Eröffnung ihre typischen Formen sein mögen – immer noch eine eigene Struktur hat, die sie zur mystischen Erfahrung macht. Davon unterscheiden würde ich das Negieren einer Erfahrung – das vollkommene Fehlen einer Erfahrung und eines Erfahrungsgegenstandes. So wie Hildegund Keul die Konturen des Verstummens beschreibt, würde ich die Kategorie der Erfahrung des Negativen als Leitkategorie verwenden. Und was damit gemeint ist, lässt sich – wie ich meine – auch in eine optimistischere Theorie einbetten, die an einer positiven und affirmativen Minimalbestimmung des Gottesbegriffs festhält.

Die Wasserscheide liegt vermutlich im Verständnis der Ausdrücke „Sprachlosigkeit" und „Unsagbarkeit". Ist der von Hildegund Keul anvisierte Begriff der Sprachlosigkeit als Beleg für eine sprachphilosophisch radikal auszulegende Unsagbarkeitsthese zu lesen? Nicht unbedingt – das wäre meine Antwort. Es hängt, wie immer, vom entsprechenden Bild der Sprache ab. Von einer weiteren Perspektive aus ist die Sprachlosigkeit, die sich in bestimmten Kontexten religiöser Erfahrungen einstellt, durchaus noch ein Sprechakt – und es gibt durchaus noch Momente der Referenz, auch wenn diese aus Elementen der Referenzverweigerung zu bestehen scheinen. Die Unsagbarkeit, von der Keul spricht (vgl. etwa Nr. 25) hat einen operationalen Charakter und ist durchaus gerichtet. Die „Unsagbarkeit der Auferstehung", die Keul betrachtet und erläutert (vgl. exemplarisch Nr. 20–23) ist immerhin die Unsagbarkeit *der* Auferstehung; der Genetiv enthält ein Verweismoment, das in einer Berührung mit der Sprache verbleibt. Auch ein Muster, das im Wesentlichen aus Durch- und Ausstreichungen von Muster besteht, ist immer noch ein Muster. Das gilt – nimmt man Prädikatsterme als Abbreviaturen für Muster der Zuordenbarkeit – auch dann noch, wenn die fundamentale Aufgabe eines bestimmten Sprechaktes nichts anders als die Irritation geläufiger Muster ist.

Im Hintergrund steht die Frage nach der Weise, wie wir Sprache generell verstehen. Sprache ist die elementare Kunstfertigkeit, mit der wir es schaffen, einen Bezug zu etwas herzustellen, unsere Welt zu erschließen und unsere Erfahrungen zu ordnen. Sprache

[1] Vgl. Alston. William P., Perceiving God. The Epistemology of Religious Experience, Ithaca/London 1991, 48–54, 93–96, 184–225.

tut dies in der Vermittlung von Zeichen. Aber auch das Verstummen kann ein Zeichen sein, das – je nach Kontext – durchaus beredt und vielsagend ist. Hilfreich ist, wie mir scheint, wieder einmal ein Blick auf Ludwig Wittgenstein. In einer Bemerkung deutet er verschiedene Auffassungen vom Arbeiten der Sprache bzw. von Verhältnis von Sprache und Wirklichkeit an:

> „Wenn wir den Satz mit einem Bild vergleichen, so müssen wir bedenken, ob mit einem Porträt (einer historischen Darstellung) oder mit einem Genrebild. Und beide Vergleiche haben Sinn.
> Wenn ich ein Genrebild anschaue, so ‚sagt' es mir etwas, auch wenn ich keinen Augenblick glaube (mir einbilde), die Menschen, die ich darin sehe seien wirklich, oder es habe wirkliche Menschen in dieser Situation gegeben. Denn wie, wenn ich frage: ‚*Was* sagt es mir denn?'"[2]

Was wir herkömmlicher Weise unter der Adäquatheit der Sprache verstehen hat damit zu tun, dass wir Sprache wie ein Porträt der Wirklichkeit verstehen. Vor diesem Hintergrund mag die Frage nach der Angemessenheit des Porträts eine sinnvolle Frage sein. Was passiert aber, wenn ich ein anderes Bild vom Verhältnis zwischen Sprache und Wirklichkeit habe? Dann lässt sich die Frage nach der Angemessenheit nicht mehr so einfach stellen – geschweige denn: beantworten. Wenn wir den expressiven, Welt erschließenden, Horizont eröffnenden Charakter der Sprache im Blick behalten, dann werden wir auch das Verstummen noch sprachlich verorten können: als Suche nach dem richtigen Wort, als integrales Moment einer Kunstfertigkeit der sprachlichen Expression, in jedem Fall als semantisch qualifizierten Akt. Stummes Bedeuten ist Sprache – und hat mit einer rigorosen Unsagbarkeitsthese nichts zu tun. Stummes Bedeuten kann ebenfalls viel bedeuten: die Suche nach dem richtigen Wort, das Ringen um das richtige Wort, das Warten auf das richtige Wort. Aber all das – Suchen, ringen, Warten – ist bereits Sprache[3], wenn man einen sehr weiten Sprachbegriff verwendet, der in jedem bedeutungsvollen Ausdrucksverhalten das erblicken kann, was Sprache ausmacht: Welt erschließende Kommunikation mit Zeichen zu sein.

---

[2] Wittgenstein, L., Philosophische Untersuchungen § 522.

[3] Vgl. Wittgenstein, L., Philosophische Untersuchungen, II, XI (WW 1, 561): „Mir liegt das Wort auf der Zunge." Was geht dabei in meinem Bewußtsein vor? Darauf kommt's gar nicht an. Was immer vorging, war nicht mit jener Äußerung gemeint. Interessanter ist, was dabei in meinem Benehmen vorging. – „Mir liegt das Wort auf der Zunge" teilt dir mit: das Wort, das hierher gehört, sei mir entfallen, ich hoffe, es bald zu finden. Im übrigen tut jener Wortausdruck nicht mehr als ein gewisses wortloses Benehmen."

Johann Ev. Hafner: Kommentar zu Hildegund Keul

Dass Mystik keineswegs schlichte Gottesunmittelbarkeit erzeugt, sondern aus der negativen Theologie stammt, zeigt der Text Keuls. Sie lokalisiert Mystik dort, wo Menschen durch Grenzerfahrungen sprachlos werden und diese Sprachlosigkeit formulieren (4). Daher bildet Mystik keinen frei beweglichen Diskurs, sondern bleibt auf Orte bezogen, an denen menschliches Leben auf extreme Weise durch Armut, Krankheit, Tod (6f.) überfordert wird. Paradigmatisch wird dies im Christentum durch die Erzählung vom leeren Grab (12) wiedergegeben. An diesem Ort werden die Erwartungen an eine unmittelbaren Gottesvision oder Heilandsbegegnung frustriert, also die Negativität nicht nur menschlicher Erfahrung, sondern auch religiösen Erlebens artikuliert. Die Frauen sehen ihn nicht, Maria Magdalena darf ihn nicht ergreifen, obwohl er anwesend ist. Analog will die mystische Rede Gott benennen, aber nur indem sie seine Leerstelle für das Unsagbare bezeichnet (26). Da sich diese Leerstelle nicht gegenständlich affirmativ aussagen lässt, verwendet Keul häufig die Metapher des „Einschreibens" „Gravierens" (31 passim). Offensichtlich meint Gravur nicht die sich durchsetzende Rezeptionsgeschichte eines Textes (der bleibende Eindruck), sondern seine unterschwellige Nichtrezeption (das Verschweigen). Allerdings bleibt unentschieden, ob es sich um ein Verschweigen im Sinne von Vergessen der Opfer handelt oder um die verschwiegene Macht der Opfer selber, die ihre Fragen und Klagen in die biblischen Texte einschreiben. Sind Gravuren Zeichen der Repression und der Subversion gleichzeitig? Ist das Zerbrechen der alten Sprache bereits ein Dokument für ein neues, erlösendes Wort? Wird das Verstummen vor der Zerbrechlichkeit des Lebens (Frauen am Grab) nicht deutlich vom staunende Schweigen angesichts des Geheimnisses des Lebens unterschieden (Frauen vor dem Auferstandenen), tendieren alle religiösen Diskurse dazu, Reflexe der „menschlichen Lebensfragen", vor allem der Negativerfahrungen (33) zu werden. Das mag vor einem wohlfeilen Schwadronieren über Gottes Wesen bewahren, birgt aber die Gefahr, Religion auf Protestkommunikation gegen Not und Gewalt zu reduzieren. Woran Menschen leiden und wonach die Lebensfragen fragen, ist ja keineswegs ausgemacht und durch ein anthropologisches Universale bestimmbar, sondern wird durch Vorstellungen von einem erlösten Leben erst in seiner Schärfe provoziert. Die Gravur verweist nicht einfach auf einen anderen

Ort in derselben Welt, sie zeigt aus der Welt hinaus. „Nur ein Wesen, das die Welt transzendiert, kann eine Spur hinterlassen.“[1]

[1] Lévinas, E., Die Spur des Anderen, Freiburg/München[3] 1992, 233.

Willibald Sandler: Kommentar zu Hildegund Keul

Hildegund Keul nähert sich der negativen Theologie von der Mystik her. Dabei spricht sie Themenbereiche an, die in den aktuellen Diskursen zur negativen Theologie gerne übersehen werden, aber gleichwohl für ein christliches Verständnis negativer Theologie unverzichtbar sind:

Erstens der Erfahrungsbezug in der „Aufmerksamkeit auf Orte, wo es Menschen die Sprache verschlägt, weil ihnen das Leben zu zerbrechen droht" (Nr. 6): Keul bringt MystikerInnen nicht zuerst in ihren außerordentlichen Gotteserfahrungen etwa von mystischen Visionen zur Sprache, sondern in ihrem Eingetauchtsein in leidvolle Erfahrungen, die sie auch mit vielen heutigen Menschen teilen, für die „das, was alle Gott nennen" so nicht mehr vorkommt.

Zweitens der Rückbezug auf biblische Texte und die in ihnen zum Ausdruck kommenden Erfahrungen: Die ausführliche Auseinandersetzung mit Texten zum leeren Grab scheint mir kein Luxus zu sein, auch in einem Aufsatz, der sich Grundfragen negativer Theologie widmen soll. Denn in ihm wird die von Keul programmatisch vorgeschlagene Methodik einer Genealogie konkret und damit diskutierbar. Jedenfalls lässt sich die Eigenart einer christlichen negativen Theologie nicht an den biblischen Offenbarungsquellen vorbei erschließen.

Drittens die Bedeutung des Schweigens: Wie Keul herausarbeitet, finden Mystik – mit dem etymologisch erschlossenen Bezug zum Verstummen (Nr. 9) – und negative Theologie – schon mit dem Oxymoron in ihrem Titel (Nr. 32) – zusammen in der paradoxen Aufgabe, durch das Sprechen hindurch einem theologisch hochrelevanten Schweigen Raum zu geben. Diese Aufgabe ist eine methodologische Herausforderung sowohl für eine Theologie der Mystik wie für eine negative Theologie. Keul will ihr mit der Methode der Genealogie, die sie Michel Foucault entlehnt, gerecht werden.

Die Wahl dieser Methode erscheint zunächst vielversprechend, weil sie nicht nur – wie die Hermeneutik – auf Gesagtes, sondern vor allem auf Verschwiegenes rekurriert. Leitend für diese Rückfrage ist bei Foucault die durchgängige Annahme von Machtinteressen, die sich in Dispositiven der Macht niederschlagen, für welche das explizit in Texten Gesagte nur die Spitze eines Eisbergs bildet. Die Anwendung dieser Methode auf mystische Gotteserfahrungen schärft den Blick dafür, dass dort, wo die MystikerIn Gott als „alles in allen Dingen" (Mechthild von Magdeburg) sieht, die irdischen Machtfragen keineswegs überirdisch zurückbleiben, sondern umso stärker sichtbar werden und hervorbrechen können. Von daher steht zu vermuten, dass Keuls genealogische Mystikinterpretation in die negative Theologie Gravuren einträgt (Nr. 1), die ihre politische Brisanz schärfer sichtbar machen. Hier konvergiert Keuls Ansatz mit den Zugängen, die von der Politischen und der Dramatischen Theologie auf die negative Theologie hin erschlossen werden.[1]

Die theologische Verwendung der Methode der Genealogie wirft allerdings auch Fragen auf. Ist sie doch mit Foucault aus einer weltanschaulichen Grundeinstellung heraus entstanden, die sowohl ethische Normativität als auch personale Subjektivität bis zur Verwerfung kritisch in Frage stellt.[2] Zur Gewinnung eines adäquaten christlichen Mystikverständnisses greift Keul mit der genealogischen Methode auf biblische Texte zurück, die sie – wenn ich sie recht verstanden habe – sowohl zur Grundlegung eines adäquaten christlichen Mystikverständnisses als auch zur Erschließung von christlicher negativer Theologie für normativ erachtet. Ich nehme an, dass dies nicht ohne eine Transformation von Foucaults genealogischer Methode möglich sein wird, und diese Transformation müsste theologisch reflektiert werden.[3] Das wäre nicht nur einer methodischen Sauberkeit im Allgemeinen geschuldet, sondern könnte inhaltliche Kontroversen aufwerfen, die noch einmal zur Klärung von Keuls Zugang zur negativen Theologie relevant sind. Wie Alois Halbmayr in seinem Beitrag herausgearbeitet hat, muss sich Theologie gerade als *negative* Theologie auch in einer steten selbstkritischen Rückfrage auf die in ihrer eigenen Methode implizierten Affirmationen bewähren.

Nicht jedes Schweigen ist als solches schon Ausweis einer Gotteserfahrung, wie Keul ja selber feststellt (Nr. 25). Und die Aussage, „dass wir Gott lassen müssen, um ihn zu finden“ (Nr. 24), kann auch einem Zynismus oder einer Resignation zuarbeiten, die Meister Eckhart gewiss nicht im Sinn hatte. Begriffe wie Abwesenheit, Leerstelle, Negativität und Schweigen finden in heutigen postmodernen Diskursen ebenso wie in verbreiteten gegenwärtigen Erfahrungslagen mehr Sympathie als jene affirmativen

---

[1] Vgl. die Beiträge von Alois Halbmayr und von mir, sowie meine Besprechung des Beitrags von Halbmayr.

[2] Vgl. Karlheinz Ruhstorfer, Michel Foucault und Christentum. Grundzüge der neueren theologischen Rezeption, in: ThRev 97 (2001) 1–18.

[3] Soweit ich sehe, ist das auch in Keuls publizierter Habilitationsschrift (dies., Verschwiegene Gottesrede, Innsbruck 2004) nicht erfolgt, in jenem Werk also, in dem sie die genealogische Methode bisher am ausführlichsten angewandt hat.

Ansprüche, denen sie sich entgegenstemmen (vgl. Nr. 35). Das kann zu einer billigen Anschlusstheologie verlocken, die als solche sowohl den eigenen theologischen Bezeugungsauftrag als auch die Intention der solcherart vereinnahmten Denker verraten würde. Ich schreibe hier von einer „billigen Anschlusstheologie" keinesfalls zur Diskreditierung vorliegender Ansätze, sondern im Sinne einer Grenzüberlegung, um den Anspruch an eine Theologie zu präzisieren, die den Weg durch das „Feuer der negativen Theologie" nicht scheut. Eine adäquate theologische Rezeption, insbesondere von nichtchristlichen (bzw. von sich nicht als christlich verstehenden) Denkern, muss sich demgegenüber dadurch ausweisen, dass sie sich an den Spannungen und Brüchen abarbeitet, die durch riskante Brückenschläge zwangsläufig auf beiden Seiten (der christlichen Theologie und der rezipierten philosophischen Methode) entstehen.

Eine solche differenzierte Auseinandersetzung – sowohl mit der Philosophie Michel Foucaults als auch mit heutigen Manifestationen der Erfahrung von existentieller religiöser Leere und betroffenem Verstummen – bleibt ein Desiderat, das die Möglichkeiten eines knapp begrenzten Aufsatzes sprengt. Von daher ist es auch hilfreich, dass Keul in ihrem Beitrag eine andere Vorgangsweise wählt: Über die programmatisch bleibende Bezugnahme auf Foucault hinaus verdeutlicht sie ihre genealogische Methode durch Anwendung in der Interpretation von zwei biblischen Texten.

Die markinische Erzählung von den Frauen am leeren Grab und die johanneische Perikope von Marias Begegnung mit dem Auferstandenen am Grab werden von Keul konsequent auf Sprachformen hin gelesen, die Leerstellen markieren: Fragen, Bitten, Zurückweisung, Nichtsagen, passivum divinum. Keul macht hier deutlich, wie die für sie leitenden Oxymora von „beredtem Schweigen" und „verschwiegenem Sprechen" sich hermeneutisch umsetzen lassen. Nicht um das unaufgelöste Paradox, aus dem Beliebiges folgen würde, geht es, sondern um das Achten auf textliche Arrangements, die Leerstellen offenhalten und zugleich mit der Bedeutung des alles bestimmenden Unaussprechlichen beladen: als einer Methode, das Unsagbare zu sagen, und das Unbeschreibbare (wie hier den erscheinenden Auferstandenen) zu beschreiben.

Wenn ich von hier aus die „genealogische" und die „dramatische" Annäherung an die negative Theologie miteinander vergleiche – ein Vergleich, der durch die zentrale Bedeutung biblischer Texte für beide Annäherungen erleichtert wird – so ergeben sich bei einem gemeinsamen Anliegen zugleich Unterschiede und positive Bezugsmöglichkeiten. Das „Offenhalten der

Mitte“ – jener Mitte, die allein vom unsagbaren Gott einzunehmen ist – ist gewiss ein gemeinsames Anliegen. Die dramatische Methode verfolgt dieses Anliegen durch ein Herausarbeiten von konvergierenden Aussagenlinien auf eine direkt unzugängliche Mitte hin.[4] Keul verfolgt dasselbe Anliegen textnäher durch ihr Achten auf Codierungen des Nichtsagens. Beide Vorgangsweisen haben ihre Vorteile, ihre Probleme, und sie könnten sich ergänzen. Die dramatische Methode zielt auf affirmative Aussagen (einer via affirmativa bzw. via eminentiae), indem sie die Spannungen zwischen verschiedenen Aussagenlinien als nichtwidersprüchlich zu integrieren trachtet (der via negativa wird dabei durch die fortlaufend wahrgenommenen Einwände und gegenläufigen Perspektiven entsprochen). Keul hingegen zielt direkt auf textliche Indizien für die via negativa, bleibt aber natürlich nicht beim bloßen Konstatieren der Leerstellen stehen, sondern interpretiert sie durchwegs als Orte authentischer Gotteserfahrung,[5] wobei die Gründe für diese Affirmation noch deutlicher ausgewiesen werden müssten.

Biblisch werden Motiv und Begriff des Schweigens durchaus ambivalent gebraucht, sowohl in der Anwendung auf Gott als auch auf den Menschen. Die Bibel kennt auch ein Schweigen aus Schuld (z. B. Mt 22,12), und Stummheit ist eine Krankheit, die von Jesus geheilt wird. Das widerlegt nicht die von Keul aufgewiesene positive Bedeutung des Schweigens, erfordert aber ein differenziertes Zusammenschauen differenter Aussagenlinien auf eine Mitte, die durch die nie voll schließbare Differenz der Linien nicht univok festgeschrieben werden kann. Diese polyperspektivisch-konvergierende Umsetzung negativer Theologie, der die dramatische Theologie folgt,[6] ist damit nicht einfach eine Alternative zu Keuls Vorgehen, sondern kann zur Klärung und Differenzierung von ihren bibeltheologischen Urteilen dienen.

Etwas schematisierend lässt sich sagen: Wenn Keul durch das Herausarbeiten von Verstummen und Nichtfesthalten Gravuren in die (biblische) Theologie einfügt, dann kann die Dramatische Theologie Rückfragen und Anregungen geben bezüglich des „Materials“, in das die Konturen einzufügen sind. Das Schweigen gewinnt ihre Relevanz/Valenz erst in Kontexten von gesteigerter Rede. Keul selbst weist auf die Ambivalenz des Schweigens hin – es

---

[4] Vgl. in meinem Beitrag Nr. 5, 21, 25.

[5] Keul qualifiziert in ihrem Beitrag durchwegs das Schweigen, Nichtreden usw. als adäquaten Widerhall authentischer Gotteserfahrung, – manchmal auch ausdrücklich gegen Deutungen im Sinne von Schwäche und Sünde. Vgl. Nr. 15, sowie Nr 11 Anm. 10.

[6] Vgl. in meinem Beitrag Nr. 15.

gibt ja auch ein kraftloses, resigniertes Verstummen (vgl. Nr. 25). Durch das erschreckte Verstummen der Auferstehungszeuginnen hindurch kann sich eine neue Kraft des Redens Bahn brechen, in freimütiger Rede („parrhesia“), ermöglicht durch die Sendung des Heiligen Geistes. Es ist gewiss die Schwäche einer undramatischen Theologie, die über der Auferstehung das Kreuz als überholt betrachtet, dass sie das Verstummen angesichts des erscheinenden Auferstandenen übersieht. Anderseits darf aber auch das gesteigerte, authentische Reden, das aus dem Schweigen erwächst, nicht verschwiegen werden. Von hier aus lässt sich vielleicht eine – im Kontext von Keuls Ansatz dringend benötigte – Kriteriologie für ein authentisches „Gottschweigen“ gewinnen, – eine Kriteriologie, die unverzichtbar ist, will man nicht auch einem resignierten und zynischen Gottverschweigen die Weihen der Mystik zuerkennen.

Alois Halbmayr: Kommentar zu Hildegund Keul

Hildegund Keul rückt in ihrem Beitrag einen Aspekt der negativen Theologie in den Mittelpunkt, der ein ganz anderes Licht auf diese Tradition theologischen Denkens wirft. Sie setzt sich mit jenen Spuren, Zeichen und Sprachformen auseinander, die von der Mystik her in die christliche Gottesrede eingetragen werden. Die breit entwickelte Tradition des affirmativen Sprechens lasse nämlich sehr leicht vergessen, dass am Anfang des Glaubens nicht ein großes weises Wort steht, sondern die Sprachlosigkeit, die Hildegund Keul mit einer ungewöhnlichen, äußerst interessanten Interpretation der Erzählungen vom Leeren Grab (v.a. in der markinischen Fassung) und der johanneischen Überlieferung von der Begegnung des Auferstandenen mit Maria Magdalena als eine Grundform der verborgenen Präsenz Gottes interpretiert. Diese im Übrigen auch mustergültigen Beispiele einer theologischen Narrativität (12–23) zeigen, warum die negative Sprachform nicht als eine späte Korrektur oder Ergänzung der religiösen Rede zu verstehen ist, sondern als eine ihr konstitutiv eingeschriebene Grammatik. Die Sprachlosigkeit der Frauen wird deshalb nicht als Metapher für ein Überwältigtsein aufgrund einer besonderen Tat Gottes interpretiert, sondern als Verstummen und Schweigen, da einfach die Worte fehlen, keine Sprache zur Verfügung steht, „um das zu benennen, was sich hier zeigt“ (16). Die Negation der Ortsbestimmung („er ist nicht hier“) liest Hildegund Keul als ein Hinweisschild auf ein Anderswo, das einen Ortswechsel einfordert, um das neue Leben sehen zu können (14). Diese Andersorte, die Michel Foucault Heterotopien nennt, bilden „Orte des Verstummens, damit aber zugleich Kreuzungspunkte im Diskurs, an denen die Sprache einen neuen Schriftzug erlangen kann“ (18). Damit sind sie keine nur vorläufigen, irgendwann einholbaren Zielgrößen, sondern die Form der Präsenz Gottes selbst. Insbesondere Maria von Magdala verkörpert paradigmatisch die bleibende Entzogenheit des Anwesenden.

Die Mystik als jene Wissensform, die dem Schweigen, der Sprachlosigkeit und der Bestreitung ein bleibendes Heimrecht im Glaubensprozess einräumt, begreift das Verstummen darüber hinaus als Intervention gegen eine Sprache, „die das Ferne in seiner Nähe verschweigt und nicht zum Vorschein kommen lässt“ (25). Damit die Mystik aber nicht im völligen Verstummen endet, was letztlich mit einer Inhaltsleere identisch wäre, braucht sie ein Gegenüber, das ihr den zugewiesenen Mittelweg zwischen dem

Schweigen und dem Übermaß der Worte eröffnet. Es bleibt hier etwas unbestimmt, worin dieses Gegenüber besteht und wie sich von dem reden lässt, was eigentlich nicht gesagt werden kann. Die Mystik hat jedenfalls „spezifische Sprachpraktiken" (26) entwickelt, die eine Überschreitung in das Unsagbare hinein ermöglichen sollen. Aber zugleich bleibt dieses Unsagbare dann doch in irgendeiner Form sagbar, muss zumindest ansatzweise sagbar sein, wenn die Grenze zum Nichts nicht überschritten werden soll. Hildegund Keul weist selbst immer wieder darauf hin: Das Anderswort wird zwar nicht explizit benannt, markiert aber doch den bestimmenden Horizont, weil nur das Geheimnis des Anderswortes „in der Lage ist, Auferstehung zu bewirken" (30). Passivum divinum, Metaphern, Hyperbel, Oxymora sowie die Bitte um das Friedenswort sind nur einige Beispiele möglicher Sprachfigurationen, mit denen die Mystik das Gotteswort als ein unnahbar Fernes (bleibend Entzogenes) und in seiner Entzogenheit doch als unüberbietbar Präsentes verortet. Damit reiht sich die Mystik im besten Sinne des Wortes in die klassischen Traditionen der negativen Theologie ein, deren größtes Verdienst darin besteht, „den heterologischen Charakter des Gotteswortes zu wahren" (32).

Damit lässt sich nun der spezifische Ort der Mystik sowohl in genealogischer als auch systematischer Perspektive näher bestimmen. Mystik entsteht an existentiell bedrängenden Orten, „wo es Menschen die Sprache verschlägt, weil ihnen das Leben zu zerbrechen droht" (6) und die zweifelnde Frage in den Vordergrund drängt, wo denn Gott sei. Hildegund Keul weist an wichtigen Gestalten der Mystik nach, dass vielfach prekäre Lebenserfahrungen die Frage nach den Gravuren verborgener Gottespräsenz auslösen. Die Mystik steht hier vor der Aufgabe, „die Präsenz Gottes in der Not des Lebens zu benennen" (7). Das Anliegen, den verborgenen Gott an Orten der Ohnmacht und Schwachheit zur Sprache zu bringen, bildet auch in den Traditionen der neueren Politischen Theologie einen zentralen Topos, darin jedoch stärker von der Überzeugung motiviert, dass die oft sprachlos machenden Leiderfahrungen des Menschen durch die Erfahrungen der Nähe Gottes zu einer Sprachfähigkeit führen, die einen Exodus aus den bedrängenden und bedrückenden Situationen ermöglichen.

Diese Genealogie der Mystik aus der erfahrenen Not des Lebens heraus ließe sich m.E. noch mit einer anderen Entstehungsgeschichte in Verbindung bringen, die in ihrer doppelten Wurzel dem zentralen Anliegen der negativen Theologie noch größeren Nachdruck verleihen könnte. Denn die Mystik entspringt nicht nur den Zerbrechlichkeiten des Lebens, sie besitzt auch einen Urgrund im geglückten Leben, in der Überfülle der Erfahrung, dass Gott präsent ist. Diese erfahrene Nähe Gottes drängt nach Sprachformen, für die ebenfalls keine adäquaten Ausdrucksmöglichkeiten zur Verfügung stehen, sie führen in eine eigene Form von Sprachlosigkeit. Doch können auch diese Orte des Schweigens und Verstummens neue Wirklichkeiten schaffen, unbändige Kräfte im Engagement für die Welt freisetzen. Nicht umsonst ist in der neueren Politischen Theologie die Mystik neben der Politik zu einem der zentralen Begriffe avanciert.[1] Doch von welcher Seite man auch den letztlich unsagbaren Gott zur Sprache bringt, beide Traditionslinien zielen auf den Kernbestand negativer Theologie, dass sie die Präsenz Gottes im Glück wie in den Brüchen des Lebens behaupten, aber nicht im Modus des Zugriffs und der fraglosen Affirmation, sondern der Bitte um das, was letztlich nicht benannt werden kann, aber dennoch ins Wort drängt (28). Damit markiert die Mystik, wie Hildegund Keul nachweist, all jene Leerstellen, die das je größere Geheimnis stets hinterlässt, ohne deren produktive Offenheit sich aber vom Gott der Bibel nicht adäquat sprechen – und auch nicht adäquat schweigen lässt.

[1] Vgl dazu Metz, Johann Baptist/Reikerstorfer, Johann, Memoria passionis. Ein provozierendes Gedächtnis in pluralistischer Gesellschaft, Wien 2006; ders., Zeit der Orden? Zur Mystik und Politik der Nachfolge, Freiburg 1977; Schillebeeckx, Edward (Hg.), Mystik und Politik. Theologie im Ringen um Geschichte und Gesellschaft. FS Johann Baptist Metz, Mainz 1988.

Gregor Maria Hoff: Kommentar zu Hildegund Keul

Die folgenden Kommentare schließen eine sehr weitgehende Zustimmung zum Text von Keul in den einzelnen Ausführungen ein. Allerdings zeigt sich darin auch eine folgenreiche Differenz, die mit der Ortsangabe Negativer Theologie auftritt. Die unterschiedliche semiologische Bestimmung hängt dabei m. E. mit einer nuanciert anderen Gewichtung gemeinsamer Theoriereferenzen zusammen: Zwischen den hermeneutisch-genealogischen Zugängen von Keul und mir spiegelt sich mindestens untergründig eine offene Auseinandersetzung zwischen Jacques Derrida und Michel Foucault ab.[1] Das hat aber erhebliche fundamentaltheologische Konsequenzen, die methodologischen Grund haben und im Modell der Negativen Theologie sichtbar werden – ganz im Sinne der wissenschaftstheoretischen Konzeption des Bandes.

1. Keul wählt die Mystik als Paradigma einer Ortsbestimmung Negativer Theologie und legt ihre Entstehung auf „Grenzerfahrungen" fest, in denen „die Sprache versagt" (2). Damit ergibt sich eine Abfolge: Im Kontext einer bedrängenden existenziellen Situation scheitern bewährte Sprachformulare und generieren eine neue Wissensform: die Mystik. Zunächst: Handelt es sich nicht um Mystik, wenn man eine Grenzerfahrung versprachlichen kann? Was generiert die religiöse Sprache und Wissensform der Mystik – nicht ein Ereignis, das zwar nie unabhängig von seiner zeichengebundenen Konzeptualisierung auftritt, aber doch von sich her einen Ereigniswert hat, der sich im mystischen Erleben niederschlägt und in seiner Singularität die untilgbare Negativität einer inkommensurablen Ausdrucksform behält?

2. Dann aber legt sich eine andere Ortsangabe Negativer Theologie nahe. Mystik lässt sich nach Keul als Negative Theologie im Vollzug verstehen, und zwar als ihre „praktische, an Lebensfragen orientierte Seite" (2). Demgegenüber schlage ich vor, Negative Theologie auf einer anderen Ebene zu bestimmen. Sie ist, schon

[1] Derrida, Jacques, Cogito und Geschichte des Wahnsinns, in: ders., Die Schrift und die Differenz, Frankfurt ^{4}1989, 53–101; Foucault, Michel, Erwiderung auf Derrida, in: ders., Schriften in vier Bänden – Dits et Ecrits, Bd. II, Frankfurt 2002, 347–367. Vgl. dazu Hoff, Gregor Maria, Die Außenwelt der Innenwelt der Außenwelt. Zur theologischen Grammatik der Marginalisierung. Lektüren zwischen Foucault und Derrida, in: Zichy, Michael/Schmidinger, Heinrich (Hg.), Tod des Subjekts? Poststrukturalismus und christliches Denken, Innsbruck u. a. 2005, 263–287. Von Derrida her semiologisch gesprochen, betreibt er die konsequentere Genealogie, die sich nicht mehr in der klassischen Opposition von Innen und Außen auffassen lässt, wie sie Foucaults Replik noch einmal in Stellung bringt.

bei Pseudo-Dionysios Areopagita, eine theologische Grammatik mit eigenem Regelwerk, das es erlaubt, theologische Sprachen auf ihre Valenzen hin zu untersuchen und eigene Sprachmuster hervorzubringen. Mit der klassischen Negativen Theologie lässt sich dafür die basale Einsicht in die Unausssagbarkeit des göttlichen Geheimnisses heranziehen, über sie hinaus das Wissen um die semiologischen Abstände von Signifikat und Signifikant. Dann aber erscheint Mystik nicht einfach als die gelebte Rückseite Negativer Theologie, sondern letztere als Bestimmungsmodus der ersteren. Das heißt umgekehrt: Rein sprachlich gesehen, ist die Negative Theologie die grammatologische (und nicht nur grammatische) Bedingung der Möglichkeit einer Bestimmung der Mystik als Wissensform an den Grenzen des Sagbaren. Man könnte es noch schärfer sagen: Die mystische Sprache ist nie gegeben, sondern ein bleibender Entzug. Nur auf dieser Basis kann sie entstehen und eigene Ausdrucksqualitäten in der theo-logischen Aporie des Sagen-müssens und Nicht-sagen-könnens erzielen.

3. Von daher wird auch nicht „das ‚nicht' zu einem Konstitutionselement" (8) mystischer Gottesrede, entsteht also nicht erst in den Situationen äußerster Sprachnot als mystischem Fieberherd, sondern ist – noch wo man ihm genealogisch konkret auf die Spur kommt – immer schon mit jedem religiösen wie theologischen Sprechakt gegeben,[2] und zwar unwillkürlich, ungetrennt und unvermischt, als der Raum, in dem Sprache über Gott sich immer bewegt[3]: erstens material im Sinne der Differenz kontingenter Spra-

[2] In diesem Zusammenhang gebraucht Keul an anderer Stelle das „ist" (25) – die Konsequenzen dieser temporalen Differenz bleiben offen, sind aber m. E. gewichtig, und von daher würde ich auch nicht sagen, „*wenn* (Hervorhebung GMH) sich das Verstummen in ihre Sprache einschreibt" (30), sondern das Verstummen als konstitutives Moment der Gottesrede von Anfang an beschreiben. Die Folgen dieser temporalen und letztlich genealogischen Differenz zeigen sich durchgängig, so wenn Keul davon spricht, dass die Via negativa zu beschreiten sei, wenn sich kein positiver Weg zeige (28). Negativität kann aber nur dann theo-logisch konstitutiv sein, wenn sie nicht erst nachträglich als strategische Option in Frage kommt, sondern eben von Grund auf in alles religiös-theologische Sprechen *eingraviert* (inkarniert) ist. Analog würde ich auch ein offenbarungstheologisches Fragezeichen hinter die Aussage setzen, dass *das Wort Gottes gefragt sei, wo das menschliche Wort versage* (29). Negativität ist vielmehr Offenbarungsmodus. M. E. zeigt sich hier eine gewisse Inkonsequenz in der Ausarbeitung des Konzepts Negativer Theologie, denn es scheint in Keuls Gebrauch mitunter zwischen einer Konstitutionsgröße und einer sprachlichen Strategie zu changieren, so wie sich der Tempusgebrauch bzw. das sprachlich indizierte Bedingungsgefüge ändert.

[3] Von daher wäre es aufschlussreich, mit differenz-semiologischen Mitteln auf der Basis des Chalkedonense die kosmologischen Christologien einmal so zu reformulieren, dass die Wirklichkeit als ganze, also eben auch sprach-genealogisch, im Modus dieses christo-logischen Strukturgesetzes aufgefasst wird.

chen zum Absoluten und zweitens als Bedingung von Sprechen überhaupt, insofern alles Gesagte Unsagbares und Ungesagtes inkludiert. Erst das erlaubt im Übrigen den ideologiekritischen Anschluss, den Keul über die genealogische Perspektivenbildung im Sinne Foucaults avisiert (3).

4. Die Wo-Frage nach dem leeren Ort (10) ist vor diesem Hintergrund Artikulation einer Leerstelle, die sich in der Sprache nicht nur Ausdruck verschafft, sondern in ihr grammatologisch verortet ist. Von daher ist das leere Grab, jenseits der Frage nach seiner Historizität, die präzise Offenbarungssprache für das Lebensgeheimnis des Menschen Jesus von Nazareth, in dessen Tod am Kreuz sich Gott als Liebe erschließt – und genau das ist material der Sachgrund Negativer Theologie, der dann formal konsequent in der negativ-theologisch unterfassten christologischen und theologischen Grammatik des Chalkedonense präpariert wird.

7

Hermeneutischer Gottesentzug?

Das kritische Moment negativer Theologie – im Modell von Augustinus' „De trinitate"

Gregor Maria Hoff, Salzburg

(1) Negative Theologie hat derzeit Konjunktur, und zwar in neuen Ableitungen, aber auch in kritischen Deklinationen; von den Dekonstruktionen Jacques Derridas[1] bis hin zu neuen politischen Theologien.[2] Dabei werden die engen Parameter der klassischen negativen Theologie aufgesprengt. Man hat es mit einem erweiterten Konzept zu tun, in dem sich Negativität als Wissensform Gottes und des Transzendenten durchsetzt. Der Geschichte dieser Verschiebungen ist hier nicht nachzugehen.[3] Stattdessen soll es um eine Ortsbestimmung negativer Theologie und theologischer Negativität gehen, die den Stellenwert dieser Tradition für eine verantwortbare Rede von Gott ausweist – und zugleich den methodischen Zugriff hermeneutischer Theologie aufdeckt. Er wird in der Relecture eines klassischen Textes an einem entscheidenden Brennpunkt negativer Theologie offen gelegt. In diesem Zusammenhang wird sich ein präzises, zugleich aber auch allgemeines Begriffsmuster negativer Theologie herausschälen. Als formal unendlicher Prozess trägt Hermeneutik dabei bereits ein Moment unabgeltbarer Negativität in sich aus: Verstehen kommt an kein Ende. Die Orte eines Textes verändern sich, seine Zeiten greifen auf die Bedeutun-

---

[1] Derrida, J., Wie nicht sprechen. Verneinungen, Wien 1989; vgl. Valentin, J., Atheismus in der Spur Gottes. Theologie nach Jacques Derrida, Mainz 1997; Zeillinger, Peter, Nachträgliches Denken. Skizze eines philosophisch-theologischen Aufbruchs im Ausgang von Jacques Derrida. Mit einer genealogischen Bibliographie der Werke von Jasques Derrida, Münster 2002.

[2] Reikerstorfer, Johann, Politische Theologie als „negative Theologie" in: ders. (Hg.), Vom Wagnis der Nichtidentität. Johann Baptist Metz zu Ehren, Münster 1998, 11–49. Vgl. dazu den Beitrag von Alois Halbmayr in diesem Buch (Gottrede als Einspruch).

[3] Eine veritable Genealogie der Negativen Theologie, in einem komplexen Sinn genommen, steht noch aus. Die Arbeiten von Josef Hochstaffl (Negative Theologie. Ein Versuch zur Vermittlung des patristischen Begriffs, München 1976) und Ralf Stolina (Niemand hat Gott je gesehen. Traktat über negative Theologie, Berlin/New York 2000; vgl. dazu die Rezensionen von Dober, Hans Martin, in: ThL 127 (2002) 677f.; Faber, Eva-Maria, in: ThRv 98 (2002) 126f.) sind in diesem Zusammenhang besonders zu beachten, ohne bereits dieses Desiderat zu erfüllen.

gen zu, die sein Sinn annimmt. Am radikalsten muss dies angesichts eines Textes gelten, der als *Wort Gottes* einen Anspruch immer neuer existenzieller wie theoretischer Adaption erhebt.

(2) Die Theologiegeschichte hat dafür immer wieder Leseanweisungen geliefert. Als eine solche Textregie lässt sich die trinitätstheologische Grammatik begreifen, die Augustinus entwickelt hat.[4] Sie bietet eine Denkform an, in der sich das problematische *Glaubenswissen* um die Existenz und die geschichtliche Wirklichkeit Gottes in der Spannung von Endlichem und Unendlichem sedimentiert.

1. Theologie zwischen Positivität und Negativität: Konstitutive Spannungsver-hältnisse

(3) Dabei ist von einem besonderen, dem vielleicht zentralen Problem negativer Theologie auszugehen: Wie verhält sich die Einsicht in die unabschaffbare Bedeutung einer *via negativa* aller Gottrede zu jenem gleichermaßen irreduziblen Bekenntnis, dass sich der Gott Jesu Christi in ihm als seinem Logos ausgesprochen habe – und zwar nicht nur irgendwie, peripher, sondern *als er selbst*. Der Einspruch negativer Theologien gegen ein Übermaß an Konkretion, an einem zu genauen Wissen von Gott bricht sich an der unausgesetzten Positivität des trinitarisch entfalteten Inkarnationsglaubens und findet daran sein Maß.

(4) Aber wie? Negative Theologien, die sich über die Traditionen eines theologisch weiterentwickelten Bilderverbots, über die dogmatischen Einschnitte einer *maior dissimilitudo*, über forcierte Entwürfe einer Theologie des Geheimnisses und mystischer Anschlüsse an das Unsagbare speisen – sie rekurrieren alle auf ein *logisch-begriffliches* Problem, das als *Sprach*problem gefasst wird. Man sucht nach einer Sprache für Gott. Die Trinität ist dafür nicht

[4] Auf dieser Linie bestimmt Joseph Ratzinger „*Trinitätslehre als negative Theologie*" (Einführung in das Christentum. Vorlesungen über das Apostolische Glaubensbekenntnis, München 1968, 133). Damit markiert er, was Offenbarungstheologie im Ganzen ausmacht, insofern die trinitarische Gottesrede christologisch getragen und bedingt ist: „Wenn die mühsame Geschichte des menschlichen und des christlichen Ringens um Gott *etwas* beweist, dann doch dies, daß jeder Versuch, Gott in den Begriff unseres Begreifens zu nehmen, ins Absurde hineinführt. Recht können wir von ihm nur reden, wenn wir aufs Begreifenwollen verzichten und ihn als den Unbegriffenen stehen lassen." (Ebd. 133). Und weiter, trinitätstheologisch konkretisiert: „Nur durch die Negation hindurch und nur in der unendlichen Indirektheit, die damit gegeben ist, sind sie brauchbar: Nur als durchkreuzte Theologie ist die Trinitätstheologie möglich." (Ebd. 134.)

nur ein besonders aufschlussreiches Modell, sondern der theologische Ort, an dem die Selbstoffenbarung Gottes auf den theologischen Begriff gebracht wird. Dabei erhält ein Aspekt besonderes Gewicht: die enge Verbindung spekulativ ausgereizter Aussagereihen mit dem gleichzeitigen Geständnis ihrer bleibenden Distanz zum gegebenen Geheimnis, also zur sprachlichen Autopoiesis Gottes.

(5) Welchen systematischen Stellenwert haben aber dann Textbausteine wie die folgenden von Gisbert Greshake?

> „*Für uns* ist es so, dass Gemeinschaft entsteht, wenn bis dahin selbständige Personen Beziehung miteinander aufnehmen und im Vollzug ihrer Gemeinschaft auch selbständige Personen bleiben. So kann es in Gott nicht sein. In Gott sind nicht drei, die *dann* aus ihrem Selbstsein heraus in Beziehung zueinander treten. Vielmehr ist die Einheit Gottes eine über allem Begreifen liegende, ursprüngliche Beziehungseinheit der Liebe, in der die drei Personen sich gegenseitig das eine göttliche Leben vermitteln und in diesem Austausch sich sowohl als unterschieden wie auch als zuhöchst eins erweisen.“[5]

(6) Intimes Wissen um die innertrinitarischen Verhältnisse wird an das Unsagbare zurückgebunden. Der Begriff der Person wird im Zuge seiner Umdeutung so verwendet, dass er nur noch Spurenelemente des menschlichen Personmodells trägt – sodass dieser sprachliche Transformationsvorgang ganz analog jenes Unsagbare zu sagen versucht, das sich in der paradoxalen Zuordnung des >sowohl unterschieden wie auch zuhöchst eins< hält. Aber sprengen diese semantischen Operationen nicht die Kohärenz der eigenen trinitarischen Textverbindung auf? Oder präsentieren sie gerade so eine Wissensform im Modus einer Sprache, die in sich die Momente bleibender Positivität und Negativität austragen – und zwar nicht noch einmal in bloß paradoxal-begrifflicher Verkettung; nicht bloß als *abgelesene* Komplexität, die sich nicht mehr operationaliseren ließe? Sondern vielleicht als reine Spannung, die nicht mehr synthetisierbar wäre? Aber um welche Sprache handelt es sich dann?

(7) An dieser Stelle fällt auf, dass die meisten trinitätstheologischen Entwürfe vor allem auf logisch-begriffliche Lösungen für die Probleme abheben, die sich mit Konzepten wie den *Hervorgängen in Gott* oder dem Personbegriff und den Relationskonfigurationen ergeben. Sie greifen dazu immer wieder auf eine nahe liegende

---

[5] Gisbert Greshake, Kleine Hinführung zum Glauben an den drei-einen Gott, Freiburg u. a. 2005, 28.

und nicht zu beseitigende ontologische Perspektive zurück, die schon deshalb zentral bleibt, weil sie die Frage nach der Wirklichkeit Gottes auf den Punkt bringt. Schließlich geht alle Trinitätstheologie aus jener konkreten Gotteserfahrung und -interpretation hervor, die auf der realen Selbstmitteilung des Vaters im Sohn durch den Heiligen Geist besteht. Aber schon damit steht man vor einem theologischen *Sprach*problem. Es ist als solches immer wieder angesprochen, aber als theoriekonstitutives Moment möglicherweise eher unterschätzt, nämlich wie ein theologisches Postscriptum eingesetzt worden.

(8) Das ist nun aber seinerseits ein theologiegeschichtlich aufschlussreicher Vorgang: Es wird etwas zur Sprache gebracht, und zwar *als* Sprachproblem, ohne es in diesem Reflexionsvorgang erkenntnistheoretisch bereits auf die erste Agendenseite der Trinitätstheologie zu setzen. Exemplarisch begegnet dieser Vorgang beim wohl ersten wirklich elaborierten, nämlich systematisch konsequent durchgeführten Interpretationsvorschlag trinitarischer Theologie: bei Augustinus.[6]

2. Trinität als Sprache für Gott – ihr negatives Drehmoment bei Augustinus

(9) Augustinus ist nun in diesem Zusammenhang insofern von besonderem Interesse, als er einerseits immer wieder eigene Muster einer negativen Theologie einsetzt[7], andererseits eine sehr beziehungsreiche und bezeichnungsintensive Sprache für Gott entwickelt. Im Mittelpunkt steht dabei sein Versuch, die Dreieinigkeit Gottes zur Sprache zu bringen – und in diesem Zuge wird deutlich, dass die Trinität ihrerseits eine Sprache für Gott ist; genauer: eine Sprache für die Sprache Gottes.

(10) Das wiederum hängt mit der christologischen Grundeinsicht zusammen, dass sich Gott in Jesus Christus *ausgesprochen*

---

[6] Zum aktuellen Forschungsstand vgl. Brachtendorf, Johannes (Hg.), Gott und sein Bild. Augustins De Trinitate im Spiegel gegenwärtiger Forschung, Paderborn 2000; Studer, Basil, Augustins De Trinitate. Eine Einführung, Paderborn 2005. – Die systematische Bestimmung des Stellenwerts negativer Theologie in „De trinitate“ erscheint als Forschungsdesiderat.

[7] Vgl. Horn, Christoph, Augustinus, München 1995. Zur Negativen Theologie des Augustinus im Kontext seiner Trinitätstheologie vgl. Fuhrer, Therese, Augustinus, Darmstadt 2004, 105. – Anders – nämlich letztlich im Sinne einer Kritik an Negativer Theologie – liest Johann Mader Augustinus (ders., Aurelius Augustinus., St. Pölten – Wien 1991, 387–389). Allerdings bezieht er sich nur auf De Trinitate I und blendet die Funktion Negativer Theologie im weiteren Argumentationsductus aus.

hat. Er ist, johanneisch, sein Logos.[8] Und so setzen auch die trinitätstheologischen Überlegungen des Augustinus auf dieser Basis ein. Sie werden von einer Reflexion auf ein Sprachproblem flankiert.[9] Augustinus bringt anfangs Irrtümer über Gott ins Spiel und fährt fort:

> „Damit also der menschliche Geist von solcherlei Irrtümern gereinigt werde, hat die Heilige Schrift, den Kleinen sich anpassend, es nicht verschmäht, Bezeichnungen jeglicher Art zu verwenden. Von ihnen aus soll unsere Vernunft, wie von Nahrung gestärkt, gleichsam Schritt für Schritt zur erhabenen Wirklichkeit Gottes aufsteigen." (I,1)

(11) Die biblische Offenbarungssprache bezeichnet also ihren Gegenstand, wird aber von seiner Wirklichkeit überholt. Letztlich muss sich der menschliche Geist auf eine geistige, also nicht stoffliche Realität beziehen,

> „auf daß das Unaussagbare unaussagbar geschaut werden kann." (I,1)

Hier finden sich sehr deutliche Spuren einer negativen Theologie, der in diesem Zusammenhang eine erkenntnistheoretisch grundlegende Rolle zukommt: das theologische Sprachproblem „Gott" bleibt bestehen.

(12) Kaum zufällig rahmen diese Überlegungen die folgenden trinitätstheologischen Partien, die im Zuge analoger Begriffsbildungen phänomenologisch z. T. überaus anschaulich ausfallen. Das wiederum verweist auf ein weiteres Sprachproblem, das Augustinus, immer noch einleitend, markiert. Er weist nämlich darauf hin, dass sein eigener Text möglicherweise Verständnisschwierigkeiten aufwerfen könnte. Die Konsequenz:

> „Deshalb ist es von Nutzen, wenn über die gleichen Fragen mehrere Bücher von mehreren verfaßt werden, in verschiedener Sprachgestalt, nicht in verschiedenem Glauben, damit die dargestellte Sache zu recht vielen gelange, zu den einen auf diesem, zu den anderen auf jenem Wege." (I,3)

(13) Offensichtlich gibt es nicht die eine Sprache, die theologisch wirklich adäquat ist. Jede Sprache transportiert ihre eigenen Problemüberhänge und schafft eigene Anschlüsse. Dennoch handelt es sich um theologische Sprachen des *einen* Glaubens. Dieser Glaube lässt sich in der Tradition identifizieren – wobei Augusti-

---

[8] Vgl. auch Augustinus, De trinitate I, 12.

[9] Zur Bedeutung der Sprachlichkeit bei Augustinus vgl. Kreuzer, Johann, Einleitung zu: Aurelius Augustinus, De Trinitate. Lateinisch-Deutsch, Hamburg 2001, VII–LXVII; XLVII–LI.

nus wiederum eine eigene Übersetzung des trinitarischen Bekenntnisses wählt (I,4). Das damit verbundene Kriterienproblem, wie sich der Glaube selbst *sprachlich* unzweifelhaft orthodox identifizieren lasse, übergeht er im Folgenden. Stattdessen greift er auf ein anderes Problem zu: auf die unterschiedlichen Sprechweisen von Vater und Sohn, die doch zugleich als Einheit zu begreifen sind. Sein Lösungsvorschlag: Man muss das Sprach- als ein Perspektivenproblem auffassen. Was vom ewigen Sohn *menschlich* ausgesagt wird, betrifft seine „Knechtsgestalt"; was von ihm *göttlich* affirmiert wird, artikuliert seine „Gottesgestalt":

> „Er (=Jesus Christus – GMH) nahm die Knechtsgestalt nicht so an, daß Er die Gottesgestalt verlor, in welcher Er dem Vater gleich war." (I, 7)

(14) Im Sinne einer schöpfungstheologisch weitergedachten Christologie bedeutet das:

> „In der Gottesgestalt schuf Er (= Gott – GMH) den Menschen, in der Knechtsgestalt wurde Er Mensch." (I, 7)

(15) Man muss also von Gott in einem dauernden Wechsel der Perspektiven sprechen und zugleich darauf achten, dass sie sich nicht nur nicht aus-, sondern einschließen. Dabei ergeben sich logische Anschlussprobleme, die u. a. die Frage nach den innertrinitarischen Relationen auf den Plan rufen. Nicht umsonst fordert Augustinus mit der folgenden Frage eine Selbstverständlichkeit rhetorisch ein, die es ganz offensichtlich so nicht gab – sonst hätte er kaum mit solchen Nachdruck das Unübersehbare eigens ins rechte Licht rücken müssen:

> „Wenn also die Knechtsgestalt in der Weise angenommen wurde, daß die Gottesgestalt nicht verlorenging, da Er in der Knechtsgestalt und in der Gottesgestalt der gleiche eingeborene Sohn Gottes des Vaters ist, in der Gottesgestalt dem Vater gleich, in der Knechtsgestalt Mittler zwischen Gott und den Menschen, der Mensch Christus Jesus, wer würde da nicht einsehen, daß Er in der Gottesgestalt auch größer ist als Er selbst, in der Knechtsgestalt dagegen geringer als Er selbst?" (I, 7)

(16) Hier zerbricht der *personale* Zusammenhang, den sich Augustinus zur Kennzeichnung des trinitarischen Gefüges leiht. Wenn er im Folgenden diese Grammatik als trinitätshermeneutische „Regel" (XI / 28) einsetzt, wird das perspektivengebundene Sprechen von Gott als Sprachproblem transportiert. Augustinus schließt es u. a. mit der Einsicht des Anfangs zusammen, dass sich jede Sprache von Gott in das Geheimnis Gottes hinein überholen lassen muss. So ordnet Augustinus auch 1 Kor 15,28 ein: Die Aussage

des Paulus will etwas „verhüten“ (1, 8), also eine falsche Proposition verhindern; sie trifft ihrerseits nicht bereits univok die Wirklichkeit selbst. Dieser Abstand bleibt – und er ist mindestens strukturanalog ein Aspekt negativer Theologie im trinitarischen Sprechen des Karthagers.

3. Negative trinitarische Sprachführungen – De trinitate V als kritischer Maßstab

(17) Diese Linie ist genauer auszuziehen. Am Ende des vierten Buchs von „De trinitate“ reflektiert Augustinus noch einmal ausdrücklich die sprachliche Konfiguration der Trinitätsordnung. Vater, Sohn, Heiliger Geist: dabei handelt es sich um *Worte*. Indem man sie ausspricht, werden sie getrennt aufgefasst. Als Dreiheit sind sie aber zugleich unbedingt eins. Die entscheidende Differenz liegt im göttlichen Wesen einerseits und der menschlich unzureichenden Bezeichnungsfähigkeit dieser Wirklichkeit andererseits. Der Mensch kann die Trinität in ihrer *Untrennbarkeit* nur als unterschiedliche Größen raum-zeitlich wahrnehmen.

(18) Damit verbindet Augustinus nun einen weiteren sprachtheoretischen Fingerzeig. Zum einen macht er auf den notwendigen Gleichnischarakter unseres Sprechens von Gott aufmerksam (IV, 21), zum anderen kann er die innertrinitarischen Beziehungen auch nicht direkt ausdrücken. Er wählt also eine Negativform: „untrennbar“. Diese Spur verfolgt er auch im fünften Buch.

> „Ich beginne nun die Wirklichkeit darzustellen, die von keinem Menschen, bestimmt nicht von mir so dargestellt werden kann, wie wir sie denken; auch unser Denken weiß sich, wenn wir über Gott, die Dreieinigkeit, nachsinnen, dem Gegenstande ganz und gar nicht gewachsen; es vermag Ihn nicht zu erfassen, wie Er ist; auch solche Köpfe, wie der Apostel Paulus auf diesem Gebiete einer ist, vermögen nur >im Spiegel und in Rätseln< [1. Kor. 13,12] zu schauen. Deshalb will ich zunächst den Herrn unseren Gott selbst, an den wir immer denken sollen, über den wir nie würdig denken können, dem immerfort Lob und Preis zu entrichten ist [Ps. 33,2], den auszusprechen keine Sprache genügt, um Hilfe bitten für das Verständnis und die Erläuterung meines Themas und um Verzeihung für meine Mängel.“ (V,1)

(19) Keine Sprache erreicht Gott. Trotzdem wissen wir etwas über Gott. Dieses Wissen speist sich aus der Offenbarung und metaphysischen Grundannahmen, die aus sich selbst heraus evident sind.[10]

[10] Immer wieder finden sich solche metaphysischen Wesensaussagen, die weder ei-

Dieses Wissen funktioniert jedoch wiederum nur *via negativa*, also im Sinne einer Eingrenzung der kontingenten Sprachbilder, die zur Bezeichnung der göttlichen Wirklichkeit herangezogen werden.

> „So müssen wir uns, wenn wir es vermögen und so gut wir es vermögen, Gott so denken: gut ohne Eigenschaft, groß ohne Größe, Schöpfer ohne Bedürftigkeit, ohne Sitz vorsitzend, alles zusammenhaltend ohne äußere Gestalt, ohne örtliche Bestimmtheit überall seiend, immer dauernd ohne Zeit, ohne Wandlung Seiner selbst Schöpfer der wandelbaren Dinge, ein Wesen ohne Leiden." (V,1)

(20) Das semantische Ausschlussverfahren, das zugleich über eine paradoxale Koppelung der Attribute läuft, soll davor schützen, „von Gott etwas anzunehmen, was Er nicht ist." (V,1) Eben das gelingt nur über negative sprachliche Indikatoren wie das gehäufte „ohne". Freilich ist dieser Gott ganz *ohne Zweifel* für Augustinus eine *Ousia*. Die Konsequenz:

> „Was man sonst Wesensbestand oder Wesen nennt, begreift Dazukommendes [Akzidenzien] in sich, welches die Grundlage für große oder kleine Wandlungen bildet. Gott aber kann etwas Derartiges nicht zukommen. Daher ist nur der Wesensbestand Gottes oder das Wesen, das Gott ist, unwandelbar." (V,2)

(21) Mit dieser Bestimmung erscheint aber auch die positive Theologie noch als Fortsetzung der negativen Theologie mit anderen Mitteln, denn das einzige, was von Gott klar gesagt werden kann, ist was ihm *nicht zukommen kann* bzw. dass er *nicht wandelbar* ist. Diese theologische Negativität hängt an der Transzendenz Gottes, „die man sprachlich nicht so ausdrücken kann, wie man sie im Denken erfasst, und die man nicht so im Denken erfasst, wie es ihrem Inhalt entspricht." (V,3)

(22) Wenn Augustinus im Folgenden dennoch sehr weit reichende Bestimmungen der trinitarischen Verhältnisse in Gott vornehmen kann, funktionieren sie auf der Basis dieser Grundeinsicht. Aber welchen systematischen Ort hat sie noch als theologische Sprachkritik in der Gestalt Negativer Theologie *im eigenen Sprechakt*? Zunächst macht sich sofort der Mangel an Sprachreflexion bemerkbar, wenn Augustinus zu unmittelbar eine

---

gens ausgewiesen noch in ihrer wiederum sprachlichen Form reflektiert werden: vgl. z. B. IV,5: „Wenn sonach auch keine Aussage über Gott ein Dazukommendes betreffen kann, weil es ein solches bei Gott nicht gibt, so betrifft doch nicht jede Aussage über Ihn den Wesensbestand." Die Konsequenz hängt von Selbstverständlichkeit des evidenten Basissatzes über das Verhältnis von Akzidenz und Substanz in Gott ab.

Sprechform auf Gott überträgt. Auf der Suche nach der inneren Einheit der göttlichen Trinität trifft Augustinus eine zentrale Unterscheidung: Die personalen Unterscheidungsmomente von Vater und Sohn sollen nämlich nicht das Wesen Gottes betreffen. Schließlich ist man Vater nur durch den Sohn und umgekehrt, also auf der Grundlage einer Relation. Sie ist das Wesen der Trinität, nicht die personale Konstellation. Augustinus übernimmt die Bezeichnungsverhältnisse Vater und Sohn in ihrer innerweltlichen Logik, ohne sie auf die je andere Größenordnung der innertrinitarischen Beziehungen abzuspiegeln. Für einen Augenblick gerinnen Vater und Sohn zu *univoken* Begriffen – ihre analoge Metaphorizität bleibt außen vor. Genau das führt zu einer problematischen Engführung, mit der das Personsein der *Drei* nahezu erdrückt wird. Augustinus steht also in der Gefahr,

> „die Personen in Gott zwar als real unterschieden, nicht aber als real subsistierend anzusehen. Und dies wiederum hat zur Folge, daß sie gegenüber der Einheit Gottes quasimodalistisch verblassen."[11]

(23) Damit wird aber etwas Aufschlussreiches sichtbar: Wo Augustinus die eigene sprachkritische Linie verlässt, kann er nicht mehr angemessen jene konstitutiven Spannungsverhältnisse in der Rede von Gott zum Ausdruck bringen, die er zuvor immer wieder verbal beteuert und argumentativ entfaltet hat. Seine theologische Hermeneutik einer rationalen Rekonstruktion des durch Offenbarung erschlossenen trinitarischen Geheimnisses Gottes nimmt Schaden.

4. Trinitarische Analogien – eine Sprache für das Unsagbare

(24) Die Stärke der augustinischen Sprache beruht dabei auf der grundsätzlichen Einsicht, dass man eine Sprache für etwas finden muss, das sich nicht wirklich sagen und nicht einmal adäquat denken lässt:

> „Deshalb schufen unsere griechischen Glaubensgenossen, damit wir für das Unaussprechliche irgendwelche Worte haben und so einigermaßen über das reden können, was wir in keiner Weise auszusprechen vermögen, die Formel: Ein Wesen, drei Wesenbestände. Die Lateiner sagten dafür: Ein Wesen beziehungsweise ein Wesenbestand, drei Personen." (VII, 4)

---

[11] Greshake, Gisbert, Der dreieine Gott. Eine trinitarische Theologie, Freiburg u. a. [4]2001, 97.

Trotzdem bleibt klar, dass auch in einer solchen tastenden Sprache für Gott

> „die alles überragende Erhabenheit der Gottnatur jenseits aller Möglichkeiten unseres gewohnten Sprachgebrauchs liegt.“ (VII, 4)

(25) Damit wird das Sprachproblem selbst als theologische Ausdrucksform eingesetzt. Einerseits kann „der irdisch gesinnte Mensch“ das trinitarische Geheimnis nicht wirklich verstehen, weil die drei göttlichen Personen eine Einheit bilden – was für den „nur in Körpern und Räumen“ denkenden Menschen letztlich unfassbar, weil unvorstellbar bleiben muss (VII, 6). Andererseits handelt es sich um eine Wirklichkeit, die die Grammatik der Schöpfung in sich austrägt. Mit anderen Worten: Die trinitarische Struktur hat *Welt*charakter und muss an ihr aufgewiesen werden können.

(26) Dieser offenbarungstheologische Schritt erlaubt für Augustinus eine analoge Gottessprache der Trinität. Sie funktioniert auf der Basis ihrer Vorbehaltlichkeit; sie ist eine Sprache auf Abruf – und erzielt genau darin besondere Ausdrucksqualitäten. Die tragende theologische Negativität erlaubt Aussagen in eine nie ganz zu fassende Positivität hinein, die sich *analog*, zeichenhaft vermittelt. Dieser Vermittlungscharakter ist wiederum deshalb entscheidend, weil die Schöpfung als solche ein Vermittlungsgeschehen, nämlich ein christologisches, ist. Man steht vor dem Vorgang eines *hermeneutischen Gottesentzugs*, der zu neuen Formen des Gottsprechens einlädt. Gott als Trinität zu verstehen, setzt voraus, dass man Anhaltspunkte für eine solche Wirklichkeit entdecken kann. Aber sie bleiben immer von einer grundsätzlich anderen Qualität. Jedes Wortspiel wird mit einem negativen Drehmoment in Bewegung gebracht. Es hinterlässt Spuren, die im Verschwinden eine Bedeutung erhalten, weil sich im Entzug der vollen Präsenz und Repräsentanz Gottes zugleich seine Anwesenheit hält – denn er ist der Schöpfer aller Wirklichkeit. Im Zerbrechen der Zeichen gewinnt ihr Sinn an Bedeutung. Das wird vielleicht am sinnfälligsten in einer problematischen Metapher: Der trinitarische Gott sei eine „Zahl ohne Zahl“.[12] Augustinus baut damit eine sprachliche Spannung auf, die andere, nämlich die innertrinitarischen Spannungsverhältnisse, *formal* wie *material* ausdrückt. Damit wird aber auch eine Positionsbestimmung negativer Theologie *im Vollzug* gegeben.

(27) Im Weiteren ist nun für Augustinus im Blick auf den Trinitätsglauben die entscheidende Frage,

---

[12] De Genesi ad litteram IV, 3,8 („numerus sine numero“).

„von welcher Ähnlichkeit und Vergleichung bekannter Dinge her wir glauben, so daß wir auch den noch nicht bekannten Gott lieben.“ (VIII, 5)

Schließlich muss man kennen, was man liebt; Gott aber ist eine Größe, die wir nicht geschaut haben, also wirklich kennen können. Dennoch kommt Gott für den menschlichen Geist ins Spiel. Er ist das Urbild der Seele, sie ist ihm als Abbild zugeordnet, weil von ihm geschaffen (IX, 11). Von hierher ergeben sich Bezüge, die in begrifflich erschließbare Strukturverwandtschaften und in sprachliche Analogien übersetzt werden können. Ihren Ort haben sie in den verschiedenen Ternaren, die Augustinus immer wieder einsetzt, um der transzendenten Wirklichkeit der Trinität ein weltliches Gesicht zu geben. Seine Theologie funktioniert von daher als *rekonstruktive Hermeneutik*. Hermeneutisch ist sie noch in einer weiteren Hinsicht: Die jeweiligen Ternare:

- Liebender (amans), Geliebtes (amata) und Liebe (amor) (VIII, 10),
- Geist (mens), Selbstliebe (amor) und Selbstbewusstsein (notitia) (Buch IX) oder
- Gedächtnis (memoria), Einsicht (intelligentia) und Wille (voluptas) (Buch X) –

sie stehen alle in einem hermeneutischen Zirkel wechselseitiger Bestimmungsverhältnisse. In ihm sind sie als distinkte Phänomene nicht voneinander zu trennen. Sie sind als Dreiheiten eins. Augustinus hatte dies bereits mit einer entscheidenden Umstellung der aristotelischen Kategorienlehre vorbereitet. Nach *Aristoteles* sind Relationen immer etwas Akzidentelles. Anders *Augustinus*: Für ihn muss die Relation selbst als *wesentliche* Bestimmung Gottes begriffen werden.

„Augustinus zufolge sind die Personen zwar je für sich Substanzen, durchdringen einander aber vollständig, so dass jede Person die ganze Trinität repräsentiert. Daher handelt es sich trotz der Dreiheit nicht um drei Götter. Unterscheidbar sind die Personen nur durch ihre spezifischen Relationen: der Vater ist Vater des Sohnes, der Sohn Sohn des Vaters, etc.“[13]

(28) Damit wird aber zugleich sichtbar, dass die personalen Relationen in Gott jeweils in sprachlich ausgewiesenen Perspektivierungen auftreten. Die *ontologische Zuschreibung* bleibt an eine *Interpretation* gebunden, die einen ganz bestimmten Aspekt, z. B.

---

[13] Brachtendorf, Johannes, Art. Augustinus: De trinitate, in: Lexikon der theologischen Werke, hg. v. Eckert, Michael u. a., Stuttgart 2003, 208–210, hier 208.

des Phänomens Liebe, benennt. Dabei übersieht Augustinus, dass die Liebesrelate auch anders zu kennzeichnen und zu erweitern wären – etwa um jene komplexen Medialisierungsvorgänge, in denen sich Liebe körperlich, symbolisch, gesellschaftlich vollzieht und die nicht bereits mit dem Sammelkonzept Liebe angemessen beschrieben sind. Die Konstruktivität des (im weitesten Sinn) *sprachlich* imprägnierten Bewusstseins markiert die Grenzen der sprachlichen Zuständigkeit eher unfreiwillig, wenn sie von den augustinischen Ternaren auf die trinitarische Wirklichkeit hin abgespiegelt werden.

5. Negative Theologie als hermeneutische Verpflichtung: Fortlaufende Arbeit am Gottesentzug

(29) Trotzdem müssen die Analogien ihr Recht behalten, und zwar aufgrund der schöpfungs- und inkarnationstheologischen Intensität der Beziehung von Gott und Mensch. An diesem Punkt gibt noch einmal die negativ-theologische Architektur von „De trinitate" einen Fingerzeig. Im Durchgang des Textes fällt auf, wie oft negative Formeln oder Gedankenfiguren auftreten. Sie durchziehen den Text und bilden eine eigene Form der Textkohärenz. Freilich mäandern sie in einem Textfeld offen *positiver* Gottesprädikationen. Erst von hierher gewinnt die *negative* Theologie des Augustinus ein Profil, das eine grundsätzliche Herausforderung stellt. Auf der Basis des *Unsagbaren* muss Theologie nach Möglichkeiten suchen, ihm im hermeneutischen Nachvollzug des radikal Transzendenten einen Ort in der Immanenz zu geben. Nach Augustinus kann man diesen Ort in der Schöpfung insgesamt finden – zumal in der Struktur des menschlichen Bewusstseins mit seinem eigenen Abbildcharakter der trinitarischen Wirklichkeitsverhältnisse (Buch IX). Aber auch hier gilt ein grundsätzlicher Einspruch in der Erinnerung an die letztlich nur *via negativa* überbrückbare Differenz einer *maior dissimilitudo*, die Augustinus der Sache nach hier bereits festschreibt:

> „Etwas anderes ist daher die Dreieinigkeit in ihrem eigenen Bestande, etwas anderes das Bild der Dreieinigkeit in einem anderen Sein. Um dieses Bildes willen wird auch die Wirklichkeit, in der es verwirklicht ist, Bild genannt, wie Bild zugleich die Tafel heißt und das, was auf ihr gemalt ist. Aber die Tafel erhält den Namen Bild wegen des Gemäldes, das auf ihr ist. In der höchsten Dreieinigkeit hingegen, die alle Dinge unvergleichlich überragt, herrscht eine solche Untrennbarkeit, daß, während eine Dreiheit von Menschen nicht ein Mensch genannt wer-

den kann, jene Dreieinigkeit ein Gott genannt wird und ist, und daß sie nicht in Gott ist, sondern der eine Gott.“ (XV, 22–23)

(30) Auf der Basis seiner Schöpfung ist Gott das Gegebene. Es kann nur in Zeichen erfasst werden, die über jene Differenz laufen, die zwischen Schöpfer und geschöpflicher Wirklichkeit besteht. Sie erscheint für uns als die Differenz von Zeichen und Bezeichnetem; als Abstand der Zeichen, die nie bleiben, wie sie sind, sondern sich in neue Zeiträume überholen lassen. Ihre Bedeutung steht nicht jenseits ihrer Auffassung durch andere Zeichen fest, und ihre Gegenwart vernetzt sich mit ihrer hermeneutischen Auflösung. Die Unendlichkeit des Verstehens aktiviert von daher eine eigene Form von Negativität als Wissensform des Gegebenen. Theologisch hat dies eine entscheidende Konsequenz. Die Wirklichkeit Gottes vermittelt sich *im Entzug* auf eine Weise, die *bleibt*. Theologie als Hermeneutik der gespannten Einheit von Gegenwart und Abwesenheit Gottes, ja als Präsenz Gottes im – mystisch immer wieder erlebten und beschriebenen – Verlust seiner Nähe vollzieht nach, was ihr vorgegeben ist, ohne diesen Bezug je einholen zu können.

(31) Ein Testfall: Die Konstruktion der klassischen Gottesbeweise beansprucht eine vorgegebene Größe, an der man nicht vorbeikommt, ohne zugleich sicher *wissen* zu können, dass sie mehr ist als nur der Gedanke, der alles trägt. Das Argument des Anselm aus dem Proslogion, das eine augustinische Linie fortführt, bestimmt dabei Gott als *etwas, worüber hinaus Größeres nicht gedacht werden kann*. Etwas Ähnliches begegnet von der Konstruktion her auch bei Augustinus: Man kann auf die Existenz Gottes schließen, weil es etwas *Höheres* als die menschliche *ratio* gibt.[14] Was heißt das nun? Die positive Bestimmung der Existenz Gottes koppelt sich an eine Negativfolie, die unverzichtbar ist. Die Größe Gottes muss in eine Unüberbietbarkeit gesteigert werden, für die jeder Begriff geliehen ist. Daran partizipieren auch alle Konzepte, die ins Unendliche gesteigert werden, um die Affirmation Gottes in seinen Eigenschaften *für uns* ausdrücken zu können.

(32) *Allmacht* bietet dafür einen besonderen Anwendungsfall. Er wirft Aporien auf, sobald man zeitlich-logisch Unvereinbares auf diese Allmacht Gottes hin projiziert – etwa die Möglichkeit, zur selben Zeit das Identische zu tun und nicht zu tun. Die zwingende Selbstbeschränkung Gottes auf das für uns logisch Nachvollziehbare erscheint dabei nicht als wirklicher Ausweg; Gott müsste zumindest dieses Undenkbare leisten können noch vor sei-

[14] Vgl. Horn, C., Augustinus 146.

ner freiwilligen Bindung an logische Gesetze, denen gegenüber er doch immer – und zwar als ihr Schöpfer – souverän sein muss. Diese wesentliche Gottesbestimmung des Credos ist deshalb nicht zu streichen; allerdings muss sie anders gelesen werden. Sie nutzt die sprachliche Ordnung der Dinge, um sie auf die Wirklichkeit Gottes hin zu übersteigen. Unter den Bedingungen seiner Macht herrschen andere „Naturgesetze", die es u. a. erlauben, Macht und Ohnmacht paradoxal zu rekombinieren und genau darin Leben neu zu erschließen. Das Absprungbrett einer solchen Aussage ist nun eine semantische Negativität: Die höchste Steigerungsform der Macht hat jene Macht als Folie, die Gott *nicht* sein kann. Die Ordnung der Dinge erscheint von daher schon sprachlich unter anderen Vorzeichen – unter denen eines radikalen Vorbehalts. Das erlösende Sprechen von Gott löst sich von den gegebenen sprachlichen Festlegungen und eröffnet eine Wirklichkeit, für die analoge Formulierungen unerlässlich sind, aber gerade indem sie sich durchstreichen lassen.

(33) Dabei darf sich die Rede von Gott christlich darauf verlassen, dass Gott sich selbst offenbart hat – im Gottmenschen Jesus Christus. *Gott ist Liebe*: Diese johanneische Grundbestimmung markiert die Notwendigkeit, Aussagen über Gott zu treffen, damit er vom Nichts unterschieden werden, damit man zu ihm beten, damit man an ihn glauben kann. An diesem Übergang von positiver zu negativer Theologie zeichnet sich nun gerade im trinitätstheologischen Diskurs des Augustinus ein christologischer Problemüberhang ab. Augustinus entwickelt im Rahmen seiner Zeichentheorie eine radikale Sprachkritik: Kein Wort kann die Wirklichkeit Gottes fassen; er bleibt *unnennbar*. Trotzdem ist das Wort *Gott* performativer Teil dieser negativen Bestimmungspolitik. Das wird für Augustinus nun deshalb möglich, weil der göttliche Logos als *innerer Lehrer* immer schon, man könnte sagen: *transzendental*, einen Gotteszugang im Menschen angelegt hat:[15]

> „Das Wort, das draußen erklingt, ist also Zeichen des Wortes, das drinnen leuchtet; diesem kommt mit größerem Rechte die Bezeichnung Wort zu. Denn was mit dem Leibesmund vorgebracht wird, ist der Laut des Wortes. Er heißt auch selbst Wort um des Wortes willen, von dem er, damit es draußen erscheinen könne, angenommen wurde. Unser Wort wird gewissermaßen körperlicher Laut, indem es diesen annimmt, um so für die Sinne der Menschen wahrnehmbar zu werden, wie das Wort Gottes Fleisch wurde, indem Es dies annahm, um Sich so auch den Sinnen der Menschen zu offenbaren." (XV, 11)

[15] Vgl. De trinitate XV, 10.

(34) In einer deutlichen Unterscheidung der trinitarischen Relationen als Zeichensystem heißt das: Die negative Theologie bezieht sich letztlich auf Gottvater; der Sohn ist demgegenüber eine erkennbare Größe. Aber wie lässt sich dieser Sprachkonnex verstehen, der die Gotteswirklichkeit in einer zeichenhaft erschlossenen Wirklichkeit selbst auffasst? Augustinus problematisiert sie selbst – und damit das Sprechen von Gott auch unter Offenbarungsbedingungen. Denn

> „ferne sei uns der Glaube, daß Es (= das Wort Gottes – GMH) in das Fleisch verwandelt wurde." (XV, 11)

(35) Diese Differenz bleibt bestehen. Augustinus kann sie nur als solche markieren, ohne noch einmal eine eigene Sprache für das damit verbundene Problem bereit zu stellen. Erst das Konzil von Chalkedon fasst diese Relation noch einmal im Rahmen einer eigenen Grammatik, indem es die Christologie – auf dem Boden der Zweinaturenlehre[16] – in einem Formular negativer Theologie ausbalanciert.[17] Die trinitarische Verhältnisbestimmung des Augustinus im Zusammenspiel von positiver und negativer Theologie wird hier in ein basales theologisches Idiom überführt, in dem Unsagbares zur Sprache kommen kann. *Ungetrennt* und *unvermischt* sind Gottheit und Menschheit Jesu Christi aufeinander bezogen. Das ist nicht einfach ein theologischer Kompromiss, sondern eine sprachliche Regie, die im Bezug dieser beiden Bestimmungsgrößen Gott im Menschen zur Sprache bringt. Im Menschen Jesus von Nazaret haben wir es mit der Sprache Gottes für uns zu tun, und zwar so, dass das ganze Leben Jesu für Gott spricht. Zugleich lässt sich Gott in Jesus nicht auf die Weise identifizieren, dass er anders als menschlich vor uns stünde – also jenseits seiner kenotischen Gestalt, entäußert, *entstellt, verfremdet.* Genau das mutet Chalkedon nun als Ort der Selbstidentifizierung Gottes mit dem Menschen zu: Hier und so gibt Gott uns sein Wort. Wir können ihn nur so ansprechen, dass wir die Differenz von äußerster Positivität und Negativität beachten. Jesus Christus ist in diesem Sinne das *Original Gottes als sein Interpret.* Auch dies schließt eine letztlich unaussagbare Differenz ein. Sie darf nicht so festgeschrieben werden, dass die Einheit Christi aufgelöst wird, muss aber im Ge-

---

[16] Zur Kritik und einer freiheitsanalytischen Reformulierung vgl. Essen, G., Die Freiheit Jesu. Vgl. dazu Hoff, Gregor Maria, Wer ist Christus? Das Symbolon von Chalkedon als Grammatik des Glaubens, in: SaThZ 8 (2004) 17–29.

[17] Zur Rekonstruktion vgl. Hoff, Gregor Maria, Chalkedon im Paradigma Negativer Theologie. Zur aporetischen Wahrnehmung der chalkedonensischen Christologie, in: ThPh 70 (1995) 355–372.

genzug auch seine menschliche Realität wahren. Jede Sprache über Jesus Christus findet dabei ihr Maß an der Sprache der Evangelien, in denen sich das authentische Zeugnis von ihm hält, wird aber zugleich von dieser Sprache kritisiert: Wir haben nie das *wörtliche Wort Gottes* vor uns.

(36) Das erinnert an einen entscheidenden Aspekt: Jesus Christus wird neutestamentlich seinerseits als *Mittler* aufgefasst, als *interpres* Gottes (1 Tim 2,5). Christlich ist jeder Gottesbezug an ihn gebunden und also auf eine fortlaufende Arbeit der Gottesinterpretation verpflichtet – nicht zuletzt im Modus der Nachfolge. Im Modell der Emmausgeschichte (Lk 24,13–35) wird dabei deutlich, dass sich – ganz auf der Linie der biblischen Verwicklungen von Offenbarung und Verborgenheit Gottes – die Präsenz Gottes in Jesus Christus an seinen Entzug bindet. Hier wird typologisch die Funktion Christi als des Mittlers Gottes hermeneutisch eingeführt. Er erschließt den *Sinn* der Schrift (Lk 24,32), indem er ihre *Bedeutung* im Brotbrechen aktiviert. In diesem Moment entzieht sich seine Gegenwart – aber sie hat Folgen: Die Jünger brechen auf. Das entscheidende Gotteszeichen lässt sich nicht festhalten, sondern hat Pascha-Qualität.

(37) Negative Theologie zehrt davon. Die augustinische Sprache der Trinität als einer Sprache für Gott führt dies konsequent durch. Sie schafft einen Raum für die Erfahrung Gottes als eines Geheimnisses, das im Leben seinen Ort hat – daher die trinitarischen Analogien des Augustinus, die sich vor diesem Hintergrund als fortlaufende Arbeit am Gottesentzug lesen lassen. Diese Arbeit ist von einer eigenen, bleibenden Aktualität. Die Unscheinbarkeit Gottes, seine Ohnmachtsgestalt, seine unaufdringliche Nähe – das sind Erfahrungsmuster, die kritisch in eine Gegenwart wirken, die von einem neuen szientifischen Naturalismus und einem ökonomischen Totalisierungsdruck bestimmt ist; in der das Unverfügbare keinen Raum mehr zu haben scheint und ihn doch anders, leiser, umso nachdrücklicher vielleicht, einfordert. Die Traditionen negativer Theologie bieten dafür einen unabgegoltenen Sprach- und Erfahrungsort an, der eine Hermeneutik der Gotteserfahrung heute anleiten kann.

Magnus Striet: Kommentar zu Gregor Maria Hoff

Die an Augustinus' Trinitätstheologie plausibilisierte Studie ist die radikalste Affirmation negativer Theologie epistemologischer Spielart, die sich in diesem Band findet. Sie leuchtet unmittelbar ein, wenn man erst einmal ihre Grundentscheidung, dass Unaussprechlichkeit das einzige über Gott Aussagbare ist, dass selbst der im anselmischen Gottesbeweis konzipierte Begriff Gott nur den Absprung ins Paradoxon des ausgesprochenen Unaussprechlichen bildet. Der etwa von Hans Urs von Balthasar immer wieder vorgebrachten Mahnung, im Urgrund christlichen Glaubens stehe keine Negation, sondern eine Position, entgegnet Hoff mit einer anderen Ausdeutung dieser Position: Jesus Christus sei das „Original Gottes als sein Interpret". (35) Die absolute Differenz zwischen Positivität und Negativität bleibe aber bestehen, immer haben wir nur „das wörtliche Wort Gottes vor uns", nicht aber das Wort Gottes selbst. Methodisch geleitet werden die Überlegungen Hoffs von einem klar ausgesprochenen Hermeneutikkonzept. Als formal unendlicher Prozess trage das hermeneutische Verstehen „ein Moment unabgeltbarer Negativität in sich aus: Verstehen kommt an kein Ende." (1) Es sind die wechselnden Orte und ihre Zeiten, so dass es zu Bedeutungsverschiebungen kommt. Am radikalsten müsse dieses angesichts eines Textes gelten, „der als Wort Gottes einen immer neuen Anspruch auf existentielle wie theoretische Adaption erhebt." (1)

Auf zwei Aspekte möchte ich meine Rückfrage beschränken. Erstens bleibt auch hier das entscheidende epistemologische Axiom unausgewiesen. Konzipiere ich in der Instanz philosophisch argumentierender Vernunft den Gottesbegriff rein formal als Maximalbegriff, so entzieht er sich natürlich jeder positiven Bestimmbarkeit, kann dann aber auch nicht in der Ausdeutung von als Offenbarung gedeuteten Ereignissen oder Erfahrungen eine identifizierende hermeneutische Funktion ausüben. Wenn zugleich gelten soll, dass sich „die Rede von Gott christlich darauf verlassen" darf, „dass Gott sich selbst offenbart hat" (33), dann wird diese Aussage entweder mit Bestimmungen eines philosophischen Gottesbegriffs identifiziert oder aber das Verhältnis von Theologie und Philosophie wird prekär. Prekär deshalb, weil dieses dann entweder von einer vollständigen Disjunktion bestimmt wird oder aber die Differenz von Theologie und Philosophie aufgegeben wird etwa im Rahmen einer transzendental*theologischen* Denkfigur, die alles Verstehen immer bereits unter theologische

Vorzeichen stellt. Zweitens muss doch irgendein Kriterium vorhanden sein, das falsche von wahrer verstehender Aneignung des Wortes Gottes in in der Tat sich verändernden Verstehenskontexten zu unterscheiden erlaubt. Ansonsten wäre auch nicht mehr verstehbar zu machen, dass das Wort Gottes dem Menschen gegenüber auch eine widerständige Kraft entwickelt und in der Begegnung mit diesem auch eine solche Kraft entwickeln *darf*. Die trinitätstheologischen Überlegungen bedürften Diskussionen, die hier nicht zu führen sind.

Thomas Schärtl: Kommentar zu Gregor Maria Hoff

Trinität – Paradoxie – Logik

Gregor Maria Hoff rührt mit seinem Beitrag an ein schmerzhaftes Grundproblem der Trinitätstheologie. Es scheint so zu sein, dass es keine konsistente, widerspruchs- oder paradoxienfreie Formulierung der trinitätstheologischen Grundaussagen gibt. Die von Hans Urs von Balthasar[1] angemerkte theoretische „Unvereinbarkeit" des sozialen trinitätstheologischen Modells (inter-personales Modell) mit dem so genannten Lateinischen (inner-personalen) Modell der Trinität scheint sogar auf der Modell- und Analogieebene dafür zu sprechen, in der Trinitätstheologie ein unausweichlich starkes negativ-theologisches Motiv konservieren zu müssen. Dieser These werde ich im Folgenden keineswegs widersprechen. Was ich tun will, ist lediglich nach dem genauen Ort der negativen Theologie in der Trinitätstheologie zu fragen – in der Hoffnung, auch hier so etwas wie eine bestimmte Negation, die einen wohlbestimmten semantischen Ort besitzt, ausfindig zu machen. Ich werde dabei ein Denkangebot formulieren, das dem hermeneutischen Anliegen Hoffs durchaus angemessen sein dürfte.

Mein Einsatzpunkt ist dabei nicht Augustinus, sondern das im Dunstkreis der Theologie Augustins entstandene *Symbolum Athanasianum* (vgl. DH 75–76), das in der Gussform eines Glaubensbekenntnisses eine Theologie reflektiert, die sich mit Augustins *De Trinitate lib.* V zur Deckung bringen lässt. Die Kerngedanken des genannten Symbolum lassen sich als ein Gebilde verstehen, das aus den folgenden Sätzen besteht:

1. Der Vater ist Gott.
2. Der Sohn ist Gott.
3. Der Heilige Geist ist Gott.
4. Der Vater ist nicht der Sohn.
5. Der Sohn ist nicht der Heilige Geist.
6. Es gibt nur einen Gott.

Liest man das „ist" in den genannten Sätzen als Identitätssatz, dann geraten wir in gewaltige Widersprüche. Denn nach dem Grundsatz der Transitivität von Identität, würde aus 1) bis 3) folgen, dass der Vater mit dem Sohn identisch ist und dass der Sohn mit dem Heiligen Geist identisch ist. Obwohl dieser Gedanke die

[1] Vgl. Balthasar H.U.v., Theologik II: Wahrheit Gottes. Einsiedeln 1985, 35.

Validität von Satz 6) einsehbar machen würde, ist der Widerspruch zu den Sätzen 4) und 5) nicht zu übersehen. Was tut das *Symbolum Athanasianum* auf der Grundlage einer an Augustin orientierten Trinitätstheologie? Es separiert Diskursbereiche und empfiehlt, implicite, eine „grammatische Rekonstruktion“. In diesem Sinne wären die genannten Sätze nicht mehr als assertorische Sätze zu nehmen, sondern als semantische Regulative, die uns bei der Erzeugung theologischer oder religiös-confessorischer Sätze helfen können. In diesem Sinne könnte man das, was in den sechs Sätzen dargelegt ist, in eine regulatorische Sprache übersetzen mit dem folgenden Ergebnis:

I. Alle mit dem Gottsein äquivalenten Prädikate (vgl. „Allmacht“, „Allgüte“ etc.) sind von der Person des Vaters aussagbar.

II. Alle mit dem Gottsein äquivalenten Prädikate (vgl. „Allmacht“, „Allgüte“ etc.) sind von der Person des Sohnes aussagbar.

III. Alle mit dem Gottsein äquivalenten Prädikate (vgl. „Allmacht“, „Allgütc“ etc.) sind von der Person des Heiligen Geistes aussagbar.

IV. Alle differenzierenden Prädikate sind Bestandteile eines personalen Diskurses und daher nur jeweils von den Personen bzw. zur Spezifikation der personbezogenen Eigenarten verwendbar: Das Ungzeugtsein ist nur vom Vater aussagbar, das Gezeugtsein nur vom Sohn.

V. Alle differenzierenden Prädikate sind Bestandteile eines personalen Diskurses und daher nur jeweils von den Personen bzw. zur Spezifikation der personbezogenen Eigenarten verwendbar: Das Gehauchtsein ist nur vom Heiligen Geist aussagbar, das Hauchen nur vom Vater (oder vom Vater und vom Sohn).

VI. Die trinitarischen Attributionsverhältnisse sind nicht nach dem Modell Individuum-Universale zu konstruieren.

Schon die Wahl dieser „grammatischen Perspektive“ offenbart ein negatives Moment: Die Qualifizierung bestimmter Satzreihen als „nicht-assertorisch“ enthält ein permanentes Verbot: Caveat, verwechsle nicht grammatischen Satz mit einem echten assertorischen Satz, der als Produkt aus der Gussform grammatische Sätze hervorgeht.[2] Dieses Caveat mahnt permanent dazu, immer wieder eine Ebenenunterscheidung in der theologischen Sprache zu suchen. Wo Sätze „nur“ Regeln ausdrücken, da können sie nicht als Beschreibungen einer vermeintlichen Realität genommen werden. Die Realität, um die es geht, steht diesen Sätzen nicht mehr ein-

[2] Zur weiterführenden Differenzierung vgl. Schärtl, Th., Theo-Grammatik 476–516.

fach gegenüber, sie verschafft sich in ihnen vielmehr regulatorisch Ausdruck. Damit einher geht ein konstitutives Moment permanenter Verdinglichungskritik, das am Ende auch dem Schutz theologischen Sprechens dient. Obwohl die grammatische Rekonstruktion einiger Basissätze aus dem Symbolum Athanasianum jeden offenkundigen Widerspruch vermeidet, gibt es zwei semantische Folgen, die vollkommen mit dem in Einklang stehen, was Gregor Maria Hoff hermeneutisch herausgearbeitet (vgl. bes. die Resultate bei Hoff, Nr. 19–23) hat: Zum einen sind wir gezwungen, die Rede von den trinitarischen Personen fein säuberlich von der Rede von Gottes Wesen zu trennen, das ist in den Regeln I bis III einerseits und in Regel IV und V andererseits zum Ausdruck gebraucht. Eine vereinheitlichende und vermittelnde Instanz, die in einer orthodoxen Weise zu sagen erlaubt, wie das Wesen Gottes trinitarisch ist, fehlt im Gefüge der vorgestellten Regeln. Und dieses Fehlen ist eine Art „Negation auf höherer Ebene". Auch der Umweg über die trinitarischen Modelle (das Modell der perfekten Liebe etwa oder das Modell des sich selbst vermittelnden Geistes) bietet nur eine schmale Brücke zwischen den beiden separierten Diskursbereichen – zum schmal vielleicht, um auf Dauer tragfähig zu sein. Noch dazu bleibt unklar, ob sich das, was im Zusammenspiel zwischen Essentialität und Dreipersönlichkeit innerhalb eines Modells regulatorisch ausfindig gemacht wird, auf die trinitarische Grammatik ohne weiteres rück-abbildbar ist. Hinzu kommen semantische Folgekosten der Regel Nur. VI. Hier wird etwas zum Ausdruck, was wir im „normalen" Alltagsgeschäft unserer Sprache, die mit einer herkömmlichen Ding-Eigenschaftsontologie gut zurechtkommt (und daher die Unterscheidung von Individuum und Universale braucht), nicht kennen.

Heißt dies nun, dass die Negation das letzte Wort hat? Nicht unbedingt. Denn die Besonderheiten der Grammatik lassen sich ontologisch noch einmal aus Ausweis der Einzigartigkeit Gottes gegenlesen. Zudem handelt es sich in unserem Fall um ein negativ-theologisches Moment, das metasprachlich fundiert ist und das dazu führt, das sinnvolle und widerspruchsfreie trinitätstheologische Sätze und Texte „erzeugt" werden können. Nur für ein beinhart-realistisches Verständnis vom Arbeiten der Sprache wäre diese Eigenart (den Verweis auf die regulatorische Ebene eingeschlossen) nur schwer auszuhalten. Aber wer verpflichtet uns darauf, ein beinhart-realistisches Verständnis vom Arbeiten der Sprache zu kultivieren?

Aber auch weniger ambitionierte Lösungsversuche für das Widerspruchs- oder Paradoxieproblem, das sich aus den Sätzen 1) bis 6) ergeben könnte, kommen nicht umhin, ein Stück negativer Theologie in der Semantik der Gottesrede beizubehalten. Das wird deutlich, wenn wir einen Blick auf den Lösungsweg von Thomas von Aquin und Johannes Duns Scotus werfen.[3] In ihrer Rekonstruktion lautet die Sätze 1) bis 6) nunmehr folgendermaßen:

1*) Der Vater ist mit dem Gottsein substantiell identisch.
2*) Der Sohn ist mit dem Gottsein substantiell identisch.
3*) Der Heilige Geist ist mit dem Gottsein substantiell identisch.
4*) Der Vater ist mit dem Sohn formal/subsistentiell nicht identisch.
5*) Der Heilige Geist ist mit dem Sohn formal/subsistentiell nicht identisch.
6*) Es gibt nur eine göttliche Substanz.

Satz 6*) wird dadurch valide, dass die substantielle Identität von Vater, Sohn und Geist aussagbar ist, so dass die Einzigkeit Gottes kein Problem mehr darstellt. Was aber ein Problem ist, ist die Angabe einer genaueren Differenz zwischen substantieller und subsistentieller bzw. formaler Identität. Welcher Identitätsbegriff ist mit dem klassischen (absoluten) Identitätsbegriff deckungsgleich? Um nicht in modalistische Fahrwasser zu kommen, müssen wir wohl fordern, dass formale/subsistentielle Identität den klassischen, absoluten Identitätsbegriff in sich aufgenommen hat. Aber mit welchem Recht und zu welchem Grad kann man dann von substantieller Identität als echter und bedeutsamer Identität sprechen? Die konzeptionelle Unterscheidung zwischen beiden Identitätsbegriffen konfrontiert uns ebenfalls mit einem Stück „negativer Theologie“: Wir bekommen ein logisches Werkzeug an die Hand, das für Konsistenz innerhalb unseres Satzsystems sorgt, aber wir wissen nicht, ob sich jemals andere Felder finden werden, wo wir dieses Werkzeug zum Einsatz bringen können. Und womöglich fehlen uns alle Mittel, um die Differenz zwischen beiden Identitätsbegriffen noch einmal genau zu bestimmen. Der einzige Bestimmungsgrund, den wir zu haben scheinen, ist so etwas wie die Deklinationstabelle unserer Reflexion auf das Bekenntnis zum trinitarischen Gott. Dieser Umstand zwingt uns ebenfalls, die Einzigartigkeit Gottes zuzugestehen, die uns den Einsatz von Negationen auf mehreren Ebenen nicht erspart.

[3] Vgl. hierzu die präzise Rekonstruktion bei Hughes, Christpher, On a Complex Theory of a Simple God, Ithaca/London 1989, 153–186, bes. 156f. und 162f.

Johann Ev. Hafner: Kommentar zu Gregor Maria Hoff

Hoff expliziert negative Theologie an Augustinus' Trinitätslehre, in dem sich Unaussagbarkeit Gottes doppelt zeigt: nicht nur als Bilder- und Benennungsverbot, sondern als Reflexion auf die sprachliche Unmöglichkeit von Gottesrede als solcher. Das Sprachproblem wird „selbst als theologische Ausdrucksform gesetzt“ (25), denn man spricht in Zahlen („trinus“), ohne sie als Zahlen zu verwenden, man spricht in Attributen, ohne sie als Akzidentien zu verwenden („gut ohne Eigenschaft“) (19, 26). Dennoch bleibt die Rede nicht in Paradoxa stehen, sie „funktioniert auf der Basis ihrer Vorbehaltlichkeit“ (26). Weil Gott nicht nur der Herr des Himmels, sondern auch der Schöpfer der Erde ist, lassen sich seine innertrinitarischen Verhältnisse analog durch innerweltliche Verhältnisse aussagen. Nun ist darauf hinzuweisen, dass Augustinus Analogie in der Metaphorik von Bild-Abbild denkt und so zu Proportionsanalogien gelangt (z. B. die innerpsychischen Verhältnisse zwischen Gedächtnis, Einsicht und Wille). In einer von Gott geschaffenen Welt von Gott zu reden ist daher nicht problematisch, sondern geradezu aufdringlich. Das alles bewegt sich noch im Rahmen der platonischen Spätantike, wo sinnliche Zeichen für Übersinnliches allgegenwärtig sind. Unterscheidend christlich wird es dort, wo nicht nur behauptet wird, man könne unter irdischen Bedingungen vom Überirdischen sprechen, sondern wo man bekennt, der Göttliche habe sich in Knechtsgestalt begeben. Jesus stellt nicht ein Zeichen neben anderen dar, er bildet auch nicht einfach die Gesamtunterscheidung von Gott und Welt in sich ab und böte so ein weiteres interpretierbares Bildzeichen, sondern er *nimmt* an Gottheit und Menschheit *teil,* er ist, was er bezeichnet. Proportionsanalogie wird durch Partizipationsanalogie gesteigert. Jene ist dreiwertig, da sie immer eine vermittelnde Struktur, ein gemeinsames Vergleichsdrittes benötigt; diese ist zweiwertig, weil das eine Glied am anderen teilhat (vgl. Thomas, Gent. I,34). Dies begründet einen neuen Zeichenbegriff: Gott sendet sein Zeichen in die Welt, Leben und Sterben Christi, das als Gottesrede selber begriffen werden soll, nicht nur als Rede über Gott. Daher durchdringen sich auch die beiden Naturen im zweiwertigen Christuszeichen, ohne eine dritte Natur zu bilden. Weil aber ein solches Zeichen einzigartig ist und nicht verglichen werden darf, kann niemand es beglaubigen, außer es sich selber. Das ist freilich selbstreferentiell, aber anders geht es nicht: Durch Christus wissen wir vom Vater, der sagt, dass Jesus der geliebte

Sohn ist. Hoff drückt das in einer schönen Formulierung aus: „Jesus Christus ist in diesem Sinne das *Original Gottes als sein Interpret.*“ (35) Die zweiwertige Figur fällt m.E. nicht unter negative Theologie, denn sie besteht aus einem Zirkel der Selbstbeglaubigung. Die Niedrigkeit Gottes in Jesus Christus ist gerade seine Positivität.

Willibald Sandler: Kommentar zu Gregor Maria Hoff

Gregor Maria Hoff geht es in seinem Beitrag um die Bedeutung negativer Theologie bzw. theologischer Negativität für eine verantwortbare Rede von Gott. Dieses hermeneutisch-theologische Ziel verfolgt er mit einer detaillierten Diskussion von Augustins „De trinitate". Der von Hoff gewählte Zugang lässt einen Aspekt hell aufleuchten, der bei philosophischen Annäherungen zur negativen Theologie leicht übersehen wird: dass nämlich diese in der frühen Kirche durchwegs im Kontext der gesteigerten Affirmativität von Gottes Selbstoffenbarung in Jesus Christus und im Wort der Bibel entwickelt wurde (Nr. 3, 7). Zugleich ist damit ein hermeneutischer Ansatz grundgelegt: Den Maßstab für die theologische Gottesrede bildet bei Augustinus das *Wort*: die spannungsreichen Worte der Bibel, die ihrerseits christologisch auf das menschgewordene Wort Gottes hin verweisen (Nr. 10, 35), – wobei die Polarität zwischen menschlicher und göttlicher Natur des Logos sich in der Spannung zwischen äußerem und innerem Wort im Menschen widerspiegelt (Nr. 33) – wodurch wiederum eine Reflexion auf das theologische Wort grundgelegt ist.

In dieser dreifachen Analogie des Wortes gründet für Augustinus einerseits ein Optimismus, dass die Wirklichkeit Gottes und seines Wortes in unserer Sprache Ausdruck finden kann (Nr. 25), zugleich aber das geschärfte Bewusstsein für eine doppelte Differenz und Defizienz: von der Wirklichkeit (Gottes) zum Denken und vom Denken zu dessen sprachlicher Artikulation (Nr. 21).

Hier ließe sich zu Hoffs Ausführungen ergänzen, dass Augustinus auf diese Defizienzen vor allem durch die bibelhermeneutischen Kontroversen mit Häretikern stößt. Diese Kontroversialität ist für ihn nicht durch eine Unklarheit der biblischen Texte bedingt, sondern gründet in den Grenzen jeder sprachlichen Annäherung an das göttliche Geheimnis (vgl. Nr. 17f), aber auch in einer existentiellen Bedingtheit adäquaten Verstehens: Nur wenn Menschen sich demütig mit ihrer ganzen Existenz auf das Wort Gottes einlassen, haben sie überhaupt eine Chance, es ohne Verzerrungen zu erfassen. Dass Augustinus an Schlüsselstellen seines Werks Gebete einfügt und demütig die eigenen Mängel bekennt,[1]

[1] Vgl. De trinitate V,1 – von Hoff zitiert in Nr. 18 – sowie De trinitate I,2; IV,2; XV,28. Die Demut ist für Augustinus eine zwar nicht hinreichende aber notwendige Bedingung für die Einsicht in Gottes Wort (vgl. De trinitate I,2; V,1; XII,14). Den Häretikern geht nach seinem Urteil die Demut ab, weshalb sie mit ihren Spekulationen in die Irre geführt werden (vgl. auch De trinitate IV,15).

hat hier einen zentralen Stellenwert, der für die Erschließung christlicher negativer Theologie nicht nur bei Augustinus erst noch adäquat berücksichtigt werden müsste.[2]

Wie Hoff ausführt, versucht Augustinus, die gegenläufigen Gottesaussagen der Bibel (z. B. dass der Vater größer als der Sohn ist, und dass der Sohn dem Vater gleich ist) durch die Entwicklung einer „trinitätstheologischen Grammatik" (Nr. 2) – als „Sprache für die Sprache Gottes" (Nr. 9) – zu synthetisieren. Zentral dafür ist bei Augustinus die Unterscheidung verschiedener Perspektiven, die so zu entwickeln sind, dass sie sich nicht gegenseitig ausschließen (Nr. 15). Damit das gelingt, müssen Begriffe, die aus der Lebenswelt (z. B. Personbegriff) sowie von philosophischen Standards her (z. B. die Begriffe Substanz, Akzidens, Relation, aber auch: Person) vertraut sind, transponiert werden (Nr. 19f).

Hoff arbeitet vor allem die *via negativa* heraus, die Augustinus mit dieser Vorgehensweise beschreitet, und er zeigt auf, dass Augustinus dort die Balance seiner trinitätstheologischen Aussagen verliert, wo er die von ihm selbst aufgestellten Prinzipien negativer Theologie vernachlässigt (Nr. 15f, 22f). Anderseits zeigt Hoff auch, wie für Augustinus eine negative Theologie stark mit affirmativen Anteilen verwoben und dennoch durchgängig leitend ist. Er macht deutlich, dass die klassische *triplex via* bei Augustinus schon voll ausgeprägt ist und von ihm in der Weise eines unabschließbaren hermeneutischen Prozesses (vgl. Nr. 1) realisiert wird.

Hoffs hermeneutischer Zugang zur negativen Theologie erscheint mir mit dem von mir vorgestellten dramatischen Zugang gut kompatibel zu sein. Sein Aufweis eines „semantischen Anschlussverfahrens, das zugleich über eine paradoxe Koppelung der Attribute läuft" (Nr. 20), konvergiert mit der Methode der Polyperspektivität, die ich als hermeneutisches Prinzip negativer Theologie im Kontext der dramatischen Methode herausgearbeitet habe.

Diese Konvergenz ist kein Zufall; sowohl H.U. von Balthasar als auch die Innsbrucker Dramatische Theologie sind stark vom theologischen Stil Augustins geprägt. Interessant wäre die Frage, wie weit Augustinus in Richtung auf eine dramatische Polyperspektivität weitergegangen ist: Beschränkt sich Augustinus auf eine logische Vermittlung gegenläufiger Aussagenlinien, oder versucht er auch, die Übergänge (oder Übergangsmöglichkeit) zwischen entgegengesetzten Perspektiven über die Entwicklung von dramatischen Handlungsfolgen zu vermitteln? Hoff stellt fest, „dass die meisten trinitätstheologischen Entwürfe vor allem auf lo-

[2] Siehe dazu unten.

gisch-begriffliche Lösungen" abheben, wobei sie auf ontologische Prinzipien zurückgreifen, deren präjudizierende Affirmativität im Hinblick auf die Analogheit der Gottesrede sie meist zu wenig reflektieren (Nr. 7). Ich weiß nicht genau, ob Hoff Augustinus einfachhin als Beispiel für diesen Typ von Trinitätstheologie behandelt, oder ob er ihn auch deshalb ausgewählt hat, weil Augustinus diese Beschränkung auf die logisch-begriffliche Reflexion – zumindest in Ansätzen – durchbricht. Ich glaube, dass Letzteres zutrifft, und dass Augustinus gerade deshalb Wesentliches in die heutigen Diskurse um die Negative Theologie einbringen kann. Augustins Überschreitung einer bloß logisch-begrifflichen Dimensionalität wird grundgelegt durch die Analogheit seines Wortverständnisses, welches nicht nur das theologisch-reflektierende Wort, sondern auch das biblische Wort und den menschgewordenen Logos umfasst. Letzterer hat die Wahrheit Gottes in einem dramatischen Prozess den Menschen mitgeteilt, wobei das sündige Verwerfen der Wahrheit mindestens so schwer wiegt wie ein kognitives Nichtverstehen.[3] Insofern negative Theologie auf die Grenzen der Sagbarkeit Gottes reflektiert, müsste sie auch den Aspekt einer schuldhaften Verwerfung der Wahrheit berücksichtigen. Die Dramatik der Inkarnation, Kenose, Verwerfung und erlösenden Durchsetzung des lebendigen Wortes Gottes spiegelt sich vermittels Augustins dreifacher Analogie des Wortbegriffs auch in seiner Hermeneutik und Grammatik trinitarischer Gottesrede. Der Verwerfung des fleischgewordenen Wortes entspricht die Verwerfung wesentlicher Anteile des biblischen Wortes, – zum Beispiel bei den Arianern, die zwar die Differenz zwischen Ungezeugtsein des Vaters und Gezeugtsein des Sohnes sehen, nicht aber die Aussage „Ich und der Vater sind eins" integrieren.[4] Diese partielle Verwerfung des biblischen Wortes, in der sich nach dem Urteil Augustins eine sündige Verwerfung des Logos widerspiegelt, wirkt sich in eine Schieflage des theologischen Wortes aus: Arianer übertragen den Substanzbegriff ohne nötige Modifikationen auf die Gottesrede, während Augustinus sich aus einer umfassenderen Wahrnehmung biblischer Worte sowie des in ihnen sich artikulierenden menschgewordenen Logos zu entscheidenden Modifikationen des philosophischen Substanzbegriffs leiten lässt, – nämlich durch eine bisher ungekannte Aufwertung des Relationsbegriffs.[5] Ein umfassenderes Sicheinlassen auf die göttliche Offen-

[3] Vgl. dazu in meinem Beitrag Nr. 12–16.

[4] Vgl. De trinitate V,3.

[5] Wenn einerseits – wie die Arianer berechtigt einwenden – Gezeugtsein und Unge-

barung führt mit Augustinus zu einer „Bekehrung des Denkens“, während die arianische Hermeneutik daran scheitert, dass sie das göttliche Wort nach Menschenmaß bemessen will. An dieser Stelle wird die von Augustinus so stark betonte Frömmigkeit – als Haltung der *Demut*, sich auf Gott einzulassen – hermeneutisch relevant.[6] Ausschlaggebend dafür ist für ihn nicht nur die Dramatik des fleischgewordenen Logos, wie sie sich biblisch manifestiert, sondern auch die Widerspiegelung dieser Dramatik in seinem eigenen Leben, das ja durch Phasen eines arroganten Gottverkennens gezeichnet war.[7] Für mich besteht Augustins Größe darin, dass er einen äußersten existentiell Einsatz der Gottsuche mit äußerstem Einsatz des Verstandes verbinden konnte. Diese von ihm gelebte und gelehrte Synthese ist nicht nur aktuell angesichts einer weit verbreiteten Polarisierung zwischen fundamentalistisch-irrationaler Frömmigkeit und skeptischer Rationalität, sondern auch hochrelevant für eine heutige Relecture der negativen Theologie, insofern auch sie von ebendieser Polarisierung gezeichnet ist.

---

zeugtsein nicht ohne inneren Widerspruch vom göttlichen Wesen ausgesagt werden können, anderseits aber auch nicht als akzidentelle Bestimmungen Gottes gelten können, weil für den unveränderlichen Gott keine Akzidentien angenommen werden dürfen, dann muss es außer Substanz und Akzidens noch eine dritte Größe geben, der die Unterscheidung gezeugt- ungezeugt zuzuschlagen ist. Das ist die Dimension der Relation.

[6] Siehe oben, Anm. 1, sowie den zugehörigen Haupttext.

[7] Vgl. v.a. das 7. Buch der Confessiones.

Alois Halbmayr: Kommentar zu Gregor Maria Hoff

Das kritische Moment, das eine negative Theologie in die Gottesrede eintragen kann, liegt aus einer hermeneutischen Perspektive in der fundamentalen Einsicht, „dass sich jede Sprache von Gott in das Geheimnis Gottes hinein überholen lassen muss" (16). Die Differenz zwischen der (transzendenten) Wirklichkeit Gottes, wie sie uns in keiner Weise zur Gänze zugänglich ist, und den notwendigen sprachlichen Symbolisierungen, wie sie gleichzeitig aber eingefordert werden, bleibt konstitutiv und lässt sich nicht einebnen. Damit kann man sie aber als eine Grammatik interpretieren, mit der das Wort Gottes als seine Selbstoffenbarung so zur Sprache kommen kann, dass damit weder seine absolute Transzendenz missachtet noch das Bekenntnis zu seiner unüberbietbaren Selbstzusage in Jesus Christus aufgegeben werden müsste. Methodisch greift Gregor Maria Hoff deswegen auf die Hermeneutik zurück, weil sie selbst als formal unendlicher Prozess bereits ein starkes Moment von Negativität enthält, insofern Verstehen nie an ein Ende kommt (1).

Anhand von Augustinus „De trinitate" diskutiert Gregor Maria Hoff nun das Differenzproblem zwischen der nicht auflösbaren Dimension „einer *via negativa* aller Gottesrede" und jenem „gleichermaßen irreduziblen Bekenntnis, dass sich der Gott Jesu Christi in ihm als seinem Logos [...] *als er selbst*" (3) ausgesprochen hat. Es scheint m.E. kein Zufall zu sein, dass diese Fragestellung nicht nur ein Kernproblem negativer Theologie beschreibt, sondern auch in der religionstheologischen Debatte eine zentrale Rolle spielt.[1] Gott hat sich unüberbietbar in Jesus ausgesprochen, er ist, wie Gregor Maria Hoff in einer treffenden Formulierung schreibt, „das *Original Gottes als sein Interpret*" (35). Dieser Gedanke ließe sich noch weitertreiben, da Gott in Jesus seine Transzendenz nicht aufgegeben hat, sondern auch in der Immanenz der ganz Andere bleibt. Mit den Worten Jacques Dupuis: „Gott, und Gott allein, ist das absolute Mysterium und steht als solches an der Quelle, im Herz und in der Mitte der gesamten Wirklichkeit. Wenn es auch wahr ist, dass der Mensch Jesus auf einzigartige Weise der Sohn Gottes ist, so ist es in gleicher Weise wahr, dass Gott über Jesus

---

[1] Vgl. dazu das von Ulrich Winkler herausgegebene Themenheft der *Salzburger Theologischen Zeitschrift* (SaThZ): Ein Testament katholischer Religionstheologie. Jacques Dupuis: Gesammelte Aufsätze aus den letzten Lebensjahren (Salzburg 2006).

hinausgeht."[2] Die Frage nach den adäquaten Kategorien und nach dem Verhältnis von Vater und Sohn/Logos, von göttlicher und menschlicher Natur, rekonstruiert Gregor Maria Hoff als Sprachproblem, für das die Trinität insofern ein Paradigma bildet, als sie jenen Ort markiert, „an dem die Selbstoffenbarung Gottes auf den theologischen Begriff gebracht wird" (4). Zu Recht werden jene Ansätze kritisiert, die über die Unsagbarkeit Gottes hinweg genauen Einblick in die innertrinitarischen Verhältnisse für sich beanspruchen, die begrifflich-logisch die innergöttlichen Relationen und Prozesse beschreiben, ohne jedoch die sprachtheoretischen Voraussetzungen zu reflektieren.

Indem Augustinus' trinitätstheologischer Entwurf explizit das theologische Sprachproblem thematisiert, gelangt er zur Überzeugung, dass es nicht die eine Sprache gibt, die theologisch adäquat wäre, sondern der dauernde Wechsel der Perspektiven die dem Geheimnis Gottes adäquate Redeform darstellt (15). Es gibt keine volle Erkenntnis Gottes, der Mensch kann an die innertrinitarischen Bezüge nur tastend heranrücken und sie lediglich perspektivisch beschreiben. Denn auch die Sprache der Trinität ist eine „auf Abruf" (26) und damit stets überholbar. Man steht immer wieder „vor dem Vorgang eines hermeneutischen Gottesentzugs, der zu neuen Formen des Gottsprechens einlädt" (26). Die Anhaltspunkte für die tastenden Versuche sieht Augustinus in der Offenbarung, aber auch in der Schöpfung, konkret in Mensch und Welt, die als „vestigia trinitatis" ein Ab- und Spiegelbild Gottes sind. In ihnen und durch sie legt sich die Offenbarung kontinuierlich aus. Im Rahmen seiner Zeichentheorie formuliert Augustinus daher selbst eine radikale Sprachkritik: „Kein Wort kann die Wirklichkeit Gottes fassen; er bleibt *unnennbar*. Trotzdem ist das Wort *Gott* performativer Teil dieser negativen Bestimmungspolitik." (33) Möglich ist dies nur deshalb, weil der göttliche Logos als inne-

[2] Dupuis, Jacques, Eine trinitarische Christologie als Modell für eine Theologie des religiösen Pluralismus, in: SaThZ 10 (2006) 65–80, 70. Für Dupuis legt die historische Partikularität Jesu dem Christusereignis nicht aufzuhebende Begrenzungen auf, doch begreift Dupuis das nicht als Defizit, sondern als „notwendiger Teil der von Gott gewollten Inkarnationsökonomie" (73). Die konstitutive Einzigartigkeit und Universalität des Christusereignisses müsse gewiss in Übereinstimmung mit der Hauptlinie der christlichen Tradition bewahrt werden, aber eine solche Einzigartigkeit dürfe nicht als eine absolute konstruiert werden, denn „was absolut ist, ist der Heilswille Gottes. Jesu Einzigartigkeit ist weder absolut noch relativ, sondern »konstitutiv« und »relational«" (79). Jesus ist kein Ersatz für Gott. Das erlaubt die Schlussfolgerung, „dass zwar das Christusereignis das universale Sakrament des Willens Gottes für die Erlösung der Menschheit ist, es aber nicht der einzig mögliche Ausdruck dieses Willens sein muss" (73).

rer Lehrer im Menschen immer schon einen Gotteszugang angelegt hat.

Der Theologie kommt die Aufgabe zu, auf „der Basis *des Unsagbaren*“ nach Möglichkeiten zu suchen, Gott „im hermeneutischen Nachvollzug des radikal Transzendenten einen Ort in der Immanenz zu geben“ (29). Allerdings lassen sich diese Orte und ihre Bedeutungen, wie in einer kurzen zeichentheoretischen Reflexion darlegt wird (30), nicht ein für allemal festlegen, sondern treten in das offene Spiel von Affirmation und Auflösung ein. Mit einer paradoxen Formulierung kann Gregor Maria Hoff daher behaupten: „Die Wirklichkeit Gottes vermittelt sich *im Entzug* auf eine Weise, die *bleibt.*“ (30) Über die Christologie erhält die Transzendenz Gottes einen ganz bestimmten Ort in der Immanenz, der bei aller Bestimmtheit das Unbestimmbare mit sich trägt. Jede Sprache über Jesus Christus muss ihr Maß an der Sprache der Evangelien finden, auch wenn sie zugleich von ihr kritisiert wird: „Wir haben nie das *wörtliche Wort Gottes* vor uns“ (35), sondern immer nur, wie das Zweite Vaticanum betonte, das Gotteswort im Menschenwort (DV 12). Die eingangs gestellte Frage, wie sich dann der Glaube selbst „*sprachlich* unzweifelhaft orthodox identifizieren lasse“ (4), wird nicht explizit beantwortet, weil das Problem einer Vermittlung von Identität und Differenz ungelöst bleibt bzw. nicht gelöst werden kann. Einerseits betont Gregor Maria Hoff, dass wir es im Menschen Jesus von Nazareth mit der Sprache Gottes für uns zu tun haben und das ganze Leben Jesu für Gott spricht. Andererseits bleibt in einer zeichentheoretisch vermittelten Hermeneutik die letztlich unaussagbare Differenz zwischen dem ewigen Wort Gottes und dem inkarnierten Logos konstitutiv bestehen. So sehr hier einerseits offen bleibt, ob und wann wir Gott selbst meinen und zur Sprache bringen, so anknüpfungsfähig und weiterführend erweist sich andererseits dieses Denken vor allem für die religionstheologische Debatte. Mit ihm lässt sich nämlich verbinden, was oft als unvermittelbar gedacht wird: die endgültige, unüberbietbare Selbstoffenbarung Gottes in Jesus Christus *und* seine gleichzeitige Partikularität.[3] Freilich wird damit noch vielfach unerschlossenes und unsicheres Terrain betreten, aber der Beitrag von Gregor Maria Hoff macht deutlich, dass die negative Theologie nicht bloß ein Form der Kritik überbordender Identifikationen repräsentiert, sondern auch eine Sprache zur Verfügung stellt, mit der das theologische Denken überlegt und regelgeleitet auf offenes Theoriegelände vorstoßen kann.

---

[3] Vgl. dazu insbesondere: Dupuis, Jacques, Die Universalität des Wortes und die Partikularität Jesu Christi, in: SaThZ 10 (2006) 81–100.

Hildegund Keul: Kommentar zu Gregor Maria Hoff

Gottesentzug – hermeneutisch?

Um die Stärken Negativer Theologie herauszuarbeiten, wählt Gregor Maria Hoff ein Werk von Augustinus. Dieser ist als gelernter Rhetoriker, exzellenter Literat und epochemachender Theologe ein Experte in der Sprachmacht des Verschwiegenen. In den „Confessiones" bringt er das Unsagbare und Unsägliche seines Lebens zur Sprache und macht sich vor Gott und der Welt den widerstrebenden Mächten auf die Spur, die sein Leben im Zeichen von Konkupiszenz und Manichäismsus zu zerreißen drohten. Die Sensibilität für das, was sich nicht sagen lässt, zeichnet auch die Trinitätslehre des Augustinus aus. Hier weiß sich das Denken „dem Gegenstande ganz und gar nicht gewachsen" (De Trinitate V,1).

Hoff zeichnet die Gravuren Negativer Theologie in „De Trinitate" nach, wo negative Formeln und Sprachfiguren im Textfeld positiver Gottesprädikationen mäandern (29). Die negativen Drehmomente geben der augustinischen Trinitätslehre ihre Dynamik. Dabei legt Hoff einen wichtigen Schwachpunkt der Theologiegeschichte offen: Sie hat das *Sprach*problem der Gottesrede „als theoriekonstitutives Moment möglicherweise eher unterschätzt, nämlich wie ein theologisches Postscriptum eingesetzt" (7), obwohl es zu den Grundfragen der (Trinitäts-) Theologie gehört. Negative Theologien hingegen rücken den sprachlichen Modus der Gottesrede in den Blick, indem sie die Negativität als Wissensform des Transzendenten begreifen. „Die Stärke der augustinischen Sprache beruht dabei auf der grundsätzlichen Einsicht, dass man eine Sprache für etwas finden muss, das sich nicht wirklich sagen und nicht einmal adäquat denken lässt" (24).

Die Stärke von Hoffs Analyse liegt darin, dass sie das Unsagbare als Dispositiv des Sagbaren hervortreten lässt. In der Theologie spielt das „nicht" eine ähnliche Rolle wie in der Mathematik die Null; es gibt dem Unsagbaren in Gottesfragen einen Ort in der Sprache. Wer von Gott spricht, hat zu klären, was nicht von Gott gesagt werden kann. Auch für das Verhältnis von Positivität und Negativität ist die Sprachregelung von Chalkedon konstitutiv: „unvermischt und ungetrennt". Die Rede von Gott ist eine Ressource, die positiv nur dann genutzt werden kann, wenn sie ihren negativen Pol zum Tragen bringt. In diesem Duktus erscheint positive Theologie „als Fortsetzung der negativen Theologie mit anderen Mitteln, denn das einzige, was von Gott klar gesagt werden kann, ist was ihm *nicht zukommen kann* bzw. dass er *nicht wandelbar* ist.“ (21)

Hoff hat sich mit „De Trinitate“ die „Relecture eines klassischen Textes an einem entscheidenden Brennpunkt negativer Theologie“ zum Ziel gesetzt, um „den Stellenwert dieser Tradition für eine verantwortbare Rede von Gott“ aufzuweisen (1). Seine neue Lesart des Augustinus ist sehr aufschlussreich für die Anfänge und Weichenstellungen Negativer Theologie vor Dionysios und zeichnet überzeugend die Gravuren nach, die das Unsagbare in die positive Gottesrede einschreibt. „Im Zerbrechen der Zeichen gewinnt ihr Sinn an Bedeutung.“ (26) Liest man dies mit der Unterscheidung von Sinn und Bedeutung, wie Gottlob Frege sie trifft,[1] kommt hier genau auf den Punkt, was Sprache zu leisten vermag. Wo das Unsagbare zur Sprache kommt, zerbricht es tradierte Zeichen, so dass über den zerbrochenen Sinn eine neue Bedeutung hervortreten kann. Karl Rahner hat immer wieder von dieser Erfahrung gesprochen, wo Gott dem menschlichen Reden ins Wort fällt: „daß Gott wesentlich der Unbegreifliche ist; daß seine Unbegreiflichkeit wächst und nicht abnimmt, je richtiger Gott verstanden wird, je näher uns seine ihn selbst mitteilende Liebe kommt; daß man ihn nie als bestimmten Posten in das Kalkül unseres Leben einsetzen kann, ohne zu merken, daß dann die Rechnung erst recht nicht aufgeht“.[2]

Hoffs Zielbestimmung zeigt jedoch auch den Problemüberhang eines Zugangs, der zwar in der Tradition von Jacques Derrida Differenzen stark macht, aber die Methoden der Hermeneutik nicht konsequent überschreitet. Eine „relecture“ ist primär an Texten orientiert. Entsprechend benennt Hoff mit „für eine verantwortbare Rede von Gott“ keinen Ort, wo diese Rede zum Thema wird und greifen kann. Das Ziel ist sozial, politisch, kulturell merkwürdig ortlos. Eine noch ausstehende „veritable Genealogie der Negativen Theologie“ kommt lediglich in den Fußnoten vor (FN 3). Aber wäre nicht gerade eine genealogische Analyse der Trinitätslehre des Augustinus notwendig, um seine „bleibende Aktualität“ (37) für heute zu erschließen und damit der ausstehenden Genealogie einen Eckstein zu liefern?

Am Ende seines Beitrags kommt Hoff auf jene „Erfahrungsmuster“ zu sprechen, die kritisch in die heutige Gegenwart wirken: „Die Unscheinbarkeit Gottes, seine Ohnmachtsgestalt, seine un-

[1] S.o. meinen Kommentar zu Thomas Schärtl, S. 102.
[2] Rahner, Karl, Frömmigkeit früher und heute, in: ders., Schriften zur Theologie 7, Einsiedeln ^{2}1971, 22/23.

aufdringliche Nähe“ (37). Über die bleibende Aktualität dieser Punkte, die etwas unvermittelt eingeführt werden, hätte ich gerne mehr gelesen. Aber der Haupttext beschränkt sich auf die Hermeneutik theologischer Texte und nimmt die Genealogie des Problems, das sowohl bei Augustinus als auch heute noch wirksam ist, nicht eigens in den Blick. Welche Ortswechsel ermöglicht Augustinus der Theologie in Fragen, die heute in kirchlichen, sozialen oder politischen Räumen bedrängend sind? Welche Handlungsperspektiven eröffnen sich, wenn die augustinische Tradition Negativer Theologie im gegenwärtigen Religionsdiskurs zum Thema wird? Wie kommt einem „hermeneutischen Gottesentzug“ in den Blick, wo Gott dem menschlichen Reden heute ins Wort fällt? „Verstehen kommt an kein Ende.“ (1) Aber die Dynamik in der ‚fortlaufenden Arbeit am Gottesentzug‘ entsteht auch hier aus den negativen Drehmomenten, die in Gang kommen, wo Theologie in fremden Diskursen ins Spiel gebracht wird.

Dank

Diese Quaestio wäre ohne die Bereitschaft der Autorin und der Autoren, sich auf diesen offenen Diskussionsprozess einzulassen, nicht möglich gewesen. Ihnen sei dafür herzlich gedankt. Ein besonderer Dank gilt auch Prof. Dr. Peter Hünermann für die Aufnahme in die Reihe sowie Dr. Peter Suchla vom Herder-Verlag für die gute Zusammenarbeit. Christina Weichselbaumer danken wir für die redaktionelle Unterstützung.

Salzburg, im Dezember 2007 *Alois Halbmayr/Gregor Maria Hoff*

Autorin und Autoren

Univ.-Prof. Dr. Johann Evangelist Hafner
Jahrgang 1963
Religionswissenschaft (Schwerpunkt Christentum), Potsdam

A. o. Univ.-Prof. Dr. Alois Halbmayr
Jahrgang 1961
Dogmatik, Salzburg

Univ.-Prof. Dr. Gregor Maria Hoff
Jahrgang 1964
Fundamentaltheologie und Ökumene, Salzburg

PD Dr. Hildegund Keul
Jahrgang 1961
Fundamentaltheologie und Vergleichende Religionswissenschaft, Würzburg;
Leiterin der Arbeitsstelle für Frauenseelsorge der Deutschen Bischofskonferenz

Ass. Prof. Dr. Willibald Sandler
Jahrgang 1962
Dogmatik, Innsbruck

Ass. Prof. PD Dr. Thomas Schärtl
Jahrgang 1969
Systematische Theologie, Washington D.C.

Univ.-Prof. Dr. Magnus Striet
Jahrgang 1964
Fundamentaltheologie, Freiburg i. Br.